민족 화해의 길
― 성서와 함께

이기영 목사 에세이

민족 화해의 길
성서와 함께

이기영 지음

동연

머 리 말

1.

작년에는 신종 바이러스 재확산으로 일상의 어려움을 겪었고 바이러스 광풍(狂風)의 여파로 새해의 희망찬 기운을 짓누르고 있는 상황이다. 마스크 챙기는 일과 사회적 거리두기로 만남이 두절되고 무기력한 생활이 이어짐으로 경제적 어려움과 그 파급 여파가 너무나 크다. 교회들의 예배모임도 비대면으로 이어지는 어려운 때에 우리 자신과 삶의 현실을 깊이 주시하고 성찰하며 생명과 진리, 참 빛이 되시는 주님의 자비와 역사와 우주 변화의 섭리를 기다리며 그래도 새 희망을 품고 새해 새 출발을 해야 하는 시점이다.

주지하는 바 그리스도인 실존적 삶과 현대신학 형성에 새롭고 큰 영향을 준 키에르케고르는 기도에 대하여, 기도란 인간의 최후 최고의 종교 행위라고 설파한 바 있다. 그는 '그리스도인이 되는 것'과 '개인적 실존을 실현하는 것'을 목표로 구도자적인 삶을 살았다. 그의 기도문 가운데, '주님의 위대하심 나의 하찮음'이 있는데 이렇게 기도한다. "하늘에 계신 하나님, 제가 진정으로 자신의 하찮음을 느끼게 해 주십시오. 그러나 그것 때문에 절망하는 것이 아니라 주님의 크신 선하심을 더욱 강하게 느끼게 해 주십시오." 무슨 말이 더 필요하겠는가? 오늘의 삶의 정황에서 그리스도인은 '하나님의 자비와 은총을 내려주소서'라고 할밖에 없다고 생각한다.

지난 몇 년간 메시지를 전할 기회가 주어져서 그 부스러기들을 모아서 정리하였다. 몇 번을 망설이다 책을 펴내기로 생각을 모았다. 책명을 『민족 화해의 길 - 성서와 함께』라고 하였다. 책을 펴내놓는 이유를 굳이 말한다면 지난 3년여에 걸쳐서 일심회(一心會) 원로님들과 나루교회 교우님들 그리고 몇 곳에서 나누었던 것인데, 무교회(無教會)의 「성서한국」에 발표했던 내용들이 주종을 이룬다.

2.

회고하면 우리 민족에게 1945년 8.15해방은 식민지배의 해방인 동시에 현재까지 지속되는 민족분단을 의미한다. 민족분단은 다시 한국전쟁으로 이어졌고 4백만 명 이상의 가족들을 흩어놓은 비극이었다. 분단된 한국은 '냉전체제'가 지배하는, 지구에 남아있는 유일한 지역이 되었다. 세계에서 가장 고도로 병력이 밀집된 분단된 이 나라의 위기는 전혀 줄어들고 있지 않다.

성서에는 화해와 평화통일에의 많은 자료들이 상존한다. 역사적으로 이스라엘이 가장 비참한 곤궁에 빠졌을 때, 성전이 파괴되고 민족이 포로로 잡혀가 모두 흩어졌을 때, 예언자 에스겔은 두 가지 놀라운 환상을 보았다. 첫째의 환상은 이스라엘이 역사의 죽음에서 부활한 것이고(겔 37:1-14), 둘째 환상은 이스라엘이 하나님의 메시아적 왕의 통치하에 통일되는 것이다(겔 37:15-23).

이스라엘의 특수한 역사는 세계 민족들에게 일반적인 의미를 가지며, 이스라엘의 특수한 희망은 메시아적 왕인 예수님을 통하여 모든 인류의 희망이 되었다. 에스겔의 둘째 약속은 남 왕국과 북 왕국으로 분열된 이스라엘의 구원에 관한 것이다. 에스겔은 두 개의 막대기를 들어 하나에는 '유다'의 이름을, 다른 하나에는 '요셉'이라는 이름을 써야 한다. 유다라는 막대기와 요셉이라는 막대기로부터 하나의 막대기가 생긴다. 이런 상징적인 행동으로 예언자는 이스라엘의 주 하나님이 이스라엘 자녀를 —옛날에 이집트의 노예생활에서 해방한 것처럼— 분단에서 다시 끌어내, 하나의 민족으로 만들기 원한다는 것을 보여 주었다.

3.

이스라엘의 통일에 대한 예언자적 비전은 우리 한민족에게 어떤 의미를 주는가? 첫째로 우리는 자유를 주고 동맹을 맺는 하나님과 수직적인 통일을 이루는 것이고, 둘째로 우리 민족의 분단된 부분의 수평적 통일은 우리가 하나님과의 수직적 통일에서 시작할 때 평화적으로 이루어질 수 있다는 것이다.

민족 화해, 평화통일을 위해 한국교회는 무엇을 하여야 할 것인가? 먼저 교회는 민족 화해를 위해 분단체제 속에서 증오와 적개심을 품고 남북 간에 대결해 왔던 잘못을 반성하며 역사적 잘못을 인식하고 참회하여야 한다. 남북 간은 화해하고 협력하며 불신의 장벽을 무너뜨리고 신뢰 구축을 통하여 통일 환경을 조성하도록 노력해야 한다.

그리스도는 우리의 평화이다. 그리스도가 우리의 평화라는 것은 수직적이며 수평적인 의미를 갖는다. 오늘의 우리 교회는 영적 생동감과 참신성과 영적 창조성과 자기 초월적 감동 및 생태계까지를 포함하는 생명연대감을 공명하는 영적 감수성 회복을 열망하고 있다. 아울러 주시할 것은 오늘날 우리 민족과 세계 사람들은 남북 화해의 당사자 남북지도자와 남북민들을 주목하고 있다는 것이다. 남북한 양쪽이 급변하는 사회적 혼란과 비극을 막기 위해서는 민족 대화합의 길인 '민족 대단결', '민족교류', '경제적 상부상조' 등의 순서를 밟아야 할 것이다. 무엇보다 중요한 것은 핵무기 실험중단, 군사훈련 감소 내지 중단하고, 휴전협정은 평화협정으로 바꾸는 정책 순차를 따라가야 한다. 그래야 정의와 자유 안에서의 평화통일을 이루게 할 것이다.

4.
나름대로 평생을 이름 없이 주의 몸 된 교회와 세상과 이웃을 섬긴다는 자세로 살아야 한다는 마음을 품어왔고, 또 말씀 선포자로서 소명 받은 분들과 함께한다는 일념을 지녀왔다. 어려운 시대에 말씀을 들고 역사에 동참하는 삶을 살아온 후진들에게 이 책이 조금이나마 도움이 되기를 바란다. 그동안 수고해 주신 도서출판 동연의 김영호 사장님과 그 직원들에게 깊은 감사의 인사를 드린다.

2021년 1월 20일
이기영 목사

차 례

1부

생 명

진정한 회심과 그리스도인의 새 생활, 로마서

롬 12:1-2

1. 시작하는 말

개신교 인구는 1919년 3.1운동 당시는 약 20만이었고, 1945년 8.15해방 당시만 해도 약 40만이었다. 그러나 오늘날 한국 개신교는 교회 5만에 신도수가 860만, 세계 169개국에 약 2만 명의 선교사를 파견하는 교회로 성장했다. 교회 규모는 이렇게 성장했는데, 그리스도인의 신앙과 삶은 성숙하지 못한 기현상이 나타난 지 오래되었다. 더불어 사회적 공신력도 실추되어 지탄의 대상이 되는 지경에 이르렀다.

한국 개신교가 사회적 공신력을 잃은 이유는 대체로 크게 두 가지로 생각할 수 있다. 첫째는 '영적 기업주의'이다. 거대한 교회당을 건축하고 막대한 신도 수를 자랑하며 다양한 프로그램을 하지만, 그 안에는 그리스도가 없는 '영적 기업주의'에 불과하다는 것이다. 바로 그리스도를 닮아가는 신앙의 인격도야와 삶에서의 신앙실천이 없다는 점이다. 둘째 문제점은 신앙을 개인적 삶의 영역에만 한정시키고 공적 사회적 영역에 대한 신앙적 책임을 외면한다는 것이다. 개인 구원과 사회구원을 양자택일 문제로 설정하고 공적 사회적 영역에 응답하는 역사의식과 기독교적 사회윤리에 대한 성찰의 부재로 나타났다.

그 예를 한 가지만 들자면, 세계에서 전쟁의 위험이 가장 높은 나라에 살면서도 평화 문제에 별다른 관심이 없고, 구체적인 방안을 내놓고 실천하지 못하고, 세계 유일의 분단국가이면서도 통일문제에 무관심하다. 통일의 남북당사자들끼리 화해하고 함께 일구어가겠다는 절실함보다 주변 강대국에 빌붙어 놀아나는 데 이르렀다. 이러한 한반도의 상황에서 한국 개신교는 무엇보다 시급한 교회의 과제가 무엇인가를 진지하게 고민하며 기도하여야 한다. 무엇보다 시급한 것은 한 사람이라도 바른 그리스도인이 나오는 것이고, 하나의 교회라도 바른 교회다운 교회가 되는 것이다.

2. 로마서의 역사적 삶의 자리

"로마서는 성서라는 반지의 보석이요, 그 제8장은 보석의 끝이다"라고 경건주의 신학자 슈페너(Spener)는 말했다. 로마서는 그리스도교 경전의 여러 책 가운데서 가장 빛나고 사랑받는 책이다. 구약에 족장들의 설화나 왕국의 역사를 읽고 또 복음서나 사도행전의 불붙는 초기선교의 사적들을 거쳐서 로마서에 들어가면, 바울이 그의 생애를 바쳐서 추구하였고 그것으로 사는 현실에 부닥치게 된다. 그리스도 신앙의 어떤 확고한 기반 곧 매우 인격적이며 구체적인 존재를 거기서 만나게 된다. 그것이 아마 바울이 성령이라고 하든지 생명이라고 하는 한, 어떤 정신적인 건축물 앞에 서게 하는 일일 것이다. 로마서는 생명의 도전이기 때문에 진리의 보고에 그치지 않고 거듭 기선적(機先的)인 역사(役事)를 일으키는 원동력이 되었다. 그래서 이 책은 거듭 침체와 부패에 기울어져 있는 그리스도교회에 갱신(更新)의 힘을 공급해 주었다.

역사적으로 루터는 로마서에서 복음을 발견함으로써 이교화(異敎化)해 가는 교회를 새롭게 할 수 있었고, 웨슬리도 루터의 로마서 서문을 낭독하는 것을 들으면서 회심을 경험하고 화석화(化石化)해 가는 영국교회에 빛을 던질 수 있었다. 20세기의 위대한 신학적 항의, 변증법적 신학, 신정통주의 신학 사조도 칼 바르트의 『로마서 강해』(1918)로부터 시작하였다.

바울이 로마서에서 말하려고 한 것은 무엇이었을까? 그 말의 주제는 무엇이었을까? 종교개혁 시대와 현대신학에 큰 영향을 끼친 것이 로마서지만, 생각이 솟아오르는 대로 쓴 바울의 글에는 논박과 이론전개도 있으나 기도나 찬양, 책망과 권면도 뒤섞여 있다. 그러나 여하간 여기에는 그가 전력을 다해 주장하며 사람들을 설득하려는 일관된 내용이 있다. 그것은 한 사색의 결과로 생긴 이론체계가 아니라, 그의 생명과 시간, 정력과 수단을 바쳐서 그리스도의 종으로 섬기면서 얻은 무엇이다. 그것은 '그리스도로 말미암은 하나님의 의(義)의 실현(實現)'이라 하겠다. 그것이 의인(義認), 죄, 자유, 역사, 예정, 성화, 윤리 등을 말하였지만 모두 저 '하나님의 의(義)의 실현(實現)'을 증거하며 그것을 적용한 것이다.

로마서는 바울의 복음서라고도 한다. 그것은 그리스도의 사실을 인류를 위한 유일회적인 하나님의 구원의 복음이라고 증거 한 것이며, 그 복음은 잡다한 생각과 종교성을 가진 인간들을 그 정신적 중추로부터 정복하여 이 땅에 영원토록 머물게 하였다. 바울은 선택받은 그릇으로서 그의 지력(知力)과 체험의 극치를 모아 모든 인간의 궁극적 사정을 움켜쥐고 그 문제성을 해결함으로써 그들을 복음으로 설복하고 붙잡았다. 다시 말하면 모든 사람을 윤리적으로 갱신할 뿐 아니라 종교적 신념과 사상적 상태까지를 복음에 의하여 개혁하였다. 복음은 "모든 믿는 자에게 구원을 주시는 하나님의 능력이며 첫째는 유대인에게요 또한 헬라인(이방인)에게라"(롬 1:16; 2:9; 3:9; 10:12)고 한다.

오늘 본문 12:1-2은 바울이 로마교회에 권면하신 말씀으로, 로마서는 크게 두 부분으로 나눌 수 있는데, 첫 부분은 1-11장까지는 믿음과 구원의 도리에 대한 기록이고, 둘째 부분은 12-16장까지로 믿음의 실천, 윤리적 권면에 대한 대강령이라 할 수 있다. 로마서 12:1-2은 문체에서 특수하며, 일종의 표제이고 그리스도교적 생의 정의이다. 예수 그리스도를 통하여 그 의(義)를 나타내신 하나님의 계시(啓示) 사실을 인식하고 신비로우신 하나님의 구원의 계획을 통찰하고 감사 찬송을 드린 후, 그 신앙이 그대로 역사적인 구체적 생으로 나타나기 위하여 그리스도인의 생활의 근본 문제를 규정한 것이다. 몸을 하나님께서 기뻐하실 거룩한 산 제물로 드려야 한다. 우리의 생활은 곧 구원의 계획의 신비를 열어 보이신 그 하나님께 예배드리는 새로운 예배, 저 예루살렘 성전에 양의 피와 의식 절차로 드리던 것과는 다른 모양의 예배이다. 그리스도 예수의 피로 다시 사신 그 몸이 가는 곳에서 어디서든지 드릴 수 있는 예배이다. 마음의 새로워짐을 얻고 변화를 받아 하나님의 뜻을 분별하고 체득하는 생활을 하는 것이 그 새로운 예배라 한다.

3. 회개와 변화(repentance & transformation)

로마서 12:2에 "이 세대를 본받지 말고 오직 마음을 새롭게 함으로 변화를 받아 하나님의 선하시고 기뻐하시고 온전하신 뜻이 무엇인지 분별하도록 하라"고 했다. 영어로 보면 더욱 의미가 분명하다. "Do not be conformed to this world, but be transformed by the renewing of your minds, so that you may discern what is the will of God - what is good and acceptable and perfect." 여기서 얼른 눈에 띄는 것은 be conform to란 말과 be transformed by란 말이다.

우리는 이미 하나님 앞에 산 제물로 바친 사람들임을 자인하고 있다. 우리는 하나님의 많은 은혜로 또는 넘치는 자비하심으로 구원받고 또 부름받았다는 것을 공인하고 있다. 따라서 우리가 하나님 앞에 전 존재를 바쳐서 그의 시키시는 일에 전념하는 것이 곧 진정한 예배라는 것이다. 여기서 개역개정판은 "영적 예배"(spiritual worship), 공동번역은 "진정한 예배"라고 했다. 그 전의 성경에

'합리적인 예배"라고 번역한 헬라어 '로기켄'은 물론 reasonable (합리적)이라고 직역할 수 있다. 그러나 '합리적'이란 말은 무슨 이치를 따지는 것 같아서 예배하는 마음을 표시하는 데는 합당치 않을지도 모른다. 하여튼 우리는 하나님의 기뻐하시는 뜻을 따라 전 존재로, 삶과 죽음을 송두리째 내던진 평생 사업(Life-work) 그 자체가 "참 예배 행위"라는 말일 것이다.

이제 우리는 이 conformed와 transformed의 단어로 돌아와 자신의 경우를 반성해 볼 수 있다. 우리가 이미 바친 몸임을 선언했다 해서 우리에게서 악마의 유혹이 모두 물러간 것은 아니다. 우리에게는 언제나 아주 교묘하게 우리를 함정에 몰아넣으려는 유혹이 마치 독가스처럼 우리 마음의 주변에 피어오르고 있다. 그 첫째는 시대(時代)의 풍조 "Ethos"라는 것이다. 바울은 이것을 "공중에 권세 잡은 자"라는 말로 상징했는데, 말하자면 '악령'의 입김이라 할까? 그리스도인은 이에 동형화(同形化, conformed to)하면서도 스스로 그것을 심각하게 느끼지 못한다. 이것은 사상과의 관계에서만이 아니다. 교회 생활, 세상에서 신앙생활 하는 데서 일어난다.

그리스도의 몸인 교회는 거룩한 영적인 공동체이다. 이 영적 공동체를 이루는 그리스도인, 개인은 비록 그가 거룩함을 결핍하고 있다 할지라도 영적 공동체로 받아들여진다. 신학자 폴 틸리히는 "개인은 영적 공동체에 영적 인격으로 참여하는데, 그러한 방법으로 어떻게 교회에 참여하는가"에 대해 묻고 있다. 이에 그는 회심 사건이야말로 한 개인이 영적 공동체에 들어오는 순간을 이룬다고 주장한다.

회심 사건이 가시화되기까지 알게 모르게 오랫동안 성숙 과정이 있었던 것이므로, 그것이 순간적인 결단이나 각성으로 나타난 사건이라 해서 단순히 순간에 이루어지는 것으로 이해해서는 안 된다고 본다. 그러나 그는 이와 같은 내용이 회심의 본질이라고 보지 않는다.

회개를 뜻하는 히브리어 '슈브'(shubh)는 특히 사회적이며 정치적인 상황에서 자신의 길을 전환하는 것을 말한다. 곧 불의에서 정의로, 비인간성에서 인간성으로, 우상에서 신(神)에게로의 전향이다. 헬라어 '메타노이아'는 같은 뜻을 포함하지만, 인간의 심정과 관련해서 순간에서 영원으로, 또는 자신에서 신(神)을 향한 전향을 의미한다는 것이다. 그리고 라틴어 '콘베르시오'(conversio)는 공간적 이미지를 지적(知的)내용과 합일시키는 의미가 있다고 한다. 틸리히는 이 같은 어원 이해를 근거로 해서 두 가지 사실에 집중한다. 전자는 실존적(實存的) 소외(疎外)에 구속당하는 것이고, 후자는 영적 현존으로 인하여 창조된 새로운 존재이다. 전자는 '회개'를 통해서, 후자는 '믿음'을 통해서 일어난다. 회개와 믿음은 잠재적으로 있는 상태에서도 회개와 믿음을 창조한다. 이 상대적 회심은 카이로스의 순간, 영적 현존에 사로잡힌 자에게서 이루어지는 회개와 믿음의 사건이 중심적 계기가 되어 일어난다는 것이다. 이것은 어떤 사람도 창조주의 영적 현존밖에 있을 수 없음을 의미한다. 그러므로 영적 현존이 경험되는 카이로스의 순간은 누구에게나 주어진 것이다. 여기에 모든 사람을 향한 복음 전도의 가능성과 당위성이 있다. 이 같은 맥락에서 틸리히는 복음주의자들이 말하는 회심 이해를 지지한다.[1]

4. 난세를 사는 사람들

한국 역사에서 삼국시대나 고려시대는 그만두고 이조시대만 하더라도 임진왜란, 병자호란을 겪었고 그 후에 일제강점기 36년, 해방과 분단, 미군정, 이승만 정권, 6.25동란, 4.19혁명, 군사정권 쿠데타 등등, 마치 태풍에 이엄이엄 밀려드는 격랑같이 우리 역사의 물결은 거세였다. 그럼에도 이럭저럭 살아남아서 거센 난리의 물결이 지난 다음에는 피난 갔다가 제 고향으로 찾아와서 살아남은 것이 말하자면 민중이다. 그래서 하루살이같이 이럭저럭 살아온 것이 대를 이어 민족의 습성이 되었는지 모른다. 아무튼 몹시 어렵게 살아온 민족이다.

난세를 사는 삶의 타입을 몇 가지 생각하며 우선 고고(孤高)를 들수 있다. 맹자(孟子)는 이것을 깨끗한 거룩함이라(聖之淸)고 했는데, 말하자면 "고고"(孤高) ― 외롭게 높은 삶으로 난세를 걸은 사람이라 하겠다. 우리 한국에도 이런 타입의 의로운 분들이 많다. 고려왕조가 망할 때 포은 정몽주 선생과 두문동(杜門洞) 72현(賢), 세조때의 사육신(死六臣), 생육신(生六臣), 한일합병을 앞두고 순국한 민충정공, 1907년 네덜란드의 헤이그 세계평화회의에서 고종의 밀사인 이준, 이상설, 이위종은 호소문을 제출하려다 거부되었고 이에 분사한 이준 등등이 모두 이 고고의 타입이다. 그리고 일제 말 신사참배 강요 때, 투옥된 분들, 순교한 주기철 목사 등도 그 부류

---

1 Paul Tillich, *Systematic Theology*, III (1967), 218f.

에 속한다. 그리고 군사독재 시절에 개인 자유와 사회정의와 국민
주권을 되찾기 위하여, 인권을 회복하기 위하여, 투옥되고 감금, 또
는 연금된 많은 양심범도 같은 부류에 속한다고 할 것이다.

또 하나는 "진리"(眞理)를 증거하는 것이 난세를 사는 좀 더 적
극적인 삶이다. 요한복음에는 "진리가 무엇이냐?"는 질문이 나온다
(요 18:38). 빌라도 앞에서 예수님은 "네가 말한 대로 나는 왕이다.
나는 진리를 증거 하려고 났으며 진리를 증거 하려고 세상에 왔다"
(요 18:37)고 했는데, 요한복음 14:6에서는 "내가 곧 길이요, 진리
요, 생명이다"라고 말씀한다. 그리스도는 진리의 증언자라고 하기
보다는 진리의 화신이란 말이다. 그리스도를 보면 진리를 본 것이
고, 그리스도를 믿으면 진리를 믿는 것이고, 그리스도를 따르면 진
리를 따르는 것이고, 그리스도 때문에 고생하면 진리 때문에 고생하
는 것이 된다는 말이다. 특별히 그리스도는 "말씀"에 머물지 않고 그
"말씀"이 "몸"을 이루어 인간이 된, "주체"로서의 "말씀"이라는 데 강
점이 있다.

우리는 한국인으로서 귀중한 강점이 있음을 상기하고 싶다. 그
것은 우리 그리스도인의 생활이다. 아직도 분단의 아픔 속에서 고난
받는 민족이지만 "수난의 종" 이스라엘과 사명을 같이할 수 있으며
특히 고난받는 그리스도와 함께 그의 고난을 나눌 수 있다. 이는 5
천 년 수난의 역사를 이겨온 우리 민족으로서는 할 수 있는 일이며,
그렇게 하는 그날에는 그리스도의 영광에도 동참하게 될 것이다.

우리는 한때 나라 없는 백성으로 천덕꾸러기 같은 처지였다. 그
러나 우리가 그리스도의 제자로 그리스도의 고난에 동참하고, 그리

스도의 사랑 안에서 모든 인간을 사랑하며 돕는다면 우리 안에는 하나님의 아들로서의 품격이 이루어질 것이고 그 내재적인 빛과 존엄이 모든 경멸과 천대를 성화할 것이다.

그리스도인의 새 생활이란 것은 자유하는 주체로서 능동적이고, 사회적이고, 상황적이면서 창조적인 경우에만 건설되고 약진한다. 피동적으로 상황에 적응하고 남을 모방만 하고 자기 안전 제일주의에 농성하고 보수(保守)에만 급급하면 구차스러운 생존은 가능할지 모르지만, 건설적인 그리스도인의 새 생활은 기대하기 어렵다. 그래서 우리는 신앙과 생활 관계에 있어서 "신앙생활"이란 하나님의 의(義)의 실현을 위한 올바른 신앙인의 삶, "생활신앙"으로 바뀌어야 한다고 믿는다. 새로운 존재로서 하나님의 뜻을 분별하고 체득하는 생활이고 날마다 삶을 통해 드리는 새로운 예배라고 한다.

5. 주 예수보다 더 귀한 것은 없네(찬송 94장)

어둠이 지배하는 이 세대를 본받기를 거절하고 이 세대 속에 빛나고 아름다운 증언을 남겼던 미국의 한 그리스도인이 있다. 그는 유명한 오페라 가수였던 하인즈(Jerome Hines)로 그의 소원은 뉴욕의 메트로폴리탄 오페라 무대 위에서 노래하는 것이었다. 그는 목표를 향해서 피나는 연습을 했다. 그리고 드디어 뉴욕 메트로폴리탄 오페라단의 가수가 되었다. 그런데 그는 입단 후, 자신이 그동안 추구해 온 것이 겨우 이것이었단 말인가 하며 말할 수 없는 공허감(空虛感)에 빠져들기 시작했다.

어느 날 그는 뉴욕의 자기 아파트에서 공허한 가슴을 달래기 위해 텔레비전을 켰다. 마침 빌리 그래함 목사의 전도대회가 방영되고 있었다. 빌 목사님의 설교가 시작되기 직전에 한 분이 나와서 찬양을 시작했다. "주 예수보다 더 귀한 것은 없네. 이 세상 부귀와 바꿀 수 없네." 조지 베벌리 쉐아(George Beverly Shea)라는 이가 바리톤의 영감 있는 목소리로 찬양하는 모습을 보면서 하인즈(Jerome Hines)는 충격을 받기 시작했다. '저 사람도 나처럼 지금 내가 섰던 무대에서 노래할 수 있는 사람인데 왜 저기서 저런 노래를 부를까?' 그는 의아해하며 빌리 그래함 목사의 말씀을 들었다. 그리고 그날 말씀을 통해서 죄악 속에 있었던 자신의 삶을 하나님 앞에 자백하고, 텔레비전 앞에서 하나님께 항복하고, 예수 그리스도를 자신의 구세주로 영접했다.

이제 그는 변하기 시작했다. 그가 변하자 많은 사람으로부터 충고를 받는다. 어떤 사람은 당신은 오페라 무대를 떠나야 한다고 했다. 혹 어떤 사람은 오페라 무대는 당신과 같은 사람이 필요하니 계속해서 하나님의 영광을 위해서 노래하라고 격려했다. 그는 고민 끝에 오페라 무대에 계속 서기로 결정했다. 그러나 이제는 목적이 달라졌다. 더 이상 사람들의 박수갈채를 즐기거나 자신이 스타가 되기 위해서가 아니라, 하나님의 영광을 위하여 자신의 목소리가 어떤 사람들의 영혼을 구원하는 하나님의 도구로 쓰임 받기 위해서 그는 오페라 무대에 당당하게 서서 창조의 하나님을 계속해서 노래하기로 결단했다. 그는 거의 10년간 탁월한 오페라 가수로서 사람들에게 찬사를 받았으며 주께 영광을 돌리면서 오페라 가수로서의 삶을 지속했다. 그러던 어느 날 그는 오랫동안 원하던 오페라 작품의 주인공으로 뽑히게 되었다. 계약서에 서명한 후 연습을 시작했다. 그런데 서곡에 춤을 추는 장면이 나왔다. 그 춤은 거의 나체로 추어야 했다. 본래의 작품에는 그런 내용이 없었기 때문에 왜 이런 내용이 필요하냐고 물었고, 오페라 감독의 말이 현대인들에게 어필하기 위해서는 이런 방법이 필요하다는 대답이었다. 또한 자기가 부르는 노래의 가사 가운데는 저질스러운 욕설이 들어 있었다. 그는 마음이 아파서 원래 이런 가사는 없지 않은가 항의하며 부를 수 없다고 했다. 감독은 매니저를 찾아 의논하라고 한다. 그는 당시 유명한 빙(Mr. Bing)이라는 매니저를 찾아 항의하였다. 돌아오는 대답은 다른 사람을 쓰겠으며, 계약을 파기하는 쪽이 하인스이니 위약금을 물어야 한다는 것이었다. 그는 위약금을 지불하고 미련 없이 그 역할을 떠났다. 그의 간증집을 보면 오페라단 사무실에 사표를 던지고 나오는 그 순간 세상에 태어나 처음으로 진정한 기쁨을 경험했다고 고백하고 있다. 해가 저무는 뉴욕의 밤거리에서 쉐아가 불렀던 찬송을 밤하늘을 향하여 홀로 부르기 시작했다. "주 예수보다 더 귀한 것은 없네." 하인스는 진정한 자유와 참된 기쁨을 경험한 승리자였다.

6. 나가며, '평화의 사도' 프란치스코

프란치스코 성인(1182~1226)은 '가난한 이들의 벗'으로 알려져 있다. 부호의 아들로 태어나 젊은 날을 방탕하게 보내던 프란치스코는 몇 차례 삶의 위기를 겪은 뒤 통회하고 새사람으로 태어났다.

가진 것을 모두 포기하고 나병환자 같은 가장 낮은 곳에 있는 이들 속으로 들어갔다. 프란치스코 성인에게 따라붙는 또 다른 이름은 '평화의 사도'이다. 젊은 날 '명예와 무용의 중세 기사도'에 빠졌던 프란치스코는 화려한 무구(武具)를 갖추고 전쟁에 나갔다가 붙잡혀 1년 동안 포로 생활을 했다. 그러고도 기사(騎士)의 꿈을 버리지 못하고 다시 전쟁으로 향하던 중 하늘의 음성을 듣고 무구를 버렸다. 평화의 일꾼으로 거듭난 프란치스코는 이집트로 가서 십자군 전쟁 중단을 호소했고 그곳에서 술탄을 직접 만나 종교 간에 대화를 시도했다. "미움이 있는 곳에 사랑을, 다툼이 있는 곳에 용서를, 분열이 있는 곳에 일치를…." 프란치스코 성인의 기도가 한반도에 이루어지기를 기도한다.

2020년 3월 15일, 사순절 셋째 주

부활 신앙의 증언자들

막 16:1-8, 눅 24:13-35, 요 21:1-14

1. 두려움(빈 무덤)과 기쁨(출현) 이야기

부활 이야기는 안식일이 지난 첫날 새벽, '아직도 캄캄한' 미명의 이야기로 시작한다. 부활한 그리스도의 발견은 어둡고, 슬프고, 절망스러운 속에서였다. 확실히 예수님이 십자가에서 죽음을 맞이했을 때 어두움은 온 세계를 덮고 있었다. 막달라 마리아가 무덤을 찾은 것은 예수님이 운명하고 모든 희망이 다 사라진 때였다. 시체라도 찾으러 무덤에 갔다가 빈 무덤을 보고 시체마저 누가 훔쳐 갔다고 여겼으므로 절망 속에 눈물을 흘리지 않을 수 없었다. 구주로, 메시아로 믿고 그가 하늘의 권세로 이스라엘을 회복하고 로마와 원수 나라들에 대한 원한을 풀어줄 것을 기대했으나 다 헛된 것이었다.

마리아가 무덤에 와 빈 무덤을 발견하고 절망 속에 눈물을 터뜨리고 말았으나 천사의 음성을 들은 것은 바로 그 순간이었다. "그는 여기 계시지 않고… 살아나셨고 당신들보다 먼저 갈릴리로 가시리라"(막 16:7)고 제자들에게 전하라는 것이다. 무서워 떨며 아무에게 아무 말도 하지 못하는 여인들에게 예수님은 "무서워 말라"며, "가서 내 형제들에게 갈릴리로 가리라 전하라. 그들은 거기서 나를 만나게 될 것이다"(막 16:7)라고 했다. 빈 무덤에 놀란 제자들에게 이 사실을 고하자 저들 모두는 어찌할 바를 몰랐으나 예수는 이런 자들에게 나타나신 것이다. 물론 부활한 그리스도는 모든 사람에게 나타난 것이 아니다. 다만 하나님이 택한 소수의 증언자에게 나타났다. 여기서 깊이 유념할 것은 부활하신 예수님은 세상 모든 사람에게 다 알아보도록 나타난 것이 아니라 예수를 잃고 슬퍼하며 그를 찾던 하나님의 택한 증언자들에게 나타났다는 사실이다.

2000년 전, 예수께서 부활한 그때에도 그는 로마인이나 희랍인, 유대교인들, 누구나 다 볼 수 있게 나타난 것이 아니다. 문을 잠그고 모여 있는 제자들에게 나타났고, 바닷가에 나타나 물을 마시고 생선을 먹었다고 하지만, 도대체 어떤 모습의 예수인지에 대해서는 증명할 길이 없다. 예수는 택함받은 소수의 제자, 비록 저들이 두려워하고 슬퍼하며 실망 가운데 있었으나 그들에게 나타나 보였다는 증언이다. 그들을 향해 바울은 "여러분은 더는 지상에 있는 것들에 마음을 두지 말고 천상에 있는 것들에 마음을 두십시오. 여러분이 이 세상에서는 이미 죽었기 때문이다. 여러분의 참 생명은 그리스도와 함께, 하나님 안에 있어서 보이지 않다"(골 3:2-3)고 선언한다. 부활 증인의 역사적 정확성을 잘 알 길은 없으나 부활의 역사적 사건 여부를 따지기보다는 우리 삶의 한 방도로 삼으라고 한다. 그리고 부활 증언을 그렇게 받고 사는 사람들은 하나님의 놀라운 은총을 발견하며, 비로소 흘린 눈물은 기쁨으로 변하며, 삶은 의미 있게 된다는 것이다. 부활의 그리스도께서 주시는 부활 신앙을 증언하며 산다는 것이다.

2. 엠마오 도상과 디베랴 바닷가에 출현한 부활의 예수

예수 부활을 증거하는 여러 본문 중, 엠마오 도상의 이야기(눅 24:13-35)와 디베랴 바닷가의 사건(요 21:1-14)을 보자. 이 말씀들은 죽음을 이기고 살아날 것이라는 예수의 약속을 잊은 채, 공포에 질려 그에게서 멀어지려고 발길을 재촉했던 제자들의 이야기를 기록한 엠마오 도상과 사람을 낚는 어부로 불림을 받았지만, 스승을 잃은 절망 속에 다시금 고기 잡는 어부로 전락한 제자들의 일터인 디베랴 바닷가를 배경하고 있다. 이 두 공간은 부활의 실재를 만나지 못한 채 죽음을 두려워하며 일상적인 삶에 길들어가는 우리 삶의 현장과 다르지 않다. 죽음을 이길 수 있는 장사가 없다는 것은 경험적 진리이다. 누구도 죽음과 맞서 죽음을 이겨낸 사람이 없다. 많은 경우 그것을 회피하거나 그에 관한 허술한 이해를 했을 뿐이다. 예수님과 더불어 3년간 생활을 했고, 그 말씀이 범상치 않았고, 행한 기적들로 인해 마음을 빼앗기기도 했으나, 다시 살아나 갈릴리 해변에서 만나자는 예수의 말씀만큼은 도무지 믿을 수 없었다. 골고다 언덕에 세워진 예수의 십자가가 너무도 처참하게 느껴졌을 뿐이다. 예수를 죽이라는 동족의 목소리가 너무 커서 두려움에 떨어야만 했다. 혹자는 예수님이 자신들이 원하는 이스라엘의 해방자가 될 수 없다는 실망감에 아예 부활을 기대하지 않았을 수도 있다. 어느 경우든 예수를 따랐던 무리는 뿔뿔이 흩어져 제 살길로 접어들었다. 좌절과 두려움 또는 실망감이 너무 커서 이들은 신의를 저버린 것에 대한 일말의 죄책감도 느끼지 못했다.

디베랴 바닷가에서 다시 그물을 드리워 고기를 잡는 베드로 형제들의 허탈한 심정을 이해할 수 있을 것 같다. 깊은 곳에 그물을 내리라는 상식 밖의 명령을 받고 만선의 기쁨을 누렸던 그 경험을 마음속에 담아 둔 그들이 아니었는가? 그런 그들마저 지금 희망도, 기쁨도 없이 단지 생존을 위해, 배고픔을 달래기 위해 어부로 살고 있다. 하지만 이것이 과연 삶일까? 그렇게 산다고 해서 삶이 되는 것일까? 삶이 아니라고는 할 수 없겠으나, 부활하신 예수는 그런 삶으로 되돌아가도록 방치하지 않으셨다. 그럴수록 부활 사건이 우리 삶의 현장에서 계속되는 것임을 잊지 말아야 한다. 부활이 그리스도교 신앙의 핵심인 이유도 바로 여기에 있다. 이미 우리가 교회 안에 들어와 있다고, 교회 경력이 십수 년이 된다고 자랑할 이유가 하나도 없다. 우리는 너무도 쉽게, 어떤 경우에는 자신도 모르게 엠마오 도상에 머물며, 디베랴 바닷가에서 반복적으로 그물을 던지고 있는 존재들이기 때문이다. 우리는 여기서 실패한 제자들과의 진정한 삶의 대화를 나누며 자아 반성의 기회로 삼아야 하지 않을까 싶다.

3. 주님의 현현에서 부활의 신앙체험

두 본문의 엠마오 도상과 디베랴 바닷가 이야기는 또 다른 핵심

사안을 보여주는데, 그것을 우리는 부활 신앙이라 할 수 있다. 낙심하고 절망 중에 제자들에게 부활하신 주님이 현현하지만, 전혀 알아보지 못하는 방식으로 그들 곁을 지나셨다는 사실이다. 엠마오 길에서는 낯선 나그네의 모습으로, 디베랴 바닷가에서는 배고픈 존재로 제자들에게 다가왔다. 우리는 여기서 부활의 신앙을 새롭게 접할 수 있다. 부활한 예수님이 변장을 했다거나, 전혀 다른 모습으로 변모했다고 생각할 수 없다. 부활의 주님께서 손의 못 자국과 옆구리의 창 자국을 보여주셨다는 기록도 있기 때문이다. 그럴수록 우리의 관심은 성서 기자가 한 곳뿐만 아니라 두서너 곳에서 제자들이 부활한 예수를 알아보지 못했다고 기록한 이유가 무엇일까 하는 데 있다. 3년간이나 예수를 따라다닌 그들이 예수를 몰라보았다는 것은 상식적으로 이해할 수 없는 대목이다. 하지만 이를 이해할 수 있는 실마리가 없지 않다. 고기를 잡던 제자들이 자신에게 말을 걸고 있는 예수를 처음에는 알아채지 못했으나 그들이 잡은 고기를 함께 나누고 빵을 뗄 때 비로소 눈이 밝아져 자신들과 대화하는 이가 예수님인 줄 알게 되었다 했다.

엠마오 도상에서도 함께 유숙하며 빵을 뗄 때, 눈이 밝아져 예수이신 것을 알아보았다고 하였다. 이른 새벽, 부활하신 주님을 만난 막달라 마리아 역시 그가 동산지기인 줄로만 알았다고 하는 기록을 남겼다. 이렇듯 성서 기자들의 의도를 생각건대, 그들은 부활의 주님이 삶의 현장 곳곳에서 즉 때로는 목마른 자로, 때로는 지친 나그네로, 굶주린 이로, 학대받는 어린아이, 또는 쪽방에서 몸 파는 여인의 모습으로 그리고 노동하러 이 땅에 온 외국인 근로자의 모습으로 나타날 수 있다고 가르치고 있다. 우리가 무심코 지나쳐서 인식하지 못할 뿐이지 마음을 다할 때(Mindfulness), 그들은 내가 범접할 수 없는 신앙으로서의 타자가 된다는 사실이다.

우리의 삶을 돌이켜보면 일상생활 속에서 마음을 다하지 않고 사는 경우가 너무 많았음을 자인한다. 일상생활 속에서 마음을 다하지 않고 사는 경우가 허다하다. 항상 옆에 있는 가족이지만 마음을 다하지 않으면 그들은 항상 있으나 없는 것과 마찬가지의 존재일 뿐이다. 자신의 주변에 수 없는 존재들이 있으나, 실상은 없는 것처럼 무심하게 살아가는 우리에게 부활의 신비와 부활 신앙은 경험되지 않을 것이다. 살아생전 예수께서는 제자들과 우리에게 다음과 같은 물음을 던지셨다. 내가 목마를 때 물을 주었고, 감옥에 갇혔을 때 찾아온 적이 있느냐고 말이다. 약하고 힘든 그들에게 한 것이 곧 예수 자신에게 한 것이라고 가르친 것이다. 해마다 부활절은 오지만 부활은 새로운 사건으로서만 존재한다. 우리 옆을 스쳐 가는 수많은 사람 속에서 부활한 예수를 찾아 만나야 하는 까닭이다. 부활 신앙을 갖고 삶을 영위하는 복된 그리스도인이 되어야 한다.

4. 부활의 날에 있었던 한국 첫 선교사들의 역사

135년 전, 4월 5일 부활절 아침에 장로교 선교사 언더우드 목사와 감리교 선교사 아펜젤러 목사가 인천 항구에 첫발을 함께 내디뎠다. 그들은 젊은 날의 좋은 것 뒤로 하고 자신들 삶을 셈하지 않은 채로 멀고 낯선 은둔의 나라, 한국 땅에 그리스도교 진리의 복음을 위해 자신들의 삶을 바치고자 한 까닭이다. 부활은 물론이고 그리스도교란 말조차 생소했던 우리 민족에게 그들의 '발길'이야말로 참으로 고맙고 고귀한 일이었다. 그로부터 정확하게 135년이라는 긴 세월이 훌쩍 지났다. 실로 그 선교사들로 인해 수백만 명의 신도를 거느려 장자의 교단이 된 장로교회와 감리교회는 이 선교사들의 공로를 기념하게 되었고 그들로 인해 한국의 개화가 시작되었고, 부분적이긴 하나 독립의식이 싹텄으며, 후에 민주화, 경제화의 길이 열렸다. 분단을 겪으면서 '고난의 길이란 이것이구나' 실감하게 되었고, 평화로 하나 되는 길이야말로 '부활이다'라고 깨닫게 되었다.

하지만 오늘의 교회는 한국의 첫 선교사들이 걸었던 '길'에 대한 감각을 놓쳐버린 게 아닐까 싶어 안타깝다. 혹자는 한국교회의 병폐로 영적 치매, 영적 자폐 그리고 영적 방종을 들고 있다. 이제 우리는 선교사들의 깊은 뜻과 그들이 걸었던 '길', 그에 대한 감각부터 회복해야 옳은 것이다. 그 당시 낯설고 물설은 죽음의 길, 이 '길'에 자신을 던졌던 일로 인해 부활은 분명코 이 땅에 새롭고 충격적인 사건이 되었다.

그러나 오늘의 부활은 우리의 삶과 역사적 사건을 만들 수 없고 삶을 창조하지 못함을 직시할 수 있어야 한다. 부활은 교회나 지난 역사의 한 조각일 뿐이라는 생각에서 벗어나야 한다. 오늘 우리 그리스도인은 부활은 우리 삶을 새롭게 구성, 창조하는 사건이 될 수 있도록 해야 한다. 그리스도 안에서 '새로운 피조물'이 되었다는 바울의 말씀을 실현해야 한다. 태초의 천지창조가 있었듯 부활 역시 우리를 새로운 피조물로 만드는 사건이다. 한국의 첫 두 선교사를 통해 이 땅, 이 민족에게서 부활의 신앙 사건을 만들어 준 135년 전, 부활절을 재현시켜야 한다. 그들로 하여금 이런 '길'을 걷게 한 부활의 아침을 우리도 맞고 싶다.

5. 본회퍼는 부활 신앙의 증언자

정확히 75년 전, 한 독일 신학자가 히틀러 치하의 감옥에서 나치 정권에 의해 처형당했다. 그 이름은 본회퍼, 천재 신학자로 불렸던 그가 39살의 나이로 1945년 4월 9일 아깝게 목숨을 잃은 것이다. 본회퍼가 없었다면 당시 독일에 히틀러를 메시아로 고백한 다수의 교회는 세상에, 역사 앞에 고개를 들 수 없었을 것이다. 유대인에게 독일 시민권을 비롯한 일체 권리를 빼앗고자 하는 히틀러의 광기에 독일교회는 동조했으나, 본회퍼를 비롯한 극소수의 그리스도인들만이 이에 저항했던 까닭이다. 그렇게 하여 '고백교회'가 탄생한 것이다. 히틀러 정권에 맞서다 본회퍼는 저항의 화신(化身)으로서 그의 삶을 마감해야만 했다. 본회퍼 그에게도 다른 길, 다른 선택이 가능했으나 본회퍼 그는 이 '길'을 피하지 않았다. 그의 실력을 알아보고 전체주의(파시즘) 체제로부터 그를 미국으로 피신시킨 신학자 그룹이 있었다. 라인홀드 니버를 비롯한 미국의 유명 신학자들이 그에게 1939년 미국 유니온신학교에서 가르치고 연구할 기회를 주었다. 새로운 경험을 하며 한순간 독일을 잊을 수 있었으나 본회퍼의 마음은 한 시도 편하지 않았다. 날로 악화되는 조국의 정치적 상황을 언론을 통해 접했기 때문이다. 급기야 몇 개월이 지나지 않아서 동료들의 만류에도 불구하고, 자신의 미래가 위험에 처할 것을 알면서도 본회퍼는 귀국을 선택한다. 이런 결정 이면에는 다음과 같은 사건이 있었다. 어느 날 성서를 읽다가 본회퍼는 디모데후서의 한 말씀에 눈길을 멈추었다. 바울의 제자 디모데를 향한 교회의 간절한 청원을 담은 것으로 본문은 이렇다. "겨울 전에 너는 어서 오라…"(딤후 4:21). 본회퍼는 이 말씀을 독일교회가 자신을 부르는 말씀으로 읽은 나머지 괴로워했다. 당시 그의 일기 한 토막을 소개한다. "이 말씀은 온종일 나에게서 떠나지 않고 있다. 마치 잠시 휴가를 받아 고향에 머물다가 다시 전투에 임해야 하는 병사처럼… '겨울 전에 너는 어서 오라.' 나는 이 말씀을 나 자신의 삶에 적용하더라도 한 치의 오류가 없을 것이라 확신하였다." 독일행 배 위에서 기록한 이런 말도 남아있다. "이 배를 타고 나서부터는 나의 앞날에 대한 염려가 사라졌고, 미국 체류에 대한 아쉬움 역시 없어졌고, 후회가 되지 않았다." 미국에 체류했다면 39살의 나이에 죽을 이유가 없었을 본회퍼 목사, 그런 그에게 하나님은 이 '길'을 걷게 하셨다. 그의 죽음이 없었다면 교회가 죽어야 했던 탓에 하나님은 예수 생애 마지막 일주일에 예수님이 걷던 그 '길'로 본회퍼 그를 몰아세운 것이다.

그 '길'은 자신의 삶을 이해하지 못하는 제자들을 향해 피를 토하듯 뱉으신 "누구든지 나를 좇고자 하면 자기를 부정하고 자기 십자가를 지고 좇으라" 했던 바로 그 '길'은, 바로 이 '길'과 같다. 그리스도가 유일한 '길'이란 말은 죽음을 각오한 본회퍼의 귀향길과 다를 수 없다. 이 길은 그리스도인들 앞에 제시된 '새길'로 국가에 맞서 개인을, 총칼에 맞서 양심을 살려낸 부활의 길이었다. 한 알의 밀알이 땅에서 죽었기에 새로운 생명이 움튼 것이다. 부활은 교리가 아니라 삶의 리얼리티이다. 그렇기에 성서는 고난을 피하려는 우리에게 오히려 그것이 유익하다 감히 말하고 있다. 이것이 본회퍼가 고난을 주제로 한 '시편 명상'을 특히 좋아한 이유이다. 본회퍼 그는 진실로 오늘도 우리 곁에 살아서 부활 신앙의 증언을 하고 있다.

초대교회 성도들에게 예수가 주님이시라는 고백은 로마제국이, 아니 그 어떤 군주라도 그가 주님일 수 없다는 뜻을 지녔다 한다. 언더우드와 아펜젤러의 길, 본회퍼 목사의 길 그리고 세월호의 길과 아직도 깊은 어둠의 나락에 신음하는 분단의 땅, 이 민족에게 분단(고난)과 부활(통일)을 가야 하는 험한 그러나 그리스도와 함께 용기와 지혜로 나아가야 할 평화통일, 평등과 생명의 길이 새 하늘 새 땅으로 전개되기를 바라는 것이다.

6. 끝내는 말

그리스도인들이 부활 신앙을 가진다는 것은 아무리 인간의 불의와 죄악과 미움이 기승을 보일지라도 결국 최후의 승리는 하나님께 있다는 진리이다. 그리스도의 승리는 이를 증명하되 이 승리는 이제 시작이라는 것이 신약성서의 증언이다. 아무리 세상의 악과 인간의 죄가 강하여 하나님의 진·선·미를 다 무너뜨리고 더럽힐 것 같이 위협할지라도 하나님은 죄악이 온 세상을 뒤덮도록 허락지 않는다.

오늘의 역사 속에서의 그리스도인의 부활 신앙의 삶은 1년의 한 주일로 가두어서는 결코 안 된다. 우리 생의 모든 날을 부활의 기쁨과 확신으로 살면서 그 증언자가 되어야 한다. 우리 그리스도인들이 확신과 기쁨, 사랑과 감격에 찬 삶을 살게 될 때 세상은 이런 우리의 생과 신앙공동체의 하나님 나라, 하나님 선교의 운동을 보면서 하나님께 영광 돌리고 땅에서는 참된 평화를 누리며 살게 될 것이다.

러시아정교에서는 그리스도의 탄생보다 부활을 신앙의 핵심으로 간주하는데 수난을 영성 생활의 일부로 받아들임으로써 부활의 영광과 기쁨에 참여하려는 것이다. 빠스쩨르나끄는 〈성대주간〉이라는 시(詩)에서 길고 추운 겨울 뒤에 찾아오는 봄과 어둠을 물리치는 빛 그리고 죽음을 정복하는 그리스도의 부활을 같은 맥락에서 노래한다.

본회퍼의 〈부활을 누릴 수 있을까?〉라는 시(詩)도 이 메시지의 의미를 더 깊게 한다.

부활절은, 어둠이란 아무것도 아니며 죽음 역시 생명의 한 과정일 뿐이므로 결국에는 빛이 승리할 수밖에 없다는 식의, 빛과 어둠의 싸움에 관한 이야기가 아니다.

부활절은 겨울과 봄의 싸움이라든지, 얼음과 태양의 싸움에 관한 이야기도 아니다. 부활절은 하나님의 숭고한 사랑에 대항해서 싸우는 죄인들, 더 나은 표현을 들자면, 죄 가운데 있는 인류를 향한 하나님의 숭고한 사랑의 싸움이다.

성금요일, 그 싸움에서 하나님은 패자가 된 것처럼 보이다. 그러나 하나님은 패자가 되심으로, 아니 스스로 패자가 되는 길을 선택하심으로 부활절에 승리하셨다.

　시인 박목월의 〈부활절 아침의 기도〉라는 시가 있다. 이 시에는 예수의 죽음 이후 여인들이 향유를 바르러 무덤을 향해가면서 '무덤이 돌문으로 막혀 있을 텐데 어떡하지!'라고 걱정하는 부분을 소재로 한 대목이 있다.

　'나'라는/이 완고한 돌문을/열리게 하옵시고
　당신의 음성이/불길이 되어/저를 태워주십시오

　우리는 세상을 살면서 외롭고 힘들수록 마음의 문을 더욱 닫아걸려고 한다. 그러나 예수 그리스도가 돌문을 열고 부활하신 것처럼 닫혔던 우리의 마음 문 또한 열려야 한다. 다른 사람을 향하여 닫힌 마음의 문이 열려야 하고, 어둠 속에 있는 내 마음의 빗장을 열고 나와야 한다. 이것이 부활의 역사이다.

　부활절, 과거에 일어난 사건을 기념하는 것으로 끝나지 않아야 한다. 부활 신앙이 오늘 우리에게 현재적으로 일어날 수 있기를 소망한다.

2020년 4월, 부활절

십자가의 신학과 숨어계신 하나님

고전 1:18-25, 2:1-5, 갈 2:20

1. 시작하는 말

역사는 어떤 목적을 향하여 발전하는 것인가? 현대 세계사에서 한반도 분단의 역사는 어떤 의미가 있는 것일까? 지구상에 유일하게 남북 분단국으로 남아 무고한 민중들만 신음하고 있는 현 상황은 어떤 숙명으로 받아야 할까? 아니면 세계사의 새로운 창조를 위해 어떤 세계적 사명이 있는 것일까? 우리는 이러한 질문을 하지 않을 수 없는 실존적 역사적 상황 속에서 살고 있다.

어떤 철학자는 역사는 자유의 완성을 향해 달려가고 있는 것이라 했고, 역사가 토인비는 역사는 우주적 교회(universal church)의 실현을 위해 달려가는 것이며, 어거스틴은 그의 『신국』(神國)에서 하나님의 사랑의 완성을 향하여 나아간다고 했다. 그 자유와 사랑과 평화의 역사 완성을 위해 발전해가는 것이 역사라는 말이다. 그런데 우리 한반도는 오랜 역사를 가졌으면서도 2차 세계대전 이후 강대국에 의해 우리의 의사와는 상관없이 분단의 아픔을 떠안게 되었다. 그럼에도 우리 한민족은 이 분단을 포기하지 않고 자유와 사랑과 평화의 통일실현을 목표로 삼고 통일운동을 전개하여야 한다. 이는 우리 한민족의 역사적 사명이기 때문이다.

한반도 주변에서는 군사 연습을 하면서 말로는 통일을 무성하게 주고받고 하는 실정이다. 그러한 의미에서 종교개혁자의 십자가의 신학과 숨어계시며 역사하시는 하나님을, 특히 한국사에서 고난의 의미를 고찰해 보고자 한다.

2. 그리스도교와 십자가

"누구든지 나를 따르려거든 자기를 버리고 자기 십자가를 지고 나를 따르라"고 예수는 명령하셨다. 십자가를 진다는 것은 죽는다는 말이다. 당장 죽지 않아도 언제든지 그리스도를 위하여 죽을 각오를 하고 하루하루를 죽으면서 사는 삶의 태도를 말한다. 바울은 "자기는 날마다 도살장으로 끌려가는 양같이 살고 있노라" 했다.

그리스도교에서 십자가는 이미 2세기 중엽부터 그리스도교의 상징으로 사용되어 오다가 마침내 정착되었다. 로마제국의 처형대인 십자가 틀이 어떻게 종교의 상징이 될 수 있었을까? 무엇보다도 콘스탄티누스 대제(313년) 이래로 로마제국의 지배 이데올로기 역할을 한 긴 역사를 가진 그리스도교가 이것을 고수해왔다는 것은 기적에 가까운 일이다. 그리스도교가 권좌에서 영광을 향유하는 동안 예수상은 날로 영광의 승리자로 승격되어 갔기 때문이다. 사실

한때, 십자가보다 무덤을 박차고 손에 승리의 깃발을 들고나오는 승리의 예수상이 그리스도교의 상징처럼 그 중심에 등장했다. 그럼에도 불구하고 십자가 틀이 그리스도교의 상징으로 계승된 것은 바울의 영향에서 보아야 한다.

바울은 역사의 예수에 대해서는 거의 기록이 없는 것으로 유명하다. 그럼에도 바울은 역사적 사건으로, 가장 확실한 예수의 죽음만은 중요시했으며, 이 사건 위에 자신의 신학을 정립했다. 바울은 예수의 '죽음'을 말하는 대신 예수의 죽음의 역사적 사건(정치적으로 죽임당함)을 가장 잘 나타내는 십자가를 말했다(고전 1:17-18). 바울은 자신의 사상 중심에 십자가 사건이 있다고 말한다. "내가 너희 중에서 예수 그리스도와 그가 십자가에 못 박히신 것 외에는 아무것도 알지 아니하기로 작정하였음이라"(고전 2:2). 물론 이 말씀의 배경에는 아덴 선교에서 겪은 쓴 경험이 깔려있지만, 바울로서는 비장한 새로운 결단 하에서 나온 말씀이다.

우리는 바울에게서 예수는 언제, 어디서, 왜, 누구에게, 어떻게 십자가에 처형되었는지 알 수 없다. 그러나 바울은 십자가의 의미를 자세히 제시해 준다. "우리는 십자가에 못 박힌 그리스도를 전하니 유대인에게는 거리끼는 것이요 이방인에게는 미련한 것이로되 오직 부르심을 받은 자들에게는 유대인이나 헬라인이나 그리스도는 하나님의 능력이요 지혜니라"(고전 1:23-24).

3. 십자가 신학에 대한 이해

순교 신학자 본회퍼는 루터의 십자가 신학을 값비싼 은혜(costly grace)로 풀이하였다. 『제자도』(*The Cost of Discipleship*)에서 그는 루터의 세속화 곧 수도원의 문을 박차고 나와 세상을 향해 십자가를 지는 행위를 값비싼 은혜라고 해석하였다. 참된 예수의 제자는 그리스도를 위한 고난을 세속 사회 속에서 짊어지고 그의 뒤를 따르는 것이다. 참된 제자직 수행이 없는 은혜, 십자가 없는 은혜는 값싼 은혜(cheap grace)일 따름이다.

루터의 십자가 신학의 빛에서 몰트만은 그의 저서 『십자가에 달리신 하나님』을 전개한 것이다. 엘리 위젤의 『밤』(*Night*)에 나타난 숨어계신 하나님을 몰트만은 루터의 십자가 신학과 연결한 것이다. 원인도 모르게 죽어가는 유대인의 죽음 속에서 지금도 신음하고 계시는 삼위일체 하나님을 해석한다. 몰트만은 루터의 신학이 너무나 실존적 차원에만 머물러 있다고 했고, 사회 윤리적 차원으로 전개되지 못하였음을 지적하면서, 오늘의 역사 현장에서 고난당하는 사람들과 함께 아파하시는 삼위일체 하나님의 역사적 해방운동을 해석한다.

4. 루터의 생애를 통해 나타난 십자가 신학

루터는 고난을 통해 우리가 하나님을 만날 수 있다고 믿으며, 고난을 통해 우리가 하나님의 자녀임을 증명할 수 있다고 생각한다.

여기에서 그는 고난은 인간을 겸손하게 만드는 제단이 된다고 말한다. 고난의 목적은 은혜요 정결함이다.

몰트만은 『십자가에 달리신 하나님』에서 재판을 받기 위해 보름스 국회(The Diet of Worms)로 가는 루터의 개혁적인 결단의 정점(頂點)을 이루었으며 그의 신학적 근거를 만들었다고 해석한다. 루터는 보름스 국회 이후 평생 정신적인 스트레스 때문에 불면증으로 시달렸고, 마침내 협심증으로 죽음을 맞이할 수밖에 없었다고 한다. 그러므로 그의 일생은 고난의 연속이요, 그의 십자가 신학은 프로테스탄트(Protestant, 항의자)로서의 고난체험 속에서 형성된 살아있는 신학(Living theology)이었다.

루터의 대학 시절에 성직자로서의 그의 소명 체험도 고난 속에서 이루어졌음을 우리는 익히 알고 있는 사실이다. 루터는 아버지의 요구대로 법학을 연구할 계획이었다. 그러던 중 방학을 맞아 집에 오다가 친구는 벼락을 맞아 죽고, 그는 당시 광부들의 수호성인 성 안나를 부르고 서원기도를 하였다. "성 안나여! 살려 주소서! 수도사가 되겠습니다." 이 서원은 심사숙고한 결단이 아니라 큰 위기의 순간에 그의 입에서 튀어나온 고백이었다. 1505년 7월 17일 아버지와 친지들의 반대를 무릅쓰고 어거스틴 수도회 소속 에르푸르트 수도원에 들어갔다. 루터가 수도원에 들어가게 된 가장 큰 요인은 영적 유혹, 즉 "자비로우신 하나님을 내가 어떻게 발견할 수 있을까?"라는 문제를 찾기 위한 기나긴 영적 투쟁의 결과였다. 이 질문은 "선행적 의인화"(work justification) 사상에 연결되어 있었다.

만일 그러한 영적 유혹이 없었다면, 당시 사람들은 자기들을 위해서나, 연옥에서 번민하는 가족들을 위해서나, 면죄부 같은 것을 사지 않아도 되었을 것이다. 초기 루터의 고민도 바로 이러한 영적인 관심, 즉 자비로우신 하나님을 만나고 구원의 확신을 얻는 것이었다. 루터의 영적 실존적 갈등과 번뇌와 갈급함의 내적 아픔, 심리적으로 해명할 수 없는 상태에서 그는 결국 성직에의 좁은 길, 순례의 길을 택했다. 루터는 그의 스승이자 어거스틴 수도원장이었던 스타우피츠(Staupitz)의 지도하에 1508~1509년 동안 영적인 문제를 신학적으로 극복하는 데 많은 도움을 받았다.

1510년 루터는 어거스틴 수도원이 규칙을 강화하고 재정비하는 일을 위해 대표로 뽑혀, 로마를 방문하여 로마교황청의 빌라도 법정 계단을 무릎을 꿇고 올라가면서 구원의 확신을 얻으려 하였으나 오히려 심한 절망에 빠지게 되었다. 그뿐만 아니라, 그의 로마 방문은 로마교회의 세속화를 개탄하고 비판하는 계기가 되었다. 그의 영적 갈망을 해결시켜주기는커녕 오히려 깊은 영적 시련의 늪에 빠지게 되었다. 에르푸르트로 돌아온 루터는 스타우피츠에 의해 다시 비텐베르크로 재임명되어 1511년 이후 계속해서 살다가 그곳에서 여생을 마치게 되었다. 비텐베르크는 그의 삶의 중심지가 되었고, 또한 그의 종교개혁신학과 운동의 중심지가 되기도 하였다.

1512년 10월 루터는 신학박사 학위를 받았으며 동시에 그는 성서 주석과 강의를 맡는 교수가 되었다. 루터는 스콜라주의의 기초를 이루고 있는 아리스토텔레스의 이성과 펠라기우스 주의의 자유의지에 비판을 가하기 시작하였다. 인간의 이성적 사변에 의해서나 자유주의적 결단과 선행의 노력으로 구원을 얻을 수 없음을 확신하기 시작하였다. 그리고 루터는 어거스틴 신학에 입각하여 구원을 얻는 인간 의지의 노예 신세를 강조하고, 믿음으로 은총을 통해서만 구원받음을 주장하게 되었다.

루터는 로마서 강해 중에 특히 1장 17절을 묵상하는 중에 무섭게 심판하시는 "하나님의 의"(righteousness of God)가 아니라, 우리를 용납하시고 사랑하시는 "하나님의 의"로 이해하게 되었다. 십자가 사건을 통하여 우리에게 베푸는 엄청난 용서의 은총을 믿으면 의롭다 하심을 받는다는 깨달음이었다. 그것이 1517년 10월 31일 비텐베르크 대학 성곽 예배당 정문에 게시된 95개 조 항의문으로 이어지게 된 것이다.

1519년 라이프치히에서 가톨릭 측의 존 엑크와의 논쟁이 그를 어렵게 만들었고, 1520년 결국 가톨릭으로부터 파문을 받고, 황제 찰스 5세도 루터를 법의 보호를 받지 못하는 사람으로 선포하게 된다. 1521년 보름스 국회에서 루터는 유명한 최후 진술 "하나님! 내가 여기 있나이다, 나를 도우소서"(Here I stand, help me, God!)를 남겼다.

그 후 루터는 프레데릭 4세의 도움으로 변장을 하고 바르트부르크(Wartburg)성에서 망명 생활을 하며 그동안 그는 깊은 미로 속에 있는 골방에서 쉬운 독일말로 신약을 번역하는 위대한 작업을 하였다.

1523년 이후 농민전쟁으로 루터는 종교개혁에 오점을 남기게 된다. 물론 논의의 여지는 있겠지만, 제후와 귀족계급을 옹호했고, 농민전쟁 지도자 뮌처나 농민들의 비난을 받게 된다. 1524년 에라

스무스의 『자유의지론』과 1525년 루터의 『노예의지론』 논쟁으로 인문주의운동과 완전히 이별하게 되는 아픔을 겪기도 하였다.

1525년 6월 13일 농민전쟁 중에 루터는 수녀였던 카타리나 본 보라(Katharina Von Bora)와 결혼하였다. 루터는 수녀원의 수녀들을 결혼시키는 중매쟁이 역할을 했는데, 마침내 모두 신랑을 찾아가고 카타리나만 남게 되었다. 그녀의 신랑감도 열심히 찾았으나 성사시키지 못하였다. 그래서 결국 그녀와 결혼함으로써 문제를 해결하였다. 장가를 가 준 셈이다. 수도사로서 수녀와 결혼했다는 이유로 가톨릭으로부터 타락한 성직자로 비난을 받았다. 이런 일화가 있다. 한번은 절망에 빠진 루터에게 용기를 주기 위해서 부인 카타리나는 검은 장례복을 입고 그를 맞이하였다. 그때 루터는 전능하신 하나님이 살아계시는데, 왜 그가 죽은 것처럼 절망하였는가를 반성하고 다시금 용기를 얻고 종교개혁을 성공적으로 이끌어 갈 수 있었다.

참된 신학자는 책을 읽고, 명상하고, 사변하는 데서 만들어지지 않고 삶과 죽음, 비난과 고난 속에서 만들어진다. 루터의 삶의 뼈아픈 고난의 십자가가 가시와 같이 그를 찔렀기에 그의 십자가 신학이 살아있는 신학(Living theology)으로 발전할 수 있었다고 볼 수 있다.

5. 숨어계신 하나님

루터는 우리의 신학은 오직 십자가뿐이다. 또한 그는 하나님의 속성의 양면성, 곧 계시하는 하나님과 숨어계신 하나님을 말한다.

예수께서 "어찌하여 나를 버리셨나이까?"라는 절규 속에서도 침묵하고, 외면하고, 숨어계신 하나님(the hidden God)은 숨어계신 방법으로 현존한다(the hidden presence of God).

루터의 십자가 신학은 다양한 방식으로 표현되었다. 신약의 바울, 고대교회 어거스틴, 중세의 베르나르, 현대의 키에르케고르의 저술에 나타나 있다. 루터의 십자가 신학의 독특한 점은 그의 히브리서 강해(1517~1518), 이른바 12:11 주석에서 나타난다. "무릇 징계가 당시에는 즐거워 보이지 않고 슬퍼 보이나 후에 그로 말미암아 연단 받은 자에게는 의와 평강의 열매를 맺나니"라고 한다.

루터의 하나님은 그리스도의 십자가 안에서 자신을 계시하시는 하나님이며 고통 속에 감추어진 하나님이다. 하나님은 십자가 처형의 고통과 치욕 아래 감추어져 있어 하나님의 계시는, 베일로 가려있다. 그러므로 "하나님이 그리스도의 십자가 안에서 자신을 계시하셨다"는 진술에는 두 가지 의미가 있다. ① 죄인들에 대한 하나님의 사랑은, 하나님의 아들이 우리의 모든 죄를 위하여 십자가에서 형벌을 받았다는 사랑으로만 알 수 있다. ② 십자가에 나타난 하나님의 사랑은, 우리가 자신의 십자가를 기꺼이 지는 한에 있어서만이 우리가 소유할 수 있는 것이다. 골고다의 그리스도의 십자가와 우리 자신의 십자가의 신비한 동일성은 루터의 십자가 신학의 본질적 요소이다.

루터의 십자가 신학은 근본적인 삼위일체의 방식을 따랐다. 창조자 성부 하나님, 구속자 성자 하나님, 구원자 성령 하나님은 십자가 안에서 계시되며 십자가를 통해서 우리의 구원을 이루신다. 이런 이유로 섭리, 구속, 구원은 모두 십자가의 표지 아래 위치해 있다. 우리의 신앙과 전 삶을 십자가에 순응시키는 성령은, 성부와 함께 우리의 구속을 성취한 성자에게로 그리고 하나님의 섭리 안에서 십자가에 달린 성자와 우리를 하나로 만드는 성부에게로 우리를 인도함으로 역사하신다. 이리하여 십자가를 감금하려 드는 교회나 종교의 영역과 세상의 영역 사이에 우리가 세우는 벽들을 부수었다. 이것이 루터의 십자가 신학의 본질이다.

중세 수도원의 경건에 뿌리를 가졌던 십자가 신학은 루터를 수도원 밖으로 이끌었다. 왜냐하면 진정한 십자가는 수도원 생활 중에서 스스로 선택한 것이 아니라 우리의 매일의 생활에서, 그의 계급이나 직업이 무엇이든 간에 시련과 고통이 따르기 때문이다. 십자가의 삶은 종교개혁 이전의 수도원에서의 금욕적 경건이나 고해실 안에서의 무절제한 시련이 아니라 이웃에 대한 매일의 봉사 안에 있다. 루터는 성·속의 영역으로 구분하는 것을 거부하였다.

루터는 "마리아의 찬가"(Magnificent)를 해석하면서 신앙과 기도에 대해 말할 때, 신성한 영역이 아니라 지상의 삶에 대해서 언급하며 올바른 기도를 아주 대담하게 묘사했다. "그의 팔로 힘을 보이사 마음의 생각이 교만한 자들을 흩으셨고 권세 있는 자를 그 위에서 내리치셨으며 비천한 자를 높이셨고 주리는 자를 좋은 것으로 배불리셨으며 부자는 빈손으로 보내셨도다"(눅 1:51-53). 여기에서 루터는 영적 굶주림과 갈증에 대해 말하는 것이 아니라 실제적인 육체적 굶주림과 갈증에 대해 말하고 있으며, 하나님의 일을 할 수 있도록 우리는 복음을 통하여 기아에 이른다고 말하고 있다.

6. 고당 조만식의 신앙과 순민(殉民)의 길

고당(古堂) 조만식(曺晩植)은 기독교 신앙의 바탕에서 일제강점기와 해방 초기에 교육, 경제, 언론, 체육, 정치 등 근대 한국 민족 민주 통일운동에 큰 족적을 남긴 위대한 인물이다. 그가 태어난 1882년은 임오군란(壬午軍亂)으로 한국의 신구 세력이 치열한 대결을 벌이던 해였고, 그해 5월에 미국과 수호통상조약을 맺고 한국이 서양에 대해 문호를 처음 개방한 해이다.

그의 생애를 일별해 보면, 대부분 사회적, 민족적 활동은 기독교 신앙이 바탕이 되었기에 가능하였다. 고당은 1905~1908년 숭실학교에서 좋은 벗들을 사귀며 새로운 신앙에 심취하며 내일을 준비하였다. 숭실과 기독교 신앙, 그의 생애에 다가왔던 이 두 사건은 조만식을 하나님 앞에서 새로운 존재로 태어나게 하였다. 1908년 3월에 숭실을 졸업하고 4월에 동경 세이소쿠 영어 학교에 입학, 3년간 영어를 전공하였다. 이때 고당은 인도 간디의 『자서전』을 읽고 그의 무저항주의와 채식주의에 철저히 공감하였다. 뒷날 그가 한국의 간디로 추앙받게 되는 것은 이런 계기가 있었다. 29세에 영어 학교를 졸업한 그해, 1910년 메이지 대학 법학부에 진학하였다. 조국의 운명이 풍전등화 같아 우국지사들이 조국을 떠나 망명길에 올랐다. 고당은 뜻이 있어서 기독교 신앙을 가졌기에 일시적인 분노와 좌절을 절제할 수 있었다. 고당은 귀국 후 오산, 광성 등 기독교 학교에서 성경 교수와 설교를 통해, 산정현교회 장로로 평양 YMCA 총무로 활동하며 한국 기독교계의 지도자로 등장하였다.

고당에게 중요한 것은 그의 신앙은 자신의 인격 속에서 육화(肉化)되어 실천적인 삶으로, 그는 예수 그리스도의 인격을 자기의 인격으로 살려고 하였고, 그리스도의 삶을 자신의 것으로 만들려고 노력하였다. 그는 특히 초기부터 칼뱅주의적인 청교도 신앙과 그 실천을 받아들인 것으로 보인다. 그의 칼뱅주의적 청교도성은 생활의 절제성을 강조하는 것으로 나타난다. 서구의 칼뱅주의가 갖는 프로테스탄트 윤리는 정직과 신의 근면함과 절제, 절약으로 집약된다. 고당은 생활의 절제성을 대단히 강조하였다. 그의 물산장려운동도 이러한 절제 운동에서 출발했고, 민족의 존재를 하나님 앞에서 깊이 인식한 데서 나온 신앙적 소산이다. 고당은 교회와 그리스도인들이 민족경제에 깊은 관심을 가져야 한다고 강조했다.

고당의 삶을 요약한다면, 신앙과 절조 — 순교자와 동행하고 순민(殉民)의 길을 걸으신 위대한 기독교 지도자였다. 산정현교회 장로로 당회에 참석하지만 별로 말이 없었고, 그의 감화와 위력에 의하여 당회는 일치단결하며 바른 결정을 하며 교인을 감독 선도하였으며, 교계의 거성인 강귀찬 목사, 박형룡 박사, 송창근 박사 그리고 한국기독교 순교 사상의 샛별인 주기철 목사 같은 분이 나올 수 있었다. 고당과 산정현교회의 이 같은 자세는 그의 제자였던 주기철 목사에게 큰 힘이 되었을 것이고 따라서 주 목사는 그 의롭고 고통스러운 길을 산정현 교우들과 함께 걸어갔던 것이다. 신사참배 반대라는 하나님의 뜻이 산정현교회 현장에서, 정치적인 면의 조만식 장로와 종교적인 면의 주기철 목사의 양립과 조화로서 영광의 승리가 성취되었다. 평양 산정현교회의 고당 조만식 장로는 우리 민족 역사에 길이 횃불이 될 것이다.

옥문 밖에서 순교자와 동행했던 고당은 해방 후 자신을 기대하는 수많은 백성을 위해 자기의 목숨을 버리는 순민(殉民)의 길을 걸었다. 한 몸이 살 수 있는 여러 번의 기회가 있었음에도 "어찌 나혼자만이 살기 위하여 이곳에서 고생하는 동포들을 버리고 떠날 수가 있겠는가", "나는 일천만 북한 동포와 생사를 같이하기로 했소"라는 비장한 결심은 바로 일제하의 순교자의 길을 걸었던 것과 다를 바없다. 전자가 하나님 이외에 어떠한 존재도 숭배하지 않겠다는 '숭신(崇神) 신앙'에 근거한 것이라면, 후자는 하나님이 창조한 그러나 의지할 데 없는 민중들을 끝까지 봉사하겠다는 '활인(活人) 신념'에 근거한 것이라 할 것이다. 그러나 이 두 가지는 모두 십자가를 지는 길이었고 민족의 고난에 동참하는 숭고한 신앙인의 길이었다.

7. 한반도 분단 상황에서의 고난 사관

한국의 역사는 고난의 역사이다. 고난의 역사! 한국 역사의 밑바닥에 숨어 흐르는 가락은 고난이다. 이 땅도, 이 사람도 큰일도, 작은 일도, 정치도, 종교도, 예술도, 사상도 무엇보다 고난을 드러내는 것이다. 이 말을 듣고 놀라지 않을 사람은 없을 것이다. 그러나 부끄럽고 쓰라린 사실임을 어찌할 수 없다.

한, 압박, 억압, 부끄러움, 고난, 가난은 한국 역사의 기초이기에, 그것은 함석헌의 개인적 경험과도 연결되는 것이요, 또한 그가소위 역사 교사로서 한국 역사를 가르치기 위해서 이 글을 쓴 것인데, 공교롭게도 1930년대의 한국 민족의 현실이요 20세기 한국 역사의 현주소라고 볼 수도 있다.

함석헌 선생은 또한 한국이 지정학적 이유에서 고난을 받을 수밖에 없음을 지적한다. 한반도는 아시아대륙과 일본 열도 사이에 위치하여 통로로 제공된다. 새로운 문화를 받아들이고 확장하는 장점도 있지만, 잦은 외국의 침략과 독립을 유지하기 어려운 것이 약점이다. 그래서 열강의 세력다툼의 장이 되어왔고 한때는 중국과 일대일로 싸워야 했고, 결국은 수, 당, 명, 청나라의 지배를 당하였다. 근대에는 몽고의 침입과 임진왜란이 있었고, 현대에는 청일전쟁, 노일전쟁 그리고 한일합병의 아픔이 있었다.

장공 선생은 "분단의 한과 한풀이"에서 한반도 분단의 역사적 의미를 찾고 있다. 전 세계가 두 진영으로 갈라져 38선에서 딱 부딪쳤는데 그 운명에서 새로운 사명을 발견함이 38선이 창조할 소명이라 했다. 그럼에도 한민족은 역사상 한 번도 다른 나라를 침범하지 않았다. 한민족은 평화를 사랑하고 자비로운 높은 도덕 수준을 가졌다. 아마도 이러한 평화의 심성이 고난의 역사의 원인이 되었는지도 모른다. 그래서인지 함석헌 선생은 이 민족을 큰 길가에 앉은 거지 처녀, 수난의 여왕이라고 비유했다.

함석헌 선생의 역사 이해의 주춧돌은 '고난 사관'의 뿌리와 토양이, 성서의 '고난의 메시아' 사상과 접촉점이 있음이 확실하다. 이스라엘의 역사가들이 주전 6, 7세기 포로기 시대에 겪은 고통과 시련 속에서 그들의 율법서, 예언서, 역사서 등을 남긴 '삶의 자리'와 동일하다고 할 수 있다. 특별히 제이 이사야의 '고난의 종의 노래'(53장)

는 징계와 훈련을 통한 사랑의 채찍질이라는 도덕적, 교육적 시각을 넘어섰다고 해도, 일반적으로 이스라엘 사가들의 사관은 인과응보적인 시각의 차원이 있다. 이스라엘 백성이 고난과 치욕과 멸망과 징계를 받은 것은 야훼와의 계약을 어겼기 때문이라는 것이다. 함석헌 선생은 "고난은 인생을 심화한다. 고난은 역사를 정화한다. 평면적이던 이도 이를 통하고 나면 입체적인 신앙을 가지게 되고, 더럽히던 압박과 싸움의 역사도 눈물을 통하여 볼 때는 선으로 가는 힘씀 아닌 것이 없다. 중국의 교만, 만주의 사나움, 일본의 영악, 러시아의 음흉이 다 견디기 어려웠지만, … 우리가 고난의 길을 걷는 것은 살고자 하기 때문이요, … 살려주시는 것은 할 일이 있는 증거"라고 하였다. 우리의 맡은 역사적 사명을 다하기 위하여 고난의 초달(楚撻)을 견뎌야 한다고 강변하셨다.

노명식은 그의 논문 "토인비와 함석헌의 비교 시론 - 고난 사관을 중심으로"에서 함석헌의 고난 사관은 그의 삶의 절규에서, 토인비의 고난 사관은 그의 학문적 탐구과정에서 형성된 것으로 민중과 내적 프롤레타리아(inner proletariat)의 고난이 역사탄생의 수단임을 비교, 연구하였다. 쇠망해가는 낡은 문명 속에서 고난받는 내적 프롤레타리아는 새 문명탄생의 수단이요 번데기(chrysalis)인데, 이 내적 프롤레타리아의 정치적, 경제적, 정신적 고뇌의 산물이 고등종교라고 해석한다. 노명식은 그 내적 프롤레타리아가 함석헌의 민중 개념과 유사함을 밝힌다.

8. 분단 상황의 재조명과 과제

우리는 분단 75년을 맞으며 분단의 재조명과 과제를 위한 이정
표를 바로잡아야 한다. ① 분단역사의 원천을 제2차 세계대전 말엽
테헤란, 카이로, 얄타, 포츠담 등지에서 찾는 일에서 깨어나서 우리
민족 내부의 분열에서 찾아야 한다. ② 8.15해방 직후 '신탁통치안'
을 분별 있게 판단하여 겨레의 운명을 결정할 만한 지혜가 당시 지도
자들에게 없었다. 반탁 – 찬탁 성명으로 싸움만 하는 동안 38선은 점
점 공고한 분단의 성벽으로 바뀌었다. 백범 김구는 분단의 제물로
한 민족의 골고다를 거룩하게, 장엄하게 가신 분이다. '민족의 지상
명령', '바른길', '양심'을 좇아 '38선 취소'와 '남북통일'을 주장하며
남과 북의 단독 정부수립을 죽음으로 반대했다. ③ 남북이 38선으
로 굳어져 버린 후 쌍방 간에 높인 구호들은 남한의 '북진통일'이고
북한의 '무력 통일'이었다. 양쪽이 분단체제를 더 강화하고 백성을
괴롭히는 강압 정책, 독재정권을 유지해온 과거였다. 냉전의 높은
철벽은 낮아질 줄 몰랐다. ④ 분단 40년의 험준한 가시밭길 위에 민
족사에 남을 꽃밭이 있었다면, 1972년의 "7.4 공동성명"이었다. ⑤
동·서독의 통일 과업 수행을 보면서, 남북한의 재조명과 과제에 대
하여 생각해 봐야 한다. 독일교회는 민족의 분단과 상황에 처한 한
국교회에 중요한 관심사이다. 물론 분단의 역사와 상황이 비슷한 것
같지만 한국과 독일은 그 역사적, 정치 문화적, 민족 사회적 상황이
너무나 다르다. 그러나 그래도 한국교회는 독일교회로부터 배울 바
가 있다는 것은 사실이다.

독일 민족은 70년대 초에 브란트 정부의 동방정책(Ostpolitik)으로 동·서독 관계의 정상화를 할 때, 절대 통일이 불가능한 상황에서 한 민족 두 국가라는 생각으로 이산가족을 결합하고, 방문과 교류를 증대하고, 학술, 종교, 문화의 공동작업을 통해서 민족의 단일성(Einheit des Volkes)을 유지해 가자고 했다. 즉 아직 통일은 되지 않았지만, 자녀교육 문제, 제사 문제, 가문의 예절이나 체통 문제는 함께 이야기를 나누며 유지하자는 방안이다. 실제로 서독교회는 동독을 위해서 서독교회 예산을 42%를 나누어 주었다. 참으로 놀라운 이야기이다.

남북한 통일에 대한 중요성은 동북아는 물론 전 세계의 평화 안전 유지에 직간접적으로 영향을 줄 수 있다. 지정학적으로 한반도는 미·일·중·소의 4대 강국의 관심사이며 한반도 긴장이 고조되거나 완화될 때 한반도에서 주는 영향은 엄청난 차이가 있다. 그러한 이유로 주변 강대국들은 남북한 관계 변화에 예민한 반응을 보이고 한반도가 그들의 적극적 정책대상이 되기도 한다. 오늘날의 상황에서 강대국들이 한반도에서 추구하는 궁극적인 목적은 전쟁 재발을 억제하고 현상을 유지함으로 그들의 국가이익을 극대화하려는 것이다. 남북통일 문제에 강대국들은 일반적으로 부정적인 태도이다.

그러므로 통일은 남북당사자 간에 자주적인 방법으로 남북 주도적으로 나아가야 할 중대한 과제임을 명심하여야 한다. 남북은 서로 간에 상대방을 자극 비방해서는 아니 된다. 우리 한민족 남과 북이 주변 강대국들과 편 가르기로 군사적 힘이나 훈련을 연습하는 것도 지혜롭지 못할 뿐 아니라 유념해야 할 부분이다. 그러한 의미에서 남북평화통일은 예수님의 원수 사랑의 정신을 구현하는 것이어야 한다. 6.25 한국전쟁의 아픔을 우리 한민족이 서로 원수 됨을 용서하고, 화해하며, 자존심을 심어주고, 신뢰하며, 대화하고, 사랑과 물질을 나누는 운동을 펴는 일이다. 이것은 바로 예수의 하나님 나라 운동이기도 하다. 이 시대에 하나님이 한 민족에게 주시는 하늘의 뜻이고 사명이다.

2020년 8월 16일

예수, 제자들을 부르시다, 나를 따르라

마태 4:18-22, 누가 9:57-62

오직 바보만이

오직 바보만이,

사랑과 평화의 메시지 하나로 세상을 바꿔보려 시도하겠지요.

그렇다면 예수야말로 바보였다고 결론지을 수 있을 것이다.

그리고 바보들만이 그를 추종하다가 그가 처형당한 뒤에,

그의 일을 계속할 수 있었을 거예요.

따라서 사도들 모두 바보였다고 하겠다.

그 바보들이 전하는 메시지를 진지하게 듣고

그것을 받아들이는 일 또한 같은 바보들만이 할 수 있는 겁니다.

그러니까 시방 우리 모두가 바보라는 그런 말이올시다.

이는 조금도 이상한 일이 아니에요.

하나님께서는 유식한 학자가 아니라

겸손한 목수를 택하시어 복음을 선포하게 하셨다.

또 어부와 세리를 사도들로 뽑으셨지요.

우리가 과연 그들보다 낫다고 주장할 수 있을까요?

물론, 아니다. 우리 가운데 교육을 많이 받은 사람도, 복음의 가르침대

로 사는 것과

학력 사이에 아무 관계가 없음을 잘 알고 있다.

그런즉 우리 모두 바보임을 기꺼이 시인합시다.

그러면, 세상을 바꾸려는 시도에 마음 놓고 몸을 던질 수 있을 테니까요.

하지만, 사도들도 때로는 겁에 질리고 비굴하게 처신하지 않았던가요?

우리 또한 그들처럼 두렵고 떨리지 않은가?

그리스도의 십자가야말로 우리를 두려워 떨게 할 만한 사건이지요.

그래도 그분의 부활은 우리에게 초인적인 용기를 제공한다.

(요한 크리소스토무스)

예수는 세례를 받고 광야에서 시험을 받은 후, 사람들을 불러 제

자로 삼아 공동체를 이루었다. "나를 따라오라"고 예수는 당시 평범

한 사람들을 불러냈다. 그들은 모든 것을 내려놓고 자기들의 인간

관계와 생업을 버리고 예수를 따라나섰다. 그들은 예수의 희망이 넘

치는 메시지와 그의 치유의 능력 그리고 그의 비폭력운동에 매혹되

었기 때문에 예전의 생활을 버리고 온전히 예수께만 헌신했다.

오늘날처럼 혼란의 시대에는 이처럼 철저한 제자직(discipleship)

을 위해 우리가 자신의 가족과 생업을 버리고 떠날 만큼 우리를 불러

내는 인격적인 카리스마를 찾기 어렵다. 그러나 이런 카리스마를

가진 예수는 자신의 비폭력 여정에 동행하고 자신이 죽은 후에도

사랑과 평화의 사명을 계속 이어갈 제자와 친구들을 그리고 예수의 하나님 나라 공동체를 원했을 것이다.

제자(disciple)라는 말은 '배우는 사람'이라는 뜻의 라틴어에서 왔다. 복음서에 보면, 세례 요한과 바리새인들에게도 제자들이 있었다. 예수님도 제자들을 두어, '열두 제자'의 친밀한 제자집단을 이루었다. 누가복음에는 70명의 제자가 보냄을 받은 것으로 나온다. 사도행전(6:1-7)에서는 예루살렘의 모든 그리스도인을 '제자들'로 부르고 있다.

예수님이 처음 제자들을 부른 사건은 모든 복음서에 기록되어 있다. 예수는 어부 형제들인 시몬과 안드레, 야고보와 요한을 각각 부르면서 '나를 따라오너라, 내가 너희를 사람 낚는 어부로 만들겠다'고 부르셨다. 성서학자 마이어스(Ched Myers)는 이 복음서 기자들이 여기서 예레미야서(16:16)의 말씀, 곧 야훼 하나님께서 이스라엘의 우상을 섬기는 백성들, 그 믿음 없는 자들을 붙들기 위해서 어부들과 사냥꾼을 내보내겠다고 약속하신 말씀을 가리킨 것이라 지적했다. 예언자 아모스(4:2)와 에스겔(29:4)도 부자들과 억압자들에 대한 심판으로서 '물고기를 낚싯바늘로 끌어내는 것'에 대해 말했다. 예수는 이런 전통 안에서, 제국의 군사력과 특권과 불의가 다스리는 기존 질서를 변화시키기 위해 자신이 시작한 비폭력 투쟁에 가난한 사람들이 함께 참여하도록 부르신 것이다.

그 후, 마태복음(9:9)과 마가복음(2:14)은 세리였던 마태(혹 레위)를 '나를 따르라'는 한마디 명령으로 불러냈다. 마태는 비록 사람들이 손가락질하던 로마제국의 '앞잡이'였지만, 예수와 함께 식사를 나누었고 그의 부름을 받아들여 예수를 따르는 제자가 되었다.

누가복음(5:1-11)은 예수께서 시몬을 제자로 부른 장면을 더욱 자세하게 묘사한다. 예수는 게네사렛 호숫가에서 시몬의 배를 이용해서 군중에게 가르쳤으며, 나중에는 시몬에게 '깊은 데로 가서 그물을 쳐 고기를 잡아라'(5:4)하고 말씀하셨다. 시몬과 그의 동료들이 비록 밤새도록 허탕을 치고 말았지만, 시몬은 투덜거리면서 시행했다. 전에 없이 고기를 잡게 되자, 그는 갑자기 예수의 현존 앞에서 자신의 무가치함을 깨닫고 그의 발 앞에 엎드려 자신의 죄를 고백했다. 시몬에게 예수는 '무서워 말라 이제 후로는 네가 사람을 취하리라'(5;10)고 말씀하셨고 그래서 그들은 '배들을 버려두고 예수를 따르니라'(5:11)고 했다.

한편 요한복음은 베드로를 제자로 부른 사건을 맨 마지막에, 즉 베드로가 예수를 부인하고 예수가 처형되고 부활한 이후에 일어난 사건으로 묘사한다. 예수는 베드로에게 '네가 젊어서는 스스로 띠 띠고 원하는 곳으로 다녔거니와 늙어서는 네 팔을 벌리리니 남이 네게 띠 띠우고 원하지 아니하는 곳으로 데려가리라'(21:18)고 말한다. 이어서 그 본문에는 예수가 베드로에게 이 말씀을 하신 것이 '베드로가 어떠한 죽음으로 하나님께 영광을 돌릴 것을 가리키심이라'(21:19)고 되어있다.

요한복음은 처음 서문에 뒤이어 실제로 제자들을 부른 일로 시작하고 있다. 예수님이 걸어가는 모습을 보고 세례 요한은 자신의 제자들에게 '보라, 하나님의 어린양이라'고 말했다. 그의 제자들이 예수를 따라오자 예수는 그들에게 '무엇을 구하느냐'고 물었다. 그들은 '랍비여, 어디 계시오니까' 하고 말했다. 예수는 '와 보라'고 대답했다. 다음날 예수는 갈릴리에서 빌립을 만나 그에게 '나를 따르라'고 했다(1:36, 38-39, 43).

우리는 예수님이 온갖 부류의 사람들로 제자 삼으면서 그들에게 죽기까지 완전히 헌신할 것을 요구한 사실을 보게 된다. '아무든지 나를 따라오려거든 자기를 부인하고 날마다 제 십자가를 지고 나를 따를 것이니라'(눅 9:23).

누가복음 9:57-62에서 예수는 '나를 따르라'는 주제로 말씀하셨는데, 제자직의 긴급한 요구를 강조하기 위해서 예수와 제자가 되려는 사람들 사이의 세 차례 만남을 기록하고 있다.

첫 사람, 그는 예수를 자진해서 따르겠다고 한다. 그런데 그의 말은 '선생님이 가시는 곳이면 어디든지 따라가겠다!' 한다. 어디든지? 그게 원래 따르는 자의 결심이어야 할 것이다. 이에 대해서 예수는 수락도, 거부도 하지 않고, '여우도 굴이 있고 새도 보금자리가 있으나 인자는 머리 둘 곳이 없다'고 한다.

왜 예수는 이런 반응을 했을까? 여우와 새는 굴이 있고 보금자리가 있다. 즉 제가 휴식하고 은거할 거점이 있다. 그런데 예수 자신은 머리 둘 곳이 없다고 한다. 이것은 내 머무를 자리가 없다는 뜻이다. 집이 없다는 뜻인가? 그러나 누가복음에는 그의 어머니와 형제가 가버나움에 살고 있다고 한다.

'여우'라는 말은 구약에서는 암몬족의 속칭이다. 암몬은 유대인과의 정치적 원수이다. '여우' 같다는 말은 우리 말에서도 간교하다는 증오심을 포함한다. 신약성서에서도 헤롯을 '저 여우'라고 한 부분이 있다.

새 또는 공중 나는 새(마태)는 이방인을 표현할 때 주로 쓴다. 그것은 남이 지어 놓은 곡식을 공짜로 먹어버린다는 뜻도 있는 듯하다. 즉 침략자이다. 그래서 에돔이나 로마인을 그렇게 부른 기록이 있다. 우리말로 오랑캐, 왜놈이라는 뜻이 통할 것이다. 하여간 둘 다 가장 싫어하는, 경계해야 하는 미움을 받는 상징이다. 그러나 저들에게는 굴이 있고 보금자리도 있다. 그런데 인자는 머리 둘 곳이 없다고 한다. 얼마나 고독한 자의 소리인가? 이 말은 그의 생애를 보면 결코 과장이 아니다. 그가 어디 머리 둘 곳이 있었던가! 그 민족, 로마인 심지어 제자들에게까지 종말적 실존의 반영이다.

요한복음은 이것을 그리스도인에게 적용했다. '너를 세상이 미워하는 것은 당연한 것으로 알라. 너를 미워하기 전에 나를 미워하리라. 까닭은 나는 세상에 속하지 않았으니!' 즉 우리가 가야 할 길은 이 땅에 살면서도 이 땅에 삶의 거점을 두지 않고, 보이는 것으로 살면서도 거기 매이지 않고, 오고 있는 미지의 미래에 밧줄을 던지며, 새 땅에 상륙하려는 모험가처럼 사는 그런 그리스도의 길이다.

둘째 경우는 자기 아버지의 장례를 치르게 해 달라고 부탁한 사람을 주목할 필요가 있다. 그런 부탁을 한 이유는 그의 아버지가 실제로 사망했기 때문이 아니다. 유대인들의 관습에 따르면, 큰아들은 아버지의 장례를 치를 수 있도록 아버지가 사망할 때까지는 집에 머물러 있어야만 했다. 그러나 예수는 부모에 대한 이런 전통적 감상적 순종을 배격하고 '너는 가서 하나님 나라의 소식을 전하라'고 말했다.

셋째는 둘째 경우와 비슷하다. 그래서 마태는 이것을 빼고 있다. '먼저… 하게 해 주십시오'와 같다. '먼저 내 가족을 작별하게 해 주십시오.' 평상시라면 얼마나 당연한 일인가? 그런데 예수의 말씀은 다르다. '손에 쟁기를 잡고 뒤를 돌아보는 자는 하나님 나라에 합당치 않다.' 이 사람은 아직 지금까지의 관련에 미련을 가진 자이다. 본회퍼는 "쟁기를 가지는 인간은 뒤를 돌아보지 않으며, 또 꿰뚫어 볼 수 없는, 이제 갈 저쪽도 보지 않고, 지금 스스로 할 수 있는 다음의 발을 내디딘다. 되돌아보는 것은 그리스도교적이 아니다. 불안, 슬픔, 죄책에도 불구하고 당신에게 새로운 출발을 명하는 그분을 우러러보는 것이 바른 자세다. 그러면 그분으로 인해서 모든 것을 알게 될 것이다"고 했다.

둘째 사람은 의무를 다하겠다는 것이요, 셋째 사람은 지금까지의 애착을 아쉬워하는 사람이다. 가졌던 것이 아쉬워 다시 한번 보고, 만지고, 떠나려는! 즉 정리하면, 집에 가서 식구들과 작별 인사를 나누게 해달라는 사람에게 하신 말씀은 예수 자신의 사명이 생사의 기로에 서 있는 긴급한 사명임을 강조한 말씀이다. 옛 세상이 끝날 때가 가까웠다. 마찬가지로 하나님 나라가 매우 가까웠다. 그러므로 오로지 사명만을 생각하고 다른 일 때문에 그 사명을 포기하지 말라는 말씀이다.

이제 예수는 칠십인 제자를 뽑아 앞으로 찾아갈 마을과 고장으로 미리 둘씩 짝지어 보내시며 이렇게 분부하셨다. '내가 너희를 보냄이 어린양을 이리 가운데로 보냄과 같다.' '어느 집에 들어가든지 먼저 말하되 이 집이 평안할지어다 하라.' '거기 있는 병자들을 고치고 또 말하기를 하나님 나라가 너희에게 가까이 왔다 하라'(눅 10:1, 3-6, 9)고 했다.

복음서에 의하면, 제자들은 제자의 길에서는 실제로 모든 것을 포기해야 했다. 생업을 포기하고 인간관계를 떠나 완전히 예수만을 따랐다. 절반쯤 제자로 산다든가, 일시적으로 제자직을 수행하는 방법은 없었다. 모든 것을 전부 바치든가 아니면 제자가 아니든가 둘 중의 하나이다. 예수님은 제자들이 비폭력운동에 가담하여 목숨을 걸기를 기대했다. 그의 제자들은 병자들을 고치며, 귀신들을 쫓아내며, 공동체를 세우고, 하나님 나라를 선포하고, 비폭력을 실천하며, 십자가를 지고, 그와 함께 깨어있고, 그와 함께 기도하며, 성만찬 음식을 나누고, 또 무엇보다 중요한 것은 그와 함께 죽고, 부활함으로써 영원히 그와 동행할 것이다.

예수님은 자신의 비폭력 원칙에 따라 아무에게도 강압적으로 자신을 따르도록 요구하지 않았다. 사람들은 그에게서 떠나갔다. 마지막에는 제자들조차 모두 그에게서 도망쳤다. 예수의 비폭력 방식은 당시 상황에서 체포되고 처형되는 것이 거의 확실했다. 그럼에도 불구하고 예수는 십자가를 향해 전진했으며 죽은 자들 가운데서 다시 살아났고 자신의 비폭력과 해방운동을 위해 가담할 제자들을 계속해서 찾았다. 예수는 곤경과 박해를 약속한 셈이지만 수백, 수천 명의 새로운 형제자매들과 풍성한 삶, 자신과 영원히 교제하는 삶도 약속했다. 예수는 자신을 따르며 자신의 가르침을 실천하는 사람들이 '복 받을 것'임을 약속했다.

로마제국의 군대가 예수를 붙잡았을 때, 남자 제자들은 예수를 버리고 도망쳤다. 네 복음서에 따르면 단지 소수의 여자 제자들만이 마지막까지 예수에게 신실하였지만, 거리를 두고 있었다.

예수님은 부활한 후 제일 먼저 그 여자 제자들에게 나타났으며 나중에 전체 공동체에 나타났다. 이 제자들은 예수의 영에 사로잡혀 예수의 이야기로 이 세상에 불을 지르기 시작했으며 다른 사람들을 비폭력 제자의 길로 불러들였다.

처음 3세기 동안에는 그리스도의 제자가 된다는 것이 죽음을 보증하는 것이었으며, 이들 처음 그리스도인들은 그리스도를 자신의 주님으로 고백한 것 때문에 살해당하곤 했다. 세례 자체가 제국의 권위에 대한 비폭력 시민불복종 행동이었다. 실제로 새로 세례를 받은 사람들이 곧바로 로마 군인들에 의해 처형되곤 했다. 그러나 제자들의 관점에서 보면 그들의 죽음은 새로운 생명을 보증하는 것이었다.

오늘날 예수의 제자가 된다는 것은 무엇을 뜻하는가? 오늘날도 여전히 제자의 길은 위험과 개인적인 풍파를 뜻한다. 제자의 길은 우리의 직업적인 안전, 개인적인 안락함, 가족의 보호, 문화에 대한 충성을 포기하는 것이다. 예수의 제자가 되는 것은, 가난한 사람들과 연대하며, 비폭력을 고집하며, 모든 사람을 사랑하며, 공동체 생활, 정의를 위한 공개적 행동, 묵상과 영성의 기도, 성만찬 축하 그리고 생명의 하나님을 예배할 것을 요구한다. 그 길은 실패의 가능성을 열어놓는 길이며, 명예를 잃게 되고, 실속 없으며, 외로움과 고통, 박해와 수난의 가능성을 열어놓는 길이다. 제자의 길은 개인 적으로, 사회적으로, 또한 경제적으로 대안적인 생활방식을 요청할 뿐 아니라, 예수가 오늘날 정의와 평화를 위한 비폭력 투쟁에서 계속해서 십자가를 질 때 우리의 삶을 포기하고 그와 동행할 것을 요구한다.

본회퍼가 나치 독일에 의해 처형되기 직전에 남긴 그의 기념비적인 저술 『나를 따르라』에서 말한 것처럼, 오늘날 우리들의 제자직은 편안한 싸구려 제자직(cheap discipleship)이 되었다. 적어도 풍요한 나라일수록 복음서가 요구하는 철저한 제자직을 거들떠보지도 않는다. 대신에 우리는 안전하게 침묵하는 교인들이 되어버린 것이다. 예수의 정신을 이어받은 제자직의 날이 무디어진 것이다. 제자가 된다는 것이 더 이상 불법적인 것이 아니다. 실제로 예수의 제자가 되는 것은 합법적이며, 사회적으로 주류에 속하는 것이며, 오늘날 지배문화가 우리에게 기대하는 것이 되어버렸다.

그러나 복음서를 주의 깊게 읽어보면 우리의 제자직을 진지하게 받아들이도록 도전받게 된다. 제자가 된다는 것은 예수의 비전으로 우리의 생활이 깨어지도록 하는 것이다. 본회퍼는 우리 시대를 위한 그리스도인의 소명을 '값비싼 제자직'(costly discipleship)이라고 주장했다. 만일 우리가 예수의 제자로서 지불해야 할 비용을 생각하지 않는다면 우리는 아직 참된 제자가 되지 못한 것이라고 그는 처형되기 직전에 썼다.

간디의 비폭력의 길, 간디의 길이란 어떤 것인가? 그것은 '사티아그라하' 즉 진리파지이다. 참을 지킴이고 비폭력운동이다. 간디는 옳지 않은 것에 대해 저항을 하지 말자는 것이 아니라, 반대로 그는 죽어도 저항해 싸우자는 주의이다. 그러므로 비폭력저항주의이다. 사람들이 그를 높여 '마하트마' 곧 위대한 혼이라 부르는 것은 이 때문이다. 혼의 힘을 가지고 모든 폭력 곧 물력으로 되는 옳지 않음을 싸워 이기자는 것이다. 혼 곧 '아트만'은 자아의 힘을 드러냄이다. 간디는 자기의 몇십 년 정치투쟁의 목적은 자아를 드러냄, 곧 하나님께 이름에 있다고 하였다. 인도 사상으로 하면 '아트만'은 곧 '브라만'이다. 절대이고 하나님이다. 그러므로 자아를 드러냄, 곧 하나님에까지 이름이라고 하는 것이다. 그러므로 '간디의 길'은 밖으로는 정치인 동시에 안으로는 종교를, 즉 믿음이다.

결론에 이르렀다. 핵무기가 넘쳐나고 인종과 계층 간의 차별이 심하며 경제적인 불의가 판을 치는 세상에서 예수를 따르는 것은 우리의 폭력문화에 정면으로 맞서는 것을 뜻한다. 문화가 폭력을 조장할 때, 우리는 예수의 비폭력을 주장한다. 문화가 전쟁을 외칠 때, 우리는 예수의 평화를 외친다. 문화가 성차별, 계급차별, 인종차별을 지지할 때, 우리는 모든 사람의 평등성, 공동체, 화해를 요구한다. 문화가 보복과 처형을 주장할 때, 우리는 예수와 더불어 용서와 연민을 위해 기도한다. 문화가 우리에게 성공하도록 부자가 되고 경력을 쌓고 1등이 되도록 부추길 때, 우리는 그 반대편으로 달려가 예수와 더불어 자발적인 가난, 힘없음, 겸손, 고난과 죽음으로 나아간다.

확실히 예수를 따르는 그리스도인이 예수와 같은, 또는 당대의 십자가를 질 때, 우리는 비로소 예수가 지신 십자가의 의미를 온전히 이해하게 되고, 세상도 십자가를 지고 그리스도의 뒤를 따르는 우리를 보고 진정한 예수 그리스도의 제자임을 확인한다. 그리스도교 신앙의 핵인 예수 그리스도가 십자가 사건으로 분수령을 이루고 그의 죽음이 당 세계의 사회적 불의와 인간의 죄악을 송두리째 뒤집어 놓는 상관성의 것이라면, 그를 따르는 그리스도인과 교회가 이 땅에서 어떻게 살아야 할 것인가는 자명하다. 키에르케고르가 예수의 참모습을 상실한 교회를 배격하면서 다시 2천여 년 전의 겟세마네 동산, 골고다 언덕의 그리스도로 복귀를 주장했듯이, 오늘의 교회는 다시 한번 예수의 십자가 정신과 뜻을 우리의 역사적 현장에서 찾을 수 있어야 한다.

복음서에 따르면, 예수의 제자가 되는 것은 우리가 우리의 원수들을 사랑하고, 가난한 사람들을 위해 정의를 요구하고, 억압받는 사람들의 해방을 추구하며, 병든 삶과 옥에 갇힌 사람들을 찾아보고, 죽음의 우상을 타파하며, 군사주의에 저항하고, 소비주의를 배격하며, 인종차별을 철폐하고, 공동체를 건설하며, 칼을 녹여 보습으로 바꾸며(사 2:4; 미가 4:3), 평화의 하나님을 예배할 것을 요구한다. 만일 우리가 정직한 그리스도인으로서 이런 사회적 실천을 감당하기 위해 애쓴다면 우리는 제자직의 날카로운 가시를 느끼게 될 것이며 복음이 생생하게 살아나게 될 것이다. 그날이 오면, 우리는 예수의 제자가 된다는 것이 무엇을 뜻하는지 알게 될 것이다. 예수 그리스도는 우리의 평화이다.

최근에 『블룸하르트가 증언한 하나님 나라』(임희국)라는 책이 나왔다. 19세기 유럽 사회는 산업화와 세속화로 도시중심의 체제로 전환되었고, 이로 인해 교회는 위기에 빠졌다. 독일 사회는 노동과 사회문제, 계급충돌 등을 겪으면서 탈교회화의 길을 간다. 이런 상황에서 자유주의 신학(슐라이어마허, 리츨, 하르낙 등)은 문화에 적응하며 윤리적 사회적인 의미를 강조하게 된다. 이런 역사적 정황에서 블룸하르트는 하나님 나라 증인으로서 독자적인 길을 걸었다. 먼저 블룸하르트는 그의 아버지 요한 블룸하르트가 일으킨 신앙각성운동을 다룬다. "예수 이겼네!"의 모토가 드러내는 구원의 역사는 하나님이 임재하시는 생명의 역사로서 부활하신 주님의 승리로 체현된 것이었다. 이는 회개와 성령운동, 죄 용서의 선포를 통해 평화와 기쁨과 안식을 가져다준 하나님 나라의 역사였다. 하나님의 은혜로 인해 사도행전이 증언하는 초대교회 오순절이 회복되는 종말론적 역사가 펼쳐졌고, 거기서 하나님의 타자성(바르트)이 두드러지게 드러났다. 아버지의 영향을 따라 블룸하르트는 성령의 역사를 하나님 나라의 현실과 임재로 계승하려 하였다.

성령의 역사는 하나님이 주제가 되어 일어난 것이며, 성령의 은혜와 은사, 약속으로 치유가 일어난 것을 발전시키며 아들 블룸하르트는 새로운 탄생을 경험했다. 그는 현장의 목회 사역을 통해 살아 역사하는 예수 성령의 승리를 맛보았다. 이후 그는 부친을 넘어서는 새 길을 열게 된다. 그것은 사회와 창조된 세계까지 모두 치유의 영역으로 받아들인 것이다. 세상과 사회 속에서도 성령은 역사하며, 그리스도의 고난의 길은 교회를 '적은 무리', 곧 하나님 나라의 공동체로 변화시키는 종말론적 현실이 된다. 단지 제도적 종교, 국가체제로서의 교회가 아니라 세상의 소금과 빛이 되어 자기부정과 희생을 통해 세상의 어둠의 세력을 대적하여 투쟁하고 승리하는 예수의 길인 것이다. 당시 교회는 체제, 제도에 불과하며 국가교회로서 자기중심주의로 화석화되어 있었다. 사회현실도 마찬가지였다. 인간중심의 욕망, 곧 소유욕, 권력욕, 명예욕 등으로 만연하였다. 이것을 이기려면 그는 부활하신 그리스도를 체험해야 한다고 외쳤다. 초대교회의 예수 그리스도, 성령의 생수가 임하여 육신에 매인 인간, 교회를 살리는 부활 생명을 경험해야 한다는 것이다.

블룸하르트의 신학은 기도와 치유 영성에서 시작한다. 그는 여기서 살아계신 현재적 주님 곧 예수 그리스도에 의한 하나님 나라의 임재와 증언에 초점을 맞춘다. 그리스도는 새로운 창조의 역사를 현재에 실현하는 실재요, 사건이다.

나아가 그의 신학은 생태적, 생명적 그리스도에서 정점에 이룬다. 구원의 문제는 오늘날 생명의 위기, 생태계의 파괴를 가져온 과학기술이라는 죽음의 문명과 대면하지 않고는 해결할 수 없다고 그는 보았다. 인간의 죄로 인한 하나님 형상의 파괴는 이 자연계, 피조 세계 전체에 영향을 미친다. 이에 대해 하나님은 그분의 형상을 입은 인간이 청지기로서 이 세계를 회복시키며 바르게 다스리기를 원하신다.

신종 코로나 바이러스가 기승을 부리는 세계의 현실에서 그의 산 생명을 재창조하는 치유의 영성은 요한 복음적, 초대교회적 성령이다. 우리가 빠진 늪이 어디인가에 대한 깊은 반성과 회개가 필요하며 온 세상을 구원하는 진리의 빛, 부활 생명을 누리는 성령공동체로 거듭나고 변화되기를 바란다.

2020년 11월 8일, 창조절 열째 주일

오, 주님, 주는 나를 감찰하셨고 아셨나이다

시편 139:1- 15, 23-24

1. 피할 수 없는 하나님(The Inescapable God)

다윗은 시편 139편에서 다섯 번에 걸쳐서 "주께서 나를 아셨다"
고 고백하고 있다. 지금 다윗은 하나님 앞에 완전히 알려진 존재로
서의 자신을 생각하고 있다. 오히려 나는 몰랐다. 나는 스스로가 이
런 존재인 줄 몰랐다. 그러나 하나님께서는 나의 모든 것을 알고 계
시다. 이것이 다윗의 고백이다. 다윗은 이 시편을 통해서 하나님의
완전성, 존재의 보편성, 행위의 전능성, 사람에 대한 심판 등을 증
거하며, 하나님의 인도하심을 간구하고 있다. 하나님은 무한한 지
혜로 사람의 전인격과 모든 행위를 완전하게 관찰하시고 아시는 분
이심을 증거하고 있다(시 139:1-6). 이어서 하나님은 공간적 제약
을 받지 아니하시고 온 우주 어디에나 계시는 분이기 때문에, 사람
은 어떤 곳에서도 하나님을 피할 수 없음을 고백하고 있다(7-12).
그뿐만 아니라, 하나님은 무한한 능력으로 사람을 신비하게 창조하

시고, 주권적 섭리에 따라 인생을 주관하시는 분임을 증거하고 있다(13-18). 다윗은 하나님과 그를 대적하는 악한 원수들에 대한 심판을 호소하며(19-22), 하나님께서 그를 살피셔서 그가 악을 떠나 영원한 길을 가도록 인도해 주실 것을 간구하고 있다(23-24). 이상의 내용을 다윗은 이 시편에서 고백하고 간구하고 있다.

이 시편의 말씀은 언급한 바와 같이 하나님의 편재성, 전지성 그리고 창조성과 같은 개념을 알리려고 할 때 한 고전적인 증거로 쓰인다. 이 시는 그의 사상을 추상적인 신학적 정의에 따라 구체화시키지 않고 오히려 그의 삶이 그 속에 간직하고 있는 하나님의 현실에 대한 개인적 경험의 영역을 통하여 발전시키고 있다. 그리고 이 시인은 하나님에 관해서 말할 때 하나님에 "관하여"(about) 객관적으로 진술하지 않고 "나-너"(I-Thou)의 인격적 관계를 기초로 하여 하나님에게 직접 말하듯이 아뢴다.

또한 이 시는 하나님의 위대하심에 대한 두려움과 놀라움의 동시적 상호작용과 하나님에 대한 헌신적이고 신뢰할 만한 복종의 동시적 상호작용을 보여주고 있다. 그리고 시인은 자신의 생을 언제나 하나님의 감찰의 눈 아래에서 본다. 어디에서 그가 보듯이 또는 그가 조용히 서 있든지, 걷든지, 앉든지, 눕든지, 그런 것에 상관없이 어디에서나 그는 하나님의 눈을 만난다. 실로 하나님은 그가 말하기도 전에 그가 말하려고 하는 바가 무엇인지도 알고 계시고 멀리서도 그의 생각을 식별할 줄 아신다.

하나님은 영이시라(7절) 그는 어떤 공간에 매여 계시지 않는다. 하늘의 가장 높은 곳뿐만 아니라 지하의 가장 깊은 곳에서도, 새벽이 동터오는 가장 먼 동쪽과 동시에 해가 바닷속으로 잠기는 먼 서쪽에서든지, 또 비록 그가 빠른 속도로 새벽 날개를 쳐서 하늘을 가로질러 도망하더라도, 하나님은 그 어느 곳에서라도 그를 "사로잡고" 그를 붙드실 것이다.

시편 기자는 하나님의 전지성을 통하여 하나님에 대한 완전한 신뢰의 기초를 발견한다. 이 하나님은 그의 심장을 꿰뚫어 보시고 그가 "고통"에 인도하는 길을 걷는지, 생명에 인도하는 길을 걷고 있는지를 알고 계신다. 모든 것의 창조자이신 하나님은 인간을 영원한 길로 인도하실 수 있는 오직 한 분이시다.[1]

2. 인간 이해의 논의들: '나'라는 인간을 '안다'는 것에 대하여

우리 인간이 살면서 발견하고 경험하는 것의 실제적인 것은 신비한 것들이다. 1965년에 프랑스의 바울 브로카라는 학자가 사람의 양쪽 두뇌가 각기 다른 기능이 있다는 학설을 발표한 이래로 많은 학자가 두뇌 기능에 관한 연구를 하고 있다. 다양한 뇌과학(Brain Research)으로 신경학, 뇌신경학, 심리학을 연결, 뇌의 기능을 연구하여 새로운 학설을 내놓고 있다. 그 학설을 자세히 말하려는 게 아니고 상식적인 것만을 살펴보고자 한다.

사람의 왼쪽 대뇌가 상처를 입었을 때 언어장애를 일으키거나 기억이 상실된다고 한다. 그런데 오른쪽 대뇌가 상처를 입었을 때

---

1 A. Weiser, 『시편 II』(*The Psalms*), 국제성서주석, 505-516 참조.

는 언어기능에 별지장이 없다는 것이다. 이렇게 볼 때, 왼쪽 대뇌는 수학적, 논리적 기능을 담당하고, 오른쪽 대뇌는 예술적 기능인 창의력과 감정, 곧 비합리적 기능을 담당하는 것이다. 그리고 우리의 공부, 특히 오늘날의 교육은 주로 왼쪽 대뇌가 담당한다. 그런데 너무 무리하게 왼쪽 대뇌에 치중해서 지식을 주입하므로 문제가 생긴다고 한다. 반면에 창의력이나 예술성 방면으로는 너무 경히 여기게 된다는 것이다. 그래서 요즘의 교육계는 전 두뇌교육(whole brain education)이라는 과제를 내걸고 종합적인 정서교육과 실천교육을 강조하고 있다.

우리가 안다는 것, 지식이란 무엇인가? 오관을 통하여 보고, 듣고, 느끼고, 깨닫는 것이다. 뇌의 기능을 최대한 발휘해서 논리적으로 추리하고 상상하여 또 다른 원리를 깨달아가는 것이다.

그런데 생각할 문제는 지식의 한계이다. 우리는 무진하게 알 수 있고, 언제든지 알 수 있고, 어디까지, 언제까지 알 수 있겠는가? 그 한계를 알게 된다. 그리고 인간은 젊었을 때는 기억력이 좋으나 나이가 들수록 기억력이 없어진다. 반면에 판단력과 의지력은 강해진다. 그래서 미국에서는 70, 80살 된 분들이 대법원 판사 같은 중책을 맡기도 한다.

나아가 내가 지식의 주체라는 사실을 깨닫는 것이 중요하다. 지식을 얻고자 하는 '나'는 도대체 누구인가? 내 선입견, 내 경험, 내 감정, 내가 가진 전체이해가 나를 가로막을 때에, 내 욕심이 나를 가로막을 때 지식이 올바로 입력되지 않을뿐더러 설사 입력되었다 할지라도, 그것은 지식이 될 수도 없는 것이다. 여기서 오해가 싹 뜨고 많은 문제가 생긴다. 따라서 우리는 지식의 주체에 관한 바른 이해를 해야 한다.

우리는 새로운 무엇인가를 알려고 무던히 애쓰고 있다. 그러나 내가 가진 지식보다 이미 그 지식 안에 내가 있다는 중요한 사실을 깨달아야 한다. 그래서 어느 심리학자는 "내가 나를 안다는 것은 다른 사람에 의하여 알려진 나를 아는 것이다"(to know self is to be known by another)라고 말하였다.

따라서 우리가 알 것은, 내가 아는 '나'가 있고, 다른 사람이 나를 먼저 알고, 더 잘 알 때가 있다. 내가 아는 내가 옳은 것인가? 다른 사람에게 알려진 내가 옳은 것인가? 내가 나를 제일 잘 안다고 생각하는 사람은 교만한 사람이다. 오히려 내가 나를 잘 모른다. 등잔 밑이 어둡다는 속담이 있지 않은가? 나는 부족하고 허물이 많은 사람이다. 내가 나의 나 됨을 모르고 있다. 다른 사람이 아는 내가 더 정확하다 ― 이렇게 생각하는 데서부터 인격자가 되고 덕인이 되는 것이다. 나아가 밑에 있는 사람에게 알려진 바의 나, 그 지식으로 나를 바로 인식할 때 비로소 바른 지식이 성립되는 것이다.

3. 신앙적 인간 이해

올바른 신앙적인 인간 이해를 위하여 칼뱅의 『기독교강요』를 중심으로 고찰하여 보도록 하겠다. 칼뱅은 "우리가 가진 모든 지혜, 곧 참되며 건전한 지혜는 두 부분으로 되어 있다. 그 하나는 하나님에 관한 지식이요, 다른 하나는 우리 자신에 관한 지식이다. 그러나

이 두 지식은 여러 줄로 연결되어 있기에 어느 쪽이 먼저이며, 어느 쪽의 지식이 다른 쪽의 지식을 산출해내는가를 알아내는 것은 그리 쉬운 일이 아니다"(『기독교강요』 1권)라는 말과 함께 시작한다.

"하나님을 알지 못하고는 인간은 자신을 알지 못한다"고 한다. 먼저 완전하신 하나님을 숙고하라고 주장한다. 하나님을 바라봄으로써 드러나는 우리의 현실은 바로 아주 비참한 죄로 말미암아 타락하고 전락한 비참한 존재라는 것이 우리의 현실이다.

하나님 앞에, 하나님의 말씀 앞에 설 때, 비로소 우리가 어떤 존재인가를 알 수 있게 된다는 말이다. 이것이 바로 성경이 인간에 대해 말하는 근본적인 문제이다. 그리고 칼뱅은 성경의 인물들을 통해서 하나님의 위엄 앞에 선 인간의 구체적인 모습을 제시한다. "성도들이 하나님의 임재를 의식할 때마다 충격을 받으며 압도당한다고, 성경이 일반적으로 말하고 있는 그 두려움과 놀라움은 바로 여기에서 오는 것이다"(『기독교강요』 1권 1장 3절).

구약시대 사람들은 하나님께서 빛처럼 강렬한 거룩함으로 그들에게 나타나면, 죽을 수밖에 없다고 생각했다(삿 13:22). 그들은 하나님의 임재 앞에서 압도되는 두려움을 체험했고, 죽음의 공포로 쓰러질 만큼 마음이 흔들리는 모습을 보여주었다. 그렇기에 칼뱅은 "인간은 자신을 하나님의 위엄과 비교해 보기 전에는, 결단코 자신의 비천한 상태를 충분히 인식할 수 없다"(Inst. 1. I, 3)고 말한 것이다. 그리고 칼뱅은 욥과 아브라함과 엘리야의 경우를 구체적인 사례로 제시한다(욥 38:1 이하; 창 18:27; 왕상 19:13).

여기서 우리는 베드로가 예수님을 처음 만났던 장면은 거룩한 분과의 만남에서 우리 인간이 어떻게 반응하는지를 매우 잘 말해 주고 있음을 본다. 누가복음 5장에, 밤새도록 그물을 던졌지만 한 마리도 잡지 못했던 베드로에게 예수께서 다가와서 "깊은 데로 가서 그물을 내려 고기를 잡으라"고 말씀하신다. 그러자 베드로는 예수 말씀대로 깊은 데 가서 그물을 던졌더니 그물이 찢어질 정도로 많은 고기를 잡을 수 있었다. 그러나 베드로의 심정은 마냥 기쁘고 즐겁기만 했던 것은 아닌 것 같다. 예수님 무릎 아래 엎드려 "주여, 나를 떠나소서 나는 죄인이로소이다"(눅 5:8) 하였다. 이처럼 거룩한 분 앞에 섰을 때, 하나님 앞에 하나님 말씀 앞에 섰을 때, 자기 자신이 어떤 존재인지가 적나라하게 드러난다는 것을 알 수 있다.

다윗의 예를 들면, 시편 51편에서 그는 하나님과의 관계 속에서 자기의 죄를 인정하는 고백을 하고 있다. "무릇 나는 내 죄과를 아오니 내 죄가 항상 내 앞에 있나이다. 내가 주께만 범죄하여 주의 목전에 악을 행하였나이다"(시 51:3-4).

칼뱅은 두 지식의 관계에 대하여 말한다. 하나님에 관한 지식과 우리 자신에 관한 지식이 서로 밀접한 관계가 있다 하더라도 먼저는 전자에 대해 논의하고, 다음으로 후자를 논의하는 것이 타당한 순서일 것이다. 이것이 칼뱅의 사고의 핵심이고, 개혁교회 신학의 핵심 원리이다. 하나님과 인간이 언제나 함께한다. 그런데 우선적이고, 앞서 있는 것은 하나님이시다. 마치 출애굽공동체를 구름기둥과 불기둥이 앞서 인도하고, 그 뒤를 출애굽 백성이 뒤따랐던 것처럼, 하나님과 인간의 관계에서 언제나 앞서는 것은 하나님이시고, 뒤따르는 것은 인간이라는 것을 말하고 있다.

이것은 칼뱅의 신인식론의 핵심이다. 하나님께서 자신을 드러내신 대로, 계시하시는 대로 믿는 것, 바로 이것이 칼뱅이 하나님을 아는 유일한 길이다. 또한 이것이 20세기 칼뱅의 해석자로 유명한 바르트(K. Barth)의 신인식론, 신학 방법론의 핵심 원리가 된다.

이제 우리는 알아야 하고 반드시 깨달아야 한다. 모든 생명이 다 하나님의 빛 앞에 있는 것처럼, 우리 인간은 다 하나님의 지식 앞에 노출된 가운데 존재한다는 것을 알아야 한다. 그러므로 비밀이란 있을 수 없다. 다만 비밀이 있다고 내가 착각했을 뿐이다. 그리고 비밀이 있다면, 그것은 하나님께서 기다려 주심으로 가능한 것이다.

'하나님의 지식'을 히브리어로 '야다'라고 표현한다. 이것은 추상적인 지식이 아니라 체험적인 지식을 말한다. '야다'가 쓰인 재미있는 말씀을 우리는 성경에서 찾아볼 수 있다. "아담이 그 아내 하와와 동침하매"(창 4:1), "요셉이 아들을 낳기까지 동침치 아니하더니"(마 1:25) — 여기서 '동침'이라고 번역하고 있는 것이 바로 '야다'이다. '야다'는 본디 '안다'라는 의미를 지니고 있다. 남편이 아내를 알았다. 그랬더니 아들을 낳았다. 이것이 '안다'는 뜻으로 아주 깊은 관계를 말하는 것이요, 아주 깊은 체험을 말하는 것이다. 또한 "전쟁을 알지 못하는 이스라엘"이라는 말씀이 성경에 나온다. 이것은 전쟁이 있다는 것을 모른다는 이야기가 아니다. 아직 전쟁을 경험하지 않았다는 것이다. "전쟁을 알지 못하는 이스라엘"의 '알다'도 '야다'와 마찬가지로 깊은 체험을 통해서 얻는 지식을 의미한다.

하나님께서 나를 아신다. 이것은 완전한 지식이다. 그러므로 비밀이 없다. 다만 이 지식 앞에서 우리는 피할 수가 없다. 도망갈 수가 없다. 이미 다 알려져 있기 때문이다. 나아가 하나님의 지식, 그 속에는 사랑이 있다. 하나님께서 나를 아시다. 다 아시고 사랑하시는 것이다. 내 허물도, 내 죄도 알고 계시다. 그런데도 사랑하신다. "이는 저가 우리의 체질을 아시며 우리가 진토임을 기억하심이로다"(시 103:14) — 내가 흙덩이에 불과하다는 것을 하나님께서는 다 알고 계신다고, 그런 나를 사랑하고 계신다고 성경은 말씀한다.

4. 하나님의 전지, 전능, 무소부재

이제 좀 더 구체적으로 하나님의 존재하심이 우리 인간의 삶에 어떻게 관계하고 있겠는가에 대하여 생각해 보겠다. 하나님은 우리 인간이 회개하고 돌아오기를 기다리고, 진실을 찾기를 기다리고, 언젠가 깨끗한 마음으로 고백하기를 기다리십니다. 그리하여 하나님과 인간의 올바른 관계 수립을 바라신다. 하나님께서는 인간의 모든 죄를 아시고, 인간인 나를 사랑하시는 것이다.

누가복음 15장에 나오는 탕자 이야기는 우리에게 시사해 주는 바가 매우 크다. 탕자가 집을 나설 때부터 아버지는 알고 있었다. 형편없는 모습으로 아들이 다시 돌아오리라는 것을 알면서 기다린 것이다. 이렇게 아는데 무슨 구구한 설명이 필요할까? 아버지 앞에 겸손한 마음으로 임하는 길밖에는 없다. 나아가 하나님의 엄청난 지식 안에 내 현실이 있었다는 것을 잊지 말 것이다. 나는 몰라서 버려진 존재가 아니다. 내 실패, 내 질병, 내 고통, 내 역경은 하나님께서 나를 모르시기에 생긴 것이 아니다. 하나님께서는 다 알고 사랑하신다. 다 알고 사랑하시는 그 안에 내 현실이 있다. 그러니 하나님의 능력과 지식밖에 버려진 존재로서의 나의 현실이 있다고 착각하지 말 것이다. 실패의 경우에도, 하나님께서 나를 아시고, 하나님께서 나를 사랑하시기에 그 실패가 있는 것이다.

사도 바울은 "육체의 가시"(a thorn in my flesh, 고후 2:7) 때문에 평생을 고생한다. 그래서 하나님의 의를 위하여 가시를 없애 달라고 하나님께 수없이 기도를 올린다. 그러나 그는 마침내 깨닫는다. 자기 자신은 자칫 교만할 수 있는 사람이기에 '하나님께서 내게 육체의 가시를 주신 것'이라고, 이 고통을 주신 것이라고 뒤늦게 깨닫는다. 나는 나를 잘 모른다. 그러나 하나님께서는 아신다. 다 아시고 나를 당신의 선한 길로 인도하신다. 꼭 우리가 알 것은, 현실이란 하나님의 지혜와 하나님의 지식과 하나님의 놀라운 능력 안에 있는 것임을 잠시도 잊어서는 안 된다는 것이다.

성 어거스틴(St. Augustine)은 어렸을 때부터 무척 방탕했다. 그 어머니 모니카가 그를 위하여 얼마나 기도를 했는지 모른다. 이렇듯 방탕한 생활을 하던 중, 어느 날 어거스틴은 로마로 가겠노라고 어머니에게 말했다. 어머니는 완강하게 이를 만류했지만, 그는 끝내 뜻대로 로마로 간다. 당시 어머니는 몹시도 괴롭고 걱정스러웠지만, 그 결과 어거스틴은 어떻게 되었는가? 로마에 가서 암부로시우스를 만나 하나님의 사람이 되었다. 33세에 회개를 하고 하나님 앞에 돌아왔고 기독교로 개종하여 뒤에 성 어거스틴(St. Augustine)이 되는 역사를 이루었다. 하나님께서 몰라서 그를 로마에 보내신 것이 아니다. 하나님은 그를 다 알고 계셨기에, 그 길을 통하여 어거스틴을 인도하셨다.

하나님께서 이스라엘 백성을 애굽에서 약속의 땅 가나안으로 인도하실 때, 왜 40년을 광야에서 헤매게 하셨는가? 하나님이 모르셔서인가? 아니다. 다 알고 계시기에 사랑으로 주시는 시련이었다. 여기에 하나님의 능력이 있다. 하나님의 전지하심이 있고, 하나님의 전능하심이 있고, 하나님의 무소부재하심이 있다. 전지(Omniscience), 전능(Omnipotence), 무소부재(Omnipresence), 하나님의 능력은 하나이다. 그 절대적인 사랑은 하나이다. 하나님의 사랑은 곧 능력이다. 먼저 하나님 안에 있는 나를 알아야 한다. 그리할 때 비로소 하나님께서 나를 아시는 것에 대한 지식만큼의 능력 있는 생을, 평화로운 생을, 복된 삶을 영위해 갈 수 있을 것이다.

5. 사회적 격변기에 교회의 대응 자세

우리 사회는 경쟁과 승자독식이 구조화되면서 갑은 사적 욕망을 위해 타자를 짓밟는 것을 당연시하고, 을은 이것을 받아들여야만 생존할 수 있다는 의식이 내재화되었다. 우리 사회는 어떤 사회가 되어 가는가? 세계에서 높은 자살률과 노인 빈곤율, 심화하는 청년실업, 최저수준의 출산율을 기록하고 있다. 극단적 능력주의와 물신화가 판치는 세상에 최소한의 윤리도 내팽개치고 무조건 성공해야 한다는 신자유주의적 가치관이 판치고 있다. 프란치스코 교황은 오늘날 세계 경제 현실을 '야생적 자유주의'라 질타(叱咤)했다. 그가 꿈꾸는 교회는 청빈한 교회와 수평적 교회이다. 공동선을 실현하는 공동체이다.

이러한 우리 사회에서 교회는 어떻게 대응하고 있을까? 그 답은 그래도 좀 잘 나간다는 한국천주교 수장의 발언에서 찾을 수 있다. 그는 국가 정보원 대선 개입을 규탄하면서 거리로 나선 사제단을 향해 지금은 반정부 활동보다 대중의 현실적인 필요에 에너지를 집중해야 한다고 주장하여 실망을 자아내게 했다. 서울 강남 일대에 들어선 수천억대의 교회들은 어떻게 지어졌겠는가? 최근 종교세 납부에 대한 여론이 일고 있다. 진보 진영인 한국기독교교회협의회(NCCK)는 종교세 납부에 환영한다고 뜻을 밝혔고, 반면 한국기독교총연합회(한기총)는 반대한다고 하였다. 오늘의 상황에서 종교인에게도 국민의 납세의무를 시행하는 것이 옳은가 그른가를 판단하고 결단을 해야 할 것이다. 단테의 『신곡』 지옥 편에는 일반적인 악인들뿐만 아니라 탐욕스러운 성직자들도 많이 등장한다. 그중에는 클레멘스 5세를 비롯한 교황도 여럿 있다. 아마도 현세를 지옥처럼 만든 책임은 부조리한 현실 권력뿐만 아니라 종교인들에게도 있다는 의미일 것이다.

남북관계 개선을 위하여, 분단극복의 과제를 달성하기 위하여 대미 의존적 한·미 동맹의 운용양식을 조정하고 한국 주도로 외교·안보 전략을 새롭게 짜야 한다. 미국이 설정하는 의제에 우리가 왔다 갔다 하는 데서 벗어난 외교를 하려면 우리가 작전통제권을 가지고 있어야 한다. 스스로 군사작전을 하지 못하는 나라는 나라로서 제대로 인정받지 못한다. 그러므로 전시작전권 환수는 필수적이다. 남북은 이미 7.4 공동선언, 남북기본합의서에서도 평화통일을 위한 서로의 입장을 명확히 천명하고 있다. 중국과 대만은 실질적 통일을 누리고 있음을 본다. 현재 250만 대만인이 중국에서 사업도 하고 가정도 이루어 살고 있다.

우리는 지난 2017년 5월 9일, 촛불의 힘으로 쟁취한 투표에서 새 대통령이 선출되었음을 환기한다. 그는 "기회는 평등할 것이다. 과정은 공정할 것이다. 결과는 정의로울 것이다"라고 말했다. 새 대통령은 변화하는 국제관계 흐름 속에서 우리 민족의 평화에 최우선에 두고, 남북 간 대화 재개의 구체적 방안을 모색하여 중재해 나가야 할 것이다. 21세기에 맞는 통일론을 정립해야 한다. 남북관계 개선은 반드시 이루어야 할 역사적 과제이다.

2019년 6월 30일, 성령강림절 후 셋째 주일

영원한 생명의 의미

요한복음 3:16, 17:2-3

1. 시작하는 이야기

영원한 생명, 영원한 삶, 영생 등의 성서적 표현은 같은 어원입니다. '영생'(Eternal Life)은 사람이 죽지 않고 오래 살되, 이 세상에서만이 아니라 죽은 뒤 영원한 나라에서도 죽지 않고 오래 산다는 뜻을 가집니다. '영원한 생명'도 영생이라는 개념이나 그 염원에서 크게 다르지 않지만, 우선 죽지 않고 오래 산다는 영생의 상념에서 약간 벗어나게 하는 느낌을 줍니다. 영생이 극락세계든, 호화찬란한 천당이든, 하여튼 눈물과 한 많은 이 세상보다 더 좋은 저 세상에서 오래 오래 잘 먹고 잘 산다는 소원을 반영하고 또 바라고 믿는 것들을 함축합니다. 막연하고 모호한 듯하나 사람의 마음 깊은 곳에 자리한 꿈이요 바람입니다. 이 세상에서 고생을 많이 하고 남들보다 더 못 살며 한이 많을수록 저 세상 천당이나 극락세계에서 누리는 영생에 대한 소원은 크다 하겠습니다.

그러나 영원한 생명은 그 강조를 어느 편에 두어 마음속에서 어느 편을 더 생각하는가에 따라 그 의미는 차이가 납니다. '영원'을 더 생각하고 바라며 강조할 때는 '영생'의 의미에 가깝습니다. 다만 영원보다 생명에 역점을 둘 때 영생의 상념을 넘어 '생명'의 뜻에 중심하며 영원은 수식어가 됩니다. 아름답고 귀한 생명과도 같이 영원한 생명도 내 생명의 아름다움이나 귀함이 무엇이며, 내 생명의 영원성이 무엇인가 하는 생각을 가지면서 '영원한 생명'을 말하기에 그러한 생명에 관해 더 관심합니다. 오늘의 메시지는 '영원한 생명의 의미'입니다.

'영원한 삶'은 '영생'보다는 '영원한 생명'에 더 가깝되, '생명'을 목숨이나 인간존재 등의 정체적인 개념으로만 오해하기 쉽기에, '생명'을 함축하면서도 그 생명을 정말 귀하고 아름답게 사는 동적인 생을 더 강조하며 권장하는 뜻을 가집니다. 지난 시대의 느낌을 주는 생(生)보다는 순수한 한글과 현대적인 감각과 동적인 삶이라는 용어와 함께 '영원한 삶'이라는 말을 사용합니다. 영생, 영원한 생명, 영원한 삶은 영어로는 한 용어인, '이터널 라이프'(Eternal life)요, 이는 또한 신약성서의 원전인 헬라어의 '조에 아이오니오스'(zoe aionios)에서 연원합니다. 헬라어의 '조에'는 생명, 삶을 뜻하는 영어의 라이프(life)요, '아이오니오스'는 영원하다는 '이터널'(Eternal)의 형용사입니다. 그리스도인들이 가장 사랑하고 어려서부터 외우는 요한복음 3:16의 "영생"을 이러한 여러 의미를 생각하며 다시 읽을 때 상당히 차이 나는 이해, 개념이나 해석을 더해줍니다. "하나님이 세상을 이처럼 사랑하사 독생자를 주셨으니 저를 믿는 자마다 멸망하지 않고 '영생'을 얻으리라." 이전의 여러 성서는 "영생"이라 번역했으나 이 용어가 성서의 본래 뜻을 곡해하여 "천당"과 맥을 함께 하며 오해의 소지가 있기에, 한국의 신-구교가 합동하여 번역한 공동번역은 "영원한 생명"으로, 천당이나 천국도 "하나님 나라"로 번역하였습니다.

2. 영원한 생명은 무엇인가?

영생, 영원한 생명, 영원한 삶이란 무엇이며, 어디에 있고 언제 가지게 되는 것입니까? 생을 좀 더 보람되고 귀하게 살아보려는 자들, 종교인 특히 그리스도인들이 관심하고 묻는 질문들입니다. 동-서양, 신-불신자들을 막론하고 '영생'이라 할 때, 대개는 모든 나의 일생이 다 끝난 뒤에 계속될 생을 생각합니다. 생은 끝나선 안 됩니다. 죽은 뒤에도 그 모양이 어떤 것일지 모르나 나의 생명이 오래오래 살며 지속되기를 원합니다. 적어도 영생은 그런 뜻으로 많이 사용되고 이해되어 왔습니다. 그러나 많은 사상가와 신학자들도 점차 영생을 그렇게 이해하기보다는 영원한 생명, 영원한 삶으로 해석되기를 원합니다. 그 대표적인 예로써 간명하게 설명해 보자면, 그리스도교 영성을 오랫동안 교수하던 헨리 나우웬(Henry Nouwen)은 여러 해 동안 영생을 죽은 뒤의 생(life after death)인 사후(afterlife)의 생으로 가르쳤습니다.

상당히 보수적인 입장의 가톨릭 신부이며 하버드 신학부의 교수로서, 더군다나 그리스도교 영생을 가르치는 입장에서 실로 그는 구미의 어떤 신학자들보다 더 '영생'을 영적이요 죽은 뒤의 영원한 생명까지로 주장하는 대표적인 신학자였습니다. 그는 그의 저서『여기 지금』(Here and now)을 중심한 여러 저서에서 그의 영생에 대한 생각과 변화에 대해서 스스로 밝힙니다. "오랫동안 나는 영생을 내 생이 다 끝난 뒤의 생으로 생각했다. 나의 대부분의 해 동안 나는 영생을 죽음 뒤의 생(afterlife, as like after death)으로 가르쳤다. 그러나 더 나이 늙어가며 사후 생은 내게 점점 흥미가 덜한 것으로 되었다." 이런 고백과 함께 그가 말년에 신앙적으로나 신학적으로 점점 분명하고 확실해지며, 영생에 대한 의미를 더 깊이 깨닫게 되어 발표한 것이 바로『여기 지금』이라는 저서입니다. 그 저서 일부를 다음과 같이 인용합니다.

내일, 내년, 다음 세대 심지어 '죽은' 다음 생명에 대한 염려가 다 거짓된 선입관념(a false preoccupation) 같다. 내가 죽은 다음 모든 일이 내게 어떻게 될 것인가 하는 의아함이 대부분 하나의 정신착란(a distraction) 같이 보인다. 나의 분명한 목표가 영생이라면, 그 생(life)은 내가 있는 바로 '지금 여기'에서도 말할 수 있어야 한다. 영생은 하나님 안에서 그와 함께하는 생이요, 하나님은 내가 여기에 지금 계시기 때문이다. 영적인 생, 하나님 안에서의 생의 위대한 신비는 뒤에 일어날 무엇으로 기다릴 필요가 없다. 예수는 "내가 너희 안에 거하듯 내 안에 거하라" 한다. 영생이란 이런 신적인 그 안에 거함이다(divine in-dwelling), 그것은 내 생의 중심에 하나님이 실제적으로 나타나는 것이요(active presence of God at the center of my living). 하나님의 영이 내 속에서 역사하며 우리에게 영생을 주시는 것이다(*Here and Now*).

그러므로 영생이란 죽은 뒤부터 또는 저 세계에서 시작되는 것이 아닙니다. 우리가 하나님과 교제하며 그의 권속이 되어 그의 뜻을 따라 살 때와 그런 생을 말하기에 '이전'이나 '이후'라는 말도 적합하지 못하고, 죽음이 그런 분계선일 수도 없습니다. 하나님께 속한 자들에게는 죽음의 권세가 상실됩니다. 하나님은 죽은 자의 하나님이 아니라 산 자의 하나님이기 때문입니다. 한번 하나님의 사랑에 안겨 하나님 사랑으로부터 나오는 평화나 기쁨을 가지게 되면 모든 것이 다 좋고, 좋은 것을 압니다. 예수께서 "내가 죽음의 권세들을 이기었기에 나와 함께 살자. 내가 있는 곳에 하나님도 계시다" 하며 두려워하지 말라 한 것은 다 이런 때문이었습니다. 사도 바울이 "하나님을 사랑하는 자 그 뜻대로 부르심을 받은 자들에게 모든 것이 합력하여 선을 이룬다"며, 오늘의 그 어떤 어려움에 대해서도 개의치 않고, 주가 부르신 그 뜻만을 위해 어디까지 이르렀을지라도 그 높으신 뜻만을 향해 계속 달릴 뿐이라 한 것도 다 이런 의미에서입니다. 그러므로 영생이란 죽은 뒤 어느 곳에서 시작되는 것이 아니라, 우리가 살고 있는 이 세상에서 시작되며 하나님의 뜻을 깨닫고 이를 위해 귀하고 아름답게 사는 생이라 하겠습니다.

신학자 틸리히(Paul Tillich)는 이 땅에서 이러한 생을 사는 것을 "영원한 지금"(the eternal now)이라고 했습니다. 미국의 대표적인 목회자요 설교가 이던 포스딕(Harry Fosdick) 목사는 이를 "위대한 순간", "거룩한 순간"이라 불렀습니다. 이들 현대신학이나 목회의 대표자들은 영생이라 할 때, 죽은 뒤의 오랜 생보다, 하나님이 이 세상을 그토록 심히 사랑해서 그의 독생자까지 이 세계에 보내어 준 바로 이 땅 여기에서 주어진 오늘의 생을 보람되고 귀하게, 아름답고 의미 있게 사는 것을 더 중시했습니다. 좀 더 요약해 말한다면 "하나님의 뜻을 따라", 그가 인간을 지상에 살게 한 그 목적을 따라 사는 그것이 "영원한 생명"이요 "영원한 삶"이라는 것입니다. 영생은 결코 무덤에서 시간이 끝나고 영원히 시작되는 것이 아닙니다. 시간은 끝나지도 않고 영원은 시작하지도 않는다는 이런 생각은 대혼란을 야기할 뿐입니다. 영원에 대한 올바른 질문은 "어디에서 그것을 보낼 것인가?"가 아니라, "그것을 어떻게 사용할 것인가?"고 묻는 것이 현명합니다. 그러므로 영생은 이 세상을 떠난 뒤 시작되는 생이 아닙니다. 만약 영원한 생을 살기 원한다면 지금 여기에서 바로 그렇게 사는 것입니다. 미래의 시작을 기다릴 것도 없습니다. 그것은 "현재 여기에서" 시작됩니다.

만약 누구나 그러한 영생을 지금 여기에서 살기를 거절하고 그렇게 살지 않는다면, 미래에 대한 기대란 헛된 것입니다. 영원성의 모든 현재들은 지금 이 순간 이 땅에서 경험되어야 합니다. 오늘의 생은 내일의 추수를 위한 씨알이요 이러한 삶을 계속한다면 우리는 지금 이 순간에도 영원한 생명을 살고 있는 것입니다. 이제 어떤 자세로 우리의 생을 사는 것이 더 보람되고 영원한 것인가에 대해 좀 더 생각해 보기로 합니다.

3. 영생에 관한 요한복음 중심의 이야기

'영생'에 관한 복음서들, 특히 예수님의 가르침을 좀 더 정확히 이해하기 위해서 요한복음을 살펴볼 필요가 있습니다. 영생이나 영원한 생명에 관한 가르침은 요한복음의 주제가 될 정도입니다. 예수께서 세상에 오신 목적이나 요한복음의 기록도 다 영원한 '생명'을 주기 위해서이기 때문입니다. 곧 재림하겠다던 예수님은 쉬 오지 않고, 그와 함께 하던 제자들이나, 당시에 어린이였던 사람들까지 다 세상을 떠나는 데도 예수님의 약속과는 달리, 그는 다시 오지 않았습니다. 예수께서는 "여기 서 있는 사람들이 인자가 구름 타고 다시 오는 것을 보리라"며 떠났으나 그가 다시 오지 않기에 문제가 되었고, 그 해답으로 기록한 것이 요한복음입니다. 예수의 재림 약속을 너무 문자적으로 잘못 이해했던 것을 깨닫고 이에 해답을 구하려던 시도가 요한복음이라 할 수 있습니다. 공관복음에서의 '재림'이 요한복음에선 '영생'으로 그 주제가 변할 정도입니다. 니고데모와의 대화에서 하나님이 보낸 독생자를 믿는 자에게 영생을 선물로 주겠다던 예수의 말씀도, 사마리아 여인과 우물가에서 대화하며 예수님이 "내가 주는 물은 그 속에서 '영생'하도록 솟아나는 샘물이 되리라"라는 말씀도 요한복음에만 나오는 것입니다(요 4:13-14). 예루살렘에서 안식일을 범했다는 문제가 제기됐을 때, 예수는 그의 말을 듣고 또 자기를 보내신 이를 "믿는 자는 영생을 얻었고 심판에 이르지 아니하나니 사망에서 생명으로 건너가는 것"을 의미합니다 (a crossing over from death to the life). 성서를 연구하는 것을 통해 '영생'이 가능하되 실은 이것도 예수 그리스도에 관계된 것이기에(요 5:39), 요한복음에 따르면 영생, 영원한 생명은 그를 믿고 영접하며 따르는 자들에게 주는 선물이요 은혜라 할 수 있습니다.

예수님은 썩을 양식을 위해 일하지 말고 "영원한 생명에 이르게하는 양식을 위해 일하라 그 양식은 인자가 너희에게 주리라"(요 6:27)고 했습니다. 하나님이 보낸 "아들을 믿는 사람이면 누구나 영원한 생명을 얻게 하시는 것이 내 아버지의 뜻이요… 마지막 날에 그들을 다시 살릴 것이다"(요 6:40) 하기에, 이러한 "영생"(개역), "영원한 생명"(표준, 공동)은 예수 그리스도를 고백하고 믿는 자들의 것입니다. 이 세상에서 그를 따르며 그의 뜻을 섬기는 생 속에서 값지게 사는 것을 뜻합니다. 성찬의 떡과 포도주를 나누며 예수는 이를 자신의 살과 피요 이를 먹고 마시는 사람에게는 "영생이 있을 것이다"(요 6:54)라고 했습니다. 성찬 후 그가 체포되기 전에 제자들을 위해 기도할 때에도 예수는 이를 재강조하며 "아버지께서 아들에게 주신 모든 자에게 영생을 주게 하시려고 만민을 다스리는 권세를 아들에게 주셨다" 하며, "영생은 곧 유일하신 참 하나님과 그의 보내신 자 예수 그리스도를 아는 것입니다" 하고 제자들을 위해 기도했습니다(요 17:2-3). 확실히 요한복음은 영생, 영원한 생명이 그 주제가 되었고, 비록 예수 자신은 세상을 떠날지라도 그리스도인들은 예수를 주로 고백하며 영원한 생명을 가지고 살기를 원합니다.

그러나 요한복음이나 몇 번 언급한 공관복음서들은 '영생'의 현재성만이 아니라 미래성도 암시하고 있습니다. 예수가 "내 아버지의 뜻은 아들을 보고 믿는 자마다 영원한 생명을 얻게 하시는 것"이라며 이 세상에서 그를 믿는 순간에 가지되, "나는 마지막 날에 그들을 다시 살릴 것이다"(요 6:4) 함으로써 영생을 이미 받은 자도 마지막 날에 다시 살게 되는 필요가 있는 것으로 언급됐습니다. 예수는 그의 살과 피를 마시며 성찬을 나눈 자들이 영생을 가진다 할 때에는 그 말씀 끝에 "마지막 날에 내가 그를 다시 살리리라"(요 6:54)고 했습니다. 마지막에 다시 살리는 그 의미를 분명히 밝히지는 않으나 미래적인 여운을 남긴 것을 볼 수 있습니다. 공관복음서에서는 아주 드물게 언급된 '영생'에 관한 말씀이 마태에서, 사람이 실족하게 되는 경우 손발을 잘라 불구자가 되는 한이 있더라도 두 발로 영원한 불에 들어가는 것보다는 한쪽 손이나 발만으로 "영생에 들어가는 것"이 더 낫다는 예수의 말씀으로 언급되었습니다(마 18:8). 그리고 공관복음의 마가, 마태, 누가에 다 언급된 영생에 관한 말씀은 한 부자 청년이 "내가 무엇을 하여야 영생을 얻으리이까" 하는 질문으로 나타납니다(막 10:17; 마 19:16; 눅 18:30).

이어 물질관에 대해 말씀하시던 예수는 '나와 복음을 위하여 모든 것을 버린 자들은 금세에도 보상을 받되 핍박을 겸하여 받는다'며, "내세에 영생을 받지 못할 자가 없다"고 했습니다. 여기서 "내세에"(개역), "오는 세상에서"(표준, in the age to come)는 미래적인 것이어서, 예수가 말하는 영원한 생명은 오늘의 이 세상에서 현재적으로 가지며 살되, 미래의 "오는 세상에서"도 영생을 받는 것이기에, 공관복음서나 요한복음에서 영생, 영원한 생명은 현재만이 아니라 미래에도 얻게 되는 것이라 가르친다 하겠습니다.

4. 영생에 관한 요한서신과 바울서신의 이야기들

영생에 관한 말씀은 요한서신이나 바울서신에서도 계속 언급됩니다(요일 1:2; 2:25; 3:17; 5:11, 13, 20; 행 13:46, 48). 바울은 육체를 위해서가 아니라 "성령을 위하여 심는 자는 성령으로부터 영생을 얻는다"(갈 6:8)고 하였습니다. 또한 각 사람에게 그 행한 대로 보응하는 하나님이기에 그는 "참고 선을 행하여 영광과 존귀와 썩지 아니함을 구하는 자에게는 영생으로" 보응하신다고 했습니다(롬 2:6-7). 요한서신이나 바울이 말하는 '영생'은 현재에 영생을 가지고 영원한 생명을 살되, 미래에도 그런 축복의 영생을 하나님께 받으며 계속되는 것으로 표현하기에 획일적으로 단정하기는 어렵습니다. 그러나 확실한 것은 죽음이 영생을 가지거나 가지지 못하는 분계선이 되지 않는다는 것입니다. 영원한 생명은 죽음 이전에 이미 가지고 누리며 지금 여기에서 하나님의 영광과 세상을 위해 섬기며 살되, 이런 생과 축복은 죽은 뒤에도 다름이 없고 지속적이라는 것입니다. '영생의 희망'은 하나님을 믿는 신앙과 지식의 근거(딛 1:1-2)라고 합니다. 유다서까지도 "하나님의 사랑 안에서 자기를 지키며 영생에 이르도록 우리 주 예수 그리스도의 긍휼을 기다리라"(21)고 합니다.

결국 영생은 '이미'(already)와 '아직'(not yet)이라는 양면을 다 가집니다. 예수가 "영생을 주노니 영원히 멸망치 아니할 터이요 또 저희를 내 손에서 빼앗을 자가 없느니라"(요 10:28)고 한 것과 같이, 한 번 영생을 얻은 자는 그의 실질성, 효과성, 취소불가성에 있어서는 현재적인 소유요(its reality, efficacy, and irrevocability), 그렇지만 그의 온전한 성취(full realization)는 아직도 기다린다고 할 수 있습니다. 여하튼 예수가 하나님의 아들이요, 그는 이 세상에 오셔서 나를 포함한 온 누리의 사람들을 십자가에서 죽기까지 사랑하였기에, 누구든지 그를 믿고 그런 하나님의 사랑을 깨달아 영생을 가지게 된 자들에게는 동시에 땅에서 주 예수와 같은 삶과 세상을 위한 봉헌 봉사가 요청됩니다. 그리고 지상에서 자기들의 한 생을 아름답고 고귀하게 살며 영원한 생명과 삶이 되게 하는 그들만이 오는 세계에서도 주가 "그를 다시 살리며" 영생을 받게 되는 복된 자가 되게 한다는 것입니다(요 6:54; 막 10:30).

5. 크로노스와 카이로스, '시간'에 대한 신앙적 의미

카이로스(Kairos)는 희랍인이 '시간' 용어로 사용한 두 낱말 중의 하나인데, 다른 하나는 '크로노스'입니다. 크로노스는 시간의 계속적인 흐름을 나타내고 있는 반면에, 카이로스는 시간의 중요한 순간을 지적합니다. 전자는 때의 경과를 측량할 수 있는 시간이고, 후자는 시간의 경과 가운데 있는 독자적인 순간을 의미하고 있습니다. 즉 독자적인 무엇이 일어나거나 성취되는 결정적인 순간을 가리킵니다. 그리스도교에서 카이로스는 역사적 관심을 표현할 때 중대한 신학적인 의미가 살아나옵니다. 카이로스는 역사적 준비 시대가 끝난 역사의 순간입니다. 이런 의미에서 카이로스는 중심적 사건, 즉 그리스도의 출현 사건이 하늘에서 우연히 떨어진 사건이 아니라는 뜻입니다. 오히려 역사 가운데서 준비되고 역사적 섭리의 '타이밍'에 의하여 준비된 사건임을 가리킵니다.

이제 영생, 영원의 기초가 되는 오늘의 '시간'에 대한 신앙적 의미를 생각해 보겠습니다. 사람이 죽지 않고 오랜 세월을 잘 살려는 한 생의 시간을 '크로노스'라 부릅니다. 무슨 수를 써서라도 행복한 시간을 연장하고, 장수부귀 복을 다 누리며 잘 살려는 인간 욕구를 통칭하는 말입니다. 젊고 건강하고 출세하고 부귀해지는 것은 좋고, 늙고 병들고 낙오되고 비천한 것은 싫습니다. 복을 많이 받고 행복하게 사는 한 생을 원합니다. 그 누가 마다하겠습니까! 극히 자연스런 인간의 본능적인 욕구입니다.

그러나 성서는 이런 생을 진정 복으로 보거나 그것만이 바람직한 인생의 목표라고 보지 않습니다. 주어진 한 생의 시간을 똑같이 살아가되 하나님으로부터 순간순간 어떤 결단을 요청받고 그것을 이행하는 데에 의미를 부여합니다. 그것은 하늘의 뜻을 깨닫는 계시의 순간이요 새로운 생명으로 탄생하는 계기가 되기도 합니다. 한 생을 일변시키는 하늘의 역사와 성령의 은사가 작동하여 새 눈을 뜨게 하고 새로운 삶을 살게 합니다. 이러한 시간을 '카이로스'라 부릅니다. 오직 인간에게만 주어진 시간이요, 이런 카이로스 시간의 체험 없이는 의미 있는 삶도, 하나님 앞에 서지도 못합니다.

그러므로 카이로스는 크로노스를 의미 있게 하는 시간이라 할 수 있습니다. 크로노스의 생은 누구나 하나님께 받아 사는 자연적인 생입니다. 그것은 길 수도 있고 짧을 수도 있지만 하나님 앞에서는 하등의 차이가 없습니다. 인간의 산술이 뿐입니다. 그러나 카이로스의 생은 하나님의 계시와 명령에 나 자신이 결단을 통해서 처신하는 시간이요, 삶입니다. 같은 한 생이지만, 카이로스의 결단 여부가 그 생을 판가름하여, 생명과 의미 있는 한 생을 살게 하고 아니면 무생명·무의미하게도 합니다. 시간에 대한 해석과 자세는 차이가 있되, 결국 크로노스 시간을 사는 한 생은 카이로스의 순간들을 체험함으로써 승화된 인생으로 변화하게 합니다. 이것을 통해서만 의미 있고 하나님 앞에 설 수 있는 보람된 생이 된다는 것입니다.

6. 마감하는 이야기

구약의 히브리인들은 시간에 대해 독특한 생각을 가졌습니다. 그것은 객관적인 이해가 아니라 주관적인 이해입니다. 시간은 그저 흘러가는 것이 아니라 삶의 율동이요 맥박입니다. 헬라인들의 과거 미래 개념까지 현재로 경험하고, '끝난다'고 생각한 시간도 그들은 오히려 '출발점'이나 '시작'으로 간주합니다. 하루가 끝나는 저녁을 하루가 시작되는 기쁜 순간으로 보는 히브리인의 하루 개념도 이런 연유에서입니다. 그 때문에 한 해가 다 감을 섭섭해하는 통상적인 연말의 시기도 히브리인들에게는 연초가 다시 돌아오는 감격의 순간입니다. 주어진 한 생을 다 살고 세상을 하직하는 죽음의 순간까지도 그것은 슬프고 무서운 몸부림의 순간이 아닙니다. 흙에서 나온 인생이 다시 흙으로 돌아갈 뿐인 엄숙하고 거룩한 순간입니다. 헬라인에게 지나간 시간은 돌이킬 수 없으며, 흘러가버린 시간은 결코 멈출 수 없는 절대적으로 객관적인 성질입니다. 그러나 히브리인의 시간은 멈출 수 있고 또한 돌이킬 수 있는 주관적인 시간입니다. 이스라엘이 여호수아의 지휘 하에 아모리족과 전쟁하던 고대 역사(수 10:12이하)에 해를 멈추고 달을 뜨지 못하게 한 기록이 나옵니다. 여호수아가 그들의 절대신 야훼께 외칩니다. "해야, 기브온 위에 머물러라. 달아, 아얄론 골짜기에 멈추어라"(수 10:12). 그러자 원수들에게 복수를 마치기까지 해가 머물고 달이 멈추어 섰다는 것입니다. 고대 시가를 모은 야살의 책에 기록된 것입니다. 해가 중천에 멈추어 하루를 꼬박 움직이지를 아니했다니 헬라인에게는 물론 어디 현대인에게 이해가 될 일입니까? 그러나 히브리인들의 주관적 시간 이해로는 아무런 하자가 없습니다. 물론 구약의 여호수아에서는 이러한 일은 항용 있는 범상한 것이 아니라며, 이는 야훼 하나님만이 가능한 일이라 지적합니다. "야훼께서 이렇게 사람의 소리를 들어주신 날은 전에도 없었고 후에도 없었다"(수 10:14)는 것입니다.

사람의 수명은 신의 정하신 바요, 주어진 크로노스의 시간은 누구도 변경할 수 없다는 것이 헬라인의 생각이요 현대인의 시간 이해입니다. 그러나 히브리인들의 생각은 다릅니다. 열왕기하(왕하 20장)의 히스기야 왕 사적은 이를 보여줍니다. 왕이 병들어 누워 있을 때 예언자 이사야가 왕에게 찾아와 그가 죽게 되리라고 말하며 왕실에 마지막 유서를 내리도록 합니다. 그 때 히스기야 왕은 벽을 향해 얼굴을 돌려대고 야훼 하나님께 간절히 기도합니다. "오, 야훼여, 제가 항상 당신을 섬겼고, 당신 보기에 선하게 행한 것을 기억하옵소서 하고 히스기야가 심히 통곡하더라"(왕하 20:3). 이러한 참회와 기도를 하나님께 드리는 자의 최소한의 요건이 암시되기도 합니다. 항상 하나님 앞에 참되게 살고 충성스럽게 섬기며, 선한 일을 행했다는 것입니다. 웬일일까요? 왕의 간절한 기도와 참회의 눈물이 주께 상달됩니다. 병을 낫게 해 주실 뿐 아니라 "수명을 15년이나 연장"시켜주고 그가 치리하는 도성을 보호하겠다는 하나님의 약속이었습니다(왕하 20:6). 그 약속의 증표로서 하나님은 태양을 10도나 뒤로 물러나게 했습니다(왕하 20:9). 그들에게 중요한 것은 시간의 측정이 아니라 생명이요 삶입니다. 어느 연월일시나, 나이나 장수가 문제가 아닙니다. 어떻게 사느냐가 더 중요한 것입니다. 선하고 옳게 하나님의 뜻을 따라 충성되게 사는 것이 중요합니다. 더 오래도록 사는 것이 복이라는 생각은 뒷전입니다. 아무리 오래 살아도 카이로스의 시간이 아닌 무의미하고 불충한 삶은 하나님께 영광이 아니고, 이 세계와 자신에게도 무의미합니다. 그러므로 영원한 생명, 영원한 삶이란 결코 오래 죽지 않고, 아니 죽어서도 영원히 사는 것을 뜻하는 것이 아니라, 여기 바로 이 땅에서 지금 내가 살고 있는 동안 하나님의 뜻을 따라 귀하고 아름답고 보람되게 사는 것입니다. 하나님 주시는 영원한 삶의 은혜가 여러분과 항상 함께 하시기를 바랍니다.

2018년 9월 2일

하나님의 거룩한 백성

신 7:6-11, 벧전 1:15-17

거룩함이 분리를 의미하는 것은 성(聖)과 속(俗), 창조자와 피조자, 하나님과 인간의 분리를 가리킨다. 즉 전적인 타자(他者)를 거룩한 존재로 보았다. 하나님의 거룩은 몇 가지 단계에서 이스라엘의 신앙역사에 나타나 있다. 아브라함을 중심으로(창 18:27), 야곱의 벧엘에서 가진 꿈에서(창 28:17), 모세에 대한 계시 사건에서 그리고 아모스는 하나님을 거룩한 존재로 보았고(암 4:2), 호세아도 하나님을 거룩한 존재라고 했다(호 11:9). 특히 이사야는 하나님을 이스라엘의 거룩한 자로 보았다(사 1:4, 5:19). 제이 이사야도 야훼를 이스라엘의 거룩한 자로 보았다(사 41:14-16). 그러나 하나님의 거룩함은 인격적인 거룩함이며, 그 거룩은 이스라엘에 국한하지 않고 역사의 모든 영역에서 활동하는 적극적인 거룩으로 되어있다.

신약에서 '거룩'은 하기오스(hagios)로 표현되어 있다. 이것은 고전 희랍어인 하고스(hagos)에서 왔는데, 공포의 대상, 존경의 대상을 가리키기도 한다. 신약성서의 거룩 관념은 구약성서의 전제(前

提)인 하나님을 거룩한 존재로 규정하고 있다. 첫째는 예수가 거룩하고, 둘째는 하나님의 영이 거룩하며, 셋째는 교회와 신자가 거룩하다는 것이다. 그리고 하나님의 '영'은 성서에서 '성령'으로 많이 표현되어 있다. 이스라엘 백성을 '거룩한 백성'이라 할 때 그리고 신도를 '성도'라고 부를 때에도, 그것은 그들 자신의 내적 거룩에 있는 것이 아니라 거룩하신 야훼와의 관계에서 그렇게 부른다.

구약 본문 말씀은 모세가 이스라엘 백성에게 간곡히 당부하는 설교 중 한 부분이다. 모세는 40년간 이스라엘 백성을 광야에서 인도하여 가나안 땅에 들어가고자 했다. 그러나 모세는 가나안 땅 입국이 허락되지 않았다. 그래서 모세는 의미심장한 자세로 이스라엘 백성에게 유언적(遺言的) 설교를 하고 있다. 그 내용은 세 가지로 구분할 수 있다.

첫째는 너희는 하나님의 거룩한 백성임을 알라는 것이다. 하나님은 이스라엘을 그의 백성, 즉 성민(聖民, a people holy)으로 택하셨다. 하나님은 이스라엘을 향하여 "너희는 열국 중에서 내 소유가 되겠고 너희가 내게 대하여 제사장 나라가 되며 거룩한 백성이 되리라"(출 19:6)고 했다. '성민'이란 거룩한 백성(holy people), 하나님께 바쳐진 백성(consecrate people)이라는 뜻이다. 어근(語根)으로 보아 '분리'(separation), '구분'(divide) 외에도 '새로움', '순수함', '빛남' 등의 의미가 있다.

본문에서는 세상의 모든 것에서 구분하여 하나님께 드려짐, 하나님의 소유라는 의미가 강하다. 하나님이 지상(地上)의 모든 민족으로부터 특별히 택하여 하나님의 백성이 되게 하셨다는 것이다. 모세가 말씀한 하나님의 성민이란 거룩한 백성으로 하나님께 드려진 존재이며, 하나님의 소유이며, 하나님께 속한 존재라는 것이다. 따라서 거룩한 백성은 언제나 하나님의 관심과 주목의 대상이 된다. 시편 115:12에 "여호와께서 우리를 생각하사 복을 주시되 이스라엘 집에도 복을 주시고…"라고 했다. 생각은 마음으로 함께 있는 것이다. 하나님이 항상 함께 있는 것을 의미한다. 따라서 거룩한 백성은 결코 자기 의지에 따라서 생각하거나 판단하거나 행동하지 않는다. 반드시 하나님의 생각과 판단과 의지에 따라 행동이 요구되는 것이다. 언제나 하나님께 속한 사람이라는 의식(意識)은 그리스도인다운 사람을 창출하는 동기가 된다. 그리스도인의 삶을 가능케 하는 능력의 샘터가 된다.

둘째는 너희가 하나님의 거룩한 백성이 된 이유와 이스라엘을 택한 이유 세 가지를 알라는 것이다. 본문 7절에 "여호와께서 너희를 기뻐하시고 너희를 택하심은 너희가 다른 민족보다 수효가 많은 연고가 아니라 너희는 모든 민족 중에 가장 적으니라"고 했다. 하나님의 선택은 수적인 힘이나 양적인 힘에 의한 것이 아니라는 것이다. 오히려 마음이 가난하여 온유한 자와 겸손한 자를 선택하신다. 민수기 12:3에 "이 사람 모세는 온유함이 지면의 모든 사람보다 승하더라"는 말씀이 있다. 이 말씀은 선택받은 이유가 우리에게 있는 것이 아님을 분명히 하는 것이다. 우리의 구원은 하나님의 절대 은총에 의한 것이며 인간의 어떤 공로나 조건에 의한 것이 아님을 분명히 하고 있다.

8절에 "여호와께서 다만 너희를 사랑하심을 인하여"라고 말씀한다. 즉 하나님의 사랑이 이스라엘을 열국 중에서 선택하였다는 것이다. 하나님은 사랑이시다. 하나님의 사랑 아가페(agape)는 영원하다. 어떤 경우에도 변하지 않는 사랑, 다함이 없고 제한이 없는 사랑이다. 우리 인간의 조건이 어떻게 변해도 하나님의 사랑은 변함이 없다. 하나님은 항상 미쁘시고 일향 변함이 없으시다. 그러므로 하나님의 사랑은 영원하다.

9절에 "너는 알라, 오직 네 하나님 여호와는 하나님이시오. 신실하신 하나님이시라"고 말씀한다. 즉 하나님의 신실함을 강조한다. 하나님은 너희 열조에게 하신 맹세를 지키려 하신다. 하나님을 사랑하고 그 계명을 지키는 자에게는 천대(千代)까지 그 언약을 이행하시며 인애를 베푸신다. 하나님은 그 약속하신 것을 지키시는 신실하신 분이다. 하나님은 이스라엘 열조들과 약속하신 것을 지키기 위하여 애굽 왕 바로의 종노릇하는 이스라엘을 속량했다. 속량(贖良, redemption)은 원래 나의 소유였던 것이 무슨 일로 말미암아 타인의 소유가 되었을 때 거기에 해당하는 대가를 지불하고 다시 찾아와서 나의 소유가 되게 하는 것을 의미한다. 하나님이 이스라엘을 구원하신 것은 전적으로 하나님 자신의 의지(意志)에 따라 행하여진 사건이다. 이것이 하나님이 이스라엘을 사랑함의 동기(動機)이다. 출애굽 사건을 통해서 보여주는 구원 사건은 십자가 신앙의 기초가 된다. 하나님은 예수 그리스도의 십자가 사건을 통해서 인류를 구원하시는 하나님의 신실하심과 사랑을 보여주신 것이다.

셋째는 "그런즉 너는 오늘날 내가 네게 명하는 명령과 규례와 법도를 지켜 행하라"(11절)고 한다. 이 말씀은 거룩한 하나님의 백성으로 책임을 다하라는 것이다. 거룩하게 성별된 하나님 백성의 책임은 하나님의 법도와 규례와 명령을 지키는 일이다. 주님의 명령과 법도와 규례를 지키면 하나님은 천대(a thousand generation)에 이르도록 복을 주시고 인애를 베푸신다는 것이다. 지키지 아니하면 당대에 징계하시겠다는 경고이다.

"오직 너희를 부르신 거룩한 자처럼 너희도 모든 행실에 거룩한 자가 되라"(벧전 1:15). "기록하였으되 내가 거룩하니 너희도 거룩할지어다"(벧전 1:16). 우리는 오늘의 삶의 상황과 역사에서 새 이스라엘이 된 그리스도인 신앙의 현주소와 체온(體溫)을 재는 바로미터가 될 수 있어야 한다. 무엇이 주님의 부르심 받은 그리스도인의 합당한 삶이겠는가? 믿음이 기초가 되고 인격의 품위를 아름답고 가치 있게 높일 수 있는 조화된 신앙인이다. "신의 성품에 참여하는 자가 되게 하려 하셨다"(벧후 1:4)는 말씀이다. 신의 성품을 나누는 사람이란 하나님의 성령과 밀접한 관계를 가진다. 곧 그의 도덕적 품성, 그의 거룩한 목적, 그의 구원하는 사랑, 그의 새롭게 하는 빛, 그의 공정에 대한 관심, 그의 무한한 연민, 그의 순결한 정의와 평화를 만드는 일, 그의 승리적이요 우주적인 섭리 속에 드는 것이다. 예수 그리스도를 본받아 살 뿐 아니라 그의 본성을 나누는 삶이다.

미국의 유명한 역사학자인 브룩스 아담스는 미국의 건국 공로자들 또는 초기 대통령들, 조지 워싱턴, 벤자민 프랭클린, 존 아담스, 토마스 제퍼슨, 제임스 메디슨 등 이들의 공통점은 높은 도덕성과 인권 감각을 가졌다는 점이고, 이들의 도덕성과 인권의식이 미국 민주주의 발전에 정신적 힘이 되었고 건국의 토대가 되었다고 말한 바가 있다.

권력과 돈, 지식과 힘을 가진 자일수록, 특히 사회에서 지도적 역할을 하는 사람일수록 자기 자신에 대해서는 엄격한 도덕성을 가져야 한다. 그리고 이웃에 대해서는 인격 존엄 의식을 갖추어야 한다. 이때 아모스 선지의 외침처럼 "정의를 강물같이 흐르게 하는" 사회를 이룩할 수가 있다.

오늘날 세상과 나라가 혼란되고 전쟁을 일삼는 것도 높은 도덕성과 그리스도인다운 거룩한 삶과 평화를 위해 일하는 하나님의 백성이 출현하기를 대망하고 있다.

A. 토인비는 '우수(憂愁)의 도식(圖式)'으로 역사를 관찰했는데, 매우 의미가 깊다. 인간의 비참한 역사는 일종의 구속사(救贖史)가 되는 것이라고 이해한다. 갈대아 메소포타미아 문명이 한 바퀴 일어났다가 굴러 넘어가는 시대의 깊은 우수를 체험한 이들 가운데 아브라함과 같은 높은 영성을 가진 이가 났다. 애굽 문명의 수레바퀴가 일어났다가 굴러 넘어가는 때에 역사의 비극을 경험한 이들 가운데에서 모세가 났다. 바벨론 문명의 바퀴가 넘어가는 시절에 제이 이사야가 났으며, 헬레니즘의 비극적 종막에 사도 바울이 났다. 또한 로마제국의 영원한 도시 로마가 게르만의 알라릭의 말발굽에 유린당하고, 그 불길이 무섭게 타오르는 시절에 성 어거스틴을 산출한 것이다. 시대의 우수를 이렇게 경험할수록 사람들의 영은 더 높은

경지로 승화한다. 그렇기에 토인비는 최고의 영도자는 나사렛 예수와 같은 하나님의 아들이 한 개인, 한 사람의 심령에 근본적인 변화를 일으킨다고 했다. 그 방법은 '서로 봉사하고 사랑하는 방향이며' 시대와 역사의 고뇌, 짐을 짊어지는 것이다. 이것이 현대문명, 역사를 구하는 길이라고 한다.

스위스의 교육자 페스탈로치는 '몸을 단련시키는 체육학교도 있고, 머리를 단련시키는 지식학교도 있지만, 가슴을 단련시키는 마음의 학교가 없으니 안타깝다'고 말했다. 이런 안타까운 심정을 우리 그리스도인들이 가지면서 우리의 교회가 이 땅의 마음의 학교가 되도록 해야 할 것이다.

교회는 마음의 학교이며, 병든 마음을 고치는 마음의 병원이다. 예수 그리스도는 마음 학교의 최고 스승이시며, 마음병원의 최고 의사이시다. 사도 바울은 말씀하기를 "그런즉 누구든지 그리스도 안에 있으면 새로운 피조물이라 옛것은 지나갔으니 보라 새것이 되었도다"(고후 5:17)고 했다. 오늘 새 이스라엘이 된 그리스도인의 책임은 무엇인가? 누구든지 그리스도의 교회 안에 들어오면 예수 그리스도로 말미암아 마음이 거듭나고, 새로 변화되어야 하고, 새로워진 하나님 백성이 된 우리는 우리와 사회를 새롭게 변화시키는 촉매 역할을 할 수 있는 그리스도인 책임의식(責任意識)을 확인할 수 있어야 한다.

어떻게 부활 신앙과 거룩한 백성, 그리스도인으로 삶을 영위할 수 있을까? 요한복음 11장에 의하면, "나는 부활이요 생명이니 나를 믿는 사람은 죽더라도 살겠고, 또 살아서 믿는 사람은 영원히 죽지 않을 것이다"라고 말씀하시고는 하나님의 영광을 드러내기 위해서 큰소리로 "나사로야 나오너라" 하고 외치심으로써 죽은 나사로를 무덤에서 일으켜 부활해 내신 주님이셨다.

나사로를 죽음에서 부활시킨 주님의 놀라운 기적을 통해 신앙에 눈 뜬 러시아의 대문호 톨스토이(1828~1910)는 일흔 살이 넘는 나이에 마지막 걸작품 〈부활〉을 썼다. 일찍이 그의 『참회록』에서 톨스토이는 다음과 같이 고백하고 있다. "내 젊은 시절은 공명심, 권세욕, 사욕, 애욕, 자만심, 분노, 복수심… 이런 정열에 불태우던 시절이었다. 나는 전쟁에서 숱한 사람을 죽였고, 도박했고, 유부녀와 간음했으며, 만취, 폭행, 살인 등 저지르지 않은 죄악이 없었다. 내가 글 쓰는 것은, 오직 명예와 돈을 얻기 위해서였으며 문인들과 교제함으로써 추파와 아첨을 소나기처럼 덮어쓰고 있었다. 그러나 명성과 부에도 불구하고 나는 열 번에 가깝도록 자살을 기도한 적이 있다."

말년에 톨스토이가 "빛은 어둠 속에서 더욱 빛난다"고 탄식하였듯 어둠의 무덤 속에 이미 죽어있던 톨스토이에게 어느 날 "톨스토이야, 나오너라"라는 한마디가 그를 부활시킨다. 빛의 주님이 부르신 것이다. 톨스토이는 이로부터 죽음에서 일어난 새사람이 되어 마침내 부활이란 소설까지 쓰게 되었다. 우리는 이미 입구(入口)는 돌로 막혀 있는 무덤 속에서 죽어있는 사람들이다. 톨스토이의 표현처럼 '공명심, 권세, 이기심, 애욕, 자만심, 분노, 복수심, 쾌락'의 어둠 속에 갇혀서 우리들의 몸에서는 이미 죽은 사람들의 몸에서나 맡을 수 있는 악취가 나고 있는 것이 우리 인간 군상의 현상이 아닐까!

우리는 이렇게 기도해야 한다. 주여, 우리를 불쌍히 여기소서. 우리를 위해 눈물을 흘려주소서. 우리를 위해 기도하여 주시고 큰 소리로 외쳐서 우리를 부활시켜 주소서. 거룩한 백성, 그리스도의 현존(現存)으로 일으켜 주소서.

그리스도인 영성에 독특한 주장을 한 사람은 히틀러의 독재와 인종주의의 악에 항거한 본회퍼 목사이다. 그의 결정적 인생의 계기는 그가 미국에 온 1939년 뉴욕 유니온신학교에서 있었다. 그가 떠나온 것은 히틀러의 징병을 피해 그가 무엇을 할 것인가를 생각할 시간이 필요해서이다. 그러나 불과 5주 동안 미국에 머물며 그의 친구 에버르하르트 베트게(Eberhard Bethge)에게 보낸 편지에서 결론을 내린 것을 본다. 1939년 7월 뉴욕에서의 서신이다.

"내가 생각하고 기도하며 도달한 결론은 내가 미국에 온 것은 실수라는 것이다. 나는 우리나라의 국가적 고난의 시기에 독일에 그리스도인들과 함께 머물며 살아야 했다. 내가 만약 이 시기에 나의 백성들과 함께 시련을 겪지 않는다면, 전쟁 후 독일에서 그리스도인들의 재건을 위한 참여의 자격이 없게 될 것이다."

이런 결론을 얻은 본회퍼 목사는 주변의 만류에도 불구하고 귀국하여 히틀러 암살 음모에 가담하는 결단을 내린다. 본회퍼는 한 독일인으로서, 한 그리스도인으로서 그의 조국의 악을 중지하고 그 대가를 치르기 위해 전혀 다른 방법으로 그 자신을 희생하기로 했다. 교회가 못하기에 그는 정치적인 항거운동(resistance movement)에 가담했다. 히틀러 살해 음모단의 대표 도난이(Dohnany)가

"칼 쓰는 자는 칼로 망한다"는 예수의 말에 관해 질문했을 때, 본회퍼는 물론 히틀러 제거를 위해 칼을 쓰는 우리도 아무리 극단의 악한 여건 속에서라 해도 신의 심판은 면할 수 없다고 대답했다. 그러나 그는 계속했다. 인간을 사랑하는 하나님의 뜻을 위해 누군가 자기들의 생명을 바치기를 원하는 사람이 있어야 할 때라는 것이다. 그는 폭력은 죄라는 확신을 버리지 않았다. 히틀러 살해 음모 결단을 정당화하려 하지도 않았다. 그러나 히틀러의 목숨을 끊는 방아쇠를 다른 사람이 잡아당겨 그가 신의 심판을 받게 하고 싶지 않기에, 그 신의 징벌에 해당하는 살인죄를 자신이 지겠다고 한 것이다.

자기가 갈 천국에 저 지옥에 떨어진 한 영혼을 보내 달라던 중세기의 성 프란치스코의 갸륵한 기도와 맥을 같이 한 기원이다. 이는 도피가 아니라 하나님과 하나님의 세계를 사랑하는 살인죄로 자신의 구원을 희생하는 위험을 자초하는 의지의 행위였다. 살해음모죄로 체포되어 감옥 생활을 하면서 보낸 서신에서 본회퍼는 "참으로 신앙으로 복종하며, 하나님께 충성스럽고, 책임 있는 사람은 하나님의 부름과 요구에 그의 전 생명을 바치는 자"라고 고백했다. 그는 모든 것을 하나님께 바치면서 자신의 생명과 자신의 시간을 위해 책임지기를 원했다.

그의 이런 생각과 결단은 예수 그리스도의 육화 신학에 근거한다. 그리스도인의 길, 영성은 속세를 떠나 거룩하고 신비한 세계에서 고고(孤高)하게 사는 것이 아니라, 모든 세상의 의무, 문제, 성공과 실패, 고통과 외로움, 좌절을 느끼면서 사는 것이다. 역사의 한가운데에서 세상을 위해 세상적(worldliness)으로 사는 것이다. 테젤 감옥에서 본회퍼는 이것이 믿음이요, 회개요, 그리스도인의 생이며, 영성이라 믿는다고 했다. 하나님은 이 세계를 새롭게 하기 위해 이를 이루어 줄 그의 사람들을 계속 필요로 한다고 했다.

하나님의 거룩한 백성은 오늘날 어떻게 구별된 자로 사는 것인가? 그리스도인은 오늘 역사 한가운데서 때로는 홀로 외로이 설 수 있는 자이다. 우리는 선택된 자요 고귀한 자이며 능동적인 삶의 소유자요, 만인을 섬기는 종이나 누구에게도 종속되지 않은 자유인이다. 끊임없는 훈련의 과정을 갖는 예외적인 사람이다 ─ 이 길, 순례의 길을 걷는 그리스도인은 무엇인가 다르게 사는 자이다. 의무가 아닌 사명의 길이다. 신의 성품, 영성을 나눈 자의 다름은 윤리적인 다름이다. 불의와 부정 속에서도 정의를 지키는 다름, 이기적 탐욕속에서도 남을 돕는 봉사와 헌신의 다름, 실망과 낙심 속에서도 희망을 주는 밝음의 다름, 죽음의 선상에서도 노래하며 넘는 다름이다. 얼마나 숭고한 도덕적, 영적인 다름인가? 이것이 오늘날 우리 역사 속에서 가지는 거룩한 백성의 길이다.

2019년은 3.1운동 100주년이 되는 해로 각계에서 그 준비에 분망하다. 구한말, 일제 강점기하의 교회는 고난받는 민족의 희망이었다. 3.1운동을 비롯하여 일제에 대한 항거와 독립운동에서 교회는 언제나 "그리스도의 사랑으로" 고난받는 민족과 함께했고, 세상과 연대하며 세상에 대한 책임을 지려고 했다. 당시 교회는 선교부와 함께 의료, 학원, 복지 등 각 분야에서 나라 잃고 신음하는 민족의 버팀목이 되었다.

오늘날의 교회는 어떠할까? 교회에 대한 일반대중의 반응을 한 마디로 요약할 수 있다면, 예수는 예스(Yes), 교회는 노(No)가 아닐까 한다. 일제강점기와 지난 1970~80년대 군사 독재정권하에서 민주화운동과 통일운동에 사회적으로 큰 영향력을 끼치고 사람들로부터 인정을 받았던 한국교회가 왜 이런 질책과 비판의 대상이 되었을까?

세상에 존재하는 교회는 한편으로 '세속화의 위험'에 직면해 있다. 이것은 교회가 세상의 힘과 유행에 자신을 맞추려고 할 때 일어나는 현상이다. 다른 한편의 위험은 교회가 자신을 영화롭게 하는 '신성화의 위험'이다. 이것은 교회가 세상 앞에서 자기 영화에 몰입할 때 일어난다. 전자의 위험 앞에서 한국교회는 세상과 구별이 힘들 정도로 비슷해졌고, 후자의 경우에서는 세상으로부터 멀어졌다고 할 수 있다. 오늘의 한국교회는 이 두 종류의 위험의 덫에 걸려들었다. 교회가 교회 안팎의 뜻있는 사람들로부터 호된 질책과 비판을 받는 것은 한편으로는 바로 이같이 세상을 동경하다가 결국 세상과 구별할 수 없게 되었기 때문이다. 다른 한편으로는 그 당연한 결과로 세상을 향한 자신의 책임과 사명을 망각했기 때문이다. 우리는 그리스도의 복음(福音)이 교회 자신에게 규정(規定)하는 과제(課題)를 다시 새롭게 확증해 나갈 때 교회 본연(本然)의 자리를 확보하게 될 것이다. 하나님의 거룩한 백성의 길이 무엇인가를 다시 확인하고 새 출발을 해야 할 때이다.

오늘날 한국 사회는 '사회 양극화' 혹은 '격차사회'로 특징된다. WCC 벤쿠버 총회(1983)는 당대 선교의 과제를 구체적으로 JPIC

(정의, 평화, 창조 질서의 보전)로 인식하고, 오늘 우리 시대에 요청되는 평화는 전쟁의 종식뿐만 아니라 사회 각층 간의 차별, 특히 사회적 및 경제적 차별의 근절이 급선무라고 파악한 바 있다. 이는 사회정의와 경제정의가 함께 하는 평화를 이뤄가야 한다. 그러려면 현 상황의 근본 문제를 해결해가면서 남북미 정상 혹은 남 - 북 - 미 - 중 정상이 '평화협정'을 선언하고, 남북 간에 항구적인 평화 체제가 확립되어야 한다. 이를 위하여 온갖 지혜와 힘을 모아야 하고 그 실현에 총력을 다해야 한다. 앞으로 한국교회가 100년 전의 3.1운동 당시 교회의 의거 정신을 회복하기 위해서 세계 개혁교회의 시발점인 교회로 돌아가 그것을 교훈으로 삼아야 한다.

칼뱅의 제네바교회는 고대 교부들의 가르침을 따라서 교회 재정을 넷으로 분할하여 각각 교회당 보수 관리비, 목회자 생활비, 교회 안팎의 가난한 자들을 위한 구제금, 긴급한 이방인 난민 구호금으로 사용했다. 교회 재정의 50%가 교회 안팎의 가난한 자들과 이방인 난민들을 위한 구제기금으로 지출되었다. 이는 성서의 출애굽 공동체와 사도적 교회의 정신을 따르려는 데서 기인했다. 만약 한국교회가 그리스도 안에서 모두를 하나 되게 하는 성만찬의 의미를 되새기며, 제네바교회의 모델을 따라서 교회 안팎의 가난한 자들, 약한 자들, 이방인 난민들과 연대한다면, 교회 재정의 절반을, 아니 형편에 따라 최대한의 재정을 기꺼이 그들을 위해 내놓을 수 있다면, 한국교회와 사회를 위협하는 맘몬의 위세는 절로 꺾이게 될 것이며, 한국교회는 하나님 나라의 참된 평화와 안전을 선취한 '샬롬' 공동체로서 세상의 희망이 될 수 있을 것이다.

『살아있는 성자 포사이드』를 펴낸 양국주 서빙더네이션스 대표의 이야기이다.

그는 6년 전, 『바보야, 성공이 아니라 섬김이야』라는 '서서평 전기'를 통해 한국에도 인도의 테레사 수녀 같은 인물이 있었음을 일깨웠다. 의사인 포사이드(1873~1918)는 1905년 의료선교사로 한국에 파송되었다가 병을 얻어 1911년 미국으로 떠나기까지 불과 5년밖에 머물지 않았지만 꺼지지 않는 빛을 남겼다.

『살아있는 성자 포사이드』에는 두 탕자를 구원한 사례가 등장한다. 여기서 구원이란 '예수 믿고 구원을 받았다'고 떠들면서 행실은 뒷받침되지 못하는 그런 종류의 구원이 아니다.

그중 한 사람은 이보한이다. 당시에 포사이드는 자신의 모든 걸 내던진 행동으로 가난한 이들을 새로운 삶으로 이끌었다. 포사이드는 자신의 귀를 자른 범인을 용서했고, 그의 한센병 환자를 부둥켜안고 치료해 주었다. 이 모습을 본 '걸인의 아버지' 이보한(1872~1931)은 감명을 받아 그리스도를 영접했다. 이후 이보한은 광인 흉내를 내며 독립운동을 하면서 부자들에게 돈과 음식을 탁발해 걸인들에게 나눠주었는데, 늘 〈거두리로다〉라는 찬송을 불렀기 때문에 '이 거두리'로 불렸다. '이 거두리'는 나라 잃은 망국민들과 자신처럼 상처 입은 영혼을 거둔다는 의미였다고 한다.

다른 한 사람은 동네 깡패였다가 개과천선한 최흥종(1880~1966)이다. 포사이드는 1908년 목포에서 활동하다가 광주진료소의 선교의사 오웬이 폐렴에 걸렸다는 소식을 듣고 오는 길에 거적때기 위에 누워 "살려 달라"고 애원하는 한 한센병 환자를 만난다. 당시 천형(天

刑)인 문둥병 혹은 나병으로 불린 한센병 환자들은 전염을 두려워한 사람들로부터 도움은커녕 돌팔매질을 당하기가 일쑤였다.

그런데 포사이드는 이 여인을 부둥켜 자신의 나귀에 태우고 병원에 들어섰다. 그것이 나환우들을 돌본 여수 애양원과 소록도 돌봄의 기원이 되었다. 이때 오웬의 조수로 병원에서 포사이드를 지켜본 최흥종은 큰 변화를 일으켜 목사가 되었고 '나환우들의 아버지'가 된다. 저자는 "포사이드는 '이렇게 해라', '저렇게 해라'고 말로 가르친 게 아니었다"며 "그의 내면에서 우러난, 소리 없는 행동이 보는 이들의 영혼을 사로잡았다"고 설명했다.

저자는 "조선에 2천 명이 넘는 선교사들이 왔지만, 다 서서평이나 포사이드 같은 분만 있었던 것은 아니다"라며 두 선교사는 마치 조선 사람들처럼 친히 가난한 삶을 살면서 헌신했었다고 하였다. 서서평이나 포사이드가 우리 가슴에 아직도 생생하게 살아있는 건 마지막까지 주님에게 자신을 다 던져 비우고 헌신했기 때문이다. 가난한 자들과 함께하며 평화를 위해 일한 사람들은 하나님 나라의 주인공이며 하나님의 거룩한 자녀들이다.

2019년 2월 3일

하나님의 본성을 나누어 받자

벧후 1:3-11

1. 시작의 말

본 서신은 신앙적으로 위기에 빠진 그리스도인을 구출하는 영적 지식이 담뿍 담겨있는 알찬 서신이다. 이 서신의 주요 관심사는 거짓 교사들에 맞서 하나님과 그리스도에 관한 참된 지식을 가르쳐 주자는 데 있다. 이 서신에는 생명과 경건에 속한 모든 것이 있어서 신의 성품에 참여하려는 자들을 위해 올바른 방향을 제시해 준다. 공동번역 성서에는 "신의 성품에 참여하여"라는 말을 "하느님의 본성을 나누어 받게 되었다"고 번역하였다. 예수의 지상 생활은 하나님의 성품과 의지를 거침없이 드러내 보이신 사건이다. 또 사도들 교훈의 중심은 이 예수 그리스도와 내적으로, 영적으로 교제하는 가운데 하나님의 본성을 나누어 받게 하려는 데 그 의미가 있다.

성서에는 수많은 사람의 각양각색의 초상화가 그려져 있다. 역사에 길이 남을 큰 업적을 남기고 간 위대한 인물들의 모습도 나타난다. 그러나 조용하고 성실하게 자신의 인생을 보람 있게 살아간 더 많은 신앙인의 모습도 볼 수 있다. 평범하면서도 착실하게 세인의 눈에 띄지 않으면서도 자신의 삶에서 알차고 견실하게 살아간 사람들이다. 그것은 우리에게 큰 위로요, 기쁨이요, 희망이다. 왜냐하면 우리는 대부분 평범한 생활인이며 신앙인이기 때문이다.

2. 성서가 보여주는 참된 삶은 무엇일까?

성서가 보여주는 사람됨의 삶이나 참된 삶이란 무엇일까? 우리가 힘써야 할 바는 무엇이며, 하나님의 부르심의 뜻에 부합하는 것은 무엇일까? 그것은 실로 우리 자신의 품성 그 자체이다. 인격의 품위이다. 신앙적 인격의 품성이다. 믿음이 기초가 되고 그 위에 우리의 인격의 품위를, 아름답고 가치 있게 높일 수 있는 조화된 품성을 도야시켜야 한다. 그런 의미에서 인생의 진정한 향기로운 열매는 과연 삶 자체의 인격적 품위라는 것을 깨닫게 된다. 본문의 저자는 "하느님의 본성을 나누어 받게 되었다"고 했다.

인격이란 무엇인가? 다시 정리해 본다. 인간에게는 세 가지 중요한 활동이 있다. 첫째는 무엇을 알려는 학문적 활동, 둘째는 무엇이 아름다운가를 추구하는 예술적 활동, 셋째는 무엇이 옳고 의로운가를 찾는 도덕적 활동이다. 정리해 보면, 학문적 활동의 목표는 진(眞)이고 도덕적 활동의 목표는 선(善)이고 예술적 활동의 목표는 미(美)이다. 여기서 진, 선, 미가 나온다. 학문이 진리를 찾을 때 쓰는 도구가 '지식'이다. 도덕에서 선을 찾는 도구가 '의'(義)이다.

여기서 지정의(知情意)가 종합되어 갖추어진 것을 철학적으로는 '인격'(人格)이라고 한다. 빌헬름 딜타이라는 철학자는 "훌륭한 인격자는 지식과 질서와 아름다움을 종합적으로 균형 있게 가진 사람이다"라고 말했다. 그러나 그는 종교적인 것은 포함하지 않았다. 종교의 궁극적 목적인 거룩, 성(聖)은 따로 두었다. 따라서 종교적으로 훌륭한 신앙인을 이야기할 때, 인격과의 연결을 소홀하게 여긴 것은 한국교회만 아니라 전 세계의 문제라고 볼 수도 있다.

본문 4절에 나타난 핵심 낱말은 "가장 훌륭한 약속을 받았다"와 "세상의 부패에서 멀리 떠나" 그리고 "하느님의 본성을 나누어 받게 되었다"라고 하겠다. 이 낱말들은 기독교 신앙의 중요한 국면이다. 첫째 "약속"이란 구원의 약속과 그 성취로써 하나님의 자기 계시이다. 둘째 "멀리 떠나"는 사람의 정욕과 그 죄과의 세력에서 멀리하라는 것이다. 셋째 "하느님의 본성을 나누어 받게 되었다"는 그리스도 안에 나타난 하나님의 생과 목적에 참여하라는 것이다.

하나님의 본성을 나눔이란, 하나님의 영과 밀접한 관계를 가짐이다. 곧 그의 도덕적 품성, 그의 거룩한 목적, 그의 구원하는 사랑, 그의 새롭게 하는 빛, 그의 공정에 대한 관심, 그의 무한한 연민, 그의 순결한 정의, 그의 승리적, 우주적인 섭리 속에 드는 것이다. 우리는 예수 그리스도를 본받을 뿐만 아니라 그의 본성을 나누는 것이다. 우리는 예수 그리스도를 피상적 모델이 아닌 내재적 능력으로 모시는 것이다. 그리스도가 우리 안에 사시는 것이다(갈 2:20). 바울이나 베드로는 예수와 사귀는 체험을 했다. 하나님의 본성을 받고 나누는 삶을 살았다. 그들은 그리스도의 고난에 참여하는 자들로 즐거워 하였다(벧전 4:13). 그리스도의 나타날 영광에 참여할 자인 것이다(벧전 5:1). 우리 그리스도인들은 예수님과 같은 본성을 가졌으니 우리도 예수님과 같이 고난당하고 그와 함께 영광에 참여하게 될 것이다.

우리는 여기서 칼뱅의 '신앙에 앞선 성령의 강조'에서 신앙을 어떻게 정의했는가를 살펴보겠다. "신앙이란 우리의 인간 본성의 능력을 능가하는 것이며, 또한 하나님의 유일하고도 고귀한 선물이다. 신앙은 성령의 빛이다. 이 성령의 빛을 통하여 우리의 지성이 조명되며 우리의 의지가 확고해진다"고 첫째 신앙 문답서에서 정의하였다.

칼뱅은 『기독교강요』에서 신앙을 성령론 속에서 다룬다. 이것은 신앙이 성령의 선물이며, 은혜로 말미암은 것이기 때문에, 성령을 먼저 말하지 않고는 신앙을 논할 수 없다는 것을 뜻한다. 이렇게 신앙보다 성령에 더 큰 비중을 두는 것은 칼뱅을 따르는 장로교, 개혁교회의 특징인데, 이점은 칼뱅의 칭의론을 루터의 것과 비교할 때 분명히 드러난다.

칭의론은 신앙을 통해 은혜로 의롭다 여김을 받는다는 구원론의 핵심 교리이다. 이것은 하나님께서 그리스도 안에서 우리를 위해 행하신 일에 대한 믿음으로 우리가 하나님 앞에서 의롭다 여김을 받는다는 주장이다. 즉 우리는 우리의 인간적인 행위와 노력으로 하나님과 바른 관계를 갖게 된 것이 아니라, 하나님께서 그리스도 안에서 우리를 찾아오시고 우리를 용서하심으로 하나님과 바른 관계를 갖게 되었다는 사실을 믿는 것으로 의롭다는 인정을 받는다는 것이다. 따라서 의롭다 여김을 받은 것은, 우리가 도덕적으로 완전해지고 깨끗해져서 의로워졌다는 것이 아니다. 우리가 아직 죄인이지만 하나님께서 그리스도 안에서 의롭다고 인정하시고 용납해주셨다는 것을 의미한다.

그러나 루터와 칼뱅은 강조하는 바가 서로 크게 다르다. 루터는 신앙을 통해 은혜로 의롭다는 여김을 받는다는 이 주장에서 강조점이 '신앙'에 있다고 본다. 그러나 칼뱅은 신앙이 아니라 '하나님의 은혜'에 강조점을 둔다. 칼뱅은 우리를 의롭게 하는 근거는 신앙이 아니라 예수 그리스도에게 있고, 신앙의 주체는 우리의 종교적 능력이 아니라 성령이라고 분명히 한다. 성령이 하시는 가장 중요한 일은 신앙을 일으키는 일이며, 이 성령의 역사에 의해서 그리스도와 그의 모든 유익을 누릴 수 있게 된다.[1]

3. 하나님의 본성을 받고 나눈 삶을 산 역사적 일꾼들

요한 웨슬리의 체험이다. 1736년 정월 말, 조지아주 사반나를 향해가던 선박 심몬즈(Simmonds)호는 대서양에서 폭풍을 만났다. 바람이 몰아치고, 배는 부서질 듯이 삐꺽거리고, 파도가 뱃전을 덮쳤다. 야윈 체격의 한 젊은 성공회 목사는 겁에 질려 벌벌 떨고 있었다. 요한 웨슬리는 다른 이들에게는 복음을 전하였으나, 스스로는 죽음 앞에서 공포에 질려 있었다. 그는 자기와는 전혀 다른 모습을 보이는 모라비안 신자들에게 깊은 인상을 받았다. 파도가 배 위에

---

1 Inst., III. I. 1-4.

까지 밀려 올라와 중간 돛대를 산산조각으로 부수어버리는데도 모라비안들은 고요히 하나님께 찬송을 부르고 있었다.

폭풍이 지난 후 웨슬리는 한 독일인에게 놀라지 않았느냐고 물었다. 그는 "천만에요"라고 대답하였다. 웨슬리는 다시 "여자들과 아이들은 무서워하지 않았습니까?"고 물어보았다. "아니다. 우리 여자들과 아이들은 죽음을 두려워하지 않는다"라는 것이 그 모라비안의 대답이었다. 후에 웨슬리는 그의 일기에 다음과 같이 기록하였다. "이 날이 내 생애에 가장 영광스런 날이었다."

그러나 조지아에서의 웨슬리의 경험은 좋은 것이 못 되었다. 아메리카의 원주민들은 "탐식자들, 주정뱅이들, 도둑들, 살인자들"이라는 사실을 발견하게 된다. 그리고 백인들은 그의 엄격한 예배 의식을 싫어했고 교회 내에서 부인들의 화려한 장신구와 사치스런 옷차림을 금지한 사실들에 반감을 품었다. 또한 웨슬리는 최고 행정관의 18세 조카딸 홉기(Sophy Hopkey)와의 연애 사건으로 복잡하게 되었다. 소피는 웨슬리의 경쟁자를 그녀의 남편으로 선택했고, 실연한 요한은 그녀를 수찬 금지에 처했으며, 그녀의 남편은 요한을 아내에 대한 명예훼손으로 고소했다. 재판이 길어지자 요한은 6개월 후 실의에 빠져 귀국하였다. 그는 집으로 돌아오는 길에 식민지에서의 경험을 돌아보았다. "나는 인디언들을 개종시키기 위해 아메리카로 갔었는데 그러나 나는 누가 회심시키겠는가?"

웨슬리(John Wesley)는 1738년 5월 14일 새벽 5시 성경 공부 시간에 본문 중 베드로후서 1:4 "우리는 그 영광과 능력을 힘입어 귀중하고 가장 훌륭한 약속을 받았다. 여러분은 그 덕분으로 정욕에서 나오는 이 세상의 부패에서 멀리 떠나 하느님의 본성을 나누어 받게 되었다"(공동번역)는 말씀을 읽고 이상한 느낌을 받은 그는 그날 밤에 올더스게이트 거리에 있는 모임에 참석했다가, 역사적인 회심을 경험하였다. (마르틴 루터의 로마서 주석 서문을 읽는 것을 듣는 중에 가슴이 뜨거워지는 경험을 했다.)

중세기의 유명한 수도원장 켐피스(Thomas A Kempis)는 『그리스도를 본받아』(*Imitation of Christ*)에서 '겸손에 숨은 은혜의 장에서' "사람의 가치는 환상이나 그가 즐기는 오락이나 성경에 대한 지식이나 그가 만드는 높은 위엄에 있지 아니하고, 오히려 겸손 위에 서 있는 그의 인격, 거룩한 사랑으로 채워진 그의 마음에 있다. 사람의 가치는 하나님의 영광을 순결하고도 변치 않는 진실한 마음으로 찾는 데 있다"고 했다.

그러므로 바울은 회심과 함께 우리의 인격 안에서 끈기 있게 성장하는 과정으로 나타나는 성화(sanctification)에 대한 가르침을 로마서에서 강조했다. 내촌감삼은 "성화는 하나님의 영이 사람의 심령 속에 역사하여 죄와 더러움을 지적하고 이것을 제거하는 길을 가르치며, 죄의 뿌리, 죄의 세력, 죄의 결과에서 해방하여 하나님의 아들이 갖추어야 할 모든 덕과 하나님의 능력을 채우고, 나아가 그리스도 예수의 모습을 우리 속에 완성하시려는 은혜의 역사이다"라고 했다.

요한 웨슬리는 "성화란 사람의 내심의 문제이다. 즉 사람의 영혼에 역사하시는 하나님의 생명(the life of God in the soul of man)이다. 사람이 하나님의 본성을 나누어 받는 일이다. 그리스도의 마음이 우리 속(심령)에 이룩되는 일이다. 즉 우리들의 심령이 창조주이신 하나님의 모습에까지 개조되어가는 일이다."[2] 또 성화 된 사람이란 어떤 사람인가에 대하여 다음과 같이 말하고 있다. "끊임없이 기도하고, 항상 기뻐하며, 범사에 감사하는, 손실의 경우도 고통스런 때도 그는 언제나 하나님을 사랑하는 마음으로 채워진 사람이다. 그는 모든 경우, 그 말에도 행동에도 하나님을 입증하고 또 하나님을 기쁘시게 하려는 뜻을 나타낸다"[3]고 했다.

바울은 에베소 인들에게 보낸 그의 편지에서 "마침내 우리 모두가 하느님의 아드님에 대한 믿음과 지식에 있어서 하나가 되어 성숙한 인간으로서 그리스도의 완전성에 도달하게 되는 것이다"(엡 4:13, 공동번역)라고 했다. 이를테면 우리의 인격이나 품성이 그리스도처럼 되려는 성장 과정이 필요하다는 말씀이다. 믿음이란 하나의 방향 전환이다. 신생(新生)에로의 촉매점(觸媒点)이다. 그 믿음을 기점으로 해서 그리스도의 품성(品性)에 이르려는 성장 과정이 따라야 한다.

우리가 흔히 자기에게 믿음 없음을, 사랑이 부족함을 탄식하기도 하고, 겸손과 아량의 결핍을 문제 삼기도 하지만, 사랑이 끊임없이 솟는 우리의 인간성 자체, 믿음과 겸손과 아량이 샘솟을 수 있는 우리의 풍요한 품성 자체에 대해서는 별로 관심을 기울이지 않는다. 열심도 그렇고, 선행도 그렇다.

---

2 John Wesley, *Journal* 1739.9.13.
3 John Wesley, *Journal* 1744.12.2.

그러므로 우리가 "믿음을 주옵소서, 사랑을 주옵소서, 겸손과 아량을 주옵소서, 혹은 열심을 주옵소서" 하는 식의 기도보다는 그런 값진 것들을 끊임없이 생산해낼 수 있는 우리 삶의 체질 자체를 개선하기 위한 유의와 관심과 노력과 기도가 더 필요한 것임을 깨달아야 할 것이다. 우리 각 사람의 체질 개선, 그것이 우리 신앙훈련에 우선적인 것이고, 기도의 큰 제목이어야 한다.

4. 한국 교회사 속의 숨은 이야기들

1) 한국 교회사에서 목회자의 인간적인 모습이 가장 잘 드러난 것이 언더우드 목사와 모펫 목사의 싸움이 아닌가 생각된다. 지금은 갈라져 있지만, 옛날에는 모두 같은 장로교였는데 그 장로교의 조상이 언더우드와 모펫이다. 쉽게 말하면 기장은 언더우드 형의 신앙이고 예장은 모펫 형의 신앙이다. 서북쪽의 기독교를 모펫이 만들었고 비 서북(서울)의 기독교는 언더우드가 만들었다.

한국교회는 꼭 민족의 위기에 분열했던 것을 알 수 있다. 고신파의 분열은 해방 후에 갈라졌고, 기장과 예장은 6.25전쟁 때 갈라졌다. 한국에 통일과 일치와 화해의 에너지를 주어야 할 찰나에 한국교회는 갈라섰다. 그리고 통합과 합동은 4.19혁명 때 갈라졌다. 한국교회는 민족이 교회의 힘을 제일 필요로 할 때 갈라진 것이다. 왜 그러한 것일까?

교회사가들은 말한다. 민족이 분단되고 어려운 때이므로 정통 개념이 예민해지고 신경적으로 신학적인 옳은 길을 찾고 정통주의를 찾기 때문에 깨어지는 것 같다고 한다. 하지만 민족이 어려운 때일수록 신학의 정통성, 신앙적 정통성에 관한 관심은 조금 무디어져야 한다고 생각한다. 지금 연세대학의 자리는 옛날 이태조(이성계)가 서울로 삼으려던 집터이다. 그래서 좌청룡, 우백호 그리고 뒤가 무악산으로 가운데로 물이 흘러간다. 그런 곳을 흔히 명당이라고 한다. 연세대학 안에 조선 시대에 가장 억울하게 죽은 사도세자 어머니의 무덤이 있었다. 그래서 9.28 서울수복 때에도 연세대 뒷산을 점령해야 서울을 수복하는 것이라 해서 거기서 미군 해병대 대령만 7명이 죽는 치열한 격전이 벌어지기도 했었다.

연세대는 지금으로부터 100여 년 전에 언더우드가 30만 평을 사서 세웠다. 그가 그곳에 연희전문을 세우려 할 때 모펫은 평양신학교와 숭실전문이 있는데 왜 학교를 세우느냐며 반대했다. 언더우드가 환갑을 3년 앞두고 죽었는데 언더우드의 아들이 쓴 책에는 모펫이 죽였다는 이야기가 나온다. 전에 모펫 2세와 언더우드 3세가 서로 만나도 이야기를 안 하는 것을 보았다. 연희전문을 세운 후, 모펫이 자기 아버지를 10년을 괴롭히고, 미국 북장로교에서 언더우드의 교장직을 인정하지 않아서 그는 속이 타 죽었다는 것이다. 언더우드 집안에서는 모펫을 원수의 집안으로 알고 있다.

모펫은 완전히 보수적인 사람으로 서북 장로교를 형성했고, 언더우드는 개방적이고 자유로운 신학을 가지고 서울지역에서 활동하였는데 어떤 의미에서는 기장의 아버지였다. 이 두 사람은 다 중산층의 소박한 사람들이었다.[4]

2) 한국 교회사에서 남강 이승훈(1864~1930) 선생의 신앙을 소개하고 싶다. 그는 자수성가한 실업가요 오산학교를 설립, 민족 교육에 투신하여 민족적 힘을 키운 교육자요, 105인 사건과 3.1운동에서는 그의 고난과 투지가 돋보였던 탁월한 민족 운동가였다. 그는 가난하여 제대로 학업을 닦지 못한, 그의 표현대로 불학무식(不學無識)한 사람이었다.

그럼에도 남강으로 하여금 남강 되게 한 것은 교육과 민족운동에서였다. 이것은 도산 안창호로부터 듣고 깨달은 바이었고, 그것을 실천한 것은 기독교 신앙이었다. 그에게 신앙이야말로 그의 일생을 관통하면서 위대한 선구자로 만드는 에너지였다. 그는 신앙을 통하여 고난을 체험하면서도 그것을 인내로 극복하는 법을 터득하였고, 고난에 동참할 줄 아는 사람이 되어 갔다. 기독교 신앙은 그의 사상을 세련되고 고상하게 만들어 주었고 그의 행동에 절제의 미덕을 부여하였으며, 편파적이기 쉬운 민족운동을 보편성에 입각하도록 하였다. 고집스러울 만큼 외골수의 모난 인격을 연마시켜 드디어는 자신의 한계를 절감하고 모든 것을 하나님께 의탁하는 자기부정(自己否定)의 인격자로 만들어 갔던 것이다.

그는 105인 사건 때, 한때는 제주도 유배 생활을 했고 서울로 압송되었다. 당시 2년여의 감옥 생활을 예수님의 십자가를 생각하며 기도, 인내, 고난을 견뎌냈다. 남강은 52세 때, 1912년에 평양신학교 학업을 3년간 한 바 있는데, 그때 구약을 통하여 "하나님의 의

---

4 위 내용은 「연합신학대학원 소식」에서 인용한 것으로, 연도와 호수는 확인되지 못했다.

(義)"를 크게 깨달았다고 고백하고 있다. 남강은 그의 신학 과정을 몇 가지 감사하고 있다. ① 그의 신앙이 감사하는 인격으로 성장해 갔다는 것, '감사 선생'이란 별명을 얻었다. ② 그는 53세나 되었지만, 신학교에서 폭넓은 인간관계로 연소한 동기, 선후배와 교제로 인격적 영향을 주었다. 함태영 목사와는 3.1운동 때 결속하여 함께 활동했다. 특히 남강은 3.1운동의 주역으로 천도교, 기독교, 불교를 통합, 거족적인 민족운동으로 발전시켰다. 독립운동과 독립사상은 하나님의 명령으로 한 것이었다고 관헌 앞에서 진술하였다. 감옥에서 똥통 청소는 맡아서 했고, 때로는 감옥 안에서 덩실덩실 춤을 추면서 바울의 빌립보 감옥을 연상케 했다. 감옥 생활 중에 구약을 20독, 신약을 100독을 했다. 그는 자기부정의 신앙을 터득한 바 있고, 「성서조선」 그룹에도 연계했다. 5년간 유배 및 감옥 생활을 한 후에 오히려 민족 사랑의 계기가 되었고, 출옥 후에 세례를 받고 오산학교 장로가 되었고, 교육과 민족운동의 위대한 선구자가 되었다.

5. 마감 정리를 위하여

본문의 저자는 우리의 신앙이 인격과 품성의 성장 과정을 통해서 꽃피우고 열매 맺힐 수 있다는 사실을 아주 구체적으로 가르쳐준다. "그러니 여러분은 열성을 다하여 믿음에 미덕을 더하고, 미덕에 지식을, 지식에 절제를, 절제에 인내를, 인내에 경건을, 경건에 교우끼리의 사랑을, 교우끼리의 사랑에 만민에 대한 사랑을 더하십시오"(벧후 1:5-8, 공동번역). 믿음은 모든 덕의 기초이다. 믿음은 예수님과 함께하신 말씀에 대한 참된 확신이다. 그리하여 그 약속에 우리 자신을 맡기고 그 명령을 준행한다. 믿음으로 말미암아 주어지는 하나님의 은혜는 신자의 충성에 따라온다. 믿음은 전체에 관련된다. 신자의 생활은 진리 추구를 향해가는 순례의 길이다. 믿음은 교향곡의 주제와 같고 모든 덕은 그것을 지원한다. 그러므로 믿음은 여러 가지 덕이 따른다. 덕이 아무리 좋아도 맹목적이면 안 되고 건전한 지식의 지도가 필요하다. 지식은 견식과 이해를 뜻하며 진리에 속한 방식과 잘 훈련된 지성을 말한다. 그러나 지식은 교만하기 쉬우니 절제(자제)가 필요하다.

여기 절제란 적극적 자세를 뜻함이요 금욕적 자기부정이 아니다. 고난을 견디는 능력도 뜻한다. 절제는 인내로 인도할 것이다. 어려움에 부닥칠 때 희망을 가지고, 견디는 것이다. 희망과 건설적 지구력으로 견디는 적극적 태도이다. 인내는 경건에 관련될 것이다. 경건은 신앙심이 깊은 성격을 말한다. 그것은 종교적 감상이나 정서라기보다 하나님과 인간의 관계를 가깝게 느끼는 태도이다. 모든 것을 하나님과의 관계에서 관찰하며 모든 것을 하나님의 손에서 받는 태도이다. 경건은 형제애와 떠날 수 없는 것이다. 형제애는 사랑으로 흘러야 한다. 사랑은 세상에서 제일 귀한 것, 최대의 덕이며 성령의 제일의 은사(고전 13:13)이다. 일곱 개의 덕이 구슬을 하나의 금줄에 꿴 것이다. 일곱 개의 은사를 인격화한 것이다.

유명한 역사가 토인비는 "우수(憂愁)의 도식(圖式)"에서, 인간의 비참한 역사는 일종의 구속사(Heilsgeschichte)가 되는 것이라고 이해한다. 토인비는 이렇게 단언한다. "갈대아의 문명이 한 바퀴 일어났다가 굴러 넘어가는 시대의 깊은 우수를 체험한 이들 가운데 아브라함과 같은 높이의 영성을 가진 이가 났고, 애굽 문명의 수레 바퀴가 일어났다가 굴러 넘어가는 때에 역사의 비극을 경험한 이들 가운데에서 모세가 났으며, 바벨론 문명의 바퀴가 넘어가는 시절에 이사야가 났으며, 헬레니즘의 비극의 종막에 바울이 났고, 또한 로마제국의 영원한 도시 로마가 게르만의 알라릭의 말발굽에 유린당하고, 그 불길에 무섭게 타오르는 시절이 어거스틴을 산출한 것이다." 시대의 우수를 이렇게 경험할수록 사람들의 영은 더 높은 경지로 승화한다. 이러한 신학적인 조망 아래서 토인비는 역사의 의미를 찾고 있다.

토인비는, 상정할 수 있는 최고의 최종적인 영도자는 나사렛 사람 예수와 같은 '종교가'로서 한 개인, 한 사람의 심령에 근본적인 변화를 일으키는 방법인 '서로 봉사하고 사랑하는' 방향으로 사람들을 향도하며 시대의 방향을 그리로 이끌고 나아가기 전에는 현대 서양문명이 당면하고 있는 것 같은 난국을 타개할 길이 없으리라"고 했다.

끝으로 우리 그리스도인이 나아갈 길은 품성의 도야, 우리 인격의 온전한 변화 ― 거기 신앙의 참된 삶의 가치와 보람이 있다. 우리 그리스도인에게 중요한 것은 옛 그리스도의 위대한 정신과 얼을 닮은 인격자가 되는 데 있다. 예수 그리스도의 인격에 접촉되고 동화되어 예수의 인격이 삶의 현장에 성육 되기를 바란다. 지금 우리 시대는 급변하고 있다. 하나님의 본성을 나누어 받아 하나님 선교를 특별히 평화를 위해 펼쳐야 한다. "마침내 우리 모두가 하느님의 아드님에 대한 믿음과 지식에 있어서 하나가 되어 성숙한 인간으로서 그리스도의 완전성에 도달되게 되는 것이다"(엡 4:13, 공동번역).

2020년 5월 24일, 부활절 마지막 주

종교개혁자들과 개혁하는 교회
— 2014년 종교개혁의 달에

역대하 34:1-7, 29-34, 로마서 1:16-17

1. 시작의 말 – 율법 책 발견과 요시야의 주도적 개혁조치들

오늘 우리의 교회는 과거 어느 시대 이상으로 간절하게 개혁을 갈망하고 있습니다. 한국의 개신교, 종교개혁의 교회는 더 이상 남에게 항의하고 비판하는 일에 시간과 열성을 소진할 수 없게 되었습니다. 오히려 오늘 우리를 행하신 하나님의 항의, 책망의 말씀을 들어야 합니다. 종교개혁의 달에 붙여, "종교개혁자들과 개혁하는 교회"라는 제목으로 말씀을 나누고자 합니다. 그리고 개혁자들—요시야, 루터, 칼뱅—을 통해 오늘 알려주는 하나님의 말씀을 듣고 깨닫고 개혁하는 신앙의 삶의 행보로 응답해야 합니다.

열왕기하 22-23장(대하 34-35장)은 유다 역사상 가장 광범위하고 철저한 국가개혁을 시도한 요시야왕의 치적을 칭찬하며 그의 종교-국가개혁을 자세히 나열합니다. 국제정치적 관점에서 보면,

요시야의 재위 기간은 매우 격동기적인 사건들로 점철되어 있습니다. 바벨론이 패권을 잡으면서, 고대 근동 지방의 앗수르 지배는 끝나가고 있었습니다. 애굽 군대가 앗수르를 도우려고 바벨론에 대항하여 전쟁을 하러 왔을 때에, 요시야가 그들을 저지하려 하였으나 그 전쟁에서 패배하고 므깃도 전투에서 전사하였습니다(BC 626-605년경의 역사).

요시야의 개혁작업은 율법 책의 발견과 함께 그 책의 명령에 따라 세 가지 종교개혁 과업들을 —계약갱신, 북 왕국까지 확장되는 종교개혁, 유월절(왕하 23:1-24) 준수— 추진합니다. 여기에 개혁왕 요시야의 진정한 경건이 그 진수를 드러냅니다. 그의 개혁활동은 하나님의 진노나 저주의 효력을 중지시키기 위한 개혁운동이 아니라, 하나님의 거룩한 현존 앞에 바로 서기 위한 개혁활동이었습니다. 이 개혁활동의 본질은 하나님의 거룩한 인격적 현존과 부딪친 요시야의 마음과 성품의 반응이었습니다.

요시야의 종교개혁은 그의 비극적 죽음에 의하여 산산이 부서집니다. 그럼에도 그의 의로운 성품과 진실한 양심은 하나님의 말씀에 자복하며 대파국적 재난의 예고 앞에서도 율법 책의 요구에 응답에 최선을 다하였습니다. 요시야의 진정한 믿음은 어떤 이익을 바라는 이해타산을 초월합니다. 성서의 하나님과 맺은 계약관계는 어떤 상업적 거래도 아니며, 개인적 이익을 바랄 요량으로 이뤄지는 종교적 거래도 아닙니다. 그것은 보상에 대한 어떤 욕망이나 징벌의 두려움과는 아무 상관없이 표현되는 신뢰와 정절의 문제입니다. 이런 점에서 요시야는 구약성서의 인물들 중에서 단지 하나님을 경외하거나 복종하는 데 머물지 말고 마음과 뜻과 힘을 다하여 하나님을 사랑하라(신 5:5; 왕하 23:25 참조)는 신명기의 요구를 실천한 최선의 모범이었습니다. 요시야는 그의 심장을 찢으며(왕하 22:11) 또한 그의 신앙과 행위를 지배하던(왕하 23:25) 하나님의 말씀에 의해 도전받았습니다. 그는 말씀에 의하여 개혁 당하면서 국가와 종교를 개혁하는 개혁군주였고 개혁적인 지도자였습니다.[1]

2. 중세교회 역사 이해

종교개혁의 배경이 되는 중세교회 역사의 개괄적인 이해가 필요합니다. 중세교회는 크게 나누어 확장기와 지배기와 와해기의 세 기간으로 구분할 수 있습니다. 제1기 확장기는 5-11세기인데, 이때 이교도인 야만족들을 정복하고 기독교화 세력을 확장해 나갔던 시기입니다. 북으로 스칸디나비아 지역까지, 동북으로 슬라브족에까지, 확장되었던 것입니다. 제2기 지배기는 12-13세기인데, 기독교가 중세사회 전 영역에 걸쳐 지배적이던 시기로서 소위 '신정시대'라 합니다. 교회는 영적인 영역만이 아니라 사회 전 영역에 통치자의 위치에 군림하였습니다. 교황을 우두머리로 한 교권이 이런 대권을 장악할 수 있었던 바탕은 성례전적 교회제도였습니다. 소위 7성례(세례, 견신례, 주의 성찬, 고해, 종부 성사, 신품성사, 혼배성사 등)를 은총의 방도로 주장하는 중세교회는 현세와 내세를 막론한 인생운

---

1 버나드 W. 앤더슨, 『구약성서의 이해』(크리스천 다이제스트, 2001), 441-447.

명 전체를 지배하게 되었습니다. 황제까지도 교황 앞에 무릎을 꿇어야 했습니다.

중세교회는 제3기 14-15세기에 이르러 지배적이고 통합적인 체계가 점차 와해되기 시작하였습니다. 교황 권은 새로운 민족의식의 대두와 자유상업도시의 발흥, 마침내 프랑스와 영국 같은 강력한 민족국가가 형성되었습니다. 사람들은 내세 관심에서 현세로, 전체로부터 개인 관심으로, 속박과 억눌림부터 벗어나 인생의 아름다움과 현세의 만족을 찾게 되었습니다. 이러한 현상은 특히 회화, 조각, 그리고 문학작품 등으로 나타나고 인문주의(Humanism) 운동으로 절정에 이르렀습니다. 고전 언어 연구는 자연스럽게 성경의 번역과 연구로 이어졌고, 바른 해석과 잘못된 교리에 대한 사상적 비판이 생겨났습니다. 인쇄술 발전도 종교개혁의 결정적 요인으로 작용했습니다. 금속인쇄술로 서민과 가난한자도 책을 쉽게 구입하고, 자국어 판 성경을 볼 수 있었고, 로마교회의 잘못된 성경해석도 비판하게 되었으니, 종교개혁을 앞당기게 되었습니다.[2]

3. 개혁자 루터는 누구인가?

중세신학의 특징은 세 사다리에 의해서 하늘에 올라가는 것이라 할 것입니다. 그것은 스콜라주의적 합리주의와 신비주의적 황홀경험과 일반적인 도덕주의입니다. 합리주의는 이성을 근거로, 또 신

---

2 유스토 L. 곤잘레스, 『간추린 교회사』 (은성, 1998), 65-112.

비주의는 경험, 도덕주의는 행위를 바탕으로 신(God)에게 나아가는 것입니다. 헌데, 교회사의 전환점이 되었던 종교개혁은 어거스틴 파의 수도사인 마르틴 루터(Martin Luther, 1483-1546)가 수도원에서 경험한 구원에 대한 신앙적 체험에서 이루어졌습니다. 그것은 "믿음으로 말미암아 의롭다 함을 얻는다"(Justification by faith)는 그의 체험적 확신에서였습니다. 루터로 비롯된 종교개혁의 역사적 의의는 바로 여기에 있습니다.

루터의 궁극적 관심과 목표는 의롭다 함을 얻음은 오로지 믿음으로만이며, 그 믿음은 성서적 말씀의 전적인 수용이고, 그것은 성령의 역사로만 가능한 것입니다. 루터에게 신-인 관계는 객관적인 관계가 아니라 나와 당신(I-Thou)이라는 인격적인 신뢰의 관계로 되었습니다. 다시 말해서 루터에게 있어서 인간의 참된 구원은 하나님께 대한 인간의 그리고 인간에 대한 하나님의 인격적인 철저한 신앙체험에 의한 이신득의적 신-인간의 새로운 관계성 형성이라 하겠습니다.

이제부터 루터의 개혁과정을 개괄하여 보겠습니다.

1) 면죄부 논쟁, 전 유럽으로 퍼지다: 루터가 진정 우려한 것은 아무런 희생도 봉사도 헌신도 없이 면죄부 구입 같은 행위로 구원을 받는다고 믿는 가짜 그리스도교의 등장이었습니다. 1517년 10월 30일 '제95개조 반박 문' 게시사건은 종교개혁의 시작이고 새 시대 개막의 상징이었습니다. 이로써 역사는 중세가 아닌 근대로 건너오게 되었습니다. 루터의 글은 금속활자로 인쇄되어 수많은 사람들에게도 전파되었습니다. 면죄부 판매로 성. 베드로 대성당의 건설비용

을 충당해 왔던 교황 레오 10세는 일개 수도사의 도전에 경악하였습니다. 1518년 교황은 루터를 누르고자 독일 비텐베르그 영주 프레더릭 현제(Frederick the Wise)에게 압력을 넣었으나 프레더릭은 루터 편을 들었습니다. 이듬해 1519년 7월 교황청은 이름난 학자 엑크(Johann Eck)를 보내 라이프치히에서 루터와 공개토론회를 갖게 했으나 그 자리에서 루터는 아예 교황까지 공격하였습니다.

2) 루터의 저술들: 1520년 엑크와의 토론회 직 후 루터는 가장 대표적인 저술 4권을 내었습니다. 첫째인 『독일 귀족에게 고함』 (*Appeal to the German Nobility*)은 이탈리아 교황들과 종교 귀족들의 전횡을 고발하였습니다. 이 논문은 독일 국민들의 민족적 정체성을 고양시키는 데 기여하였습니다. 루터는 종교개혁을 위해 민족주의를 자극하며 이렇게 물었습니다. "왜 독일인들이 이탈리아인들의 지배를 받아야 하는가?"

『교회의 바벨론 포로』(*Babylonian Captivity of the Church*)라는 저술에서 루터는 교회가 교황의 포로가 되었다고 탄식하였습니다. 교황이 각종 그릇된 전례와 의식으로 가짜 그리스도교를 만들어 신자들을 노예처럼 묶어 두었다고 비판하였습니다. 또한 루터는 세례와 성만찬을 제외하고 다른 성례들은 거부하였습니다. 또 "모든 사람이 다 성직자"라는 "만인 사제직" 사상도 펼치며 사제와 신도간에 아무런 영적 차등이 없음을 주장하였습니다.

셋째 논문 『그리스도인의 자유에 대하여』(*On the Freedom of A Christian*)에서 루터는 신자의 전적인 영적 자유를 외쳤고, 그리스도인은 모든 자 중에 완전히 자유로운 주인이어서 아무에게도 굴복하지 않으며, 그리스도인은 모든 자 중에 완전히 충성된 종이어서 모두에게 복종한다고 함으로써, 그리스도인의 전적 자유를, 이웃에 대한 종으로 매인 삶을 강조하였습니다. 넷째 논문 『수도원 서약에 대한 심판』(Judgment on Monastic Vows, 1521)은 수도원 독신을 비판하고 결혼과 가정의 가치를 주장하였습니다.[3]

3) 루터와 황제 카를 5세의 역사적 대면: 1520년 6월 교황 레오 10세는 루터에게 최후 통첩장을 보내며, 60일 이내에 이단성을 인정하고 그 동안의 주장을 철회하라며 파문할 것을 경고했습니다. 루터는 아예 교황의 교서를 불태우며 철회를 거부했고, 교황은 신성로마제국 황제 카를 5세에게 루터 재판을 요청하였습니다. 카를 5세는 독일과 스페인뿐 아니라 오스트리아, 네덜란드, 나폴리, 시실리, 사르디아, 북이탈리아, 크로아티아 등을 모두 지배하는 유럽 최고의 군주였습니다.

그는 루터 문제로 그의 제국의 분란을 원치 않았으므로 제국회의를 열어 종결지으려 했습니다. 루터는 카를 5세로부터 안전을 보장받고 1521년 4월 16일 보름스(Worms)에서 열린 제국회의에 참석하였습니다. 이는 세계역사상 가장 극적인 만남들 중 하나로서 중세를 상징하는 인물과 근대를 상징하는 인물의 대면이었습니다. 가톨릭의 수호자와 개신교 개혁자의 충돌이었고, 유럽의 가장 권세 있는 군주와 가난한 수도사의 만남이었습니다. 카를 5세는 루터의 해명을 듣기조차 거부했고 단지 딱 한 마디 질문만 던졌습니다. "문서

---

3 Mark A. Noll, *Turning Points* (Grand Rapids, Mich.: Leicester, England : Baker Books; Inter-Varsity Press, 1997), 227

에 나오는 그대의 주장들을 철회하는가?"

루터는 답변을 위해 하루의 시간을 요청하였고, 다음날 다시 황제와 수백의 청중들 앞에서 결연한 의지로 이렇게 외쳤습니다. "폐하! 제 대답은 이것입니다. 저는 수없이 오류를 범한 교황과 공의회를 신봉하지 않습니다. 제 양심과 성경에서 직접 가르쳐 주지 않는 한 저는 철회할 수 없고 철회하지도 않겠습니다. 오! 하나님, 저를 도우소서! 제가 여기 섰나이다."

카를 5세는 예상치 못한 이 대답에 심히 불쾌해했습니다. 다음날 황제는 청중들에게 이렇게 선포했습니다. "나는 가톨릭 신앙과 전통을 수호하기로 결심했습니다. 나는 생명을 걸고 루터의 거짓 주장을 간과하지 않을 것입니다." 일주일 후 황제는 루터 문제에 대해 보름스 칙령(Edict of Worms)을 내렸는데, 루터는 이단이므로 처벌하고 동조자들도 사형과 재산몰수로 벌하겠다는 내용이었습니다. 루터의 귀환을 이미 약속했기에 회의장에서 즉각 구속하지 않았지만 루터는 돌아가는 길부터 목숨이 경각에 달리게 되었습니다.

비텐베르크로 돌아가는 도중에 루터는 갑자기 일군의 병사들에게 납치되었습니다. 이들은 루터를 지지한 영주 프레더릭 현제가 보낸 병사들이었습니다. 루터는 발트부르크(Wartburg)성에 안전하게 연금되어 1521년 한 해를 보냈는데 개혁의 급선무인 성경 확산을 위해 독일어로 신약성서를 번역하였습니다. 어려운 라틴어로 쓰여 천 년 동안 일반인들이 접근할 수 없었던 성경은 이제 대중언어로 번역되어 보급되기 시작했습니다. 교황의 말을 듣는 그리스도교가 아닌 성서의 말을 듣는 그리스도교가 나오기 시작했습니다. 한편 루터

의 성경은 독일어의 발전과 문자교육에 큰 공헌을 하였습니다. 각국
은 자국의 언어로 성경을 번역하여 읽게 되었습니다.[4]

4. 제네바와 칼뱅의 종교개혁

우리 개혁교회의 조상이라 할 수 있는 제네바에서의 칼뱅의 사
상과 그 영향에 대하여 개괄해 보겠습니다. 개혁사상을 가진 칼뱅은
단지 하룻밤을 위해 방문한 제네바에서 파렐을 만나 함께 일할 것을
강력히 설득 받았습니다. 칼뱅의 제1차 제네바 사역은 실패했으나 스
트라스부르의 개혁 책임자 마르틴 부처(Martin Bucer, 1483-1546)
를 만나 많은 것을 배웠고, 프랑스 이민(피난민) 교회의 목회자가 되
었습니다(1538-1541). 칼뱅은 그 때 결혼도 했고 인생의 많은 득을
얻는 계기가 되었습니다.[5]

칼뱅은 제네바로부터 초청을 받고 "천 개의 목숨이 있다 해도 하
나도 주고 싶지 않은" 싫은 도시였지만, 곧 마음을 열어 '신속과 신
실'함으로 초청을 수락하였습니다. 그는 제네바에서 목사, 장로, 교
사, 집사의 네 직제를 가진 교회공동체를 세웠습니다. 칼뱅의 '장로
교회'(Presbyterian Church) 즉 더 정확한 표현으로 '장로회 교회'가
시작하였습니다.

칼뱅이 세운 제네바 아카데미(Geneva Academy)는 유럽 명문대

---

4 Noll, Turning Points, 216-243; 김동주, 『기독교로 보는 세계역사』 (킹덤북스,
  2012), 553-618.
5 최윤배, 『잊혀진 종교개혁자 마르틴 부처』 (대한기독교서회, 2012), 75

학으로 급성장 했습니다. 20세기 초부터 정부가 교육을 책임지기 전부터 칼뱅주의자들은 세계 각지에서 약 400년간 수많은 학교를 세워 지성사적 발전에 기여하였습니다(미국 하버드, 예일, 프린스턴 등).

제네바는 현재도 가장 삶의 질이 높은 도시로 간주됩니다. 인도주의적 기관과 UN기관과 적십자본부, 금융센터 등 국제도시로 발전한 것, 유럽의 존경 받는 개혁, 교육, 복지의 도시로 발전되고 현대유럽의 중심도시가 된 것은 분명 역사적 측면에서 칼뱅의 공헌이 컸습니다. 스코틀랜드의 개혁자 존 낙스(John Knox)는 "제네바는 가장 완벽하고 거룩한 도시이다"라고 단언했습니다.

민주주의와 자본주의 발전에 대한 칼뱅의 유산이 큽니다. 민주주의는 토론과 투표로 결정하는 체제로 규정한다는 헬레니즘의 유산이 있습니다. 그러나 민주주의의 중심가치들이 모든 인간의 기본적 존엄성과 법에 대한 만인의 평등, 억압부터 자유한다는 것은 칼뱅주의 사상에서 비롯되었습니다. 영국식 미국식 민주주의도 칼뱅의 후예들이 주도하였습니다. 청교도와 침례교도들은 미국에서 마을회의(town meeting)를 시작하였고 풀뿌리 민주주의를 가능케 했습니다.

칼뱅 사상은 경제적 측면에도 큰 영향을 끼쳤습니다. 예정론(predestination)사상은 인간구원은 창조주의 절대주권에서 나온다는 고백적인 사상이었습니다. 예정은 무엇으로 확인할 수 있습니까? 그것은 사치와 방종이 아닌 청빈과 절제의 열매를 통해서입니다. 이러한 칼뱅의 사상이 퍼진 곳에는 낭비와 방종이 질책되고 저

축과 근면이 미덕이 됩니다. 칼뱅의 자본주의는 물질의 숭배, 배금주의가 아니었습니다.

칼뱅주의자들의 사회에서 근면으로 축적된 자본은 새로운 재투자를 낳았고 자본주의 경제발전을 가져왔습니다. 막스 베버의 『개신교 윤리와 자본주의 정신』(*The Protestant Ethic and the Spirit of Capitalism*, 1905)은 경제가 순수방법적 요소들뿐만 아니라 인간의 신앙과 태도 등 정신적 요소에 의해서도 영향받는 것을 논증했습니다. 실제로 근대역사는 개신교가 확산된 국가들이 먼저 자본주의 발전과 국부를 이루었음을 보여 주었습니다.

제네바의 후임 개혁자 베자(Theodone Beza)는 칼뱅을 이렇게 추모하였습니다. "그보다 더 검소하고 초라하게 산 사람이 있는가? 그의 재산은 소장하고 있는 책들에 불과하였다. 그는 진실로 모방하기도 어려운 경건한 삶과 죽음의 본보기였다."[6]

5. 종교개혁이 주는 오늘의 의미는 무엇인가?

루터가 종교개혁운동에 나서게 된 동기는 여러 가지가 있지만 또 역사적인 면이 반영됩니다. 알렉산더 6세의 교황권 승계정책에 따른 교회의 군주제도화에도 그 동기가 있습니다. 그것은 중세교회의 구조적 타락이 얼마나 깊고 넓었나를 말해주는 실례입니다. 그것은 이교도인 이슬람 세력으로부터 잃은 성지를 탈환한다는 미명하

---

6 Just L. Gonzalez, *The Story of Christianity* (HarperOne, 2012), 109-122

에 여덟 차례에 걸친 십자군 전쟁을 일으켜 경제적 이익을 꾀하는 과정에서 엄청난 수의 젊은이들의 목숨을 잃게 한 사건과도 연결됩니다. 더구나 일반 부유한 신자들에게는 물론 전쟁 참여를 빌미로 십자군 참전 용사들에게 면죄부를 판매하거나 공여한 사실도 부정부패의 한 단면을 제공해 주고 있습니다.

오늘의 교회 타락, 곧 세계양심의 타락은 부당한 권력승계라는 정치독재, 그에 연결된 조직적 부정부패의 난무, 거기에 심각한 도덕적 양심의 타락이 가세된 현실입니다. 여기에 개혁정신은 하나님의 명령인 것입니다. 잠시 우리 한반도의 분단체제 속의 현실을 눈앞에 그려 봅시다. 북조선은 그 내세우는 명분이야 어쨌든 통치권력의 부자세습제가 이미 제도화된 현실로 굳어 진지 오래인 것입니다. 남한은 어떤 명분으로도 합리성이 성립되지 않는 군부독재 체제가 일종의 사람을 바꾼 세습화 모양을 띠고 지속되고 있는 것은 아닌지요. 남북관계 개선을 위한 민족자주성이나 상생원리에 입각한 남북 교류나 발전은 어렵게 되어가고 있는 실정입니다. 그런데 지난 인천 아시안게임에 북한 3인 실세의 전격 방문은 남북 화해협력의 신호탄이 되어서 앞으로 오솔길을 대통로로 만드는 기대감을 높이게 되었습니다.

교회사적으로, 루터나 칼뱅은 그들이 속해 있는 가톨릭교회를 좀 더 나은 교회로 개혁하자는 것이었지 다른 교단을 만들려는 것은 아니었습니다. 그러나 가톨릭에서 파문당하고 축출당하는 경우에는 부득이 그렇게 되어진 입장에서 재출발하지 않을 수 없었기에 교회를 "재형성"(Reform)한 것이었습니다. 당초에는 "재형성한 교회"(Reformed Church)로서, 과거 형이 붙은 것으로서도 얼마든지 새것 노릇을 할 수 있었습니다. 그러나 세월이 가는 동안 또다시 고정적이고 관습적인 낡은 교회 형태로 되었기에 "재형성"의 개혁은 끊임없이 계속되어야 합니다. 그래서 "개혁한 교회"라기보다는 "개혁하는 교회"(Reforming Church)로 불러야 마땅하다는 것이 이미 상식화된 이야기입니다. 신학자 칼 바르트의 표현을 빌리면 "예수 그리스도의 지상적, 역사적 실존방식"이라고 주장하였습니다. 이와 같은 본질적인 물음은 역사와 상황 속에서 변질된 교회가 예수 그리스도의 몸으로서의 교회로 거듭나기 위한 자기성찰의 물음이어야 합니다. 종교개혁은 일회성 사건이 아닙니다. 종교개혁은 이미 한차례 이루어졌고, 항상 이루어지고 있으며, 앞으로도 반드시 이루어져야 할 것입니다. 그래서 종교개혁은 지나간 역사이자, 오늘의 사건이고, 미래의 과제인 것입니다.

6. 나가는 말

이제 마감으로 정리해야겠습니다. 요시야는 예루살렘 성전 깊숙이 들어와 진치고 있는 아세라와 바알과 태양신상과 하늘의 일월성신 신상들과 그것들을 섬기는 제기들과 사제들을 제거하고 추방하면서 개혁작업을 진두지휘하였습니다. 한국교회 지성소는 많은 가짜 신들에 장악당하고 있습니다. 기업적 교회운영, 목회자 개인숭배, 세습문제 등 많은 가짜 신들이 야훼 종교와 십자가 고난의 신앙을 몰아내고 있습니다. 진정 오늘 한국교회는 하나님과 거룩한 말씀에 잡혀 지속적인 양심의 가책을 느끼며 변혁과 개혁의 씨앗으로 충실하게 살아야 합니다. 루터의 고백적 증언은 자신의 철저한 회개와 고뇌, 곤혹과 절망을 거쳐 하나님 말씀과 양심에 따라 솟아나온 것이었습니다. 칼뱅의 청빈하고 경건한 신앙과 삶이 위대한 제네바 개혁으로 후대에도 역사변천의 개혁정신으로 계승되었습니다. 우리의 기도와 신앙은 무엇보다도 먼저 자기정화인 회개와 하나님과의 인격적 만남과 예수의 현존을 감지하며 새 지평의 새 생명의 세계를 향하여 나가야 합니다. 주여, 우리를 도우소서!

2부

공평

겸허히 생명의 신음소리 듣기

롬 8:18-30, 빌 2:5

1. 생명 중심의 선교

사도 바울은 오늘 본문에서 우리에게 세 가지 신음소리가 있다는 사실을 알려주고 있다. 그 세 가지는 우리가 사는 자연(自然)과 인간(人間)의 역사(歷史)와 영(靈)의 세계에 대한 생명(生命)의 신음소리이다. 신음한다는 이 말은 '탄식한다', '운다' 또는 '애타게 여긴다'는 의미를 지니고 있다. 1세기 중엽 바울이 우리에게 들려준 이 생명의 신음소리는 오늘을 살아가는 우리 시대에도 주변에서 들려오는 탄식의 소리요, 울음소리요, 신음소리로 여겨지는 것이다. 바울이 오늘 우리에게 들려주는 생명의 신음소리는 무엇인가?

2013년 부산에서 제10차 세계교회협의회(WCC)가 "생명의 하나님! 우리를 정의와 평화로 이끄소서!"라는 주제로 열렸다. 세계에는 많은 것들이 변화되었음을 보여주고 있다. 선교의 상황과 지형역시 변화하였다. 이런 변화를 담아 '하나님 선교' 개념을 확장하고 이를 뛰어넘는 새로운 선교 '생명 중심'의 선교에로의 지향이다.

여기서는 인간의 죄와 용서와 인간구원이라는 전통적인 구원관을 넘어서고자 하는 의지가 담겨있다. 그리고 이 생명의 선교, 생명의 구원 문제는 단순히 번성과 축복에만 있지 않다. 이것은 생명을 유린하고 생명을 파괴하는 세력들에 대항하고 그것을 변혁시키는 일을 포함한다. 그러므로 생명의 구원 문제는 생태 정의를 지향하며, 이제 선교는 우주적 차원, 전 생명의 차원으로 확대된다.

생명 중심의 선교는 "하나님 나라의 잔치에 초대하는 것"이며, "모든 사람을 생명의 잔치에 초대하는 것"이며, "생명을 살리는 성령의 능력에 의해 계속적으로 재창조되고 있는 것"이며, "온 창조 세계를 새롭게 하는 것"이다. 그리고 이러한 생명의 창조를 위해 필요한 실천적 지침으로는 고난받는 사람들과의 연대, 타문화와 신앙을 가진 사람들과의 대화, 불의에 대한 저항, 정의와 사랑의 경제에의 참여, 종교의 자유와 신앙의 자유 존중 등을 들고 있다.

2. 자연의 신음소리

"피조물이 다 이제까지 함께 탄식하며 함께 고통을 겪고 있는 것을 우리가 아느니라"(롬 8:22). 확실히 우리는 하나님의 피조물인 우주 만물의 신음소리를 듣고 있다. 지금 자연은 온갖 환경오염으로 인해서 신음하고 있다. 인간이 문명(文明)을 누리고 있을 때 자연(自然)은 점점 생명을 잃어가고 있다.

대도시의 대기 오염도와 수질 오염도는 환경 기준치를 훨씬 초과하는 위험수위에 도달해 있다. 농촌도 예외가 아니고 도시에 심각한 공해병이 만연되어 있다. 이런 상태에서 생태계(生態界)는 그 균형이 깨지거나 파괴되는 과정에 있는 것이다. 더욱 무서운 것은 한반도에는 상당량의 전략핵무기가 곳곳에 배치되어 있고, 북한의 핵무기 소유를 위한 실험이 도를 넘는 상태이다. 우리의 군사 시위 훈련도 경쟁적이고 위협적이다.

현재 우리는 산(山)과 강(江) 그리고 바닷가 등 어디를 가도 오염된 상태를 목격한다. 이러한 공해와 오염으로 인해서 하나님의 피조물(被造物)인 자연이 신음하고 있음을 볼 수 있다. "피조물이 고대하는 바는 하나님의 아들들이 나타나는 것이니"(롬 8:20). 바울은 피조물의 고통스러운 소리를 듣고 있다. 만물이 허무한데 종속되기 때문에 그것에서 해방되기 위해서 몸부림을 치면서 참사람이 나타나기를 원한다는, 기발함이 바울에게 보기 드문 말이다.

그러나 서구적인 사고(思考)에 의하면, 자연과 사람을 엄격히 구별하고, 신(神)도 엄격히 구별한다. 자연은 자연대로 그 순환 원리에서 싹이 나고, 잎이 나고, 꽃이 피고, 열매를 맺는 순환을 할 따름이고, 인간은 이 자연을 정복함에서 역사를 만들어낸다는 확신으로 자연을 개발의 대상으로 삼고, 그것을 최대과제로 삼아 오늘의 현실을 이루었다. 그러면서 지금 이 진통, 지구가 깨지고 있다고 소리를 지르고 있는데도 깨지는 지구를 방어하는 길을 또다시 사람이 자연을 정복하는 방법으로, 즉 어떤 새 기술에서 찾을 수 있다고 낙관하고 있다. 이것이 서구적인 자연과의 관계에서의 인식이다.

그러나 이것은 동양적인 시각(視覺)과는 전혀 다르다. 동양(東

洋)은 자연 안에 사람을 포함한다. 자연은 정복의 대상이 아니라 사람에게 협동의 대상이다. 자연과 더불어 사는 길을 찾는 것이 삶이라고 확고히 믿고 있다. '인간이 숨을 쉬듯이 자연도 숨을 쉬고 인체에 맥이 있듯이 자연에도 맥이 있다. 인간은 자연 속에 있기에 자연이 병 들면 인간도 병이 든다'고 생각한다. 자연은 인간보다 훨씬 깊고, 크고, 넓다. 그래서 사람은 '자연에 순응해서 사는 지혜를 가질 때에만 제대로 살 수 있다'고 본다. 이것이 동양의 자연과의 관계에서의 인식(認識)이다. 그래서 예부터 돌, 나무 하나를 함부로 꺾거나 옮기거나 혹은 자르지 않았다. 저들은 어떤 산(山)의 허리를 자르면 거기서 피가 난다고 확실히 믿고 있었다. 자연의 기(氣)가 끊기면 그 주변에 사는 사람들도 재앙을 당하거나 기(氣)가 빠져버린다고 생각했다. 우리 한국 사람들은 몸과 땅이 둘이 아니라 하나라는 것을 확실히 믿었다. 소위 '신토불이'(身土不二)라는 말인데, 몸과 흙은 둘이 아니라, 자연과 나는 하나라는 그런 생각이 일반화되어 있다.

한 가지 더 알아야 할 것은, 전에는 동물계에서 사람과 동물이 사는 것이 비슷한 면이 있다는 것을 알았는데, 식물(植物)도 사람과 사는 양식이 같다는 것이다. 그중에 하나는, 자고 깨야 한다는 것으로 잠을 자되 낮에는 깨고 밤에는 잔다는 것, 자려면 불을 꺼야 한다는 것이다. 식물도 불을 끄지 않으니까 열매를 맺지 못한다. 우리 주변에 사는 모든 식물이 조그마한 잡초 하나까지도 전부 우리같이 숨을 쉬고, 불이 켜져 있으면 잠을 못 잔다고 생각하니 그것이 우리하고 같은 생물(生物)이 아닌가?

슈바이처는 아프리카에서 땅을 개간할 때, 벌레를 죽이지 않는 것은 고사하고 풀을 뽑으면 그 풀을 다른 곳에 꼭 옮겨 심었다. 생(生)의 의지(意志), 살려는 의지는 존중해야 한다. 전남 화순에 '이공'(李公) '이세종'이라는 영감이 있었다. 그는 성경에 도취해서 아래로 제자까지 거느렸던 훌륭한 분으로 한국의 '호세아'라는 별명을 얻을 만큼 독특한 신앙의 길을 걸은 구도자(求道者)였다. 그는 몸을 무는 '이'도 죽일 수 없어서 이를 잡아서 그릇에 가득 담아서 가지고 있었다. 그런데 그에게 서양 선교사 친구가 있었다. 그는 서양 선교사를 좋아하지 않았고, 선교사도 그 사실을 알고 있었다. 그러나 선교사는 그 사람을 좋아했다. 하루는 선교사가 찾아왔는데 이세종이 아궁이에 불을 지피고 있었다. 뱀이 나왔다. 뱀을 보고서, '빨리 도망쳐라, 선교사가 보면 죽는다' 하면서 내쫓았다고 한다. 그런데 그 선교사 친구는 일부러 파리를 계속 잡아대고 있었다. 한 사람은 죽이는 세계에서 온 사람이고, 한 사람은 죽이지 않는 세계에서 온 사람이다. 둘이 대립해서 아웅다웅 싸우기도 했지만 둘은 친했다. 어쨌든 나만 사는 것이 아니라, 자연과 우리가 서로 통하는 것이 있다. 사는 것이 같다. 이것을 점점 알기 시작했다. 그래서 '자연이 살아야 나도 산다. 지하수는 가슴에서 나오는 젖과 더불어 인간의 젖줄이다'라고 할 수 있다. 더불어 살아야지, 사람은 혼자서 살 수 없다. 인권(人權)이란 말은 엄밀한 의미에서는 정말 밑바닥에서의 생존권(生存權)이다. 이제 우리는 겸허한 자세로 자연의 신음소리를 들으며 더불어 사는 지혜와 은혜가 있기를 바란다.

3. 인간들의 신음소리

"그뿐 아니라 또한 우리 곧 성령의 처음 익은 열매를 받은 우리까지도 속으로 탄식하여 양자 될 것 곧 우리 몸의 속량을 기다리느니라"(롬 8:23). 인간은 누구나 선하고 의롭게 살기를 원하고 있다. 육체의 욕심에서 해방되어 하나님의 자녀로 살고 싶어 하지만 실제로는 죄악과 불의한 환경으로 인하여 이러한 삶을 살지 못한다. 그래서 인간은 누구나 할 것 없이 내적(內的)인 탄식, 내적인 신음, 내적인 갈등을 겪고 있다는 것이다.

미국의 신학자 니버(Reinhold Niebuhr, 1892~1971)는 『도덕적 인간과 비도덕적 사회』(*Moral Man and Immoral Society*, 1932)라는 책에서 이 점을 일목요연하게 지적하고 있다. 니버는 예수님에 의하여 제시된 윤리적 표준과 현실사회에서 경험되어지는 죄의 구조 사이에는 현격한 간격이 있음을 지적하고 있다. 니버는 목회자로서 잔인한 사회적 현실과 더불어 싸우고 있는 디트로이트교회의 회중과 함께 호흡하면서 그가 부딪힌 생생한 체험을 바탕으로 말한다. 니버는 개인적으로는 도덕적일 수 있고 양심적일 수 있으며 정의감을 지닐 수 있으나 불의한 사회 속에서는 개인의 도덕성이란 무기력해지고 그 집단의 의지(意志)에 사로잡히게 된다는 것이다. 이 책은 1932년에 출판된 책이다. 고도의 산업사회를 향하여 발걸음을 내딛던 미국의 산업사회가 인간에게 어떤 영향을 미치고 있는지를 단적으로 지적해 주고 있는 것이라 하겠다. 거대한 공장의 기계를 바라볼 때, 그 속에 있는 기계들은 서로를 위해 존재하는 하나의 부속품 노릇을 하고 있음을 볼 수 있다. 따라서 인간 역시 거대한 사회 구조 속에서 기능적인 인간이 되느냐 여부에 따라서 그 사람의 가치가 결정되는 것이다. 개인의 인격이나, 개인의 논리(倫理)나 개인의 정의(正義)가 의롭게 여겨지지 않을 때가 더 많다.

따라서 그리스도인들은 개인적인 윤리나 종교적 차원(次元)에서 한 걸음 더 나아가서 그 집단, 그 사회의 제도와 환경을 정의롭게 변혁시켜가는 힘을 지녀야 한다. 비도덕적인 사회를 도덕적인 사회로 만들어갈 때 도덕적인 인간으로서 자신의 가치를 인식하게 되는 것이다. 그리스도인들은 그 시대와 역사의 신음소리를 들으면서 역사를 변화시켜가려는 하나님의 뜻을 알고 실천해 갈 수 있어야 한다.

우리 시대에 울려 번지는 인류의 신음소리에 귀를 기울여야 한다. 불의한 경제행위, 부정부패, 억압과 폭력, 여성 폭력의 현장, 장애우의 아픔 현장, 실직자들과 노숙자들의 방황의 신음소리, 남북분단의 신음소리! 이런 생명의 신음소리에 대하여 우리가 해야 할 '살아계신 하나님의 역할'이 무엇인지 찾을 수 있어야 한다.

한국교회는 한국기독교교회협의회(NCCK)를 중심으로 12월 둘째 주일을 인권 주일로 지키고 있다. '인류의 마그나카르타'라고도 불리는 세계인권선언은 1, 2차 세계대전의 참극과 나치 독일의 유대인 대학살에 대한 반성에서 비롯되었고, 70여 년간 인간의 존엄성과 가치를 높이는 데 크게 기여했다. 그리고 독재를 물리쳐 민주주의를 확산시키는 데도 크게 기여했다.

우리나라도 과거 독재 시절 용공음해와 고문 조작, 의문사 등 숱한 인권유린의 어두운 역사를 갖고 있다. 인권 문제는 우리 자신과 인류를 위한 것으로서, 인간다운 삶과 사회를 향한 근본 출발점임을 우리 그리스도인들도 알아야 하겠다.

문익환 목사님이 감옥에 있을 때 쓴 시(詩) 중에 〈발바닥, 발바닥, 네가 없었으면 어떻게 살았으랴〉라는 시가 있다. '그 밑바닥에 나를 받치고 있는 것을 못 보았죠. 물론 그 발바닥 자체는 보기 싫죠. 그러나 그것을 만지면서, 중요한 것은 여기에 있었구나' 하고 깨달은 것이다. 우리를 살리는 것은 밑바닥에 있다. 밑바닥에 내려갈수록 우리의 삶의 원천은 거기에 있다.

생존권의 위협도 반면에 바닥에 있다. 바닥이란 누군가가 피를 흘린 자리, 억눌림을 당한 자의 자리, 승자가 아니라 패자, 양지(陽地)가 아니라 음지(陰地), 배부른 자가 아니라 배고픈 자이다. 밑바닥으로 갈수록 뭔가 우리가 바로 잡아야 할 것이 있다. 바로 거기에 삶이 결핍되어 있기에 살려는 몸부림이 팽창한다. 인권은 바닥에서부터 펴야 한다. 그리고 광화문 광장을 비롯한 전국의 촛불의 민심을 통하여 민이 중심이 되는 민주주의를 이룩하였던 지난날의 민심의 신음소리에 귀를 기울이고 이에 대하여 역사 깊은 배후에서 섭리하시는 하나님의 역사 경륜을 기다리고 희망하며, 다시 깊이 회고해 보아야 한다.

4. 겸허히 성령의 신음소리 듣기

로마서 8:26에 "이와 같이 성령도 우리의 연약함을 돕나니 우리는 마땅히 기도할 바를 알지 못하나 오직 성령이 말할 수 없는 탄식으로 우리를 위하여 친히 간구하느니라"고 하였다. 주님은 성령을 통해 우리를 민망히 여기시고 우리의 연약함을 도와주시고 우리를 위해 중보기도를 해 주신다. 주님의 겟세마네 동산의 기도를 생각해 보자. 피와 땀을 흘리시며 인류를 위해 기도하시는 주님! 또한 주님의 십자가를 그려보자. 우리의 죄를 사해주시고 우리를 하나님의 자녀로 삼으시기 위해 가시관을 쓰시고 손과 발목에 못이 박힌 채 십자가에 달려 계신 주님! 이런 주님의 모습 속에서 우리는 인류를 사랑하시는 주님의 신음소리를 엿듣게 된다. 주님의 신음소리는 인류를 진실로 사랑하시는 사랑의 신음소리이다.

"주 예수 그리스도 하나님의 아들이시여, 죄인인 나를 불쌍히 여기소서"(Lord Jesus Christ, Son of God, have mercy on me, a Sinner). 동방정교회의 기도 중에 '예수기도'라는 기도 형태가 있다. 정교회 전통에서 '예수기도'는 세 단계의 진행 과정을 가진다. 첫째, 입술의 기도로서 외적 자아가 육체의 기도를 통해 하나님의 은총을 구하는 단계이다. 둘째, 마음이 무정념(無情念), 아파테이아(Apatheia)의 상태에서 평정심(平靜心)을 가지고 드리는 내면적 단계이다. 셋째, 성령의 도우심 안에서 심장으로 드리는 육과 영의 연합된 기도의 단계이다. 이런 단계는 기도자의 진보와 더불어 기도 자체의 성장을 지향하는 것으로서, 마음의 상념(想念)을 제거하고 간절한 기도의 반복을 통해 기도의 깊은 단계인 무정념(Apatheia)의 단계에서 자비의 하나님을 만나는 경험을 가져온다.

정교회는 이러한 하나님 경험을 '신화'(神化, Theosis)라고 정의한다. 그리스도의 성육신은 인간으로 하여금 하나님의 성품에 참여하게 한다. 이러한 신화(神化)의 단계에서 기도자는 호흡마다 하나님의 성품의 담지자인 예수와 하나 됨을 경험한다. '예수기도'에서 가장 중요한 요소는 절대적 침묵이다. 이 침묵 기도를 가르쳐 '헤시카즘'(Hesychasm)이라고 하는데, 기도자 즉 헤시키스트는 기도 속에서 자기를 말하는 것이 아니라, 내면에서 들려오는 하나님의 음성 듣기를 지향한다.

헤시카즘(Hesychasm)은 정교회 수도사들이 하나님과 합일에 이르기 위한 수단으로서 헤시키아(Hesychia)의 상태를 추구하는 수도 방법이다. 헬라어 '헤시키아'는 고요함, 평정심, 침묵 등의 뜻이 있다. 수도사들은 관상기도에서 고요와 평정심을 통해 인간적 격정(pathos)을 물리치고 무정념의 상태(apatheia)에 이르고자 헤시키아의 상태를 추구한다. 헤시카즘은 13세기 중엽에 정교회 영성의 샘이라 일컬어지는 아토스 성산의 수도사 니케포로스(Nikephoros)가 기도법으로 추구한 이래 정교회 수도사들의 중요한 기도법이 되었다.

'예수기도'에서 수도 정신이란 무엇을 뜻하는가? 그것은 '순종, 겸손, 자기 멸시, 기도를 향한 끝없는 갈망이다. 영적 아버지에 대한 순종, 모든 이들을 향한 겸손이며 가장 위대한 활동은 겸손과 거룩함을 얻는 것이다. 그럴 때 우리는 정말 부유해진다. 겸손과 거룩함이 없다면, 아무리 훌륭한 공동체 사업도 금방 흔적도 없이 무너지지만, 거룩함과 겸손이 함께 한다면 아무리 작은 일이라도 놀라운 차원의 열매를 맺는다. 하나님께 순종, 모든 이에게 겸손, 거룩함을 얻는 것의 중요성을 강조하고 있다.

수도 정신은 무엇을 하든지 칭찬받는 일과 칭찬을 잃는 일을 항상 명심해야 한다. 따라서 어디에 있든지, 길을 가든지, 운전하든지 "주 예수 그리스도여 나를 불쌍히 여기소서" 하고 예수기도를 드려야 한다. 신자들은 "끼리에 엘레이손"(주여 불쌍히 여기소서)라고 기도하며 응답한다.

예수기도는 언제라도, 다른 사람들과 함께 또는 혼자서도, 공동 기도로도 개인 기도로도 할 수 있다. 예수기도는 모든 세대를 위한, 어떤 장소이든, 매 순간을 위한, 사막이든, 도시이든, 초보자이든, 경험자이든, 시간과 장소에 구애받지 않는다.

만약 당신이 신학자(혹은 신자)라면 당신은 참으로 기도하고,
만약 당신이 기도한다면 당신은 참된 신학자(혹은 신자)이다.
〈예수기도〉 204.

5. 마치며, 겸허에의 의지 - 예수 마음

마감하면서 참된 겸손이란 무엇인가를 살펴본다. 참 겸손이란 결코 비굴하거나 아첨이 아니다. 뚜렷한 주체자로서 상대방의 인격을 존중하는 태도이다. 힘없는 어린아이, 권력이나 지위가 없는 시민, 그리고 하찮은 작은 존재인 무력자일지라도 이를 경멸하지 아니하고 한 인간으로 소중하게 대해 줄줄 아는 마음씨- 그것이 곧 겸손이다. 슈바이처의 소위 생명외경(生命畏敬)의 정신이나 부처(佛陀)의 이른바 살생을 금지하는 계율 등은 모두 이러한 겸비한 자세의 표현이라 할 수 있다.

불가(佛家)의 행자(行者)들은 고행과 탁발(卓拔)로써 겸손을 배운다. 그리스도인들은 생명을 사랑하고 인격을 존경하는 정신에서 겸비(謙卑)를 체득한다. 학문을 하는 사람이면 진리 탐구의 세계에서 우선 겸비한 자세를 가져야 한다. 겸손한 탐구자에게는 우주의 삼라만상이 지식과 진리의 보고(寶庫)이겠다. 배운다는 사실, 탐구한다는 사실이란 겸손한 사람만이 지닐 수 있는 위대한 삶의 자세이다. 옛말에 '삼인행(三人行)에 필유아사(必有我師)'라는 말이 있다. 이것은 우리 주변에 있는 어떤 사람에게서든지 우리는 무엇인가를 배울 수 있다는 현인들의 명언이 아닐 수 없다. 자기보다 못한 사람이라고 여겨지는 사람에게서라도 무엇인가를 배울 수 있는 귀한 점이 있는 법이다.

진리는 겸손한 자의 눈에 발견되는 보화이다. 우리의 삶의 모든 분야에서 그러하다. 정치하는 이, 교육하는 이, 사업하는 이, 그 누구나 겸비의 자세를 취할 때에 정상적인 참된 자기의 세계를 찾아내게 될 것이다.

키에르케고르가 '인간은 절대자(至高者) 앞에 적나라하게 단독자(單獨者)로 설 때 비로소 자기를 발견한다'고 하였는데 그러한 발견이 곧 인간으로 하여금 겸손의 미덕(美德)을 소유하게 하는 일이 된다. 어거스틴은 그리스도교의 덕(德)을 말할 때, 첫째도 겸손, 둘째도 겸손, 셋째도 겸손이라고 가르쳤다. 그것이 바로 예수의 마음이다.

하나님이 창조하신 자연의 신음소리를 들으며, 인류 역사의 생명의 신음소리를 듣자. 이제 우리를 향한 성령의 신음소리를 겸허하게 들으며 온 땅 인류의 인권을 위하여 항상 겸허히 일하는 하나님의 일꾼으로 살아야 한다.

2020년 1월 12일, 주현 후 첫째 주일

기쁨은 삶의 활력소

빌 4:4-9

사도 바울이 빌립보 서신을 쓸 때는 로마 군인들에게 체포되어 쇠고랑을 찬 지 2년 정도 되었다. 빌립보교회는 바울이 유럽 땅에서 세운 최초의 교회이다. 옥중에 있던 바울은 후원금을 보내준 빌립보 교인들의 선행에 대하여 감사의 뜻을 전하기 위하여 빌립보 서신을 썼다(4:10-20). 또 시급히 해결할 신학적인, 목회적인 문제들도 있었다. 바울은 빌립보교회에 나타난 거짓 가르침의 위협 때문에 괴로워했고 다른 사역자들의 반대 때문에 어려움을 당했다(3:1-11). 그리하여 바울은 하나 됨을 힘주어 호소한다(2장과 4:2). 특히 바울은 하나님이 그리스도와 연합한 삶을 사는 사람들에게 주시는 기쁨과 평화를 말한다. 그러므로 빌립보 서신의 특징은 기쁨, 확신, 하나 된 인내이다.

기쁨이나 기쁜 자세는 인간의 삶과 영혼의 활력소이다. 기쁨은 인간의 영혼을 희열과 즐거움에, 인간의 삶과 일에 활력소를 제공한다. 기쁨 없이는 인간의 삶과 영혼은 메마르고 기쁨 없는 일이나 봉사는 비효율적이다. 무엇을 말하고 믿든, 만약 우리가 기쁨에 차 있지 않으면, 우리의 말과 신앙은 열심을 내지 못한다. 인도에서 빈민 선교에 평생을 헌신한 테레사 수녀는 그녀의 콜카타 자선기관에서 함께 일할 봉사자의 가장 우선하는 자질에 관해 질문을 받았을 때, 그녀는 서슴지 않고 다만 두 가지, 열심히 일하려는 마음과 기쁜 자세라고 말했다. "내 관찰로는 이 두 가지 자질이 가장 중요하다. 그러나 기쁜 자세로 일하는 자질의 사람을 찾기란, 열심히 일하려는 자질의 사람을 찾기보다 더 어렵다"고 테레사는 말했다. 부지런함을 보기도 쉽지 않으나, 순수한 기쁨의 자세를 가진 사람을 찾기란 더욱 어렵다.

유명한 달라이 라마(Dalai Lama)는 그의 저서 『행복의 예술』(*Art of Happiness*)에서 '우리 삶의 최후 목적은 행복을 찾는 것이다'라고 선언한다. 믿는 자든 안 믿는 자든, 어떤 종교를 가지든, 모든 사람은 '삶에서 무엇인가 더 나은 것을 찾는다.' 그러므로 '우리 생의 움직임은 다 행복을 향한다.' '생이 가져오는 기쁨의 순간에 행복은 순간적으로 터져 나오는 무엇과 같이 느껴진다.' 달라이 라마는 '행복은 마음의 수련을 통해 이루어진다'고 믿었다. 그리고 그것은 티베트 말 '솜'(Som)으로 표현되는데, 그것은 영과 혼에 가까운 광의의 의미를 가지며, 지성과 감정, 마음과 가슴을 다 포괄한다. 어떤 내적 수련을 통해 가져오는 것으로 우리는 우리의 태도와 삶에 다가가는 자세를 변하게 할 수 있다고 했다.

나우웬(Henry Nouwen)이 그리스도인의 기쁨의 개념을 선명하게 하듯이 그리스도인의 기쁨은 우리가 하나님의 사랑을 무조건으로 받았다는 것을 아는 데서 오며 병, 실패, 감정적 고뇌, 억압, 전쟁이나 심지어 죽음도 그 사랑을 빼앗을 수 없다. 또한 그리스도인의 신앙 속에서 기쁨은 행복과 동일시될 수 없다고 한다. 우리가 많은 일로 행복할 수 없을 때에도 우리가 여전히 기뻐할 수 있는 것은 그리스도 안에서 하나님의 사랑의 지식에 근거하기 때문이다.

우리가 슬플 때 우리는 기뻐할 수 없다고 생각하는 경향이 있다. 그러나 하나님 중심의 생을 사는 사람들은 슬픔과 기쁨을 함께 가질 수 있다. 그것을 이해하기는 쉽지 않다. 그러나 우리가 한 아이의 탄생이나 한 친구의 죽음과 같은 생의 깊은 경험을 생각할 때, 큰 슬픔과 큰 기쁨이 다 경험의 일부인 것을 알게 된다. 때론 슬픔 한가운데서 우리는 기쁨을 발견한다. 나는 기억한다. 내 생에 가장 뼈아픈 아픔을 겪을 때, 자신보다 더 큰 영적 실재를 깨닫게 된다. 고통을 희망으로 살도록 내게 허락한다. 그러기에 나는 감히 말한다. 내 슬픔이 내가 내 기쁨을 찾는 바로 그것이었다.

기쁨은 그저 우리에게 일어나는 것이 아니다. 그것은 우리가 하나님께 속하고 아무것도 심지어 죽음도 하나님을 우리로부터 빼앗을 수 없다는 지식이나 믿음 위에 근거하여 매일 우리가 선택하는 결과이다. 이것이 사도 바울의 믿음이요 가르침이다. "만약 하나님이 우리를 위하시면 누가 우리를 대적하겠습니까? 당신의 아들을 아끼지 않으시고 우리 모두를 위하여 내어주신 분이, 어찌 그 아들과 함께 모든 것을 우리에게 선물로 거저 주지 않으시겠습니까?" (롬 8:31-32) 한 까닭이다. 우리를 위해 돌아가시고 부활하신 사랑으로부터 아무도 우리를 떼어 놓을 수 없다. 따라서 우리를 사랑하신 그를 통해 바울은 확신했다.

> 우리는 이 모든 일에서 우리를 사랑하여 주신 그분을 힘입어서, 이기고
> 도 남는다. 나는 확신한다. 죽음도 삶도 천사들도 권세자들도 현재 일
> 도 장래 일도 능력도 높음도 깊음도, 그 밖의 어떤 피조물도 우리를 우
> 리 주 예수 그리스도 안에 있는 하나님의 사랑에서 끊을 수 없다(롬
> 8:37-39).

바울은 그리스도 안에 있는 하나님의 사랑에서 그 어느 무엇도
끊을 수 없다는 확신을 가지고 말한다. "주 안에서 항상 기뻐하십시
오. 내가 다시 말하거니와 기뻐하십시오. 아무것도 염려하지 말고,
모든 일을 오직 기도와 감사로 하고, 여러분이 바라는 것을 감사하
는 마음으로 하나님께 아뢰십시오. 그리하면 하나님의 평화가 여러
분의 마음과 생각을 예수 안에서 지켜 줄 것입니다"(빌 4:4-7).

그러나 우리가 바울의 여러 가지 어려운 여건들을 생각할 때, 그
런 환경 속에서 어떻게 그가 "기뻐하라"고 말할 수 있었던가를 이해
하기 어렵다. 그의 남은 생은 핍박, 오해와 해로운 것들이 항상 따
랐고, 또한 그의 육체적 질병으로부터의 고통도 매우 심하여 그는
"내 육체의 찌르는 가시"라 불렀다. 그러나 그는 기쁨으로 나아갔
다. 우리는 세상에 심한 어려움과 질병의 기록을 조심스럽게 점검
할 때, 그의 '기뻐하라'는 권면은 이해하기 어려울 정도이다.

바울의 말씀을 들어보겠다. "그들이 그리스도의 일꾼들인가?
미친 사람의 말 같겠지만 사실 나는 그리스도의 일꾼으로서는 그들

보다 낫다. 나는 그들보다 수고를 더 많이 했고 감옥에도 더 많이 갇혔고 매는 수도 없이 맞았고 죽을 뻔한 일도 여러 번 있다. 유대인들에게 사십에서 하나를 감한 매를 다섯 번이나 맞았고 몽둥이로 맞은 것이 세 번, 돌에 맞아 죽을 뻔한 것이 한 번, 파선을 당한 것이 세 번이고 밤낮 하루를 꼬박 바다에서 표류한 일도 있다. 자주 여행을 하면서 강물의 위험, 바다의 위험, 가짜 교우의 위험 등의 온갖 위험을 다 겪었다. 그리고 노동과 고역에 시달렸고 수 없는 밤을 뜬 눈으로 새웠고, 주리고 목말랐으며 여러 번 굶고 추위에 떨며 헐벗은 일도 있었다. 이런 일들을 제쳐 놓고라도 나는 매일같이 여러 교회에 대한 걱정에 짓눌려서 고통을 당하고 있다. 어떤 교우가 허약해지면 내 마음이 같이 아프지 않겠습니까? 어떤 교우가 죄에 빠지면 내 마음이 애타지 않겠습니까?"(고후 11:23-29, 공동번역).

이러한 것들이 바울이 겪은 어려움의 전부가 아니다. 언급한 바와 같이 바울이 빌립보 서신을 쓸 때, 그는 로마 군인들에게 체포되어 옥에 갇힌 지 2년이 지났다. 그러나 그는 환경을 최선으로 만들었듯이 지금의 악조건들을 그리스도를 알게 할 기회로 보았다. 집에 갇혀 있는 때에 그는 빌립보 서신과 다른 서신들을 기록했으며 반복되는 주제는 '기쁨'이었다! 괴롭히는 어려움과 고통이 그를 둘러싸고 있음에도 그는 기쁨과 만족의 자세로 빌립보서를 누비고 있었다. 자기 연민 속에서 허우적거리는 것이 아니라 빌립보 교우들에게 기쁨으로 일하라 권면할 때, 그 자신의 기쁨은 강렬했고 그로 인해 그는 다시금 '기뻐하라'고 강조할 수 있었다(빌1:3, 21; 3:1; 4:4). 바울은 기쁨을 훔쳐 가는 자들이 있는 것을 알고 있었다. 그러나 그는 하나님이 그 모든 것을 온전히 조종하고 있음을 확신했다! 그러기에 그는 기쁨을 택하고 빌립보 교인들과 우리에게 기쁨을 택하라고 요청했다.

그리스도가 그의 진리를 우리에게 가르친 것도 그의 기쁨이 우리 속에 있고 우리의 기쁨이 충만케 하려는 것이었다. "내가 이것을 너희에게 이름은 내 기쁨이 너희 안에 있어 너희 기쁨을 충만하게 하려 함이라"(요 15:11). 우리는 어떠한가? 우리는 진실로 예수님의 마지막 강화의 말씀을 깊이 있게 들어야 한다. 그러할 때 하나님의 기쁨과 평화로 충만할 것이다. 그것은 세상이 주는 것과 같지 않다. 그러기에 예수님은 말씀했다. "너희 마음이 괴로움을 당하지 않도록 하고 두려워하지 말라." 세계와 역사의 주님께서 그 자신의 평화와 기쁨을 주시기 때문이다. "이것을 너희에게 이르는 것은 너희로 내 안에서 평안을 누리게 하려 함이다. 세상에서는 너희가 환란을 당하나 담대하라 내가 세상을 이기었노라"(요 16:33).

슬픔이 온 가족들에게 영향을 주듯 기쁨도 전염성이 있다. 헨리 나우웬이 소개하는 기쁨에 찬 한 친구의 이야기를 들어보기로 한다. 기쁨을 발산하는 그는 삶이 순조로워서가 아니었다. 인간의 모든 고난에 하나님이 임재하심을 습관적으로 알기 때문이었다. 어디를 가나, 누구를 만나나, 아름다운 그 무엇을, 감사한 그 무엇을 볼 수 있었다. 그는 그를 둘러싼 큰 슬픔을 부정하지 않으며 그의 친구들의 괴로움에 대해 무심하지 않았다. 그러나 그의 정신은 어둠 속에서 빛을 향한다. '이것은 그에게서 감상적인 것이 아니다. 그의 깊은 신앙이 그로 하여금 희망이 절망보다 더 실질적이며, 신앙이 불신보다, 사랑이 두려움보다 더 실질적임을 알게 한다. 그를 이러한 기쁨의 사람이 되게 한 것은 바로 이런 그의 영적인 자세(spiritual realism)이다.' 이 친구의 기쁨은 참으로 전염병적이다. 그와 더 접할수록 그에게서 구름을 통해 비추는 태양의 빛을 감지하게 된다. '그렇다. 하늘이 구름으로 덮여 있으나 태양은 거기에 있다. 나의 친구는 항상 태양에 관해 말했으나 나는 계속 구름에 관해 말했다. 그러나 내가 구름을 볼 수 있게 한 것은 태양이 아니었던가!'

돈과 성공이 사람들을 행복하게 만들 수는 있으나, 그것들이 기쁨을 보장할 수는 없다. 많은 부자와 성공자들이 불안해하고 두려워하나 많은 가난한 자들은 자주 큰 기쁨을 보인다. 기쁨은 하나님의 현존 안에서 살게 하는 선물이기 때문이다. 이것이 '왜 부자가 천국에 들어가기가 그렇게 어려운가' 하고 예수님이 말씀하신 까닭이다. 기쁨은 우리 삶의 여건에 달려 있지 않다. 그것은 하나님이 세상에 승리했다는 영적 지식에 달려 있다. 놀라운 것은 악과 어둠의 세력이 강하다는 것이 아니다. 참으로 놀라운 것은 하나님의 빛, 진리, 사랑이 인간이 삶이나 죽음보다도 더 힘 있고 강하다는 것이다.

그러므로 우리는 하나님에게 희망을 가지며 우리의 희망과 기쁨의 원천인 하나님의 현존 안에서 기뻐한다. 하나님 안에서 희망과 기쁨을 가지는 영혼들은 외적인 공급에 기뻐하지 않으며 근본적으로 삶의 단순한 것들로 기뻐한다. 그들은 역사 건너 무엇이나 세상의 것들을 생각하는 것으로 시간을 낭비하지 않는다. 어제나 내일을 열망하지도 않는다. 그들은 순간을 구하며 활력 있게 사는 것을 좋아한다. 그리고 여기서 지금 일하는 것을 기뻐한다. 그들은 스스로 세계와 조화하기를 바란다. 본회퍼의 말을 빌린다면 그들은 그들 자신을 위한 무엇을 받아들이기를 포기하며 '오직 이 세계에서 철저하게 세상적으로' 살려 한다.

본회퍼에 따르면 그리스도인은 세계로부터 떨어진 삶이나 세계를 역행하는 삶을 위해 부른 것이 아니다. 그리스도인의 부름은 '세상의 악(ungodliness)을 종교의 겉치장으로 속이거나 그것을 미화하는 등의 시도를 하지 않고 그 자신의 삶을 이악한 세상의 삶 속에 던지기 위함이다. 그는 세상을 위해 철저하게 세상적인(worldly) 살기에 좌절과 실망을 한다. 그러나 바로 이러한 좌절과 실망이 그가 하나님의 고난에 참여한 증거'가 된다. 인간의 말할 수 없는 잔인함 속에서 본회퍼는 세계를 어둠 속에 버리는 것을 거절했다. 그의 마지막 날들에 그는 그리스도인은 모든 그의 의무, 문제 등과 혼란을 위해 더 세상적인 삶을 살아야 한다고 확신했다. 우리는 항상 이 세계와 오는 세대를 위해 행동하며 '인간이 더 훌륭한 세계를 갖게 해야 한다'고 믿었다. 이런 혼란의 여건들 속에서 본회퍼가 세계를 위해 행동하며 기뻐할 수 있던 것은 하나님이 여전히 그가 창조하신 세계를 사랑한다는 그의 확신 때문이었다.

이제 그리스도 안에서 기뻐할 수 있었던 사람들이 어떻게 힘 있고 효과적으로 살았는가에 대해 생각해 보기로 한다. 부스(William Booth)는 구세군을 창설하고 그 총책임자인 대장이 된다. 그리스도 안에서의 하나님의 은혜와 사랑을 체험한 후, 그는 기쁨 속에 뛰면서 야외에서도 설교하여 감옥에 들어갔지만 개의치 않았다. 그는 세상을 위한 사회적 재생의 기구들을 세계적인 체인으로 조직하고 땀 흘리는 노동자들과 버려진 아동들과 일하는 어머니들 같은 가난한 자들을 위해 기쁨으로 섬겼다. 부스 장군은 언제나 그와 함께 봉사하는 이들에게, 만약 성령이 그들 속에서 움직이신다는 것을 느낄 때 찬송과 기도로 기쁘게 뛸 수 있다고 말한다. 부스는 영혼의 구원을 위한 성례전보다 그의 예배에 비공식적인 분위기들을 가져오기를 바랐다. 즉 기쁜 찬송, 관악의 음악, 손뼉을 치며, 개인적인 간증, 자유로운 기도와 개방된 참회의 초대들이 특성을 이루었다. 구세군 신도들에게 더 중요한 것은 그들의 창시자의 사상과 같이 참회와 기쁨으로 사회적 봉사를 하며 가난한 자들을 먹이고 재우는 것이다. 이런 그들의 운동은 속히 전 세계로 퍼져 국제적 그리스도인의 종교적 운동으로 조직화 되어 군대와 같은 운영을 하며, 80개 이상의 나라에서 112개 나라말로 복음을 전하며 1만 6,000개 복음적 센터와 3,000여 사회봉사 기구, 병원, 학교, 기관에서 신실하게 역사하고 있다. 그들은 세계 여러 센터 회원들을 통해 정직하고 신실한 사회봉사를 함으로써 존경을 받고 있다. 오늘 세계인들은 기쁨을 갖고 겸허하게 봉사하는 자들을 기대한다. 아마도 이것이 때로 큰 회사들이 기부하려는 사회적 기관으로 구세군을 택하는 이유이다. 크리스마스가 올 때마다 우리는 산타클로스와 함께 구세군 냄비의 모금에 기쁜 마음으로 드리며 흐뭇해한다.

미국의 노예제도 폐지를 위한 투쟁에서 잊을 수 없는 두 명의 연설자의 이야기가 전해온다. 비처와 필립(Henry Ward Beecher &

Wendell Phillips)이다. 그들은 노예제도 폐지를 위해 싸웠고, 이 때문에 그들은 심지어 뉴욕시와 보스톤 길거리에서도 돌팔매질을 당했다. 그러나 결국 인간의 평등과 정의와 자유를 위한 그들의 투쟁은 승리했고 노예제도는 폐지되었다. 어느 날 밤, 필립의 강연에 비처가 찾아왔다. 강연이 끝나고 호텔로 돌아왔을 때, 필립이 비처에게 물었다. "오늘 밤 어떠했나?" 나는 "그토록 훌륭한 강연을 들은 적이 없다"라고 답했다. 필립은 "나는 거의 죽었다고 느꼈소. 나는 아무런 행복을 느끼지 못했소. 어떠했는지 제대로 말해주오" 하고 청했다. 비처는 "그것들은 아름답고, 의미 있고, 장엄하고, 예술적인 말들이었소. 분명히 기쁨이 당신의 강연에서 흘러나왔소"라고 대답했다. 그렇다. 누구나 기쁨을 가지고 확신이 깊은 영혼 속에 자리 잡으면 그것들이 입을 통해 나오고 힘있게 역사하고 승리를 가져온다. 필립과 비처는 그들의 확신과 기쁜 자세로 노예제도 폐지 투쟁에서 승리한 것이다.

미국교회에서 50여 년을 목사로 사역하고 이제 피부암으로 투병하는 82세의 노(老)목사에 관한 이야기는 대단히 인상적인 감동을 준다. 그는 이미 열다섯 차례나 피부 이식 수술을 받았다. 아픔과 고통 외에도 그는 얼굴과 외상에 아주 보기 흉한 흉터들이 많았다. 밖에 나가길 꺼릴 정도였다. 육체뿐만 아니라 마음의 고통 또한 그가 죽을 때까지 함께해야 하는 상황이었다. 그는 중요한 결단을 해야 했다. 어떻게 대응할 것인지는 그의 선택에 달려 있었다. 어찌할 바 모르던 노목사는 오랫동안 주저했다. 마침내 그는 무릎을 꿇고 어찌해야 좋을지 하나님께 기도했다. 그는 예수님의 "내 기쁨을 네게 주기 원하며, 너의 기쁨이 온전하기를 원한다"(요 15:11)는 말씀을 가만히 생각했다.

갑자기 믿을 수 없는 기쁨이 하늘로부터 그에게 임했다. 그리고 점점 커지는 기쁨의 크기에 압도되었다. 그것은 말로 표현할 수 없는 영광으로 가득한 기쁨이었다. 갑자기 그는 집안을 뛰어다니며 춤을 추었다. 그는 실제로 다시 태어난 것 같았고 기쁨이 넘쳐났다. 이런 놀라운 변화가 82세 노년의 암 환자에게 일어난 것이다.

그는 넘쳐흐르는 기쁨에 집에만 머물러 있을 수가 없었다. 가까운 간이식당으로 가서 햄버거 하나를 샀다. 행복해하는 그의 모습에 종업원은 "웬일이십니까?" 하고 물었다. "아, 나는 참으로 놀랄 만큼 좋아요", "오늘이 생일인가요?" 그녀는 또 물었다. "아니요. 그것보다 더 좋은 일이라오!" "결혼기념일인가요?" "그보다 더 좋은 일이에요!" "그렇다면 무엇일까요?" 그녀는 신나서 물었다. "예수님의 기쁨이라오. 당신은 내가 무슨 말을 하는지 알겠소?" 그녀는 어깨를 흔들며 답했다. "모르겠어요. 일요일에 나는 일해야 해요."

그렇다. 예수님이 우리 마음에 들어오기만 하면 그의 기쁨이 우리의 영혼에 넘치고 우리의 기쁨은 멈출 줄을 모른다. 맥다니엘(R. H. McDaniel)이 그의 찬송(289장)에서 노래하듯이 그 기쁨은 넘칠 뿐이다.

주 예수 내 맘에 들어와 계신 후 변하여 새사람 되고
내가 늘 바라던 참 빛을 찾음도 주 예수 내 맘에 오심
주 예수 내 맘에 오심 주 예수 내 맘에 오심

물밀듯 내 맘에 기쁨이 넘침은 주 예수 내 맘에 오심.

성서에서 반복하여 말하는 "기뻐하라"(rejoice)는 다만 기쁨을 가진다는 것만이 아니라 기뻐한다는 동적인 표현이다. 환희를 넘치도록 느끼는 것이요, 그 기쁨을 하나님께나 나를 포함한 그 누구에게나 즐겁게 표현하고 모든 것에 기쁜 자세를 가지는 것이다. 기뻐하라는 이 명령은 하나님을 위해서가 아니라 우리 자신을 위해서이다. 그것은 다만 긍정적인 생각이나 어떤 만족으로 자신이 신이 나는 그 이상의 것이다. 기쁨의 뿌리는 하나님 자신의 성품에 근거한다. 기뻐할 것은 이런 복음의 진리를 깨닫는 것이다. 하나님은 우리의 편이요, 육화하신 예수 그리스도 안에 우리를 참으로 기쁘게 사랑하신다. 성서의 우리 하나님은 그의 손으로 지으신 것을 기뻐하신 희열의 하나님이시다. 어떤 문제라도 해결하기를 원하시고 필요를 채워주시며 혼돈과 악으로부터 질서와 선을 가져오신다. 주 안에서 더 기뻐할수록 우리는 더욱 그의 현존을 보고 체험한다. 하나님의 역사하심을 더 볼수록 우리는 점점 더 기쁨을 체험하며 그것을 희열 속에서 표현한다. 성서에서의 기쁨은 하나님을 찬양하는 노래와 환호의 춤으로 영광을 돌리는 데까지 연결된다.

테레사 수녀는 기쁨은 기도요, 힘이며, 그것으로 영혼을 얻을 수 있는 사랑의 한 그물이라고 했다. 그녀가 줄 때는 기쁨으로 신나게 주었다. 하나님과 사람들에게 우리의 감사를 표하는 최상의 길은 모든 것을 기쁨으로 표하며 받는 것이다. 기뻐하는 마음과 기쁜 자세는 그리스도와 같은 사랑으로 가슴이 불타는 마음의 결실이다.

그리스도 안에서 하나님과 함께 행보하고 기뻐하게 된다고 믿는 테레사의 말로 맺으려 한다.

주님이 사랑하듯 사랑하며, 주님이 돕듯 도우리라. 주님이 섬기듯 주며, 주님이 구원하듯 구원하리라. 주님과 24시간을 함께하며, 고통하는 영상의 주님을 어루만지리라.

바울은 빌립보 교인들을 향해, 우리가 이 세상에서 무엇을 하며 살게 될지라도 아름답고 칭송을 받으며 믿을 수 있도록 하라고 권면한다. "무엇에든지 경건하며 무엇에든지 옳으며 무엇에든지 정결하며 무엇에든지 사랑받을 만하며 무엇에든지 칭찬받을 만하며 무슨 덕이 있든지 무슨 기림이 있든지 이것들을 생각하라. 너희는 내게 배우고 받고 듣고 본 바를 행하라 그리하면 평강의 하나님이 너희와 함께 계시리라"(빌 4:8-9).

신앙을 가지든 아니 가지든 한 인간이 이 세상을 사는 천륜과 인륜의 이치를 가르친 말씀이다. 사람답게 살고 사람 된 도리를 지키며 이 땅에 사는 이치에 있어선 하늘과 땅의 도리가 다를 수 없다는 것이다. 거짓이나 속임이 아니라 신실하고 정직하며 모든 일을 책임성 있게 하여 신뢰할 수 있는 삶을 살도록 가르친다.

특히 오늘의 성숙한 시대에 있어, 니버(Richard Niebuhr)가 그의 『책임적인 자아』(*The Responsible Self*)에서 밝힌 바와 같이, 책임성(responsibility)은 무엇보다도 중요하다. 성숙한 인간의 징표로는 온전한 그리스도인의 자질로든 자기가 처한 사회나 공동체에서 그

심사언동에 있어 책임질 수 있는 자가 가장 원숙한 자이다. 어려움을 당한 한 가정에서도 어릴수록 책임을 모르며 성숙한 어른이나 가장일수록 그 모든 문제에 대한 답을 위해 책임을 알고 지려고 한다. 한 사회나 국가, 교회에서도 다르지 않다. 미숙한 자들은 책임을 모르고 지려고도 하지 않는다. 다만 그 나라 사회나 공동체에서 그 어떤 문제든 더 책임을 지는 자만이 주인이요 성숙한 그리스도인이라 할 수 있다. 따라서 오늘의 사회에선 책임감이 있고 책임지려는 자를 신뢰한다. 동시에 책임감이 있는 사람은 그들이 어떤 일을 하든 성실하게 임하고 맡은 책임이나 직임, 그 일이 크든 작든 성실하고 충성되게 수행한다. 어떤 의미에서 책임성과 성실성은 늘 병행하기에 성실하며 무책임하거나 책임감이 있지만 불성실할 수는 없다. 책임감이 있는 사람은 따라서 성실하고, 신실한 자는 동시에 책임감이 있는 자이다. 또한 책임감이나 성실은, 한때 어느 곳에선 그러하고 다른 때, 다른 일에서는 그렇지 못한 임시적이거나 부분적일 수 없다. 온전성(integrity)과 일치성을 지니며 언제, 어디서나 다름이 없기에 신뢰할 수 있는 것이다.

이렇게 언제나 성실하고 책임감이 있기에 신뢰가 가고, 이런 사람들만이 그들이 신앙 – 불신앙을 막론하고 주어진 삶을 올바르고 의미 있게 살 수 있다. 그뿐만 아니라 사는 환경이 어떻게 변하든 상관없이 이러한 자들만이 자족하며 바로 살고 나라나 사회, 교회에 공헌할 수 있다. 이런 자들은 비천하게 되거나 귀하게 되어도, 궁핍하게 되거나 풍부하게 되어도 어떻게 할 줄을 알기에 염려할 필요도 없고, 당황하지 않는다. 우리 자손들을 염려하는 부모들도 정말 그들이 이런 진리를 터득한다면 아무런 걱정을 할 필요 없다. 하나님의 말씀인 이런 진리로 무장되고 수련된 성숙한 인격과 신앙을 가지게 될 때, 비로소 그 모든 성공과 행복은 확실하다는 보장이다. 바울이 "내가 비천에 처할 줄도 알고 풍부와 궁핍에도 일체의 비결을 배웠노라"(빌 4:12)고 한 것은 바로 이런 뜻이다.

이런 주 예수를 발견하고 그의 가르침을 통해 우리가 빈부귀천, 희비애락, 삶의 성공, 실패 등 그 어떤 처지에서든 승리의 삶을 살 수 있었기에, 그는 체험과 확신 속에서 이렇게 결론을 내릴 수 있었다. "내게 능력 주시는 자 안에서 내가 모든 것을 할 수 있느니라"(빌 4:13). 주 안에서 진리를 깨닫고 자유하고 성숙한 인간이 되는 길을 선포한 것이다.

2020년 7월 12일, 성령강림절 후 여섯째 주

사랑은 영원한 세계로 지속된다

고전 13:1-13

1. 본문에 대한 단상

고린도전서 13장은 '사랑에 대한 찬가'로 불려 왔는데, 시(詩)로 세 부분으로 나눠진다. 1-3절에서 사랑은 다른 종교적인 행위나 태도와 대조된다. '오직 사랑만이 중요하다'는 것이다. 4-7절에서는 골로새서 3:12-14 "그러므로 너희는 하나님이 택하사 거룩하고 사랑받는 자처럼 긍휼과 자비와 겸손과 온유와 오래 참음을 옷 입고" "이 모든 것 위에 사랑을 더하라 이는 온전하게 매는 띠니라"라는 말씀과 비교해 보면, 부정적인 용어로 사랑이 서술된다. '오직 사랑만이 승리한다'는 것이다. 또한 8-13절에서는 대비를 이루는 주제로 돌아가고, 다음의 사실이 밝혀진다. 즉 다른 것들이 사라질 때도 사랑은 영원한 세계로 지속된다는 것이다. '지속된다는 것은 오직 사랑뿐이다'(칼 바르트).

이 사랑의 은사는 다른 어떠한 은사도 반영할 수 없는 하나님의 본성을 반영하므로 하나님의 본성 자체에 속한다. 신학자 바르트는 사랑은 '이미 이 세상의 힘인 것 같이 다가오는 세상의 힘이라'는 것이다. 슈바이처는 이와 비슷하게 '사랑은 인간이 지금 여기서 그 참된 본질을 소유할 수 있는 영원한 것이다'라고 하였다. 결론적이고 핵심적인 말씀은 고린도전서 13장 13절이다. "그러나 지금, 믿음과 희망과 사랑, 이 세 가지는 언제나 있을 것이다." 즉 방언과 예언과 기적과 다른 영적 은사들이 하나님에 관한 부분적인 지식만을 전달하는 것으로 사라지게 될 때, 이 세 가지는 남아서 인간과 하나님 사이의 완전한 구원의 관계를 나타낼 것이다. 그러나 이 동사는 항상 그 주어가 현세대에서뿐만 아니라 다가오는 세대에서 지속된다는 의미로 이해된다.

"믿음"은 지식과 같은 것이 아니라 감사함으로 또 신실하게 하나님 자신을 영접하는 것이다. 그리스도 안에 계시된 온전하고 참되신 하나님은 믿음으로 알 수 있다. 믿음은 하나님과 인간 사이의 참된 관계에 대한 영원한 표징이다. 믿음으로 하지 않으면 다 죄가 된다(롬 14:23).

'믿음 안에서의 인내'(칼뱅)인 희망은 그 강조점이 미래의 상에 있는 믿음이다. 희망은 아직 보이지 않는 것을 지향하는 것이므로 그것은 끈기 있는 인내, 다시 말하여 현재에 순간의 의미를 그것 자체에서가 아니라 하나님에게서 발견하는 인내를 의미한다. 믿음과 마찬가지로 희망은 하나님에 대한 참된, 따라서 변하지 않는 진리를 가정하고 표현하는 것이다. 하나님은 진실하다. 즉 당연히 신뢰해야 할 분이다. 마찬가지로 하나님은 우리의 희망이시다. 즉 당연히 그에게 희망을 두어야 할 분이다. 믿음과 희망은 하나님에 대한 진리에 근거함으로 인간에 대한 영속적인 진리를 표현하는 것이다. 이 점이 바울이 "믿음과 희망과 사랑"을 완전한 것이 올 때조차 지속되는 것들로 말할 수 있는 이유이다.

"사랑"은 바울이 사용할 수 있었던 유일한 인간적인 모범은 나사렛 예수라는 사실과 사랑에 대한 묘사에 있어서는 오직 그만이 자발적으로 사랑하는 하나님의 사랑에 대한 묘사라는 것이다(니그렌의 말). "우리는 그가 먼저 우리를 사랑하셨기 때문에 사랑한다"(요일 4:19). 따라서 사랑은 하나님에게서 비롯된 것이므로 하나님 자신에 대한 현시이고 예언이나 지식에서 나온 것보다 더 분명하고 심오한 현시이다. 사랑은 결코 폐하지 않으며(고전 13:8) 오히려 오는 세대에도 지속된다. 사랑이 하나님 자신의 본성이요, 존재이고 또한 (예언이나 지식과는 달리) 하나님의 존재에 근거한 인간적인 관계들의 본질적 현시이기 때문이다. 사랑은 오히려 교회 안에서의 그리스도 자신의 현존을 의미한다. 사랑은 하나님 자신의 속성이다. 사람들이 하나님을 신뢰하게 될 때 그들은 그가 신실하시고, 따라서 사랑이시라는 사실을 드러낸다. 따라서 신뢰 – 믿음은 그리스도교적 삶을 시작하게 할 뿐만 아니라 지속하게 하는 필수적인 조건이다.[1]

---

1 C. K. 바레트, 『고린도전서』, 국제성서주석, 344-359.

2. 성서는 사람을 변화시키는 책

성서는 당연히 사람이 달라질 수 있고, 달라져야 한다고 가르치는 책이다. 단지 몸 상태의 변환이 아니라, 마음의 큰 변화를 우리에게 가르치고 있다. 성서에 의하면 이러한 변화 과정을 뭉클하게 증언해 준다. 38년 동안이나 자리를 뭉개고 앉아 요행을 기다리던 사람이 일어나 걷게 되고, 동료들의 피와 땀을 착취하며 살던 세리 삭개오가 자신이 토색했던 것을 네 배로 갚겠다고 했던 이야기를 들려주고 있다. 어부였던 시몬이 자신의 모든 것을 놓아두고 예수를 따라와서 새 사람 베드로가(반석이란 뜻) 된 역사에 대하여도 보도하고 있다. 그러나 그중에서 가장 뭉클하게 하는 기사는 예수를 믿는 자기 동족을 잡으러 가던 사울이 다메섹에서 예수를 만나 사울에서 바울이 되는 사건이 발생했다는 것이다. 핍박자가 전파자로 변화했다. 이렇듯 성서에는 달라진 사람들의 이야기로 가득 차 있다. 성서는 결국 인간이 하나님을 만나고 그리스도와 소통하면서 어떻게 인생을 달리 살게 되었는가를 기록한 책이다. 그렇기에 성서를 통해 예수를 알게 된 것은 우리 인생에서 큰 행운이다. 단지 이곳에 구원이 있고, 영생이 있으며, 내세가 보장되고, 교회가 노아의 방주라서가 아니라 '지금 여기서'(here and now) 삶이 다를 수 있고 달라져야 한다는 이야기를 듣고 배울 수 있기에 그러하다.

그뿐만이 아니다. 공동체라 할 수 있는 교회 안에서는 같은 뜻을 품고 살아가는 길벗들은 신앙의 동지 같고, 삶의 여정에 동반자 같은 분들을 만날 수 있어서 좋다. 요즘처럼 자신과 가족밖에 모르는 세상에서 길벗들과 함께 가족 이상의 삶을 나누고, 사랑을 나눌 수 있다는 것은 참으로 아름다운 일이다. 이웃 되는 삶을 살기가 어려운 세태를 경험할수록 더욱 그러하다. 세상은 모두가 하나를 위해서 존재해야 한다(All for one)고 가르치지만, 교회는 반대로 약한 하나를 위해 모두가 존재하는 삶(One for all)을 우리에게 가르치고 있다. 물론 교회 밖에서도 길벗, 인생 여정의 동반자를 만날 수 있다. 그러나 매 주일 얼굴을 맞대는 시간이 길어질수록 남이지만 가족보다 가까운 사랑을 주고받을 수 있게 되었다. 그래서 심지어 칼뱅은 교회를 어머니 같은 곳이라며 교회의 역할에 대하여 가르친 바가 있다. 성서가 좋은 것은 이렇듯 우리의 일상과 전혀 다른 세상을 꿈꾸며 살도록 하기 때문일 것이다. 여전히 경쟁과 이기심으로 가득 찬 현실을 살고 있음에도 말이다.

역사적으로 이스라엘 민족의 인내는 대단하다. 앙상한 나무 밑동에서 새 줄기가 솟아나듯 평화의 왕이 포로 된 민중들의 삶 속에서 태어날 것을 믿고 기다렸던 이스라엘 민족의 인내는 참으로 대단한 역사이다. 죽은 것과 같은 나무 밑동에서 줄기가 나듯 폐허 속에서 평화의 왕이 세상에 임할 것이라는 그들의 믿음의 역사는 정말 아름답고 훌륭해 보인다. 우리가 성서를 읽고 그 말씀을 믿으며 주 하나님께 예배하는 것은 우리 각 사람이 달라질 수 있다는 것을 믿기 때문이 아니겠는가? 교회공동체 생활에서 우리가 길벗들을 만나고 사귀고 하면서 다른 세상을 꿈꾸고 성서 속의 인물들을 배우며 그 인물들을 통해서 우리 자신의 미래를 예견해 가는 일이란 즐거움이 아닐 수 없다. 그럼에도 우리는 충분히 달라지지 못했고, 넉넉한 길벗이 되지 못했으며, 여전히 우리의 꿈은 부족하고 빈곤하기만 한 현실이다.

3. 나는 너와 소통한다

고린도전서의 '사랑장'(13장)에는 그리스도인이 세상과 소통하며 사는 방식을 소개한다. 성서의 역사를 돌아보면, 하나님은 세상과 여러 방식으로 소통하기를 원하셨다. 그래서 창세기의 홍수 사건도 일으켰다. 노아의 방주에는 노아의 가족과 한 쌍씩의 동물들이 보존되었다. 그 후의 역사는 선지자들을 보내서 가르쳤고, 예언했고, 심판을 경고했다. 수많은 방식으로 하나님의 파트너이자 길벗인 인간들과 소통하려고 애를 썼다. 그러나 결국 하나님의 선민이라는 이스라엘과는 소통하지 못한 역사였다. 그래서 마지막, 하나님은 스스로 인간이 되었고, 인간의 몸으로 죽었다. 다시 말하면 예수님의 십자가의 길이다. 그것으로 하나님은 당신이 지으신 세상과의 관계를 옳게 만들고자 했다.

이런 하나님의 소통방식을 토대로 '사랑장'은 그리스도인들이 세상과 관계하는 방식을 알려준다. 자신의 이익을 찾지 않고, 악한 것을 생각하지 않으며, 진리를 기뻐하고, 모든 것을 믿으며 사는 삶을 일컬어 사랑이라 했고 소통하는 길이라 여겼다. 모두를 미혹하는 예언도, 고차원적인 세상의 지식도 그리고 아무리 많은 물질을 가진 사람도 사랑이 없으면 아무 가치도 없다는 것이 예수님의 말씀이었다. 예언하는 힘, 지식, 자기를 과시할 수 있는 능력, 모두가 우리의 관심사이겠으나 친히 인간이 되고 죽음으로 이 세상과 소통하셨던 그분의 눈에는 헛될 뿐이었다. 사랑만이 자신을 이기고 세상을 이길 힘이라 했다.

어린아이였을 때 어린애처럼 말하고 깨닫다가 어른이 되면 어린아이의 일을 잊고 그 시절의 삶을 버리듯이, 어른이 되면 우리의 깨달음 역시 더욱 온전해질 수 있을 것이다. 그때는 거울을 통하여 보지 않고 얼굴과 얼굴을 맞대고 볼 것이며, 주님이 나를 아신 것처럼 나도 주님을 온전히 아는 순간에 이를 것이라고 했다.

4. 내가 너를 본다 (I see you)

인류는 언어를 만들었고 언어를 통해 기호를 개발했으며, 기호를 갖고서 전신, 전화, 급기야 인터넷까지 개발하면서 상호 간 소통의 기술을 획기적으로 발전시켰다. 그러나 소통은 결코 기술을 통해 완성될 수 없다. 자본과 권력이, 경쟁과 이기심이 우리의 일상을 식민화시키고 있는 탓이다. 어느덧 자본과 권력의 힘에 종속되어 경쟁과 이기심의 노예가 되어버린 탓이다. 인류가 발전시켰던 소통의 기술이 억압이고 착취일 때도 다반사였다. 자기 말을 강요하고, 자신만의 생각을 주입했기에 타자는 항시 수단화, 대상화되었다. 그래서 거울을 통해 사람을 보는 상태로 우리를 머물게 했다.

그러나 성서는 얼굴과 얼굴을 맞대는 방식을 포기하지 말라고 말씀한다. 일상을 식민화시킨 어떤 장치도 벗겨냄으로써 자신과 길벗들의 민얼굴이 출현하기를 기대하라 했다. 그의 기쁨이 내 기쁨이 되고, 그의 슬픔이 내 슬픔이 될 수 있는 순간이 찾아올 것이란 말인데, 구원의 때라 해도 좋겠다. 이 순간을 일컬어 성서는 주님이 나를 아신 것 같이 나도 온전히 주님을 알게 되는 순간이라고 했다. 성서 기자는 하나님께서 내 머리카락까지 헤아리신다고 고백했다. 내가 나를 아는 것보다도 하나님께서는 나를 더 잘 알고 있다는 확신일 것이다. 평생을 같이 살아온 부부일지라도 서로 모르는 부분이 많다. 하지만 하나님은 나보다 나를 더 잘 아시는 분이란 것이 성서 기자들의 증언이다. 그렇기에 나에게도 하나님을 온전히 알고 내 길벗들을 온전히 알 수 있는 때가 찾아올 수 있다. 우리는 이 말을 영어표현 'I see you'로 표현해 볼 수 있다. 이제 '내가 너를 본다', '나도 너를 안다'라는 말이 되겠다. 지금까지 우리는 나 자신도, 이웃도, 세상도 그리고 하나님도 부분적으로만 알았다. 거울을 통해서 만났다. 좋고 유리한 쪽으로만 생각했고, 필요한 경우에만 만났으며, 내 존재를 알리는 맥락에서만 이웃과 소통했다. 하지만 하나님께서 나를 아신 것처럼 나도 나를 다시 알고, 길벗들(이웃)을 새로 알며, 세상을 온전하게 알게 된다는 것이다. 인간의 내면을 헤아리시는 하나님의 마음으로 세상을 보고, 못난 나를 달리 보며, 길벗들을 다시 알게 된다는 것, 이것이 구원이고 최고의 가치인 사랑이라 했다.

　나도 새롭게 만나고, 길벗(이웃)도 온전히 알게 되며, 하나님도 옳게 만날 수 있는 그런 삶의 순간이 세월의 흐름과 함께 우리에게 찾아오길 바라야(희망해야) 할 것이다. 성서가 인간이 달라질 수 있고, 달라져야만 하는 것을 가르치는 책이라면, 우리는 이 길을 오해하거나 피하는 어리석음을 범해서는 안 될 것이다. 그런 의미에서 'I see you,' 나는 너를 알았다는 고백을 나 자신에게, 나의 길벗들에게 그리고 하나님께 전하면 좋겠다. 그래서 우리가 정말 되고 싶은 모습의 삶을 만나고 살 수 있기를 희망한다.

5. 그중에 제일 되는 것

"이 세 가지는 항상 있을 것인데…" — 이게 무슨 말씀일까? 다른 건 다 없어도 이 세 가지는 항상 있어야 하는 것! 집도 없어질 수 있고, 명예도 없어지고, 건강도 없어진다. 다 없어져도 항상 있을 것, 이 세 가지, 믿음, 소망, 사랑은 있어야 한다. 믿음의 반대말은 불신이 아니고 불안이다. 소망의 반대말은 절망이다. 사랑의 반대말은 허무와 고독이다.

하나님이 세상을 이처럼 사랑하사 독생자를 주셨다고 말씀한다. 보통 우리는 이 말씀에 대하여 곡해할 수도 있다. 아니, '나를 사랑하시면 돈 보따리를 주셔야지, 내 소원을 이루어 주셔야지, 내게 필요한 건강을 주셔야지.' 내가 원하는 것이 많은데, 이것은 안 주시고 독생자를 주셨다고 말씀한다. 하나님의 아가페 사랑의 계시는 저 십자가에 있다. 그리고 쳐다보라고 말씀하신다. 자, 우리는 내 욕심대로만 되어야 한다고 생각하면서 이 좁은 손바닥을 펴들고 여기다가 놓아달라고 몸부림을 치지만 하나님은 아니다. 독생자를 주시고 '이처럼 사랑한다. 내가 너를 이처럼 사랑한다.' 이렇게 말씀한다. 사랑의 계시 사건이다. 이 거룩한 계시의 사랑을 우리가 받아들여야 하고, 이행하여 바른 응답을 하고, 바른 관계에 서야 한다. 그래서 하나님은 우리에게 믿음을 원하신다. 믿음이란 참으로 중요하다. 사랑은 믿음이다. 사랑에 대한 믿음이다. 믿음은 사랑을 받아들이는 것이고, 사랑을 능력 있게 하는 것이다. 사랑을 믿어야 한다.

그래서 신학적으로 분석해 보면 요한은 '사랑은 영접하는 것이다' — "믿는 자 곧, 그 이름을 영접하는 자"라고 말씀한다. 영접하는 receiving은 사도 바울에게는 기다림이다. 베드로에게는 즐거움이다. rejoicing, 행복이다. 이것이 바로 믿음이다.

우리는 믿음으로 구원을 얻었다. 그 사랑을 믿음으로 구원을 얻었다. 그리고 사랑받는 자가 되었다. 십자가의 깊은 의미가 여기 있다. 사랑은 사랑의 대상을 창조하는 것이다. 신학자 칼 바르트(Karl Barth)의 신학 이론, 유명한 한마디가 있다. "God's love does not find the object, but creates" — '하나님의 사랑은 사랑의 대상을 찾아 헤매는 게 아니고 대상을 창조하는 것이다. 사랑하는 자로 만들어가는 것이다.' 사랑을 받았느니 안 받았느니, 그건 사랑이 아니다. 사랑의 눈으로 본다. 사랑의 마음을 대한다. 사랑의 시선으로 볼 때 무한한 가능성이 있는 것이다. 십자가 속에서 말씀한다. 예수는 믿으셨다. "아버지께서 내게 주신 잔을 내가 마시지 않겠느냐." 요한복음 18장에서 말씀하신다. 그 십자가 사건을 아버지의 사랑으로 받아들인다. 믿음, 소망, 사랑은 항상 있어야 한다. 이것이 없으면 아무것도 아니다. 그런데 그중에 제일은 사랑이다.

우리가 지금은 볼 수 없지만, 옛날에는 가마꾼이 있었다. 신부인 색시가 타고 앞에 가마꾼이 가마를 들고 간다. 앞에 있는 가마꾼, 뒤에 있는 가마꾼 그리고 가운데 가마에 색시가 탔다. 이렇게 가마가 간다. 이 장면을 가만히 생각해 보자. 믿음, 앞에 있는 자는 저 앞을 보면서 갈 곳을 생각하며 방향을 잡고 간다. 소망, 뒤에 있는 사람은 앞에서 이끄는 대로 그냥 아무것도 못 보고 따라간다. 믿음과 소망은 천국 문에서 끝나고 그다음에는 색시가 안으로 들어간다. 오직 사랑만이 하늘나라에 존재한다. 그렇다. 믿음, 소망, 사랑, 그중에 제일은 사랑이다.

이 사랑이라는 것은 헬라어로 '아가페'이다. 우리가 혈족의 사랑, 가정의 사랑을 '스토르게'라 하고, 친구의 사랑을 '필로스'라고 하며, 이성의 사랑을 '에로스'라고 하는데, 여기에서 말씀하는 사랑은 '아가페'이다. 오직 사랑, 이 세 가지는 항상 있어야 한다. 믿음, 소망, 사랑, 그중에 제일은 사랑이다. 사랑을 얻었으면 성공한 것이다. 사랑을 잃었으면 다 실패한 것이다. 점점 소망의 세계가 밝아지면 성공한 것이다. 소망의 별빛이 보이지 아니한다면 그 사랑은 사랑이 아니다. "믿음, 소망, 사랑, 이 세 가지는 항상 있을 것인데 그중에 제일은 사랑이라."

6. 신앙생활과 생활신앙 이해

신앙과 삶, 거룩한 것과 속된 것, 차안과 피안 그리고 기도와 정의의 실천을 가르는 보수적, 극단적 이원론은 한국교회 교인들에게서 '신앙생활'이라는 형태로써 각인되어 있다. 그래서 신앙생활은 곧 영혼 구원에 관한 관심과 더불어 현세보다 내세를 중시하고 이웃과 사회보다 자신의 가정과 안전과 행복을 관심하는 퇴행적, 고립적 형태와 역사의식의 결여와 윤리적 가치관의 부재를 초래하게 된 것이다. 그 결과 한국 신자들의 신앙과 생활의 불일치와 역행은 수많은 대형 부정, 부패 사건, 무책임한 직업의식으로 드러나고 있다. "그리스도인이 세상 사람들만 못하다. 소금이 되어야 할 교회가 사회부패의 진원지가 되고 있다"라는 비판은 새로운 사실이 아니다. 이것이 바로 종교적 형태의 세속화된 황금만능주의와 성공주의 그리고 이기주의와 교파주의의 문제들을 내포하는 '신앙생활'의 가치 전도와 가치 왜곡 혹은 본래 가치의 상실과 비윤리성의 결과들이다.

이러한 문제의식에서 우리 한국교회가 이제는 '신앙생활'이 아니라 '생활신앙'으로 전환하는 신앙 운동을 펼쳐 나가야 한다고 생각한다. 신앙생활이 마음으로 믿어 입으로만 "주여, 주여!" 하는 형식적 신앙이라면, 생활신앙은 "열매를 보아 그 나무를 안다"(마 7:16)는 예수님 말씀대로 "의와 공평을 행하는" 선한 삶(잠 21:3)을 살아가는 것을 가리키는 것이다. 또한 생활신앙은 개인적이고 내면적 성향이나 추상적 교리에 사로잡혀 사변적이고 관조적인 태도가 아니라 사회적이고 역사적인 인간 삶의 구체적 자리에서 하나님 앞에 이웃을 위한 책임의 삶을 감당하는 것이다. 그러므로 삶을 하나님께서 주신 은총의 선물로 받아들이고, 그 풍성함과 아름다움을 이 땅의 삶을 통해 가꾸고 보존하며 살아가려는 노력 속에서, 그것을 나만의 것으로 독점하기보다 서로를 위해 나누고 섬기는 사랑을 근본적인 가치로 알고 실천해가는 것이 곧 생활신앙이다. 이러한 생활신앙은 교회의 모든 생명 문화 운동과 나눔의 살림의 실천 속에 뿌리를 내려야 할 21세기의 영성의 과제라고 생각한다.

사랑은 영원한 세계로 지속되어진다. 이 영원한 참의 삶이란 무엇을 의미하는 것일까? '참'이라는 영원자를 향한 수직적 상승 운동을 통해 자신을 변혁시키고 그것을 이웃의 고통에 연대하는 '자발적 고난'을 통해 현실의 역사에서 모두가 자유 평등한 사랑의 공동체를 형성해가는 수평운동으로 확대하는 구조를 가진 역사 현실을 실현하는 것이다.

우리 그리스도인들은 열린 사랑의 공동체 의식을 가져야 한다. 따라서 우리는 교회공동체와 나라의 평화적 삶을 위하여 뜨거운 기원을 드려야 한다. 냉대와 증오로, 핵무기 경쟁으로 전쟁의 암운을 드러내는 분단된 나라의 아픔을 갖게 하였다.

먼저 있는 사람들이 없는 사람들의 손을, 행복한 사람들이 소외된 사람들의 손을, 건강한 사람들이 아픈 사람들의 손을 따뜻하게 마주 잡아야 한다. 한반도에 새로운 획기적인 변화의 역사가 반드시 실현되기를 기원한다. 마침내는 남과 북이 두 손을 마주 잡고 평화통일의 기반을 마련해야 한다. 한반도와 동북아시아 전체에 평화와 공존, 화해와 상생(相生)의 물결이 출렁이기를 소망한다.

2018년 1월 28일

영성적 새 삶의 방향 – 온유와 경건 훈련

시편 37:1-11, 디모데전서 4:6-16

1. 영성의 이야기

그리스도교 영성이란 예수 그리스도의 삶과 인격을 본받아 살며 그의 성품을 자기 속에 형성해가는 것이다. 인격자이신 성령과 사귀는 끊임없는 교제의 삶을 사는 중에 우리의 삶 속에 성령의 열매를 맺게 하신다. 영성은 지(知), 정(情), 의(意)를 통합 총괄하는 인간 존재의 본바탕이며, 인간성 안에 있는 무한한 가능성이며, 마음이 존재의 근거이신 하나님과의 교류, 합일, 동역을 체험하는 영혼의 핵이다. 영성 훈련은 명상과 묵상, 기도와 예배 의식, 성경 공부와 영적 자료 등을 통해서 조직적으로 깊이 있게 영적인 삶을 계발하는 것이다. 그 영성은 찬양과 감사, 하나님께 영광 돌리는 삶으로 표현된다. 신약성서의 본문에 "육체의 유익이 있으나 경건은 범사에 유익하니 금생과 내생에 약속이 있느니라"(딤전 4:8) 하고, 운동선수가 그의 몸을 단련함 같이 그리스도인도 경건하게 그의 마음을 훈

런해야 한다고 디모데는 충고를 받고 있다.

영성은 인간이 체험하는 가장 심원하고 고귀한 생명 체험이며, 위로부터 또는 밖으로부터 촉발하는 어떤 초월적 능력과 관계된 것이다. 초월적인 것, 거룩한 실재에 붙잡힘을 받아 발생하는 생명 체험이다. 영성적 인간, 영적 체험을 한 사람은 자기중심적 이기심과 혈육적 상태에서 해방되어 존재 중심, 타자 중심, 생명 중심, 하나님 중심의 삶을 살아가는 삶의 변화가 일어남을 체험한 사람이다.

그리스도교 영성의 역사를 돌이켜 보면 마치 거대한 산맥처럼, 흘러가는 큰 강을 보는 것처럼 시대마다 독특하고 위대한 영적 인물들이 정신적 큰 봉우리처럼 솟아있다. 그리스도교 영성 산맥을 조망할 때, 시대적으로 사막 교부들의 금욕적 영성, 영혼의 빛을 찾는 관상적 영성, 중세 수도원적 청빈 영성, 독일 신비주의 영성, 근대 스페인의 예수회 영성, 경건주의자들과 오순절 교회의 원초적 영성, 동방정교회의 비잔틴 전통의 영성과 러시아 정교회의 영성 등으로 개괄해 볼 수 있다.

2. 통상적인 우리 이야기

사람은 일생을 통하여 세 가지 소원으로 하나님께 기도한다. 젊었을 때는 말하자면 혁명가적인 의식이라 할까, "주여, 내게 세상을 개혁시킬 힘을 주옵소서" 이를테면 이렇게 기도한다. "온 세상을 내게 주십시오. 온 세상을 변화시킬 힘을 내게 주옵소서" — 주로 이러한 주제로 기도하게 되는 것이다. 그런데 중년이 되면 자신의 힘이 얼마나 부족한지를 알고 조금 철이 든다. 자신의 역부족을 알게 되니 기도의 주제가 달라질 수밖에 없다. "주여, 내가 만나는 모든 사람을 변화시킬 수 있게 해 주옵소서" — 온 세계까지는 안 되겠고, 그저 집안 식구들이나 주위 사람들, 그들 가운데서라도 좀 평화스럽게 살도록 그리고 이 속에서 주님을 닮는 변화가 이루어지기를 바란다고 한다. 말하자면 소원의 영역이 다소 축소되었다고 할까.

그러다가 이윽고 노년이 된다. 죽을 날이 저만치 다가온다. 이제는 가족도, 친척도, 친구도 나와 상관이 없다. 마침내 마지막으로 가지는 소원이 있다. "주여, 나 자신을 고칠 수 있는 은총을 주옵소서" —보십시오. '나 하나를 고치지 못했다'라는 고백이다. 트랜스포밍 셀프(transforming self) — 나 자신을 개혁하지 못했다. 고칠 것이 너무도 많다. 살면서 평생을 두고 나름대로 다듬었다 해보았지만, 아직도 성격이며, 생각이며 생활 속에 잘못된 것이 너무 많다. "하나님이여, 나 자신을 고칠 힘을 주옵소서" — 남은 힘을 모아 이렇게 기도하다가 대부분은 자신도 다 고치지 못한 채 부끄러운 모습으로 주님의 부름을 받아 하나님 앞에 간다는 것이다. 이것이 보통 사람들이 가는 길이다.

구약 본문 말씀은 '하나님의 사람'의 모습을 여러 가지로 설명하고 있다. 하나님의 사람은 하나님만을 기뻐하고 하나님께 모든 것을 맡기며, 악한 자가 잘 되는 것도 부러워하지 않고, 항상 주님만을 기대하고 사는 것이라고 한다. 그 결론을 본문 11절에서 말씀하고 있다.

"오직 온유한 자는 땅을 차지하며 풍부한 화평으로 즐기리로다."

오직 온유한 자 — 이 말씀 속에 하나님 사람의 모습이 다 담겨있다. 땅을 차지하며 풍부한 화평으로 즐길 것이라고 한다. 하나님께서 우리 인간에게 주신 축복 가운데 가장 큰 것이 무엇인가? 그것은 바로 '땅을 지배하라' 한 것이다. 땅을 다스리라, 땅을 지배하라 그리고 땅의 소산을 먹으라 — 땅을 향유할 수 있도록 은혜를 베푸셨다.

모든 것을 의무로 생각하는 것은 불행한 사람이다. 모든 것을 축복이라고 생각하는 사람은 행복한 사람이다. 그리고 모든 것을 특권이라고 생각하는 사람이 바로 그리스도인이다. 어떠한 일을 하든, 그 일은 의무가 아니다. 일한다는 것 자체가 복이고 내게만 특별히 허락하신 특권이다 —이렇게 여기고 사는 사람이 그리스도인이라는 말이다. 예컨대 우리에게 주신 물질, 우리에게 주신 가정, 우리에게 주신 건강, 우리에게 주셨을 뿐만 아니라 그것을 즐기도록 해 주셨다. 공자님의 말씀 중에 이러한 것이 있다. '지자불여호자 호자불여낙자(知者不如好者 好者不如樂者)' — 아는 것은 좋아하는 것만 못하고, 좋아하는 것은 즐기는 것만 못하다는 뜻이다.

땅을 소유한다는 것도 그렇다. 풍부한 화평으로 즐기리로다 — 즐길 수 있어야만 축복이 된다. 화평, 샬롬(Shalom)을 즐기게 하신 것이 하나님께서 우리에게 내리신 축복이요, 특권이다. 시편 37편 전체를 읽어보면 '땅을 차지한다'라는 말이 무려 다섯 번이나 나온다. 9절에서는 "여호와를 기대(企待)하는 자는 땅을 차지하리로다", 11절에서는 "오직 온유한 자는 땅을 차지하며", 22절에서는 "주의 복을 받은 자는 땅을 차지하고", 29절에서는 "의인이 땅을 차지함이여", 34절에서는 "여호와를 바라고 그 도를 지키라, 그리하면 너를 들어 땅을 차지하게 하실 것이라"고 말씀한다. 깊이 생각해 보자. 복을 주시되 근심을 겸하여 주시지 않는다. 물질을 주셨지만, 그것이 걱정거리가 되면 축복이 아니다. 지식을 얻었는데 식자우환(識字憂患)이 되었으면 그 지식도 축복이 아니다. 즐겨야 한다. 즐길 수 있도록 하실 때 비로소 축복이다.

3. 온유한 자는 어떤 사람인가

'땅을 차지한다'는 말의 의미를 옛날 개념으로 돌아가서 이해해 보도록 하겠다. 옛날에는 행정이 소도시 단위로 이루어져 있었다. 소도시마다 그 도시의 왕이 다스렸다. 교통수단이 좋지 않고 통신수단도 없는 때여서 큰 나라를 한 곳에서 다스릴 재간이 없었다. 그래서 분봉왕(分封王)이 중앙의 왕이 내어준 지역을 다스려야 했다. 분봉왕은 고을의 원님, 즉 고을의 왕이다. 그들 위의 왕, 왕 위의 왕, 나라님이 계셨다. 왕 위의 왕, 나라님의 개념에서 이해하자.

하나님은 왕이시다. 어느 지역, 어느 한계 안에서 우리에게 왕권을 주신다. 가정을 주시고, 땅을 주시고, 건강을 주시고, 공장도, 기업도 주신다. 여기에서 왕으로 다스린다. 땅을 차지한다(yarash)는 말은 소유의 개념보다는 주권적인 개념, 유업의 개념으로 이해해야 한다. '야라쉬'라는 이 말은 왕권을 주신다는 말이다. 그러면 하나님께서는 어떤 사람에게 왕권을 주는가? 온유한 자에게 주신다. 구약성경으로 돌아가서 그 온유한 자가 누구인지를 한번 살펴보자.

온유한 자의 제1호는 바로 모세이다. 민수기를 보면 "이 사람 모세는 온유함이 지면의 모든 사람보다 승하더라"(12:3)라는 구절이 나온다. 하나님께서는 모세가 온 천하에서 가장 온유한 사람이라고 칭찬하신다. 그렇게 칭찬하셨는데 모세는 혈기도 부리고 가끔 실수도 한다. 이러한데도 모세가 온유할까? 문제는 그 말씀을 들은 바로 그때가 중요한 것이다. 모세가 실수했다. 그랬더니 누나인 미리암이 모세보다 연상이어서 그런지 모세의 권위를 인정하지 않고 비난한다. '이스라엘의 지도자가 되어 구스 여자를 첩으로 삼을 수가 있느냐고 거침없이 비난한다. 모세는 이 비난을 참았다. 미리암의 비난에 대꾸하지 않고 잘 참았던 것은 아마도 자신의 잘못을 스스로 인정했기 때문인지도 모르겠다. 미워하지 않고 참았는데 하나님께서는 '너는 참 온유하다'고 하시며 모세 편을 들어주신다. 그리고 미리암을 치신다. 비난을 그대로 받아들이고 참는 모세, 그를 온유하다고 하신 것이다.

고린도전서 13장에 보면 "사랑은 온유하며"(4절)라는 말씀이 있다. 사랑의 특성이 온유라고 한다. 사랑은 사람을 온유하게 만들며 사랑하는 사람은 교만하지 않다. 사랑에 빠져있는 동안은 온유해진다. 가만히 보면 시어머니들이 며느리를 맞고 기분 상해하는 이유도 이것 때문이라고 생각된다. 당당하던 아들이 여자로 인해서 바보가 되었다는 말이다. 이것이 못마땅해서 며느리를 학대하는 것이다. 사실 여자를 진실로 사랑하게 되면 온유해진다. 부드러워진다. 또한 갈라디아서 5:23에 보면 성령의 열매를 말씀하고 있다. 성령 받은 사람은 온유해진다. 자연히 온유해진다. 성령의 열매가 인격을 온유하게 만든다고 한다. 마태복음 5장에서도 예수님은 여덟 가지 복을 열거하시는 중에 이번 본문과 같은 말씀을 하신다. "온유한 자는 복이 있나니 저희가 땅을 기업으로 받을 것임이요"(5절)라고 하셨다.

우리는 종종 온유의 개념을 혼동할 때가 있다. '온유'(溫柔)와 '온순'(溫順)을 혼동하는 것이다. 온유는 능동적이요 온순은 수동적이다. 온유는 연약함에서 나오는 것이 아니다. 강하기 때문에 부드러워지는 것이다. 강하고 자신이 있기에, 또는 충만하기에 여유가 생기고 부드러워지는 것, 그것이 온유이다. 영어의 미크니스(meekness)나 헬라어의 '프라우테스'라는 말은 이 온유의 의미를 나타내주고 있다. 이 말들은 물리적으로는 진통제에 쓰이기도 한다. 아프고 쑤시다가도 진통제를 맞으면 통증이 사라지고 아주 부드럽게 되지 않은가? 바람으로 말하면 거친 바람이 아니고 미풍과 같이 조용히 불어 사람의 마음과 기분을 평안하게 만드는 바람을 말하는 것이다. 이 말은 길이 잘 든 망아지와 같이 길들여진 동물들을 표현할 때도 사용된다.

힘이 없는 것이 아니다. 비겁해진 것도 아니다. 다만 부드러워진 것이다. 이것이 온유이다. 온유의 개념을 다시 세 가지로 나누어 설명할 수 있다. 첫째, '중용'(中庸)의 뜻이 있다. 극단이면 온유가 아니다. 온유란 언제나 중용을 취한다. 오늘날의 우리 사회가 문제 되는 것도 이것 때문이다. 흑백논리, 폭력, 갈등, 조급함, 원한. 이러한 것들이 어디에서 오는 것인가? 전부 극단적이다. 좀 더 온유하게, 좀 더 부드럽게 처리해야 하겠다. 온유라는 말은 문자 그대로 풀어보면 따뜻할 온(溫), 부드러울 유(柔), 따뜻하고 부드러운 것이다. 그러므로 극단은 피해야 한다. 말이 너무 거칠고 행동이 폭력적이며 끝까지 나갔기 때문에 잘못된 줄을 알면서도 되돌릴 수가 없다. 멈출 자리를 찾지 못하고 내친걸음으로 그냥 내딛다가 마지막에 부러지는 것을 본다. 강한 자는 꺾이게 마련이다.

온유의 둘째 의미는 셀프 컨트롤(self-control)—자제(自制)이다. 내 마음을 다스리고 제어(制御)할 줄 아는 것이다. 내 마음을 제어하지 못하는 사람에게는 아무것도 기대할 것이 없다. 결국은 자기와의 싸움에서 이겨야 한다. 자기와의 싸움에서 이겨 자기 통제가 가능하게 될 때 온유하게 되는 것이다. 욕심으로부터 자유롭고, 방종과 분노, 증오로부터 자기를 제어할 수 있는 사람만이 온유할 수 있다. 이것은 강함이다. 자기를 다스리는 강함, 그 위에 온유가 있는 것이다.

4. 온유와 겸손은 쌍둥이라는 이야기

셋째, 온유는 '겸손'이라는 말로도 통한다. 온유와 겸손은 쌍둥이라는 말이 있다. 마치 손바닥의 안팎과 같다. 겸손이란 스스로 낮추는 마음이요, 온유는 스스로 높이지 않는 마음이다. 또 겸손이란 소극적인 마음이요, 온유는 적극적인 행위이다. 예를 들어 비교해 보자. 억울하게 욕을 먹었다. 그럴 때 잘 참고 견디면 겸손한 사람이다. 그런가 하면 자기 페이스를 잃지 않고 슬퍼하지도 않으며 오히려 빙그레 웃는 사람이 있다. 이 사람은 온유한 사람이다. 또 억울하게 매를 맞는다고 하자. 매를 맞으면서 내 잘못과 허물을 뉘우치고 그 매를 감수하면 겸손한 사람이다. 그런데 매를 맞는 순간, 억울하게 매를 맞는 아픔을 생각하기 전에 자기를 억울하게 때리는 사람을 불쌍히 여긴다. '당신, 지금 실수하고 있소. 이렇게 때려 놓고 어떻게 수습할 것이오?' '언젠가는 후회하고 내 앞에 무릎을 꿇어야 할 텐데…' 자기를 때리는 사람을 오히려 불쌍히 여기고 빙그레 웃는다. 여유로움과 부드러움, 이것이 온유이다. 이것은 위대한 능력이며 인격의 힘이다.

다시 성경으로 돌아간다. 스데반의 경우, 그는 돌에 맞아 죽는다. 그럼에도 불구하고 얼굴은 천사의 그것과 같으며, 자기를 죽이는 사람을 불쌍히 여긴다. '하나님이여, 이 죄를 저들에게 돌리지 말아 주소서'하고 기도한다. 예수님께서도 십자가에 못 박히실 때 억울하게 죽는다고 하는 아픔을 생각하지 않으셨다. 먼저 '하나님이여, 저들의 죄를 용서하여 주옵소서. 자기들이 하는 것을 모르기 때문이다'라고 기도하신다. 이 죄를 지어 놓고 자자손손이 얼마나 큰 어려움을 당할까? 얼마나 무서운 저주를 받을까? 그 앞날을 바라보면서 불쌍히 여기고 그들을 위하여 기도한다. 이것이 온유이다. 겸손이라는 말은 사람에게 쓰는 용어요, 온유는 하나님까지도 쓰는 성품 자체이다. 그래서 하나님이 겸손하다고 말하지 않는다. 악한 자의 밭에도 비를 내리시고 선한 자의 밭에도 비를 내리시는 온유하신 하나님 — 하나님의 성품에까지 있는 귀한 것이 바로 온유이다.

인도의 지성 타골과 진리파지의 간디에 대한 만남의 일화이다. 당시 인도는 외세에 짓눌린 비참한 시대였음에도 불구하고 역사는 이 시대를 인도의 황금시대라고 부를 것이다. 그것은 인도가 낳은 위대한 두 아들 때문이다. 하나는 타골, 하나는 간디. 간디가 마지막으로 타골을 찾아오기는 1940년 2월이었다.[1] 샨티니캐단의 타골학원은 망고의 숲으로 더욱 빛나고 있었다. 타골은 간디 부처를 환영하여 "나는 그대들을 우리들의 안방 식구로 또 인류를 감싸주는 위대한 인간으로 그대들을 환영한다"고 맞았고, 간디는 정중하게 "나는 지금 조국의 여러 곳을 순례하고 있지만 여기 와보니 나는 내 집에 돌아온 기분이다. 나는 여러분의 축복을 받아 내 마음은 기쁨에 넘친다"고 대답하였다. 이것은 헌 옷을 걸친 위대한 혼 타골과 간디와의 마지막 만남이었다. 온유하고 겸손한 사람들의 모습이다.

존 칼뱅에 대한 "온유한 선지자 존 칼뱅"이라는 논문이 있다. 칼뱅은 예리한 사람으로 알려져 있지만 여기서 깜짝 놀랄만한 이야기를 발견할 수 있다. 칼뱅 선생은 젊었을 때 조용하게 공부할 생각으로 프랑스의 스트라스부르로 가던 중 제네바에 들르게 되었다. 거기서 그는 파렐(William Farel)과 아는 교인들에게 붙들린다. '하나님의 말씀을 전하고 이 제네바를 바로 잡아주십시오' 하고 간절히 요청한다. 칼뱅 선생은 결국 공부할 것을 중단하고 그곳에서 3년 동안 열심히 일한다. 일주일에 세 번이 아니라 하루에 세 번 설교했다. 정치가로, 종교개혁자로, 목사로, 제네바를 위해 정성을 다했다. 너무도 진실하게 힘써 일하다 보니 부작용이 많았다. 3년 후 제네바 의회가 공식으로 추방 명령을 내린다. 추방당한 그는 모든 것을 다 써버리고 스트라스부르에 가서 조용히 연구 생활을 했다. 칼뱅 선생이

---

1 타골이 죽기 전 해다. 그는 1941년 8월 7일 80세로 고요히 생을 마쳤다.

떠나자 제네바는 엉망이 되었다. 의회는 다시 그를 모셔올 결정을 하고 제발 와달라고 사정을 한다. 그러자 칼뱅 선생은 '하나님께서 부르시면 가야지요' 하고 받아들인다. '언제는 내쫓더니 이제는 다시 오라고?' 이렇게 생각하지 않고, 자기를 필요로 하는 곳에 서슴없이 돌아간다. 돌아가서 평생토록 복음을 전하고 오늘의 제네바를 만든 것이다. 세계 낙원 제네바는 칼뱅 선생의 힘으로 이루어졌다. 칼뱅의 그런 마음을 온유하고 겸손한 마음이라 할 수 있다.

기분대로 사는 사람은 온유한 사람이 아니다. 온유한 사람은 멀리 내다보고 하나님의 뜻을 생각하며 조용히 여유 있게 순종한다. 순종 자체를 즐긴다. 이것은 온유와 겸손의 힘, 온유와 겸손의 권세이다. 온유한 자, 끝까지 웃는 자가 이긴 것이다. 풍부한 화평으로 즐기리라 — 풍부한 샬롬으로 즐기리라고 말씀한다. 여기 평강의 약속이 있다. 오직 온유한 자는 땅을 차지하며 풍부한 화평으로 즐기리로다.

5. 하나님의 형상과 영성 이야기

창세기 1장에 나타나는 창조 설화는 인간은 '하나님의 형상'을 따라 지음을 받았다고 고백, 선언한다. "하나님의 형상"(창 1:26)이라고 말할 때, 성서 기자는 무엇을 의미하려고 의도했을까? 인간이란 피조물은 다른 피조물과 달리 "하나님의 형상"을 닮았다는 은유적, 상징적 표현은 인간이 비록 흙으로 지음을 받은 들풀 같은 존재이지만, 존엄하고 하나님의 영광과 권위를 반영하고 있는 존재이므로 인간의 존엄성을 함부로 침범해서는 안 된다는 메시지를 담고 있다. 더 나아가서, 하나님의 창조행위와 피조세계를 다스리고 돌보는 활동을 본받아 인간이 에덴의 동산 곧 피조세계 속에서 할 일이, 하나님의 통치를 위탁받은 대행자로서 '창조, 통치, 돌봄'의 행위를 바르게 해야 한다는 것을 창세기 저자는 전하려고 했다.

신학자 칼 바르트는 '하나님의 형상론'에 대하여 다음과 같이 신학적 해석을 한 바 있다. 첫째, 인간이 창조함을 받되 하나님의 형상대로 지음을 받았다는 말은, 삼위일체 하나님의 신적 존재 양식을 닮아 성부와 성자와 성령이 자유와 사랑 가운데서 사귀며, 통일성을 유지하는 한 분 영원자 하나님인 것처럼 "사랑과 자유의 사귐의 교통 가운데서 형성되는 공동 인간성"으로서 인간성의 원형이 구성되어 있다. 둘째, 사귐의 공동 인간성의 원형은 창세기 인간 창조 기사가 보도하는 대로 남자와 여자, 곧 나와 너, 우리와 너희들이 서로 사랑하고 자유하는 사귐 가운데서 인간다움을 이뤄가고 향유하도록 창조되었다는 것이다. 셋째, 참다운 '더불어 삶의 인간성'(co-humanity)이 실현되려면 다음의 기본적인 인간관계 조건이 이루어져야 하는데, "서로 마주 바라보는 사건", "서로 말하고 듣는 사건", "서로 도와주고 도움을 받는 사건", "기쁘고 자발적으로 행하는 삶", 이상 네 가지 필요충분조건이 현실이 되어야 한다.

인간의 영성이란 다름 아니라 하나님의 형상이 꽃이 피어남과 같이 드러나는 것이다. 사람이란 본래 나와 네가 더불어 있는 존재요, 나와 너와의 사귐과 밀접한 관계성 속에서 사람답게 되고 사람으로서의 아름다움을 이루어간다는 생각이다. 인간 개인의 존엄성과 실존적 단독성 속에는 이미 인간의 근원적 공동체성, 사회성이 전제되어 있다.

바른 영성을 지닌 자는 어떤 사람인가? 상대방을 바로 바라보면서, 얼굴과 얼굴을 맞대면서 살아갈 수 있는 열린 마음을 가진 사람이라는 것이다. 여기에서 일체 불평등한 신분 차별주의, 성차별주의, 인종차별주의는 설 자리가 없게 된다. 왜냐하면 그러한 곳엔 참다운 '서로 얼굴과 얼굴, 눈과 눈이 마주치는 열린 인간관계'가 성립조차 할 수 없기 때문이다. 서로 눈과 눈이 마주치고 바라보는 열린 인간관계 속에서 진정한 '말하고 말을 듣는, 말 사건'이 일어날 수 있게 된다. 참된 인간성이 살아 숨 쉬는 사회, 참된 영성이 꽃피는 사회는 일체 언론 통제, 언론 억압, 언론 조작, 가짜 뉴스 같은 것이 일어나지 않는다. 그것은 바르고 자유롭고 합리적인 의사소통이 이루어지는 사회이다. 나아가 개인 관계, 가족 관계, 교회 안에서 성도 간의 관계에서 참다운 인간성이 꽃피려면 언론과 의사소통이 막힘없이 열려 있어야 한다.

영성은 '서로 돕고 도움을 받는 관계' 속에서 꽃피운다. 도움을 주는 것은 시혜가 아니며, 도움을 받는 것은 부끄러운 일이 아니다. 그것은 창조 때의 본래 모습이다. 물질적 재화, 정신적 지식과 정보, 영적 은사와 자기실현의 기회, 문화 전통의 유산 등 모든 가시적, 불가시적인 것들은 서로 교류되고, 나누고, 함께 공유되어야 한다. 빈부 차이, 지식 차이, 권력의 집중, 기회의 불균형이 있는 곳에 인간다움의 영성이 꽃필 리 없다. 참 인간성의 비밀과 신비는 그 모든 일이, 기쁘고 자발적으로, 신명나게 행해질 때 꽃피는 것이다.

6. 영성적 새 삶의 방향 이야기

그리스도교 신앙과 신학의 기반을 놓으신 성 어거스틴이 겸손에 대하여 다음과 같이 피력하였음을 유념해야 한다. '첫째도 겸손이요, 둘째도 겸손이요, 셋째도 겸손이다.' 그리스도인 현재의 상태를 기꺼이 참고 견디는 것은 하나님께 희망을 두고 있기 때문이며, 긴 인생길에 하나님의 임재를 인식하면서 살기 때문이다. 숭고하고 찬란한 목표가 있다고 함은 투쟁하는 노고를 가치 있는 것으로 만든다.

하나님과의 영적인 교통, 사람과의 자유롭고 사랑하는 관계, 자연 피조물과의 유기적인 순환 관계 속에서만 영성이 꽃피고 생명 성숙의 열매를 맺게 된다.

가나 혼인집 기적 설화(요 2장)는 돌항아리 여섯을 비우고, 깨끗한 물로 씻어내고, 깨끗한 물로 가득 채워 포도주가 되기를 순종하는 마음으로 기다리는 일이 필요했다. 인간의 생명체는 흙이요, 항아리이다. 인간은 이 항아리를 비울 줄 알아야 한다. 나이가 많아지고 공로를 쌓은 사람일수록 그의 흙 항아리는 무거워진다. 맑은 물로 헹구어 순수한 물이 담겨야 할 항아리가 탐욕, 명예욕, 권력, 지배욕, 시기, 질투, 성취욕 등으로 가득 담긴 채 비우지는 않기 때문에 영적 기적은 일어나지 않고 영적인 고갈 상태가 일어나고 있다.

영국의 명문 옥스퍼드대학의 총장 오웬(John Owen) 박사는 성령의 일시적인 은사와 영속적인 은사를 구별한 신학자이다. 그는 큰 교회보다 번연(John Bunyan)이 설교하는 작은 교회에 참석하곤 했다. 번연은 영국에서 가장 영성이 뛰어난 사람이고 사람들은 오늘의 '작은 예수'라고 하면서 그의 말씀을 듣기를 원했다. 번연은 베드퍼드 감옥에서 12년간을 보내면서 성경을, 한 달에 평균 한 번씩 읽기로 작정하고 1년에 열두 번씩을 읽어 갔다. 성경을 백 번 읽었을 때 그에게 환한 빛이 오고 깨달음이 오기 시작했다고 고백한다. 『천로역정』은 그렇게 하여 쓰인 구원의 책이다.

성 안토니는 그리스도교 수도원주의의 창설자로 알려져 있다. 안토니는 광야 암굴에 들어가 어느 늙은 수사에게 교육을 받으면서 명사, 은둔, 수도, 고해의 생활을 시작했다. 그는 "쉬지 말고 기도하라"(살전 5:17)와 "일하기 싫거든 먹지도 말라"(살후 3:10)는 말씀대로 기도와 노동에 힘썼다. 이와 같이 기도, 금식, 겸손을 실천하며 인근에 있는 은사들과 영적 문제를 토의하는 중에 사람들은 안토니를 '하나님의 벗'이라고 존경하기에 이르렀다.

그의 수도 생활 중에 특이한 것은 사탄과의 싸움이었다. 때때로 그의 거처에서는 그가 사탄과 싸우면서 외치는 고함소리가 났다. 사탄은 어떤 때는 친구나 친척의 모양으로 나타났고, 때로는 요염한 미인의 모습으로, 때로는 꿈이나, 환상, 부귀영화로 꾀거나, 두고 온 누이동생에 대한 도의심으로 괴롭히거나, 그에게 사회적 지위를 약속하거나 그밖에 불순한 생각과 악행의 달콤한 쾌락, 위협과 공포 등으로 안토니를 괴롭혔다. 안토니는 사탄의 이와 같은 여러 가지 훼방은 자기 마음의 상태, 즉 자기 호기심과 생각의 반영에 불과하다는 것을 알았다. 그래서 사탄을 이길 가장 좋은 방도는 신앙과 경건이라고 말했다. 마음으로 주를 기뻐하고 거룩한 것을 생각하고 금식, 기도, 겸손, 고행하면 사탄은 두려워 아무 세력도 발휘하지 못한다. 십자가의 표로 무장하면 사탄은 안개같이 사라질 것이다.

성서와 그리스도교 2천 년 역사 속에 비친 그리스도인의 바람직한 새 삶의 방향을 정리하고자 한다. 예수님의 바람직한 새 삶의 방향을 정리하고자 한다. 예수님 주위에는 가난한 자, 병든 자, 죄인과 세리, 소외된 자들이 있었다. 예수님은 그들을 사랑했고 온 힘을 다해 가르치고 위로하며 구원하셨다. 콘스탄티누스 시대 이후에 교회는 청빈과 순수성을 잃어가고, 세상 권력과 부와 타협해 갔다. 4, 5세기부터 성서적 전통과 초대교회의 순수성을 보전하려는 수도원 운동이 일어났다. 주님을 따르고 참 제자가 되기 위하여 포기의 3대 요소가 생기게 되었다. 청빈과 독신 그리고 복종이 그것이다.

오늘 이 시대에 우리 그리스도인들은 '포기의 윤리 운동'(Ethic of Renunciation)을 펴며 주님의 사랑에 감격하여 청빈한 신앙의 삶으로, 균등한 정의 분배로 평화를 위해 일하도록 부름받았다. 우리는 사치와 호화스런 생활을 황송히 여겨야 하고, 우리에게 맡겨진 재산과 달란트를 청지기의 책임감으로 이웃과 함께 나눠 쓰는 지혜와 슬기를 발휘해야 한다. 그리고 개인의 영성을 사회 차원에까지 확대해야 한다. 주의 부르심의 뜻에 합당하게 봉사와 헌신으로 나아감이 영성적 새 삶의 방향이 아니겠는가?

2019년 2월 17일

그리스도인과 순종(순명)

마 10:7-14, 행 11:19-26

1. 처음으로 '그리스도인'(크리스티아노스)이라 불렸다

예루살렘에 첫 교회가 세워진 것이 AD 31년쯤이고, 그 교회가
빨리 성장함에 질투를 느껴 스데반을 죽이고, 그 죽이는 일에 지도
적 역할을 했던 사울이 다메섹 도상에서 회개한 것이 37년쯤이고,
바나바와 바울이 수리아 안디옥에 교회를 세운 것이 43년쯤일 것
이다. 이어서 바나바와 바울이 제1차 선교여행을 떠난 것이 45년,
거기서 처음으로 신자들을 '그리스도인'(그리스어: 크리스티아노스)
이라는 이름으로 불렸다. 결국 예루살렘교회가 유다와 사마리아와
수리아 안디옥과 그 밖에 여러 고장에 퍼진 지 14년쯤 지난 다음에
붙은 별명이다. 별명이란 어떤 사람이나 집단이 어떤 독특한 성격
을 나타냈을 때 붙는 것이니만큼 그 당시의 이 교회들도 무언가 독
특한 데가 있었기에 그렇게 '그리스도인'이라고 불렸다.

예수 믿는 집단이 사회에서도 문제가 되고, 유대교 회당에서도

문젯거리가 되었다는 것은 바울이 그만큼 분간 있게 가르쳤고 신도들도 진지하게 바울의 가르침을 준수했다는 것을 의미한다. 이것은 바울이 안디옥교회를 맡은 지 1년 만에 붙은 이름이었다.

그러면 그때 안디옥 사람들이 왜 예수교 집단 사람들에게 '크리스티아노스'라는 별명을 붙였을까? 그것은 '그리스도의 사람' 속된 말로 한다면 그리스도쟁이라는 뜻이다. 그때 안디옥교회 신자들은 '나사렛 예수가 그리스도시다'라는 신앙고백을 하였기 때문이다. 만나는 사람에게는 언제나 '예수는 그리스도시다' 하고 자기 신앙을 인사 삼아 고백한 것이다. 이것은 그리스도 증언이다. 누구나를 만났을 때, 방문했을 때, 위로할 때, 병자를 안수할 때, 죽은 사람을 안장할 때 반드시 '예수는 그리스도 우리 구세주시다. 잘 믿으라!' 하고 말했을 것이다.

이렇게 일편단심 그리스도를 믿는 사람은 그리스도를 닮기도 한다. 그런 사람의 얼굴을 보면 그리스도의 상이 박혀있는 것 같은 인상을 준다. 그리스도와 비슷한 얼굴과 마음씨라고 보였을 것이다. 바울은 '너희 안에 그리스도의 형상이 이루어질 때까지 내가 너희를 다시 낳는 수고를 하겠다'고 했고, '너희는 점점 자라 그리스도의 장성한 분량까지 이르라'고도 했다.

오늘에 있어서 우리가 그리스도인이 된다는 것은 무엇을 의미할까 언제나 명심해야 한다. 그리스도인이란 예수 믿는 사람이다. 이는 또한 그리스도를 닮는다는 뜻이다. 그리스도와 일체가 된다는 뜻이다. 바울의 '그리스도와 함께 죽고 그리스도와 함께 사는 사람, 내가 사는 것이 아니라 그리스도가 내 안에 사는 것을 의미한다. 그리스도와의 일체감에서 사는 생활실태를 중시하는 사람을 의미한다. 그리스도의 이름은 실체의 표징이다. 그리스도의 실체가 우리 그리스도인의 혼과 생활 안에 실체화해가는 경우에만 참 그리스도인(크리스티아노스)일 것이다. 그것은 기성품이 아니라 성령의 도우심으로 서서히 이루어지는 것이다.

2. 순종(순명)의 이야기

우리가 읽고 있는 성경은 캐논(Canon)이라는 정경(正經)이다. 그리고 이 정경 외에 외경(外經)이 있다. 같은 당대의 문서이지만 정경의 가치가 없어서 편집되지 아니한 것이다. 그 밖에도 위경(僞經)이 있다. 이것은 성경을 뒷받침하는 데 여러 모로 자료가 되기는 하나 정경의 가치는 없다고 보아 편집에서 제외되었다.

위경에 있는 이야기이다. 어느 날 예수님이 아주 피곤함에 지친 제자들을 데리고 조용히 말씀하신다. "저 높은 산으로 올라가자." 그리고 다시 말씀하시기를 "커다란 돌을 두 개씩 들고 올라가자" 하셨다. 열두 제자는 저마다 돌을 가지고 올라갔는데, 여기서는 가룟 유다와 베드로에 관해서만 거론하고 있다. 가룟 유다는 역시 가룟 유다이다. '힘든데 왜 산은 올라가자고 하시며, 게다가 왜 돌은 두 개씩 가지고 올라가자고 하시는 건가, 참 이상하다.' 못마땅하게 여긴 유다는 조그마한 자갈돌 둘을 골라서 주머니에 넣고 올라갔다. 그러나 베드로는 그대로 순종하는 것이 옳겠다고 생각해서 이유야 어떻든 말씀하시니 순종하겠다는 마음으로 큰 돌 둘을 어깨에 메고 땀을 흘리면서 위에까지 올라갔다. 예수님은 제자들을 둘러앉혀 놓으시고, 각자 가지고 온 돌들을 자기 앞에 놓으라 이르시고 "자, 다 같이 기도하자" 하신다. 하늘을 우러러 기도하시고, 축사하시고 나니 돌들이 떡으로 변했다. 그리하여 베드로는 큰 떡을 얻게 됐다. 가룟 유다는 작은 떡을 얻었다.

사람의 마음을 세 단계로 구분한다. 첫째, 본능적 자아, 즉 육체적 본능이다. 이것은 충동적이다. 하지만 충동대로만 살 수는 없다. 둘째, 그 위에 합리적 자아가 있다. 합리적이고 과학적으로 지시하는 이성의 자아가 있다. 충동적 자아는 이성적 자아에 순종해야 한다. 셋째, 이상적 자아(Idealistic Ego)가 있다. 이것은 '마땅히 이래야 한다'는 양심이, 성경이, 성령이 말하고, 하나님의 말씀이 이르는 이상적 자아가 높이 있다. 우리의 이성과 합리적 자아는 다시 이상적 자아에 순종해야 한다. 이 같은 질서, 위계질서가 분명할 때 건전한 인격이 되는 것이다. 그런고로 순종의 덕을 몸에 익히지 못한 사람은 불행하다. 순종의 아름다움을 배우지 못하고, 순종의 평화를 경험하지 못한 사람은 더욱 불행하다. 순종함으로 마음이 평안해진다. 순종해야 평화와 행복을 얻는다.[1] 순종하고 나면 양심이 자유롭다. 내 마음이 편하고, 내 영혼이 자유롭다. 그런데 현대인의 불행은 이 자유를 모르는 데 있다. 순종하면 내가 없어지는 줄로 알고, 자아가 모멸 되는 줄로 착각하고 있다. 그래서 어쨌든 거절하고 본다. 예(Yes)하면 못사는 줄 안다. 아니오(No)라고 해야만 내가 사는 줄로

---

1 "제사보다 나은 순종", 곽선희 목사 설교 참조. https://blog.naver.com/ inyouwithyou/10052383572.

착각한다. 노예적 순종을 한다. 가라 하면, 가기는 가면서도 속으로는 '아니오(No)'이다. 하라 하면, 하기는 하면서도 죽지 못해 한다. 이렇게 평생을 사는 사람은 참으로 불쌍한 사람이다. 개성시대라고 한다마는 현대인은 순종을 모른다.

어렸을 때는 부모에게 순종하고, 학교에서는 선생님에게 순종하고, 교회에서는 교역자에게 순종하고, 직장에서는 상관에게 순종해야 한다. 그런데 이 순종을 굴욕으로 받아들이는 사람은 체질적으로 문제가 있는 것이다. 거역이 자유라고 생각하고, 불순종에서 존재가 살아난다고 착각하고 있는, 철저하게 역설적으로, 역행적으로 산다면 참으로 문제가 아닐 수 없다. 신학자 본회퍼 목사는 말한다. "믿는 자들만이 순종할 것이며, 순종하는 자만이 믿게 될 것이다"라고. 순종하면서 믿음을 배워감을 잊지 말아야 한다. 시인 괴테는 "내 영혼은 언제나 순종함에 따라 점점 더 훌륭한 자유를 맛보았노라." 순종하면서 무한한 자유를 경험했다는 것이 그의 고백이다. 순종은 믿음이다. 믿음의 실천이요, 증거이다. 나를 순종케 하는 자의 능력과 지혜와 사랑을 믿기에 안심하고 순종한다. 그리고 순종은 평화이고 겸손이다. 나 자신의 부족함을 알기에, 너무나 잘 알기 때문에 나는 순종을 통하여 믿음을 얻고, 순종을 통하여 배우고, 순종을 통하여 더 높은 차원의 자유를 얻게 된다는 말씀이다.

3. 순종의 참뜻을 삶으로 본 보인 이야기

사울왕은 본래 겸손하고 순종하는 사람이었으나 왕이 되어 아말렉과의 전쟁에서 하나님의 말씀에 불순종함으로 하나님 앞에 범죄 하였고 회개의 마지막 기회마저 잃고 말았다. 이제 사무엘 선지자가 아주 중요한 교훈을 한다. 순종이 제사보다 낫다는 가르침이다. 순종 없는 제사에 무슨 의미가 있겠는가. 그 많은 봉사가 무슨 의미가 있다는 말인가. 제사란 곧 희생을 의미한다. 순종이 없는 제사, 정말로 소용이 없을뿐더러 오히려 하나님께 욕이 된다는 것을 알아야 한다(삼상 15:17-27).

이사야 1:13-14에 보면, "헛된 제물을 다시 가져오지 말라… 그것이 내게 무거운 짐이라"고 말씀한다. 헛된 짐일 뿐, 순종 없는 제사, 희생, 헌신, 봉사는 아무 소용없는 것이다. 이는 하나님에 대한 욕이다. 미가 6:7에 보면, "내 맏아들을 드릴까"라는 말씀이 있다. 소와 양과 재산을 바치다가 마지막에 가장 귀한 제물이 뭘까, 내 맏아들일까? 아니다. 하나님께서 원하시는 것은 순종이다. 오직 전적인 순종이다. 자기 지혜로 나가는 행위, 자기 뜻대로 하는 일은 하나님 앞에 아무 의미가 없는 것이다. 순종이라는 말은 히브리말로 '샤마'이다. '듣는다'(to hear)라는 뜻이다. '사무엘'이 '샤마엘'이다. 하나님께서 들으셨다는 뜻이다. 또 '휘파쿠오'라는 말은 '아쿠오'가 '듣는다'는 말이요, '휘파쿠오'는 '엎드려 듣는다', '밑에서 듣는다'라는 뜻이다. 우리말과 히브리말이 개념상으로 통한다. '듣는다'와 '순종'은 같은 말이다. '부모 말을 듣는다'는 곧 부모에게 순종함이다. 마음의 문을 열고 듣는 것이다. 내 의견을 포기하고 그의 의견을 받아들이는 것이다. 그리고 말없이 즐거운 마음으로 순종하는 것이고, 행동하는 것이다. 아리스토텔레스가 말했다. "악인은 두려워서 순종하고, 선인은 사랑으로 순종한다." 악한 사람은 꼭 매를 맞고야 순종하는데, 그러나 그것은 순종이 아니다. 선한 사람은 그 뜻을 알기에 사랑하는 마음으로, 존경하는 마음으로, 기뻐하는 마음으로 순종한다. 거기에 선인의 의미가 있는 것이다.

성 프란치스코가 수도원에서 어느 날 농사일을 하고 있는데, 젊은 두 사람이 수도사가 되겠다고 왔다. 본디 아주 엄격히 선발해서 수도사를 뽑는 법인데, 그때에는 마침 배추 모종을 하고 있었다. 프란치스코는 그들에게 모종을 주면서 "이 배추를 거꾸로 심어라"고 한다. 뿌리를 하늘로 하고 그 줄기를 땅으로 하여 심으라 하고는 들어가 버렸다. 한 후보생은 '아, 이거 선생님이 말씀하시는 것이니 그렇게 해야지' 하고 거꾸로 심었다. 그러나 한 사람은 한참 심다 말고, 배추 뿌리를 하늘로 해서 심다니 말도 안 된다 생각하고 뿌리를 땅으로 해서 심었다. 프란치스코는 저녁에 나와 보고 거꾸로 심은 사람은 수도사로 뽑고, 합리적으로 하겠다고 바로 심은 사람은 돌려보냈다. 일이 합리적이냐 불합리하냐 혹은 그 결과가 어떠냐가 중요한 게 아니라 누가 말씀했느냐가 중요하다. 누가 말했느냐에 따라 그에게 순종할 따름이다. 말씀한 분에게 순종하는 그것밖에는 없는 것이다. 자세가 중요한 것이다.

마태라는 이가 세관에 앉았을 때 예수께서는 "나를 좇으라 하시니 일어나 좇으니라"고 했다. 이것이 순종이다. 그러나 당시 지도자들인 서기관들과 바리새인들은 그리스도를 고발하고 반대할 이유를 찾기에 급급하였다(9:3, 11, 34 참조). 마태가 예수님을 좇은 후로 그리스도를 위하여 만찬을 베풀고 그의 "동료 죄인들"을 초청하였을 때 바리새인들은 문제를 일으키려고 참석하였다. 이때 예수님은 자신을 죄악 된 마음을 고치는 의사로 비유하시며(9:12) 또한 사람들의 생활에 기쁨을 가져다주시는 신랑으로 비유하셨다(9:15).

순종도 훈련이다. 예수님도 작은 일에 충성했으니 큰일을 맡긴다고 하셨다. 작은 일에 순종해 버릇해야 한다. 순종, 순종, 순종하다 보면 엄청난 일에도 순종할 수가 있다. 작은 일에 순종을 배우지 못한 사람은 결정적인 일에도 순종할 수 없다.

4. 성 프란치스코의 순명(順命) 이야기

아시시의 성 프란치스코(St. Francis of Assisi, 1182~1226)는 기독교 역사상 가장 유명한 성자요 수도자이다. 그는 인간의 탐욕과 사치, 오만, 돈, 욕심 그리고 불순종의 탁류가 휩쓸던 13세기를 사랑과 겸손과 믿음의 정수제(淨水劑)로 맑게 한 사람이며 가난하고 병든 자를 섬기고 삶의 새 방향을 제시해 준 사람이다. 그는 모든 것을 버리고 주(主)님의 가슴에 안기었다. 큰 부자가 될 수도 있었고 영예로운 무사(武士)도 될 수 있었다. 젊음의 향기와 노래로 향연의 왕으로 찬탄을 받았다. 그러나 그의 병고(病苦)는 하염없는 공허로 허무를 거쳐 오직 그리스도만이 영원한 실재(實在)이며 생명의 주님이심을 깨닫고 눈물과 참회와 함께 그리스도께 순명(順命)한다.

1209년 2월 24일 새벽, 프란치스코는 성 마태 축제 때에 기도하는 중에 영혼 깊은 곳에 섬광처럼 내리시는 주님의 말씀(마 10:7-

14)에 순명하고 생애 진로를 확정하고 영열(靈悅)에 가득하여 외쳤다. "천국이 가까이 왔다. 병든 자를 고치며 죽은 자를 살리며 귀신을 쫓아내며 너희가 거저 받았으니 거저 주라 어느 성이나 집에 들어가거든 평안을 빌라…." 프란치스코는 가장 작은 이의 형제가 되었고, 걸인 나병환자와 가난한 자와 죄인의 가장 친절한 친구가 되었다. 문전걸식과 두 벌 옷과 금전을 갖지 않고 전도 여행하는 청빈한 삶이면서도 혹 가난한 형제의 양식을 빼앗는가 하여 늘 염려하였다. 그는 참으로 순진하였고 그의 마음속에서 거짓을 찾을 수 없었다. 그의 행위에서 꾸밈을 볼 수 없었다. 그는 참으로 겸손했다. 그는 종교개혁자나 예언자로서의 의식(意識)을 갖지 않았다. 그의 정적(靜寂) 속에는 영원한 활동이 있었으며 그의 여윈 몸에는 그윽한 후광(後光)이 들리어 있었다. 그의 고요한 기도와 함께 어두운 종교계에 새벽이 왔다. 그의 거룩한 인격 속에는 아무도 손대지 못할 준엄한 힘이 숨어 흐름을 본다.

성 프란치스코가 가신 후 800여 년, 우리가 사는 세상에는 성빈(聖貧)을 찾아보기 어려운 맘몬의 발아래 모든 게 엎드려 있다. 사람과 사람 사이에는 기계와 기계의 접촉같이 차갑게 되었고 이권 다툼과 유혈이 승산의 결과인 양 진리로 떠받들고 있다. 13세기 교회당 안에는 도박과 고리대금이 공개되었으며 성직매매가 성행했고 사람 차별로 어두운 세상의 모습이었다. 프란치스코는 그의 거룩한 눈으로 어찌 그런 현상을 보았을까? 그러나 그는 겸손하게 말없이 앉아 가장 아름다운 그리스도의 나라를 나타냈다.

프란치스코는 사랑으로 만물을 품어 안았다. "형제인 태양이여,

자매인 달이여"하고 아름다운 피조물을 찬양하였으며, 숲속의 새들을 모으고 주님의 사랑을 말씀하시며, 구비오의 늑대를 찾아가서 순순히 가르쳤다. 그의 자애로운 얼굴과 몸짓에 자연의 모든 것은 기뻐 뛰어놀았으며 죄 많은 사람은 그들 가슴에 비정의 얼음이 녹아내렸다. 그는 실제로 주님께 순명한 겸손과 사랑으로 헌신한 주님의 참된 종이셨다.

그는 그리스도를 본받는 종이다. 최고의 목적, 중요한 희망과 최대의 의지는 거룩한 복음에 주목하는 것이고, 그리스도의 가르침을 받고 그의 발자취를 따르는 것이었다. 중세시대는 순종과 청빈 그리고 순결(독신)을 3대 모토로 삼았다. 프란치스코에게 '가난'은 '순종'과 동의어였으며, 그리스도 앞에서의 자기부정, 겸손, 섬김의 삶을 의미했다. 그에게 나타난 십자가의 '성흔'은 예수님의 각 손과 발에 하나씩 그리고 옆구리의 상처인데, 이 상처 자국은 '낙인, 흔적' 또는 '흉터'라는 의미의 그리스어의 '스티그마'(stigma)를 따서 '성흔'이라 불렀다. 바울의 "내 몸에는 예수의 낙인이 찍혀 있다"(갈 6:17)와 동일한 말이다. 프란치스코는 절친한 제자들에게조차 그 흔적을 숨기려고 했지만, 앓아눕자 제자들이 간호하다가 그 몸에서 피가 흐르는 것을 보았다. 그가 사망한 후에야 클라라와 함께했던 50명의 수사와 제자들이 그 상처를 보고 만질 수 있었다. 그 '성흔'은 십자가에 못 박히신 예수님의 계시에서 시작되었고, 그리스도를 닮는 데 헌신해 온 프란치스코의 영적인 삶의 완성이다.

프란치스코의 삶에서 반드시 기억해야 할 분은 클라라이다. 두 사람은 초월적인 우정을 보였다. 그녀는 곧 프란치스코가 가장 신임하는 막역한 친구가 되었다. 그는 클라라의 신앙 선배였지만, 그녀가 공동체에서 어떤 결정을 할 때 종종 클라라의 판단에 맡겼다. 훗날 병에 걸렸을 때는 클라라의 간호와 충고를 받으며 그녀를 더욱더 의지했다. 프란치스코의 인생 말미의 몇 주 동안, 산 다미아노에서 그를 간호한 사람이 바로 클라라였다. 현대 전기 작가 중에는 클라라와 프란치스코가 일종의 로맨틱한 감정을 나누지 않았다고 믿는 건 불가능하다고 말한다. 하지만 그들의 관계에 잠재적인 성적 유혹이 있었다 해도, 그 에너지가 초월적인 것으로 돌려졌음이 명백하다. 자신들의 세계에서 그리스도의 겸손과 가난을 실현하기 위해 공동으로 헌신하는 일로 말이다.

5. 본회퍼의 순종 이야기

전적인 순종으로, 그리스도의 증인으로 산 본회퍼 목사는 그의 삶과 사상이 하나처럼 연결되어 있다. 오늘날과 같이 전문화가 다양한 시대에, 한 인격 안에서 고도의 지성인(신학자)이며, 직업인(목사, 교사)인 동시에 실천자(행동의 사람)로 나타나는 일은 쉬운 일이 아니다. 셋 가운데 하나가 되기만도 어렵다. 본회퍼의 이름이 오늘 우리에게 의미가 있는 것은 단순한 신학자로서나, 목사로서 또는 행동자로서의 한 사람이 아니고 이 셋이 한 분인 인격 안에 공존하기 때문이다. 『반항과 복종』(옥중 서간의 이름)은 바로 그의 '삶'의 이름이기도 한다. 그는 하나님의 말씀에 대한 무상의 복종과 애타는 이웃사랑 때문에 '반항'과 '복종' 사이에서 스스로 '반역자'의 최후를 선택한 현대판 예레미야, 아니 현대판 사도행전의 교훈이 되었다. 오늘 그가 우리에게 중요하고 큰 관심을 받는 이유는 실제로 산 역사의 '증언'(證言) 때문이다. 그러나 무엇보다도 본회퍼를 말해주는 것은 그의 옥중의 시(詩) '자유를 찾는 길'일 것이다.

1) **훈련**: 네가 만일 자유를 찾으려고 하거든, 먼저 네 감각과 마음을 훈련하는 것을 배우라. 네 욕망과 지체들이 너를 지배하지 못하게 하라. 네 몸과 정신을 순결하게 가지고, 철저히 다스려 네 앞에 있는 목표를 찾게 하라. 훈련을 떠나서 자유의 비밀을 배울 수 있는 사람이란 없다.

2) **행동**: 자기가 하고 싶은 것을 하려고 하지 말고, 옳은 것을 하려고 하라. 가능한 것 속에 떠 있지 말고, 용감하게 현실적인 것을 붙잡아라. 소심한 망설임에서 삶의 풍파 속으로 나오라. 하나님의 계명과 신앙만을 의지하라. 그러면 자유는 기쁨으로 네 영을 영접할 것이다. 우리는 이 '길'을 따라서 예수 그리스도의 한 증인이 된다.

본회퍼는 18개월 동안(1943.4.5~1944.10.8) 옥중에서 보낸다. 『옥중 서간』에 포함된 대부분의 편지와 문서들은 여기서 쓴 것이다. 본회퍼는 감옥에서 편지 외에도 성서, 특히 구약을 연구했다. 그는 감옥의 도서관에서, 친구들과 집으로부터 보내온 신학, 철학, 과학, 음악, 문학, 역사 등 많은 책을 받아 읽었다. 그는 여기서 '시대의 감각', '진리를 말하는 것은 무엇을 말하는가?', '교회가 세상에 대해서 말하는 가능성' 그리고 '십계명의 첫째 계명' 등을 썼다. 그는 또 성인(成人)이 된 비종교적 세계와 예수 그리스도의 주권에 대해서, '성서적 개념의 비종교적 해석'에 대해서 생각하기 시작했다. 그의 삶의 극치의 기간이었다.

여기서 본회퍼는 국제적인 그룹의 목사가 되었다. 그와 교류하고 지켜봤던 친구들의 증언에 따르면, 그 당시의 본회퍼는 매우 겸손하고 부드러웠다. 그는 항상 보잘것없는 일에도 기쁘고 행복해 보였고, 살아있다는 단순한 것에 깊은 감사의 마음과 분위기를 가지게 하는 것 같았다. 그는 진정으로 전적인 순종의 모범을 보인 예수의 제자도(discipleship)를 지키는 주님의 종이었다.

어렸을 때부터 순종을 배워야 한다. 순종 체질이 되어야 본인이 자유(自由)할 수 있다. 능력의 사람도 될 수 있다. 토레이(Reuben Archer Torrey) 박사의 말이다. "권능은 하나님께 속했는데, 우리가 그 권능을 받는 데는 오직 한 가지 조건이 있다. 그것은 절대 순종이다." 우리에게 하나님의 말씀이 들리지 않는다면, 회개하여야 한다. 너무나 오랫동안 불순종했기 때문에 말씀이 들리지 않는다. 순종은 삶의 순리이고 자유에의 길이다.

하나님 앞에서 잠잠할 수 있을까?

하나님 앞에서 잠잠하다는 것은 하나님이 우리에게 말씀하시도록 기다리며, 어떠한 말씀을 하시더라도 그 말씀을 영원히 받아들이겠다는 자세로 듣는 것이다. 자신에 대해 변명하려 하지 않고, 하나님이 우리에게 하시는 말씀을 들으려 하는 것이다. 하나님 앞에 잠잠하다는 것은 아무 일도 하지 않는 것이 아니라, 숨을 들이마시듯 하나님의 뜻 안에서 깊이 호흡하는 것이다. 온 마음으로 경청하며, 들은 것에 대해 순종할 준비가 되어 있는 것이다. 그러므로 하나님 앞에 잠잠한 그 시간은 무거운 책임의 시간이며, 우리 자신을 진실로 진지하게 돌아보는 시간이다. 그러나 그 시간은 언제나 하나님의 인식을 경험하게 하는 축복의 시간이기도 하다. 시편 62편 1절에는 "나의 영혼이 잠잠히 하나님만 바람이여 나의 구원이 그에게서 나오는도다" 하고 노래한다.

_본회퍼

2020년 9월 6일, 창조절 첫째 주

정직한 믿음과 청결한 양심

딤후 1:3-8

1. 시작하는 말 - 바울과 디모데

디모데후서는 대체로 젊은 동역자요 보조자인 디모데에게 주는 사사로운 조언으로 구성되어 있다(행 16:1). 디모데는 모든 고난과 반대에 직면하여도 인내하고, 예수 그리스도를 충실하게 계속 증언하고, 복음과 구약성경의 참된 가르침을 견지하고(3:15 설명), 교사와 전도자로서 의무를 다하라는 권고와 격려를 받는다. 디모데는 특별히 "망령되고 헛된 말"에 휩쓸리게 되는 위험에 대한 경고를 받는다(2:16). 끝으로 그는 바울의 삶과 목적의 모범, 즉 그의 믿음, 오래 참음, 사랑, 박해에서 오는 고난을 상기하라는 충고를 받는다.

바울은 그의 사랑하는 믿음의 아들 디모데에게 간절히 바라는 것이 있었다. 그것은 거짓 없는 믿음이요, 청결한 양심이었다. 바울은 디모데에게 보낸 편지의 주제를 믿음과 양심이라고 밝혔다. 디모데전서 1장 5절에도 "이 교훈의 목적은 청결한 마음과 선한 양심과 거짓이 없는 믿음에서 나오는 사랑이거늘" 하고 밝혔다. 또 디모데전서 3:9에서는 교회에서 집사를 선택할 때 "깨끗한 양심에 믿음의 비밀을 가진 자라야 할지니"라고 밝혔다. 디모데전서는 한마디로 믿음과 양심의 교훈서라고 말할 수 있다.

그런데 디모데후서도 청결한 양심과 거짓 없는 믿음을 강조하고 있다. 이는 바울이 에베소에서 디모데의 사명에 대해서 격려하고 용기를 북돋게 하고 그의 노력을 불굴의 것으로 만들기 위해서였다. 바울은 디모데에게 몇 가지 일을 상기시키고 있다.

1) 바울은 디모데에게 말할 때 언제나 따뜻한 애정이 흘러넘쳤는데, 그를 '나의 사랑하는 아들'이라고 불렀다. 디모데는 믿음 안에서 바울의 아들이었다. 디모데의 부모는 그에게 육체적인 생명을 주었지만, 그에게 영원한 생명을 준 것은 바울이었다. 육의 어버이에게 기쁨이 있듯이 영의 어버이에게도 기쁨이 있는 것이다. 믿음 안에서 어버이가 되는 기쁨과 특권을 하나님께서 주신 교사들과 성도들에게 때로는 하나님께서 육의 자녀의 선물을 주시지 않은 경우가 있다. 한 영적인 생명을 그리스도에게 인도하는 것보다 더한 기쁨과 보람은 이 세상에 또 있을까!

2) 바울은 디모데에게 가문의 전통을 상기시키고 있다. 디모데는 훌륭한 가문에 속해 있었다. 디모데의 외조모 로이스와 어머니 유니게는 모두가 거짓 없는 신앙을 디모데에게 유산으로 남겨준 분들이었다. 만일 디모데가 실패하면 그 자신의 이름을 손상케 할 뿐만 아니라 동시에 가문의 명예를 훼손시키는 일이 되는 것이다.

3) 바울은 디모데의 임무(목사와 교사)를 성별하고 그에게 주신

은사를 상기시키고 있다. 사람이 한번 전통과 역사를 가진 사회나 공동체의 봉사에 가담하게 되면 그의 행위는 그 자신에게만 영향을 미치지 않고, 공동체의 힘과 명예가 걸려 있게 된다. 그러하기에 교회를 섬기는 분들의 공통적인 성격은 믿음이며, 양심이며, 용기이며, 자기 훈련 등이 항상 따라야 한다.

2. 인간은 환경에 대처하여 유형을 형성한다

사람은 환경에 대처하는 스타일에 따라 세 가지 유형으로 나누어 볼 수 있다.

1) 환경에 좌우되는 종속적 인간이다. 학술적 용어로는 어시밀레이션(Assimilation)인데, 동화라는 뜻이요, 환경에 따라 이렇게도 저렇게도 되는 동화하기를 잘하는 체질이다. 기뻐하는 사람들 속에 섞이면 기뻐하고, 슬퍼하는 사람들 속에 섞이면 슬퍼한다. 남이 미워하면 나도 미워하고, 한 대 맞으면 한 대 때리고, 격한 가운데에 들어가 욕을 당하면 나도 욕을 보이는 타입이다. 말하자면 존재란 아예 없고, 그 인격은 오로지 환경의 산물일 따름이다. 이런 사람은 어떤 의미에서 살아있는 사람이라 할 수 없다. 그러나 안타깝게도 대부분 사람은 여기에 속하여 있다.

2) 항거 체질의 인간형이다. 환경에 늘 반항하는 역설적 인간이다. 학술적 용어로는 디시밀레이션(Dissimilation)이라는 부동화 내지, 이화작용을 뜻한다. 언제나 거스르고 반대한다. 반항해야만 되는 줄 알고 이유도 없고 뜻도 모르면서 일단 반항부터 한다. 이

철저한 반항심 ― 현대의 젊은이들에게서 두드러지게 보이는 현상이다. 남의 말 다 들어보지도 않고, 깊이 생각하는 법도 없이, 무조건 'No'다. 아마도 현대사회의 불신의 특징인지도 모릅니다. 살면서 속고 배신당하는 동안 불신이 체질화된 것인지 모른다.

3) 초월적 인간형이다. 초월적 존재, 초연한 사람 ― 학술적 용어로는 트랜센덴털리즘(Transcendentalism)이라고 한다. 일이 잘된다고 교만하지 않고, 억울함을 당해도 비굴하지 않으며, 야단스럽게 떠드는 자리에 가서도 조용함을 찾는다. 자기 나름대로 뜻과 의미를 찾으려고 애쓰면서 살아간다. 주체 의식이 분명한 사람이다. 참된 주체 의식, 자기 개성, 자기 존재를 어디서 찾아야 할까? 환경을 초월한 초연적 존재가 되어야 비로소 진정한 의미에서의 인격자가 된다. 이렇게 초월할 때, 개혁하고 창조하는 역사가 나타난다. 이것은 맹종도 아니고 맹목적인 반항도 아니다. 원수의 말이라도 들어야 할 말은 듣는다. 사랑하는 사람의 말이라도 잘못된 것은 잘못되었다고 말한다. 갈 길은 가고, 버릴 것은 버린다. 엄연히 가야 할 자기 길을 가는 인격, 바로 이것이 그리스도인의 모습이다.

3. 실존의 자각에서 신앙의 단계에 이르는 길

1950~60년대 지성인의 특허품처럼 사용하던 유행어로 '실존'(Existence)이라는 말이 있었다. '실존'이라는 말을 한두 마디로 정의하기란 어렵다. 왜냐하면, 키에르케고르의 '고독과 우수의 실존주의', 니체의 '초인의 실존주의', 하이데거의 '윤리적 실존주의', 사

르트르의 '휴머니즘적인 실존주의', 야스퍼스의 '좌절에서 초월에로의 실존주의' 등 그 사상이 광범하기 때문이다. 그러나 실존 사상의 기초적인 정신은 문명과 기계와 대중과 일상 속에서 성실하고 책임적인 본래의 인간, 자기를 되찾자는 몸부림이 실존주의의 근본적인 정신이다. 나는 요즈음에 와서 다시 '실존'을 회복하는 운동이 일어나야 한다고 생각한다. 물론 요즘에는 경건과 영성에의 새로운 갈망과 생명의 영성을 지향하고 있다.

키에르케고르의 말을 빌리면 다음의 세 단계를 거쳐 참 실존에 이른다고 한다. ① 심미적인 단계이다. 이 단계는 미적이고 향락적인 것에서 삶의 의미와 충족을 찾아보려고 애쓰는 단계이다. 그러나 이 심미적 단계가 도달하는 종착역은 피곤과 권태이다. ② 윤리적인 단계이다. 이 단계는 의무와 책임을 인식하고 한 건전한 시민으로서 살아가려는 단계이다. 그러나 이 윤리적 단계가 직면하는 벽은 인간은 윤리적으로 완전할 수 없다는 자기 절망이다. 그러나 이 절망은 하나님 앞에서 자기 자신을 찾게 하는 ③ 신앙의 단계, 곧 참 실존에 이르게 한다. 그리하여 삶의 새 가능성이 열리고 새 창조적인 삶이 시작된다. 하나님 앞에서 자기 자신을 찾는 실존 곧 신앙인, 그리스도인이 되는 것이다. '지고자 앞에 선 단독자'가 된다는 자의식이겠다.

4. 믿음과 양심이란 과연 무엇일까

본문 말씀이 말하는 "청결한 양심"(Clean Conscience)은 분명히 거짓이 없는 "정직한 믿음"(Sincere Faith)을 생산하는 믿음의 산실이라고 생각한다. 이러한 깊은 뜻으로 볼 때 믿음과 양심은 마치 어머니와 아들과 같은 관계라고 생각한다. 어머니 없이 아들이 태어날 수 없다. 그와 같이 청결한 양심이 없는 곳에 바른 믿음이 태어날 수 없는 것이다.

우리는 칸트가 말한 유명한 말을 기억할 것이다. "하늘과 땅 위에 신비한 것 두 가지가 있다. 그중 하나는 어두운 밤하늘을 밝히는 하늘의 별이고, 또 하나는 어두운 땅 위에 사는 인간의 마음속에 빛나는 양심이다." 별 하나 반짝이지 않는 캄캄한 밤하늘을 생각해 보자. 또한 양심을 잃은 인간의 마음을 연상해 보자. 양심을 잃은 인간의 가정, 양심을 버린 인간의 사회, 참으로 끔찍한 지옥을 상상할 수밖에 없는 것이다. 그러므로 반드시 하늘에는 밤하늘을 아름답게 밝히는 수억만의 별들이 있어야 하고, 또 인간의 마음속에는 반드시 청결한 양심의 별이 있어야 한다. 하나님이 창조한 만물 중 오직 인간의 마음속에만 이 양심의 기능이 있다. 바울은 이 양심을 마음의 지성소라고 비유하고 있다.

하나님은 인간의 마음속에 바른길을 걸을 수 있도록 양심의 방향 계기를 장치해 주셨다. 그래서 "양심의 소리는 하나님의 소리"라고 말하는 것이다. 하나님은 이 양심을 통해 우리 모든 인간에게 하나님 자신의 의사를 분명하게 전달하신다. 그리고 우리가 선과 악의 기준에서 방황할 때 우리가 선택할 선이 무엇이며, 버려야 할 악이 무엇인가를 분명히 가르친다. 그러므로 인간의 가장 위대한 스승은 밖에 있는 것이 아니라 내 속에 있는 양심인 것이다. 양심은 인간의 가장 내면에 있는, 그야말로 인간이 하나님과 만나는 거룩한 장소, 지성소라고 하겠다. 그러므로 양심선언은 한 사람의 전 인격의 결단이자 신념의 고백이기도 한 것이다.

5. 다석 유영모 이야기

다석 유영모는 인도의 간디와 톨스토이에 견줄만한 평화사상가이다. 이승훈의 초빙으로 오산학교 교장을 지낸 다석은 함석헌, 김교신, 장기려, 김흥호, 류달영 등의 스승으로 알려져 있다. 유영모 사상의 가장 큰 특징은 종교를 넘어선 종교 융합주의라는 점이다. 그는 기독교와 불교, 노장, 공맹의 사상을 하나로 꿰뚫는 독특한 사상체계를 이루었는데 그에게는 모든 경전이 '인생을 살아가는 참고서'라고 했고, 단순히 경전을 열심히 읽는 것만으로 영원한 생명이나 깨달음을 얻는 것이 아니라, 오히려 다석은 깨달음을 자신에게서 찾은 게 특징이다. 유영모는 인자가 온 것은 섬김을 받으러 온 것이 아니라 섬기려고 왔다는 예수님의 가르침을 삶의 바른 목표로 생각했다. 하나님을 섬기는 마음으로 사람을 섬겨야 한다는 것이다. 유영모는 깨달음을 얻은 이후 부인과 해혼을 선언하고, 하루 한 끼 만을 먹으며, 잣나무 널빤지 위에서 잠을 자며 살았다. 그 후 유영모는 1928년부터 중앙 YMCA에서 연경반 모임을 지도, 1963년까지 약 35년 동안을 지속했다.

유영모가 오산학교 교장이던 때에 함석헌은 학생이었다. 일제강점기 당시 당국으로부터 교장인가를 받을 수 없어 다석이 오산학교를 그만두고 서울로 돌아오게 되는데, 함석헌을 만나 "내가 이번에 오산 온 것은 자네 한 사람을 만나기 위해서였던가 봐" 하셨다. 그리고 함석헌이 일본 유학을 떠날 때 인사차 유영모를 만났을 때 "일본에 가면 우찌무라를 만나보거라" 하고 말했다. 여기서 우찌무라의 일화 하나를 소개한다.

우찌무라가 젊어서 미국으로 유학 갔을 때, 학비를 벌기 위해 한때 펜실베니아주 레딩이라는 곳에 퀘이커들이 경영하는 정신박약아 학교에서 교사 노릇을 한 일이 있었다. 전체를 두 학급으로 나눠, 좀 나은 학생들을 워싱턴 클래스라 하고 그 아래를 링컨 클래스라고 했는데, 우찌무라는 워싱턴 클래스를 담당했다. 그런데 그 애들은 지능이 너무 낮아 학문을 가르칠 수는 없고, 그저 나쁜 행동을 하지 못하도록 감독하는 것이 일인데, 그 아이들에게는 어떤 벌을 줘도 아무 소용이 없고, 그저 밥을 안 주는 것이 가장 효과적이었다.

그런데 워싱턴 클래스에 대니라는 아이가 아주 성질이 고약해서 나쁜 짓을 하는데, 한번은 주일날 대니가 온종일 말썽을 부려서 애를 쓰다 못해, 우찌무라는 그 아이를 불러 놓고, "이놈아, 네가 오늘 한 짓을 생각한다면 저녁을 안 주어야 마땅하지만, 오늘이 주일인데 네놈 밥 아니 먹일 수 있느냐? 내가 오늘 저녁을 먹지 않을 터이니, 네가 내 밥을 먹어라" 했다.

우찌무라는 동료 교사들에게 말하지 않았는데, 옳은 일이란 숨어버리는 일이 없는 법이라 그 소식이 마침내 워싱턴 클래스 아이들 귀에 들어가고야 말았다. 그래 그 아이들이 큰일 났다고 학급 회의를 열었다. 의논한 결과, 대니는 우리 학급에 있을 자격이 없으니 링컨 클래스로 보내야 한다고 결의를 했다. 그래 우찌무라는 대니를 불러 놓고 위로하며 타일러 보냈다.

그런 후 여러 해 있다가 어떤 일본 사람이 그 학교에 갔다가 대니를 보았다. 대니는 그가 일본 사람이라는 말을 듣고 물었다. "당신이 정말 일본 사람이에요?" 그래서 그렇다고 대답을 하니, "그럼 미스터 우찌무라를 아십니까?" 하고 질문했다. 그래서 안다고 했더니 대니가 말하기를 "He is a great man!"라고 했다. 이 이야기를 유영모가 오산학교에서 하는 것을 함석헌은 들었고, 또 일본에 간 후 우찌무라 성경 연구 모임에서도 직접 들었다고 한다. 재미있고 교훈적인 이야기이다.

이제는 유영모의 가르침 중에 몇 가지를 이야기하겠다. 유영모는 열여섯에 예수를 믿기 시작했다. "예수를 유일한 효자라고 생각한다. 하나님과 그는 일체라는 믿음이 꽉 들어 있다. 믿음이란 하나님 아버지에 대한 효성이라고 생각한다. 그리고 죽음은 그대로 하나님과 같이 사는 관문으로 생각한다. 죽기 전에도 하나님 나라와 전화 연락 정도는 할 수 있지만, 육신을 쓰고 있는 동안까지는 아무래도 자유롭지 않은 것으로 생각한다. 그러나 세상에 있는 동안까지는 자기에게 허락된 기한을 옹글게 채워야 한다"고 했다.

사후 세계에 대해서는 계시록의 말씀대로 해와 달이 없고 집이 없어 하나님의 생명이 그대로 집이요, 하나님의 진리가 그대로 빛일 것이라고 한다. 아버지의 품 안에 드는 것이니 평안하다고 한다.

유영모는 또한 "몸맘, 맘몸"이라고도 한다. 몸은 그만하고 마음을 통일하라는 뜻이다. 그리고 인간은 정신으로써 살아야 한다며 실지로 정신생활이 어떤 것인가를 보여주었다. 그것은 땅에 붙은 생활이 아니라 하늘에 속한 생활이요, 떡으로 사는 것이 아니라 말씀으로 사는 생활이다.

"삶"에 대한 진귀한 가르침도 흥미롭다. "참말삶"이란, 자기와 가장 멀고 낯선 존재와 가장 가까워지고 낯익어가는 삶을 말한다. "참 쉼됨"이란, 일찍 자고 일찍 깨는 것이다. 열두 시 전에 한 시간이, 열두 시 후에 한 시간보다 몇 배나 값이 있다고 심리학자들은 말한다. "참올챔"이란, 고요한 이른 아침 거룩한 품에 안겨 신령과 육신이 서로 만나 하나는 실상이 되고 하나는 증거가 되어 정기(正氣)로 채워지고 의기(義氣)로 뒤덮여 이치의 올이 피고 말씀으로 결실(結實)될 때 참올로 채움이 될 것이다. "참쩜씀"이란, 사람과 사람이 만나서로 빛이 되고 편지가 되어 말하고, 사귀고, 일깨우는 시간이란 한없이 값이 있고 고귀한 시간이다. 거울에 거울이 비치고 마음에 마음이 비치어 틈을 타고 쩜을 써서 얼과 얼이 서로 알 때, 내가 그 안에 그가 내 안에 영원히 하나임을 믿을 수 있게 될 것이다. 참 잘 쓰는 쩜이리라.[1]

6. 피에타상,[2] 슬픔의 빛

아리스토텔레스는 타인의 고통에 동참함으로써 나의 고통을 극

---

1 김흥호 편, 『다석 류영모 강의록 제소리』 (2002), 10-39.
2 피투성이가 된 아들을 무릎에 안고 있는 성모 마리아상.

복할 수 있다고 했다. "비극은 타인의 연민과 공포를 통해 내 안의 슬픔과 고통을 정화한다"고 한다. 그러나 우리는 세월호 참사에서 정화를 말할 수 없다. 눈앞에서 애타게 부를 때 우리는 아무런 응답도 하지 않았다. 버둥대는 손길을 누구 하나 잡아주지 못했다. 그저 지켜만 봤다. 죽은 아이 앞에서 비통해하는 어머니를 보면서 세상은 조금씩 인간다워졌다. 십자가에 죽임당한 예수, 피투성이 된 아들을 무릎에 안고 있는 성모 마리아의 피에타상! 서구인의 가슴에 문신처럼 새겨진 이 도상은 지금까지 다양한 모습으로 보여졌다. 세상은 끊임없이 무죄한 이들의 희생을 요구했고, 그때마다 수많은 어머니는 전 존재를 흔드는 슬픔에 빠졌다. 1, 2차 세계대전이 그랬고, 한국전, 베트남전, 9.11테러가 그랬고, 세월호 참사 또한 마찬가지이다. 십자가에 달린 예수는 하나님의 아들이 되었다. 그러나 안산의 어머니들에게도 진실의 소리가 들려 위로가 되기를 바란다. 오 피에타!

정직한 믿음과 청결한 양심이여! 이 겨울이 가기 전에 우리 가운데 살아나소서!

어머니의 절실한 신앙

엡 5:31-6:4, 잠 24:3-4

한국교회는 5월 둘째 주를 '어버이주일'로 지키지만, 미국교회는 6월 둘째 주를 '아버지 주일'로 지킨다. 그리고 세계 많은 나라에서도 5월 둘째 주를 '어머니 주일'로 지킨다. 어머니날(Mother's Day) 운동은 '어머니날의 어머니'라고 불리게 된 자비스 부인(Mrs. Anna M. Jarvis)에게서부터 시작되었다. 그런데 이것이 국제적 세력으로 확대된 것은 그의 딸 안나 자비스의 활동 때문이다. 그는 특정한 날을 택하여 어머니 날로 정하고, 또한 어머니날 국제협회를 설립하였다. 이날은 가정과 모성을 존경하기 위하여 기념일과 같은 국경일의 하나로 정해서 전국적으로 지키자는 것이 그 근본 취지이다. 어머니날이라고 해서 아버지를 제외하는 것은 아니다. 양친의 은덕에 감사하는 날이므로 어떤 의미로는 아버지의 날이라고 말할 수도 있다. 그러나 남자의 공적을 축하하는 기념일은 많이 있으므로 특히 가정을 존경하는 기념일로 '어머니'라는 이름을 붙이는 것이 마땅하다고 생각되는 것이다. 어머니날 국제협회에서는 어머니날 운동의 일반 목적에 관하여 다음과 같이 말하였다. ① 가정의 행복 증진을 위하여 국가, 사회, 교회를 움직여서 어머니와 어린이에게 미치는 악을 제거하기 위한 새 자각을 갖도록 노력할 것, ② 가정의 화목을 더욱 깊게 하고 나아가서 보다 고상한 가정적, 종교적, 국민적 생활을 하도록 할 것 — 다시 말하면 어머니날을 전 인류 곧 남자, 여자, 어린이들의 생활에 있어서 '어머니날'로 인하여 전 인류가 복되게 하자는 것이다.[1]

에베소서는 먼저 "사람이 부모를 떠나 그의 아내와 합하여 그 둘이 한 육체가 될지니 이 비밀이 크도다" 말하며, 이제는 "둘이 아니고 하나"이기에 "남편은 자기 아내를 제 몸같이 사랑"하라고 한다. "자기 아내를 사랑하는 것은 자기를 사랑하는 것이다. 누구든지 언제든지 제 육체를 미워하지 않고" 사랑하고 "아내도 그 남편을 존경하라" 한다. 부부의 첫째 계율이다.

그러나 문제는 부부의 사랑을 어떻게 생각하는가이다. 그 사랑을 다만 동침하고 예뻐하는 정도로 여기며 그저 좋을 때 서로 사랑하는 여기는 것으론 부족하다. 오늘날 서로 사랑하여 결혼하고 부부가 된 뒤에 얼마 되지 않아 많은 이가 이혼으로 파탄에 이르는 것을 본다. 그래서 부부 사랑에 대한 의미를 좀 더 구체적으로 살펴보고 싶다. 바울은 고린도전서 13장에서 사랑을 정의하며 제일 먼저 "사랑은 오래 참고 온유하다"고 했다. 아마도 이 두 정의만 부부

---

1 『그리스도교대사전』(대한기독교서회, 1972).

사이에서 지켜진다면 파경 부부의 반 이상은 구원받을 수 있을 것이다. 다음은 "사랑은 시기하지 아니하며 자랑, 교만하거나 무례히 행치 아니한다." 셋째는 "자기의 유익을 구하지 아니하며 성내지 아니하며 악한 것을 생각하지 아니하며 불의를 기뻐하지 아니하며 진리와 함께 기뻐하고", 끝으로 "사랑은 모든 것을 참으며 모든 것을 믿으며 모든 것을 바라며 모든 것을 견디는 것이다"(고전 13:4-7). 이것이 바울의 사랑관(觀)이다. 바울은 이어 자녀들에게 너희 부모를 주 안에서 순종하고 공경하며, 이것이 약속 있는 첫 계명이라고 한다. 이것이 자녀가 땅에서 잘되고 장수하는 비결이라 가르친다. 또한 "부모들은 자녀들을 노엽게 하지 말고 오직 주의 훈계로 양육하라"(엡 6:1-4)고 명한다. 부부 사랑과 부모와 자식에게 주는 축복의 비법이다.

미국 케네디 대통령의 어머니 로즈 케네디가 별세했을 때, 「뉴욕 타임스」는 조문 사설에서 그녀의 사람됨을 세 가지 덕목으로 소개했다. 그녀의 3대 신조는 '기독교 신앙, 사랑, 지적 향상'이었다. 그녀는 일평생 신앙과 정열과 품위를 유지했다. 무엇보다 독실한 기독교 신앙으로 9남매의 자녀들을 키우며, 자녀교육을 신앙 중심으로 이끌었다. 장남 조셉이 1944년 해군 조종사로 전사하고, 같은 해 딸 캐서린이 젊은 남편과 사별하고 4년 뒤엔 비행기 사고로 죽는 아픔을 겪었으나, 독실한 신앙으로 위로를 얻고 이겨냈다. 장녀 로즈메리는 정신지체아로 출생했으나 이런 가정적인 고통은 케네디가(家)에 정신지체아를 위한 교육·복지 운동에 공헌토록 했다. 독실한 신앙으로 살던 로즈 케네디는 "이런 아이를 가져 복지 운동을 하며 불행한 사람들을 구제할 수 있었기에, 불편한 로즈메리는 하나님이 보낸 천사'라 했다. 그 많은 자녀를 키우고 가사를 돌보며 아들이 선거에 출마할 때면 더 열정적으로 온 집안을 동원하고 선두 지휘했다. 결국 아담스, 루즈벨트와 함께 미국의 3대 명문 가정으로 만든 것도 로즈의 신앙과 열정 때문이었다. 이러한 신앙과 열정을 바탕으로 형성된 그녀의 품위는 안정된 인격에서 두드러졌다. 한 아들이 비행기 사고로 죽고, 케네디 대통령과 법무장관 두 아들이 암살당하고, 한 딸이 정신 박약아로 감당하기 힘들 정도였으나, 로즈는 조금도 신앙과 인격의 흔들림이 없이 자기에게 닥친 고통을 감수하며 어머니로서 사명을 다했다. 작은 상처나 불행에도 신앙과 인격이 흔들리지 않는 소위 믿음의 어머니라 말하는 자들에게 귀감이 된다. 이런 신조를 바탕으로 그 신앙을 열정적으로 살며 품위를 지키고 일생을 살았다.

「워싱턴 타임스」에 부시 대통령 부인 로라(Laura Bush)가 그의 남편과 전직 대통령 부시의 시부모를 방문했다가 생긴 일에 대한 일화를 전해준다.

로라에 따르면 새벽 6시에 일어난 그의 남편 부시가 커피를 들기 위해 아래층으로 내려와서 생긴 일이다. 부시가 소파에 앉아 그의 다리를 탁상 위에 걸치자마자 갑자기 그의 어머니의 고함 소리가 난다. "네 다리를 내려놓아라!" 그러자 아버지 전 부시 대통령이 "저런, 바바라, 그는 대(大)미국의 대통령이오" 하며 거들었다. 그러나 바바라는 또 말했다. "나는 그따위 상관없어요. 그의 다리를 나의 티 테이블 위에 올려놓는 것을 원치 않아요." 이에 부시 대통령은 재빨리 그의 발을 어머니가 명한 대로 내려놓았다는 것이다. 이에 로라 부인은 "대통령일지라도 저들의 어머니에게는 복종해야 함"을 새삼 느꼈다고 털어놓았다. 비록 전·현직 대통령의 가정에서 일어난 갑작스러운 일이나 바바라 부시의 자식에 대한 이런 근엄한 자세 언동은 모든 자식이 제멋대로 여기는 이 땅에서, 다시 생각하게 하는 어머니의 모습이다. 조금이라도 자식이 더 나아진다면 그 자식이 몇 살이요, 어떤 위치에 있든, 어머니는 마땅한 도리를 가르치고 고쳐주는 것이 당연하다. 한국의 어머니들도 자식들의 행동이나 사는 자세, 심지어 자녀들의 신앙에 관해서도 어머니의 단호한 교육이 요청된다.

오래전 일화인데, 바바라가 퍼스트레이디로 여자 명문대 웨슬리대학에 졸업식 강연을 맡아 갔다가 불상사를 겪었다. 150여 명의 학생이 "대학 4년도 못 마치고 2년 만에 중퇴하고 결혼한 그녀가 여대생들이 존경할 만한 모델(Role Model)이 될 수 있느냐"고 반발했기 때문이다. 여성의 성공이 어디에 있겠는가 하는 문제였다. 과거의 동양적 여성의 이상은 현모양처이기에 한국 여성의 안목으로 바바라는 흠이 없다. 그러나 오늘 미국 젊은 여성들이 "남편을 잘 섬기는 것이 여자의 성공인가?"라고 할 때 바바라는 부적격이라는 것이다. 그러나 이런 시비를 떠나 반대 시위에도 불구하고 바바라가 그날 웨슬리대학의 졸업식에서 행한 연설이나 가정에서 자녀들의 올바른 교육을 위해 취하는 자세는 우리 어머니들이 생각할 점이 있다. 1945년 조지와 결혼하고 아홉 자녀를 키웠는데, 한 아이는 백혈병으로 잃었다. 그녀는 자식을 잃은 뒤 "모든 인간을 더 사랑하게 됐다"고 술회했다. 영부인이 된 뒤엔 하나님을 믿는 신앙을 더 깊이 하는 데 특별한 관심을 기울였다. 가족과 친구들, 문학에 관심을 가지며 시간을 많이 보냈다.

그녀가 반대 시위 속에서도 웨슬리대학 졸업 연설에서 말한 세 가지 이야기는 여성들은 물론 남자들도 귀담아들었으면 한다.

첫째, 자신보다 더 큰 것을 믿는 것이다. 그녀는 문학을 택했고 더 많은 사람이 읽을 때 우리 사회 문제들의 해결은 더 가깝다고 보았다. 둘째, 인생은 기쁨이 있고 재미가 있어야 한다. 그녀가 조지 부시를 선택하여 결혼한 것도 그가 자기를 웃겨 주었기 때문이라 했다. 함께 웃고 기쁨을 나눌 때 그 관계는 아주 강해진다며, 그러므로 "인생은 빨리 움직이고 너는 그것을 정지시킬 수 없다. 곧 그것을 잃어버릴 것이다." 셋째, 친구든 가족이든 교우든 모든 인간 관계를 소중하게 맺으라는 당부였다. 부부, 자녀, 친구, 교우들과의 관계는 가장 중요한 투자이다. 특히 우리는 한동안은 친형제나 가까운 친구같이 지내다가 조금만 불쾌하고 마음 상하는 일이 있으면 아무런 미련도, 재고의 노력도 없이 홱 돌아서 버리고, 단교·변절·배신하는 것을 아무렇지 않게 여기는 오늘날의 현실에서 깊이 유념할 교훈이 아닐까 싶다.

어버이주일을 맞아 미국인이 제일 존경하고 세계 사람들이 숭상하는 링컨 대통령을 생각해 본다. 특히 그의 어머니의 자식을 위한 애절한 소원과 관심은 빠뜨릴 수 없다. 링컨의 어머니 낸시의 자식 사랑은 잘 알려져 있다. 자식의 신앙을 위한 배려는 지극했다. 그녀는 겨우 말을 시작할 무렵부터 링컨에게 매일 성경을 읽어주었다. 비록 가난한 켄터키 시골 통나무집에서 살다가 링컨이 아홉 살 때 세상을 떠났으나, 그녀는 마지막 운명의 순간, 아들을 머리맡에 불러 "엄마가 죽어도 성경을 계속 열심히 읽으라"고 유언했다. 또한 낸시의 기도는 오막살이 통나무집 구석구석에서 들렸다. 링컨의 기억에 따르면, 집에서나 들에 나가 일할 때도 "어머니의 기도는 언제나 주변에서 사라지지 않았고, 자신에게 늘 큰 힘이 되었다"라고 고백한다. 낸시는 링컨이 성경을 읽고 기도하되 늘 그 말씀대로 살기를 간절히 원했고, 이런 어머니의 뜻은 아들 링컨의 마음 깊이 새겨졌다. 링컨이 "신앙의 어머니가 있는 자는 결코 가난하지 않다. 내가 성공을 했다면 오직 천사 같은 어머니 덕이다"라고 고백한 것도 다 이런 그의 어머니의 영향에서 체험된 신념이다. 이 글을 기록한 이는 "하나님께 링컨에게는 위대한 사람이 될 조건은 한 가지도 주지 않으셨다. 그에게는 가난과 훌륭한 신앙의 어머니만을 주셨을 뿐이다"고 기록했다.

가난한 집에서 여인의 몸으로 온종일 집안일과 땅을 개간하던 어머니였다. 그러나 그 힘든 생활 속에서도 자녀들을 돌보고 신앙적으로 교육하는 일을 소홀히 하지 않았다. 특히 공교육을 시킬 능력도, 혜택도 주지 못했으나, 그보다 더 귀한 신앙과 꿈을 링컨의 마음에 심어주었다. 틈만 나면 재미있는 성경 이야기나 찬송가를 들려주고 자연을 접하게 하며 대도시의 이야기도 해 주었다. 어려운 환경에서 아들이 희망을 잃지 않도록 용기를 북돋고, 꿈을 소유한 신앙의 인물을 닮게 하려고 성경 인물을 소개했다. 이스라엘 백성을 노예에서 해방한 모세, 노예로 팔려 갔다가 애굽의 총리가 된 요셉, 시골의 목동이었지만 하나님을 잘 믿어 성공한 다윗 등 다 어린 링컨의 가슴에 남아 그의 꿈과 소망이 되게 했다. 링컨은 먼 훗날 어머니를 회상하면서 어머니가 자기 마음에 심어준 '십계명'은 지워지지 않았고 일생을 통해 자신의 생의 지침이 되었다고 고백했다. 무엇보다 "하나님의 말씀대로 살라", "약속을 지키며 하나님 말씀을 실천하라"는 어머니의 가르침과 유언은 아들의 생을 틀림없게 하는 원동력이었다.

낸시가 운명하며 남긴 유언 하나만을 직접 들어보며, 링컨의 위대함이 어디에서 연유된 것인가를 오늘 우리 어머니들이 배울 수 있었으면 좋겠다.

사랑하는 에이브(링컨의 애칭)!
이 성경은 내 부모님으로부터 물려받은 것이다.
내가 여러 번 읽어 많이 낡았지만
우리 집안의 값진 보물이다.
나는 너에게 1백 에이커의 땅을 물려주는 것보다
이 한 권의 성경을 물려주는 것을 진심으로 기쁘게 생각한다.
에이브야! 너는 성경을 부지런히 읽고
성경 말씀대로 하나님을 사랑하고
이웃을 사랑하는 사람이 되어다오.
이것이 나의 마지막 부탁이다. 약속할 수 있겠느냐?

링컨은 아홉 살의 어린 나이지만 어머니께 약속하고 그대로 살려고 최선을 다했다. 링컨이 후에 절친한 친구 빌리 헌던에게 보낸 서신은 이런 링컨을 잘 보여준다.

내가 아직 여러 글을 읽지 못할 때부터,
나의 어머니는 날마다 성경을 읽어주셨고,
나를 위해 기도하는 일을 쉬지 않으셨네.
통나무집에서 읽어주시던 성경 말씀과
기도 소리가 지금도 내 마음을 울리고 있네.
나의 오늘, 나의 희망, 나의 모든 것은
천사와 같은 나의 어머니에게서 물려받은 것이네.

세월이 가고 세상이 변할지라도 "마땅히 행할 길을 아이에게 가르치라. 그리하면 늙어도 그것을 떠나지 아니하리라"(잠 22:6)는 성경 말씀은 여전히 진리이다. 훌륭한 어머니의 위엄과 은혜를 되새기며 자녀들은 이런 어머님을 다시 존경하고 생각해야겠다. 동시에 어머니들도 링컨의 어머니 낸시와 같이 자녀들에게 마땅히 행할 바를 부지런히 가르치는 훌륭한 어머니가 되어야겠다.

위에서 살펴본 이 땅의 훌륭한 어머니들의 생각과 신앙, 자녀교육, 그들의 생에서 몇 가지 공통점을 발견할 수 있다. 이런 그들의 신념과 삶의 자세가 자녀들을 훌륭하게 만들고 세상이 존경하는 삶을 살게 한 것을 본다. 우리 어머니들과 자녀 된 자들도 다시 한번 마음에 깊이 새기며, 앞으로 여생을 그렇게 살기를 기원한다. 첫째, 그리스도인 신앙이 이들 어머니의 생이요 기초였다. 케네디의 어머니 로즈 케네디 여사는 그 스스로 돈독한 신앙인으로 성숙한 신앙 인격자가 되어 자녀들을 한결같은 신앙으로 살게 했다. 바바라 역시 여러 아쉬움에도 불구하고 신앙은 그의 생의 근간이었다. 가난한 빈농의 아내이던 링컨의 어머니 낸시 또한 독실한 기독교 신앙이 그녀의 짧은 생의 중심이었다.

둘째, 이들 돈독한 신앙과 인격을 지닌 어머니들은 그들의 신앙과 신념을 자녀인 케네디나 부시, 링컨에게 전수하며, 그들로 하여금 끝까지 신앙을 가지게 하고, 성경을 읽고 배우며, 그 말씀대로 실천하며 살도록 최선을 다했다. 그들의 자녀들은 최소한 그 신앙을 전수하고, 부시는 올바른 성서의 정신에 문제가 되는 경우도 있었으나, 케네디나 링컨은 성서의 가르침을 받아 그리스도인 정신으로 살려는 의지와 입장을 분명하게 하도록 영향을 주었다. 부모의 신앙이나 바라는 뜻이 자녀에게서 100% 보장이 되는 것은 아닐지라도 어버이 된 자로서는 로즈 케네디나 바바라 부시, 낸시 링컨 등의 어머니들같이 신앙과 신념으로 우리의 자녀들을 가르칠 수 있어야 한다.

셋째, 이 어머니들의 신앙의 인격과 고매한 품성, 흔들리거나 흐트러짐 없는 생의 자세를 본다. 언제 어디서나 자녀들의 눈에 비친 그들의 어머니들은 한결같았다. 우리 어머니의 신앙과 교회 생활, 어렵고 힘든 일이 있고, 여러 사람과의 관계에서 어려운 일이 있을 때에도 그들은 변함없는 생의 신념으로 일관되고 당당했다. 변절과 배신을 밥 먹듯이 하며 원망과 불만으로 부정적으로 살기 쉬운 세상이다. 그러나 훌륭한 어머니의 신앙과 인격, 그 삶의 자세가 긍정적이고 초지일관할 때, 자녀들은 결코 부정적이며 불평불만의 생을 살 수 없다. 어머니의 신앙과 인격, 생의 자세나 인간관계는 그대로 자녀들에게 반영됨을 잊지 말 것이다.

생의 지혜를 촉구하던 잠언은 "지혜가 있어야 집이 일어서고 이해가 있어야 집이 튼튼하다. 지식이 있어야 온갖 귀하고 아름다운 보화가 방마다 가득 찬다"(잠 24:3)고 선언한다. 가정이 튼튼하게 서고 온갖 귀한 것들로 가득한 가정이 되기 위해서 가족 단위의 핵심인 부부들이 지혜와 이해와 지식의 세 요소를 갖추어야 한다. 지혜는 신앙인이 추구하는 제일의 소원이요, 하나님의 경외하는 자들이 가지는 생의 슬기이며, 이들은 지혜의 가르침대로 산다. 이해는 하나님의 말씀과 인생의 진리는 물론, 가정과 자녀를 포함한 가족과 부부의 상대에 대한 바른 이해를 다 포괄한다. 이런 이해가 부부와 가족들에게 있을 때, 그 가정은 튼튼하고 자녀들은 훌륭하게 자라며 아름다운 가정이 된다. 여기에 배움과 다양한 전문적인 지식을 갖추게 될 때, 이 땅의 가사와 생업도 틀림없이 올바르게 경영하기에, 이런 자들의 가정은 온갖 귀하고 아름다운 보화들로 가득할 수밖에 없다는 경험적인 고백이요 확증을 가진 진리이다.

성 어거스틴은 『참회록』에서 어린 시절을 회고하며 고백했다. "나는 어머니의 무릎에서 하나님을 배웠고 어머니의 눈물과 기도는 나를 탕자의 길에서 하나님 아버지의 집으로 돌아오게 했다. … 하나님은 나를 살리기 위해 우리 어머님을 먼저 보내셨고, 나를 하나님의 사람으로 인도하시어 어머니의 품속의 학교에서 자라게 했다. 이 세상에 우리 어머님을 보내주신 하나님께 무한히 찬양한다."

잠언 속에 있는 어느 훌륭한 남편의 고백과 같이 "누가 현숙한 여인을 찾아 얻겠는가. 그 값은 진주보다 더하다." 그러므로 "고운 것도 거짓되고 아름다운 것도 헛되나 오직 주 하나님을 경외하는 자는 칭찬을 받을 것이다." 우리 어머니들은 이런 '현숙한 여인'이 되고, 남편과 자녀 된 자들은 이런 우리의 어머니와 아내를 진심으로 사랑하며, 우리의 가정이 천국으로 회복되도록 기도한다.

2020년 5월 10일, 어버이주일

하나님을 경외하는 가정

신 6:4-9, 행 10:1-8, 28-38, 벧전 2:4-10

6월 둘째 주는 미국 교회에서 아버지날을 기념하는 주일로 지킨다. 미국 '아버지 날'의 기원은 멀리 미 남북전쟁에서 돌아온 스마트(William Smart)에게로 거슬러 올라간다. 전쟁이 끝나 집에 돌아왔을 때 아내는 죽고 여섯 명의 아이들만 남겨진 비참한 가정을 맞게 되었다. 그러나 스마트는 낙심하거나 좌절하지 않고 21년간 여섯 명의 자녀들이 훌륭하게 양육되고 교육받도록 모든 심혈을 기울였다. 장하게 자란 아이들을 본 이웃들은 이런 아버지를 칭송하기 시작했고, 마침내 자랑스러운 아버지의 귀감이 됐다. 그의 희생과 사랑을 기억하며 마련한 것이 '아버지 날'이다. 따라서 '아버지 날'은 아버지나 남편의 대우를 기대하기에 앞서, 자신이 얼마나 훌륭한 아버지인지, 오늘의 모범이 되는 가장인지를 자문하는 날이다.

교육학자 테일러 박사의 연구에 의하면 아이들에게 미치는 부모의 영향은 92%라고 한다. 자녀가 장차 어떻게 되기를 바라는 관건은 전적으로 어버이의 생각과 삶의 자세에 달려 있다. 어버이의 사랑은 참으로 신비한 약과 같아서 자녀들의 잘못을 치료하고 구렁텅이에서 구출한다. 유대인 격언은 "신이 온 세상 구석구석을 다 다닐 수 없어 아버지와 어머니를 만드셨다"라고 한다. 어버이가 하나님을 대신한다는 뜻이다. 자녀들의 마음과 정서를 풍요하게 하고 저들이 아무리 어려운 일을 당해도 어버이의 사랑이 마르지 않고 그 관심이 표현될 때면 자녀들은 구원되고 새롭게 되는 것을 경험한다. 에이브러헴 링컨은 어머니 낸시의 기도를 잊지 못하며 평생 어머니의 기도가 자신을 따라다닌다고 했다. 그 어머니의 사랑이 자신의 평생 가장 큰 영향을 주었다고 회고한 것도, 어버이의 기도나 사랑이 자녀의 훌륭한 성장과 성공에 얼마나 지대한 영향을 주는가를 증명한다.

사도행전 10장에 팔레스타인의 가이사랴에 '고넬료'라는 이탈리아 로마 주둔군 백부장의 이야기가 나온다. 비록 점령군 이방의 지휘관이었으나 그는 많은 다른 로마군 지휘관들과는 달리 하나님을 두려워하며 온 가족이 다 신앙을 가진 경건한 사람으로 소개된다. 점령지 피지배의 유대인들에게 자선을 베풀며 늘 하나님께 기도하기를 게을리하지 않았다. 하나님은 그런 이방 지휘관을 귀히 보시고 하나님의 특별한 계시를 보이셨다. 성령의 은총으로 초대교회사에서 잊을 수 없는 하나님의 사람으로 역사하게 했다는 기록이다. 그의 '기도와 자선 행위가 하나님 앞에 상달되어, 하나님께서 기억하고' 욥바라는 곳에 있는 베드로를 초청하게 된다. 그리고 고넬료는 가족, 친척, 이웃의 친지들까지 초청하여 베드로를 통해 하나님의 말씀을 들으려고 준비하며 기다리고 있었다.

　도착한 베드로는 하나님은 어느 민족이나 구별하지 않으시며, 그분을 두려워하고 의를 행하는 사람들에게는 예수 그리스도를 통해 평화를 주심을 깨달았다고 고백한다. 그는 '만민의 주님이요' 억눌린 자들을 고쳐주며 그를 믿는 자는 누구든지 죄 사함을 받는다고 증언했다. 이런 증언을 듣던 고넬료 등이 성령으로 충만하게 되자 그리스도의 이름으로 세례를 주며, 국경과 종족을 넘는 하나님의 역사가 가이사랴에서 벌어진 것이다. 로마 지휘관 고넬료의 가정이 하나님을 두려워할 때 하나님은 저들을 기억하셨다. 예수의 수제자 베드로까지 불러 하나님의 말씀을 듣고 성령이 충만한 가정이 되게 했다. 오늘까지 축복된 하나님 가정의 표상이 되게 한 것이다. 가장된 아버지와 남편 된 자들의 신앙을 보기 어려운 오늘날 부럽고 축복된 그리스도인 가정이다.

　이방 나라에서 점령지의 지휘관이던 고넬료 정도면 그 당시의 선호하는 야외극장, 사람과 사자의 결투장, 경마나 사냥 등 소일거리가 많았겠으나 하나님을 두려워하는 신앙을 중심으로 그가 온 가족들과 함께 피지배인을 위한 자선과 기도회, 전도와 선교 운동 등을 우선시하며 살았다는 사도행전의 역사적 기록은 우리의 마음을 사로잡는다. 우리가 이 땅에서 생을 풍요하게 하며 삶을 즐겁게 복되게 하는 그 무엇도 사양할 이유는 없을 것이다. 그러나 우리가 정직히 일하여 피땀 어린 노력으로 삶의 기반을 놓아가며 우리 후손들이 떳떳이 살 수 있는 기반 구축을 우선하는 일을 잊지 않으면서 우리의 삶의 자세가 떳떳할 수 있어야 한다.

고넬료가 예수의 수제자 베드로를 청하여 하나님의 말씀을 듣고 성령의 감동으로 보람되게 살았듯이, 오늘의 우리 가장들도 하나님의 말씀을 받고 올바르게 이해하며, 후손들의 훌륭한 조상이 되어야 할 것이다. 먼 미래를 바라보지 못하며 자신의 이익이나 욕심, 안일한 날들밖에 모르는 조상들은 후손들의 존경을 얻지 못할 뿐 아니라 부끄러운 조상들이었다는 핀잔을 들을지도 모른다. 그러나 비록 고되고 힘들지라도 우리 민족의 행복과 자유 번영을 위한 기초를 현명하게 다지는 조상들은 반드시 후손들의 존경과 기림을 받게 될 것이다. 세계 여러 민족의 역사적 과정에서 발견할 수 있는 것인데, 북미와 남미, 서구와 동구, 그 밖의 새롭게 시작되는 세계의 나라들이 자기 나라의 헌법이나 정치체제, 법과 사회제도, 그 밖의 생활 습관이나 풍속에 이르기까지 조상들의 신앙과 지혜가 크게 차이가 나는 것을 본다. 훌륭한 조상을 가진 나라나 후손들은 조상의 덕을 입고, 못난 조상을 가진 후손들은 부끄러움을 당하며 오늘 가난하고 어렵게 사는 것은 아닌가? 깊이 유념해 보아야 할 역사적인 교훈이다.

미국 사우스 다코다주의 러쉬모어 산정에는 미국민이 존경하는 네 명의 대통령들의 얼굴이 화강암 벽에 조각되어 있다. 조지 워싱턴, 토마스 제퍼슨, 데오도르 루즈벨트, 아브라함 링컨의 얼굴들이다. 이 조각상은 이집트의 피라미드보다 더 큰 것으로, 워싱턴의 머리만 18m, 5층 건물 높이며, 그 전체는 142m나 된다. 구름이 지나

가는 저들의 모습은 춘하추동 다른 인상을 준다. 그들의 공통점은 모두가 하나님을 믿는 그리스도인으로서 하나님의 말씀인 성경을 그들 생의 이념과 지침으로 삼은 것이다.

초대 대통령인 워싱턴은 취임하는 자리에서 "성경이 아니면 세계를 다스릴 수 없다"고 성경에 손을 얹고 선서했다. 미국 독립선언서를 작성한 제퍼슨(T. Jefferson)은 "미합중국은 성경을 반석으로서 있다"고 강조했다. 링컨은 가난하여 초등학교도 졸업하지 못했으나 성경을 생의 교재로 삼고 그 가르침을 배워 그대로 실천하며 살려 하였고, 대통령이 된 뒤에도 집무실 책상에 늘 성경을 두고 읽으며 "성경은 하나님이 주신 가장 좋은 선물"이라고 고백했다. 신실한 그리스도인 부모 밑에서 성장하고 연소자로 대통령에 당선된 루즈벨트는 "어떤 방면에서 활동하든 그 생이 참되고 성공하기를 원하는 사람은 이 성경을 연구하고 그 가르침을 받아 살라"고 권했다. 실로 하나님의 말씀은, 살아 역사하는 힘이 있어, 누구든지 이 말씀을 바로 듣고 이해하며 실천하는 사람은 그들의 생이 변하여 보람된 삶을 살게 한다. 성경은 사람을 역사에 공헌하게 하는 위력이 있음을 체험하며 간증까지 하게 한다. 확실히 러쉬모어 산정의 이 네 얼굴의 주인들은 '산돌' 같은 모습의 사람들이며, 그들을 멀리서 찾아온 사람들에게 생의 용기와 힘을 준다.

베드로전서 2:4-10 말씀은 예수를 생명의 자원인 "산돌"이라며, 우리도 생명력 있는 삶을 위해선 산돌인 그에게 나아와 거룩한 집을 짓는 자로 자신을 맡기라 한다. 그는 명예 전당의 모퉁이 돌이기에, 누구나 이 돌을 기초로 의지하는 자는 결코 후회함이 없을 것이다. 사람들은 그의 가르침을 무시하여 버렸으나 하나님은 그를 "모퉁이의 머릿돌"이 되게 하여, 그 위에 얼마든지 크고 아름다운 건물을 짓게 한 것이다. 그들이 전에는 이름도 없는 무명의 사람들이었으나 이제는 그리스도를 따르는 하나님의 백성이 되었다. 그러므로 아무리 천하고 무명한 자라 할지라도 산돌인 예수의 생명에 접붙임을 받고 새로운 존재로 거듭날 때, 그들은 귀한 왕 같은 존재가 된다.

사실 러쉬모어 산정에 새겨진 네 명의 대통령들도 처음에는 대단한 자들이 아니었다. 그러나 이들이 하나님의 말씀을 따라 살며 어떤 어려운 처지에서도 끝까지 굴하지 않았다. 생의 자원인 산돌인 예수에게서 새 힘을 얻고 진리를 따라 꿋꿋하게 살았던 사람들이다. 그러나 오늘은 그들이 살던 때보다도 더 무섭고 힘든 세상이다. 세상의 유혹이나 위협에 넘어지지 않기 위해선 이전보다 더 강인한 힘과 결의가 필요하다. 옛날에는 눈을 감으면 코를 떼어간다며 정신 차릴 것을 경고했다. 그러나 지금은 눈을 뜨고 정신을 차려도 두 눈까지 후벼가며 사람을 송두리째 없애려 하는 시대이다.

어두운 세속화의 시대에 우리 그리스도인들은 더욱더 성경 말씀으로 자녀들을 양육하고 훈련해야 한다는 사명감을 가져야 한다. 세대 변화의 인식이나 도의적인 권면 정도로는 아무런 힘도, 변화도 불가능함을 실감하게 한다. 노(老)사도 바울은 젊은 디모데를 향해 그가 배우고 확신한 성경 말씀을 그대로 살되 이를 힘써 전파하라 강력하게 권고한 의미도 여기에 있다. "모든 성경은 하나님의 영감으로 된 것으로 교훈과 책망과 바르게 함과 의로 교육하기에 유익하니, 이는 하나님의 사람으로 온전케 하여 모든 선한 일을 행하기에 온전케 하려 함이니라"(딤후 3:16-17).

우리가 사는 세상이 더 험해지고 우리의 자녀들이 잘못되는 것을 볼수록 주를 경외하는 가정이 더 절실해진다. 다른 방법들이 없고 오래가지 못함을 보기에 더욱 그러하다. 성경은 "주를 경외하는 것이 지식의 근본"(잠 1:7)이라며 하나님의 말씀인 성경을 읽고 배우며 그 말씀대로 순종하며 살라고 한다.

> 오늘 내가 네게 명하는 이 말씀을 너는 마음에 새기고 네 자녀에게 부지런히 가르치며 집에 앉았을 때든지 길을 갈 때든지 누워 있을 때든지 일어날 때든지 이 말씀을 강론할 것이며 너는 또 그것을 네 손목에 메어 기호를 삼으며 네 미간에 붙여 표로 삼고 또 네 집 문설주와 바깥문에 기록할지니라(신 6:6-9).

모세를 이어 이스라엘을 이끌고 가나안으로 들어온 여호수아도 새 문명권에 들어온 저들이 우왕좌왕하는 것을 보면서 "열조가 섬기던… 여호와 하나님만을 섬기든지, 거하는 땅 아모리 사람의 신이든지 너희 섬길 자를 오늘 택하라. 오직 나와 내 집은 여호와를 섬기겠노라"(수 24:14-15) 하며 선택과 태도를 분명히 밝히라고 독려했다. 하나님은 모세에게 약속하고 명했듯이, 여호수아에게도 같은 약속과 명령을 내렸다.

오직 강하고 극히 담대하여 나의 종 모세가 네게 명령한 그 율법을 다 지켜 행하고 우로나 좌로나 치우치지 말라. 그리하면 어디로 가든지 형통하리니 이 율법 책을 네 입에서 떠나지 말게 하며 주야로 그것을 묵상하여 그 안에 기록된 대로 다 지켜 행하라. 그리하면 네 길이 평탄하게 될 것이며 네가 형통하리라. 내가 네게 명령한 것이 아니냐. 강하고 담대하라. 두려워하지 말며 놀라지 말라. 네가 어디로 가든지 네 하나님 여호와가 너와 함께 하느니라 하시리라(수 1:7-9).

이것이 주를 믿고 경외하는 가족과 가정이 어디에 살든지 철저하게 지키며 살아야 할 하나님의 명령이다. 그리고 이런 말씀의 쉐마교육을 정직하게 수행하며, 이를 준수하며 사는 그들에게 이 땅 어디에서나 축복받고 살았다. 이런 근본적인 원칙이 지켜질 때, 그 밖의 부수적인 문제들은 저절로 해결된다는 것이다. 그러므로 문제가 많고, 방황하며, 부모의 은혜도 모르고, 이기적이어서 자신의 행복만을 추구하는 청소년들에게 먼저 하나님의 말씀을 지키고 따르는 쉐마교육을 철저하게 하자는 것이다.

주를 경외하는 가정에서 신앙의 어머니 낸시에게서 어려서부터 성경 말씀대로 살도록 가르침을 받은 에이브러햄 링컨이 얼마나 성경의 정신을 실행하며 살았는가 잘 알려져 있다. 하나님 말씀으로 쉐마교육을 철저히 받은 그가 그의 부모에게 어떤 마음과 생각을 지니며 살았던가를 링컨이 대통령으로 당선된 첫 취임 연설 때 알 수 있다. 그의 아버지는 구두를 만들고 수선하는 것이 생업이었다.

그런데 링컨이 대통령에 당선되어 상원 위원회에서 대통령 취임 연설을 하던 날, 한 늙은 귀족과의 설전이 있었는데 매우 인상적이었다. 링컨이 단상에 서자 한 늙은 귀족이 그를 모욕하려고 이렇게 말했다.

미스터 링컨, 어쩌다 당신이 이 나라의 대통령이 되기는 했으나 여전히 당신은 당신 아버지와 함께 우리 식구들의 구두를 만들기 위해 우리 집을 드나들곤 했다는 사실을 잊지 말기 바라오. 또한 여기에는 당신의 아버지가 만든 구두를 신고 있는 상원의원들이 있다는 것을 명심하시오. 당신의 출신을 잊지 마시오.

이에 대해 링컨은 부끄러워하지 않고 오히려 청중이 결코 잊을 수 없는 명연설을 하였다. 하나님을 경외하며 사는 자는 자기의 부모를 공경하며 살고 있음을 분명하게 보여준다.

내가 첫 연설을 하기 직전에 나에게 아버지를 생각하게 해 주어서 감사를 드립니다. 나의 아버지는 매우 멋진 창조적인 예술가였습니다. 아버지보다 더 아름다운 구두를 만들 사람은 이 세상에 없을 것 같습니다. 내가 앞으로 어떤 정치를 하든 내 아버지가 위대한 예술가였듯이 그런 위대한 대통령이 되지 못하리라는 것을 나는 잘 압니다. 나는 결코 나의 아버지를 능가할 수 없습니다. 하지만 당신들 귀족 여러분에게 한 가지 말씀드리고 싶습니다. 만일 나의 아버지가 만들어 드린 구두가 여러분의 발에 잘 맞지 않거든 나도 아버지에게 배운 기술이 조금 있으니 나에게 말씀하십시오. 나는 훌륭한 제화공은 아니지만, 최소한 여러분의 구두는 수선해 드릴 수 있습니다. 연락만 주십시오. 그러면 언제라도 여러분의 집으로 달려가겠다.

링컨을 비난하고 얕보려던 분위기는 갑자기 숙연한 분위기로 변했다. 구두 제화공인 아버지의 직업을 부끄러워하지 않고 오히려 그런 아버지를 존경하는 링컨의 인격이 상원의원들의 머리를 숙이게 했다. 흔히 자녀들이 부모가 사회적·경제적으로 또는 전문직의 높은 자라야 자랑스러워하고 그렇지 않으면 부끄럽게 여기는 자세와는 너무나 대조적이다. 그러나 실은 주를 경외하는 가족이나 자녀들에게 링컨의 자세는 마땅하고도 정당하다. 하나님 말씀의 쉐마교육과 주를 경외하는 신앙의 사람들은 언제나 부모를 존경하며 산다.

아마도 2005년도쯤으로 기억되는데, 4대에 걸쳐 연세대학교를 통해 봉사하던 언더우드 일가가 한국과 작별한다는 소식을 접하고 한국의 신문들은 사설을 통해 참사랑을 실천하고 떠나는 언더우드가를 높이 치하한 바가 있다. 언더우드 1세인 장로교 선교사 호레이스는 1885년 4월 5일 부활절에 감리교 선교사 아펜젤러 부부와 함께 인천항에 도착한 이래 한국에 복음을 전하고 특히 당시 암울했던 시절 우리 민족에게 희망을 주었다. 인도로 향하던 꿈을 접고 열강의 틈에 끼어 신음하는 가난한 조선을 찾아와서 경신학원, 연희전문학교, 성서 공회, YMCA 등을 설립하여 민족의 정신을 일깨웠다. 민족 최대 수난기였던 일제강점기에 연세대가 국학의 산실로, 민족의 정신적 지주가 되게 했고, 역사적 수난도 함께 했다.

2세인 원한경 박사는 1949년 공산당 테러로 사랑하는 부인을 잃었다. 3세인 원일한 박사는 한국전쟁이 발발하자 해군에 재입대하여 인천상륙작전에 참여하고, 국제연합군 정전 협상 수석 통역관으로 수난의 역사 현장에 나섰다. 이분들 3대는 이제 서울에 합정동 외국인 묘지에 잠들어 그들이 사랑하고 헌신한 한민족을 지켜보고 있다.

언더우드 4세인 원한광 한미교육위원회 위원장은 119년간의 한민족을 위한 봉헌을 마치고 2005년 가을에 부인과 함께 미국으로 돌아갔다고 한다.

"한국에서 언더우드 가족이 해야 할 일을 다 했다"는 이유라는 것이다. 개인 재산과 집을 학교에 모두 헌납했고, 원 씨는 재단 이사직도 사양했으나 재단 측이 창립자의 후손이 없으면 안 된다고 통사정하여, 할 수 없이 떠맡았다는 것이다. 무한한 존경과 아쉬움이 더한다. 120여 년을 한국을 사랑하고 아낀 그들의 사랑과 헌신으로 우리는 당당한 세계시민으로 성장하고 오늘에 이르렀다. 이제 우리 한국은 갚아야 할 위치에 있다. 언더우드 일가처럼 가난하고 미개한 나라를 보살피는 것이 우리의 도리이다. 우리의 후손들이 이들을 기억할 수 있도록 방도를 간구하며, 아마도 교과서 수록 등도 그 한 예가 될 것이다. 우리 한민족은 하나님을 경외하는 도를 우리에게 가르치고 박애 정신으로 한국민을 일깨우며 최선을 다한 언더우드 가에 감사를 드린다.

그런데 2005년 초 춥던 어느 날 언더우드 가의 자손 중 한 분이 세상을 떠났을 때 연세대 동문은 뉴욕시 퀸즈의 한 교회에서 추모 예배를 가졌다. 하나님을 신실하게 믿고 우리 한민족을 위해 봉헌, 봉사하면서 고매한 삶이 된 언더우드가를 위해 함께 기도를 드렸다. 특히 저들의 한민족을 위한 봉헌과 고귀한 정신을 보면서 오늘의 후손 된 한국의 그리스도인들이나 교회들이 본질적인 그리스도 신앙과 삶에서 너무나 멀어진 현실을 아파하며 참회하였다. 물량과 기복적인 신앙 일변도의 한국교회가 우리에게 복음을 전해 준 선교사들의 그 아름답던 복음과 정신으로 되돌아가며, 하루속히 올바른 교회상을 회복하고 세상을 바르게 섬기자고 기도했다.

새 땅에서 이스라엘 백성들이 좌우로 흔들리며 방황하고 주저할 때, 여호수아는 저들의 선택과 결단을 촉구했듯이, 오늘 우리 한국교회는 오늘날의 나라와 사회적 삶의 정황을 바르게 인식하고 새 삶의 방향을 위한 하나님 신앙의 선택과 결단을 민족 앞에서 촉구할 수 있어야 한다. 오늘과 내일의 희망은 우리 믿음의 가정들이 오늘의 세계가 험난하고 세풍이 강할수록 주를 경외하는 가정과 하나님의 말씀을 중심으로 양육하는 쉐마교육은 더욱 절실하다.

2020년 6월 14일, 성령강림 후 둘째 주

그리스도인의 영적 삶과 미정고
요한복음 14:12-14, 18-20, 로마서 8:9-17

1. 성서 본문 이해

로마서 8장 전반부에서 영과 육의 갈등을 고뇌하던 바울은 "육신의 생각은 사망이요 영의 생각은 생명과 평안이라"라고 고백합니다. 결국 육을 따르는 모든 자연 인간은 죽을 수밖에 없는 존재임을 확인합니다. 이런 죄와 사망의 법에서 해방을 얻는 유일한 길은 하나님과 그리스도의 영이 우리 속에 거할 때에 가능합니다. 이 영은 하나님의 영이나 그리스도의 영 혹은 성령이라 부르며 다 같이 불가분리의 관계에 계신 하나님이십니다. 따라서 중요한 것은 하나님의 영이든 그리스도의 영이든 혹은 성령이라 불리는 영이든 그 '영'이 우리 속에 '거하는 것'입니다. 그때에 비로소 우리는 육신에 있지 아니하고 영에 있게 됩니다. "몸은 죄로 인하여 죽은 것이나 영은 의를 인하여 삽니다." 예수를 죽음에서 살리신 이의 영이 우리의 죽을 몸도 살리십니다. "때문에 이런 하나님의 은혜로 구원 얻은 우리는 빚진 자"로되 "육신대로 살면 반드시 죽을 것이요, 영으로써 몸의 행실을 죽이면 살게 된다." 그리고 성령이 친히 이런 우리가 '하나님의 자녀'요 '양자의 영을 받은 하나님의 후사'임을 증거 하십니다. 그러므로 "그리스도와 함께 한 후사인 우리가 그와 함께 영광을 받기 위하여 고난도 함께 받아야 될 것이다"라고 결론을 짓습니다(롬 8:9-17).

신약성서 학자들은 이 말씀을 현대인이 좀 더 이해하기 쉽도록 번역합니다. 육에 속한 모든 것을 자기 '자신'(the self)으로, 영에 속한 것들을 '하나님'(God)으로 표현하며, 중요한 것은 자신을 위할 때는 하나님과 반대되고, 자신을 절대시할 때는 하나님을 무시하며 자신만을 더 생각하는 것으로 끝맺습니다. 이런 자들은 하나님이 누구인지 자기가 무엇을 하고 있는지도 모릅니다. 따라서 보이지 않으나 분명히 나타나는 하나님, 그리스도의 영을 환영치 않는 자들에게는 자신의 육과 욕심, 이기적인 생각뿐이기에 죽음으로 끝나고 맙니다. 그러나 하나님 중심으로 생각하고 살며 하나님을 전적으로 의탁하는 자들은 하나님의 영이 그들 속에 있음을 발견하며 하나님으로 호흡하며 삽니다. 이들은 하나님이 그들 속에 계시기에 하나님의 뜻을 기뻐하고, 그 마음을 널리 열어 삶을 긍정적으로 받아들이고 자유로운 삶을 삽니다.

비록 육과 죄의 유혹이나 제한이 없지 않을 것이나 그럼에도 그들은 여전히 하나님체험을 하며 삶을 영유합니다. 죽으신 예수를 살리신 하나님이 아무리 죄악 된 세상에서 죽을 수밖에 없는 인간이지만 어찌 같은 부활의 능력을 베풀어 주지 않겠는가라고 확신합니다. 이런 하나님이 우리 속에 살기에 죽은 생에서 구원되고, 그런 영의 생이 우리의 몸을 그리스도 같이 살게 합니다! 그러므로 최상의 길은 육의 자신(the self)을 장사지내고 새 생으로 옷 입고 하나님 중심으로 새롭게 사는 것입니다. 따라서 부활의 생은 비겁하고 자신만을 위해 사는 생이 아니라, 하나님을 아버지라 부르며 어린 자식같이 의탁하여 삽니다. 이들은 하늘 아버지의 상속자가 되고, 땅에서 어려운 때를 경험하나 하나님과 함께 하나님 중심으로 살기에, 그 어떤 상황에서도 어려움을 극복합니다. 성령은 이런 하나님의 사람들을 돌보시고 그들의 연약함까지 도우시기에 때로 그들이 육과 죄의 시험으로 마땅히 빌 바를 알지 못할 때에도 하나님의 뜻을 가장 잘 알기에 말할 수 없는 탄식으로 그들을 위해 친히 간구해 주십니다. 때문에 "하나님을 사랑하는 자, 그 뜻대로 부르심을 입은 자들에게는 모든 것이 합력하여 선을 이룬다"고 확언합니다(롬 8:26, 28). 오늘의 메시지는 '그리스도인 영적 삶과 미정고(未定稿)'입니다.

2. 영적인 삶에 대한 진전된 지침

미국의 건전한 개신교단의 하나인 그리스도연합교회(United Church of Christ)는 그리스도인들이 영에 속한 건전한 생활을 위해 매일 열두 번 감사할 것을 가르칩니다.

1) 아침에 눈 뜨면 오늘도 새로운 시간을 주신 하나님께 감사하며,

2) 조반을 먹을 때는 오늘도 음식을 주신 하나님께 감사한다.

3) 차를 타고 직장으로 갈 때는 오늘도 나를 움직여 주시는 하나님께 감사한다.

4) 직장과 가정에서는 오늘도 일을 주신 하나님께 감사한다.

5) 일을 하며 잔소리나 비판, 압력을 받을 때도 도전을 주신 하나님께 감사한다.

6) 직장이나 집에서 칭찬이나 격려를 받았을 때는 만족과 행복을 주신 하나님께 감사한다.

7) 점심시간에는 얘기를 나눌 친구를 주신 하나님께 감사한다.

8) 하루의 일이 끝나면 그래도 작은 성취를 주신 하나님께 감사한다.

9) 집에 돌아와서는 가족을 주신 하나님께 감사하며,

10) 저녁 TV나 신문 잡지 등을 보며 앉았을 때는 여가의 즐거움을 주신 신(神)께 감사한다.

11) 머리가 베개에 닿는 순간 잠을 주시는 하나님께 감사하며,

12) 꿈속에서는 생명이란 귀한 선물을 주신 하나님께 감사한다.

이런 감사의 삶을 날마다 살 때 어떤 유혹이나 부정적인 생각을 물리치고, 하나님과 그리스도의 영에 속한 자로서 우리의 소중한 나날을 기쁘고 보람되며, 이웃의 세계를 위한 하나님의 크고 작은 뜻을 펼치며 영과 육이 다 강건한 삶을 살 수 있습니다. 우리가 동서고금의 많은 하나님의 사람들을 보면서 발견하는 것은 그들의 삶의 가치나 평가는 결코 얼마나 많이 갖고 지식을 쌓고, 얼마나 높은 자리에 군림하며 살았던 자들이 아니라, 어떤 사람이든 그들에게 주

어진 삶을 하나님의 놀라운 은혜의 선물임을 깨달아 알고 감사하며 봉헌·봉사하는 자들이라는 사실입니다.

뉴욕의 어느 신발가게에서 있었던 일화입니다. 추운 겨울 어느 날 뉴욕의 한 신발가게 앞에 10세 된 소년이 맨발로 서 있었습니다. 고급 승용차를 타고 가던 한 숙녀가 소년을 발견하고 멈췄습니다. 아름답게 차려입은 그녀는 차에서 내려 소년에게 다가갔습니다.

"너 왜 그렇게 신발가게 유리창을 쳐다보고 있느냐?"

"예, 저는 다만 하나님께 신발 한 켤레를 달라고 기도하고 있습니다."

소년은 꽁꽁 언 발을 구르며 대답했습니다. 숙녀는 그를 데리고 가게에 들어갔습니다. 종업원에게 양말 열두 켤레를 주문하고 대야와 수건을 부탁하여 받은 뒤, 가게 뒤쪽으로 갔습니다. 그녀는 장갑을 벗고 무릎을 꿇고 앉아 소년의 얼굴과 발을 따뜻한 물로 씻고 수건으로 잘 닦아주었습니다. 그녀는 소년에게 양말을 신기고 가게로 돌아와 신발 한 켤레를 사서 신기며 말했습니다. "네가 더 좋아지기를 바란다." 그때 어린 소년은 그녀의 손을 잡고 눈물을 흘리며 말했습니다. "아줌마는 하나님의 부인이신가요?"

퍽이나 평범한 일상의 이야기입니다. 이 맨발의 소년을 본 뉴요커들은 많았으리라 생각합니다. 그들 중엔 크리스천들도 있었으리라 여깁니다. 그러나 어떤 이유든 그들은 다 그저 지나쳤습니다. 물론 그들이 나쁜 사람들이라는 말이 아닙니다. 그 추운 겨울 양말은 커녕 신발도 없이 신발가게 진열장을 응시하며 떨던 소년에게 지나던 한 숙녀가 사랑의 관심을 표현한 작은 선행이었습니다. 그러나 소년은 "아줌마는 하나님의 부인이신가요?" 하고 물었다는 말은 무엇을 암시합니까? 그만큼 살벌한 뉴욕시요 아직껏 이 소년은 그런 작은 따뜻한 사랑도 별로 받아보지 못했다는 뜻입니다. 지극히 평범하고 대단한 경비도 들지 않는 일, 누구나 조금만 관심을 가지고 마음을 먹으면 가능한 일이 아닙니까? 그러나 수혜의 어린 소년은 하나님의 부인이나 천사의 선물같이 여겼습니다.

확실히 세상에는 두 종류의 사람들이 있습니다. 선악의 사람만의 이야기가 아닙니다. 비록 세상의 작은 일상의 어려운 현실에서나마 그저 지나치는 사람과 그를 돌보아주는 사람, 형제의 비극에도 모르는 척하는 사람과 함께 슬퍼해주는 사람, 심지어 한 신앙공동체의 교회에서 같은 교인이나 아이들, 교회당 안팎의 대소사에 이르기까지 관심하며 사랑하고 돌보는 사람과 무관심하며 모르는 척하는 교인이 있습니다. 하나님과 그리스도의 영이 그들 속에 거하는 사람들이란 세상과 교회, 그 어느 곳의 어떤 대소사에서든 자신이 아니라 이웃과 하나님의 뜻, 죄와 악이 아니라 선과 정의의 편에 서서 생각하며 사는 사람들입니다. 생각하면 작은 일같이 여겨지지만 한번 멈춰 서서 자성하며 이웃들의 삶의 소중함을 자각하고 더불어 살아가는 영적인 삶을 실천해 갈 수 있기를 바랍니다.

3. 영적인 삶을 적극적으로 살았던 신앙의 선인들

이제 우리는 영에 속한 하나님의 사람들이 되어 어떤 처지나 어느 순간에도 굴하지 않고 기쁘고 적극적으로 신앙의 삶에 나아가야 합니다. 그렇게 사는 그들만이 하나님의 정의로운 뜻과 그 영광을 위해 보람된 삶을 사는 것입니다. 아브라함은 1백 세에 얻은 외아들도 하나님의 명을 따라 제단에 희생의 제물로 서슴없이 드리려 했습니다. 그러나 이는 진정 하나님의 뜻이 아니었기에 하나님은 아브라함의 신앙과 마음만 확인하고 아들의 제물을 만류하고 그를 믿음의 조상으로 삼았습니다. 예수는 십자가의 길을 가시며 하나님의 뜻을 이루어 전적인 순종으로 처참하게 운명했습니다. 그러나 하나님은 예수의 부활로 인간의 죄악과 불의와 미움이 아니라 선과 사랑과 정의가 하나님의 뜻이요 최후 승리자임을 나타내 보이셨습니다.

하나님의 은혜를 깨달은 루터(M. Luther)는 구원이 다만 인간의 노력으로가 아니라 그리스도를 통한 하나님의 은혜로 말미암아 오기에 이를 '신앙의인'(Justification)이라 했습니다. 하나님이 죄인 된 인간을 의롭다고 인정하여 구원하며 육이 아니라 영적으로 새롭게 살게 한다는 것입니다. 칼뱅(John Calvin)은 하나님의 영광(Sola Gloria)을 개혁의 가치로 내세웠습니다. 허물진 인간은 자신의 주장이나 욕심이 아니라 오직 하나님의 영광만을 앞세우며 최선의 노력을 경주할 때, 모든 인간의 죄나 불의 등을 넘어 하나님의 뜻을 이 땅 위에 이룰 수 있다고 믿었습니다.

1965년 민권(民權)을 위해 셀마에서 몽고메리 주 수도 의사당으로 대행진하던 루터 킹(Martin Luther King, Sir) 목사는 죽은 자가 아니면 페트루스 다리를 건널 수 없다는 발포령을 웰레스 지사에게 들었으나 민권과 자유를 위한 행진을 멈출 수 없었습니다. 죽음을 무릅쓰고 5일을 걸려 루터 킹 목사와 흑인들과 동조하는 일부 백인들이 함께 도보로 수도 의사당에 도착했습니다. 그 날 루터 킹 목사는 "하나님은 우리와 함께 행진하고 계십니다"는 메시지를 전했습니다. 그는 하나님이 함께하지 않는 노력은 허무하고 하나님과 연결된 삶만이 밝은 새벽이 있다고 했습니다. "하나님 없이 사는 것은 주연이 빠진 연극 같다"고 외쳤습니다. 때문에 그의 모든 강연이나 메시지, 민권 활동들은 다 하나님과 함께 하며 하나님의 사랑과 정의를 이루는 노력이라 역설했습니다.

유명한 흑인 가수 앤더슨은 공연이 끝날 때마다 이렇게 기도했습니다. "하나님, 주님을 위해 노래할 기회를 주셔서 감사합니다. 이 노래를 들으러 온 청중을 주셔서 감사합니다. 나를 은혜의 도구로 사용해 주셔서 감사합니다. 이 생명 다할 때까지 아버지의 영광을 위해 노래하게 해주소서."

하나님의 은혜를 깨닫고 이 땅의 복판에서 저들은 날마다 삶을 영적으로 사는 하나님의 사람들입니다. 흔히 많은 한국교회 교인들이 하나님의 은혜와 성령을 받아 신령하게 산다고 하며, 인간의 도리나 상식도 벗어난 채 응급한 세계의 현실 문제는 외면하고 홀로 탈속세적이고 초역사적인 자세를, 가장 신앙적이고 신령한 영적인 삶이라 자부하는 것을 흔히 보게 됩니다. 그러면서도 가장 이기적이고 물질적이며 자본주의 타락인 탐욕에 빠져 자기들의 교회가 부흥하여 교인과 헌금이 많고 더 큰 교회가 되는 것만이 제일인 듯 내세웁니다. 가장 저속하고 세속적이며 거룩함을 빙자한 탐욕의 파럼치한들입니다. 예수의 십자가와 그가 추구하던 하나님의 뜻과 성령으로 충만한 영적인 삶과는 너무나 거리가 먼 것 아닙니까? 아니 신학적으로 이는 반그리스도적이라 할 수 있습니다. 예수는 "누구든지 자기를 따라오려거든 자기를 버리고 자기의 십자가를 지고 따르라"고 했습니다. 이런 의미에서 가장 '영적'인 것을 말하던 본회퍼(D. Bonhoeffer)가 그것은 저 세상, 초역사적이고, 신비하며 거룩한 것이 아니라, 눈물과 한(恨)으로 가득 찬 이 세계 복판에서, 그 죄악으로 인한 문제들과 싸우며 낙심하고 좌절하되, 끝까지 포기하지 않는 참된 그리스도인의 생이라 한 것은 옳은 것입니다. 그리스도인 영성이란 초세계적이요 고고한 거룩함이 아니라, 예수가 화육하여 이 세계에 오시고 마지막 십자가를 지기까지 세상의 죄악과 싸우며, 오직 인간과 세계를 위해 그 모든 것을 다 바친 바로 그런 사랑과 희생의 삶입니다.

우리 그리스도인의 진실한 기원은 하나님이 창조한 인간의 본 모습대로 살기 위해서 하나님의 영의 인도를 받고 하나님의 기뻐하시는 삶을 사는 한 그리스도인의 영적 삶인 것입니다. 최소한 바른 신앙을 가진 자들의 삶은 온 누리 중생의 본이 되고, 세계의 모든 인류가 한결같이 원하는 정의·평화·창조질서보전과 생명을 살리는 일꾼들이 되어야 한다는 것입니다.

4. 책임적인 자아(The Responsible Self)

성숙한 시대에 리처드 니버(Richard Niebuhr)가 그의 『책임적인 자아』(*The Responsible Self*)에서 밝힌 것 같이, 책임성(Responsible)은 무엇보다도 중요합니다. 성숙한 인간의 징표로든, 온전한 그리스도인의 자질로든, 자기가 처한 사회나 공동체에서 그 심사언동에 있어 책임질 수 있는 자가 가장 원숙한 자입니다. 어려움을 당한 가정에서도 어릴수록 책임을 물으며, 성숙한 어른이나 가장일수록 그모든 문제에 대한 답을 위해 책임을 알고 지려 합니다. 한 사회나 국가, 교회에서도 다르지 않습니다. 미숙한 자들은 책임을 모르고 지려고도 하지 않습니다. 다만 그 나라 사회나 공동체에서 그 어떤 문제든 더 책임을 지는 자만이 주인이요 성숙한 그리스도인이라 할 수 있습니다. 따라서 오늘의 사회에선 이와 같이 책임감을 가지고 책임지려는 자를 신뢰합니다. 동시에 책임감이 있는 사람은 그들이 어떤 일을 하든 성실하게 임하고 맡은 책임이나 직임, 그 일이 크든 작든 성실하고 충성되게 수행합니다. 어떤 의미에서 책임성과 성실성은 늘 병행하기에, 성실하며 무책임하거나 책임적이되 불성실할 수 없습니다. 책임적인 사람은 따라서 성실하고, 신실한 자는 동시에 책임성이 있는 자입니다. 또한 책임성이나 성실은 한 때 어느 곳에서는 그러하고, 다른 때 다른 일에서는 그렇지 못한 임시적이거나 부분적일 수 없습니다. 온전성(Integrity)과 일치성을 지니며, 언제 어디서나 다름없기에 신뢰할 수 있는 것입니다.

이렇게 언제나 성실하고 책임성이 있기에 신뢰가 가는 사람들만이 그들의 신(信), 불신앙을 막론하고 주어진 생을 올바르고 의미 있게 살 수 있습니다. 뿐만 아니라 사는 환경이 어떻게 변하든 상관없이 이러한 자들만이 자족하며 바로 살고, 나라나 사회, 교회에 공헌할 수 있습니다. 이런 자들은 비천하게 되고 귀하게 되어도, 궁핍하게 되고 풍부하게 되어도, 어떻게 처할 줄을 알기에 염려할 필요도 없고 당황하지 않습니다. 우리 자손들을 염려하는 부모들도, 정말 그들이 이런 진리를 터득하여 살게 될 때는 아무런 걱정도 할 필요 없습니다. 우리 자식들이 이 땅에서 공부 잘하고 좋은 학교 나와 월급 많은 직장에 취직하고 귀한 애인을 배필로 맞는 것이 얼마나 자랑스러운가요? 그러나 그들의 성공과 행복은 그것만으로는 부족하고 안전하지 못하다는 것입니다. 하나님의 말씀인 진리로 무장하고 수련 받은 성숙한 인격과 신앙을 가지게 될 때, 비로소 그모든 성공과 행복은 확실하다는 보장입니다. 바울이 "내가 비천에 처할 줄도 알고 풍부와 궁핍에도 일체의 비결을 배웠노라"(빌 4:12)고 한 것은 바로 이런 뜻이었습니다.

이런 주 예수를 발견하고 그의 가르침을 통해 우리가 빈부귀천, 희비애락, 생의 성공실패 등 그 어떤 처지에서든 승리의 생을 살 수 있었기에, 그는 자기 체험과 확신 속에서 이렇게 결론을 내릴 수 있었습니다. "내게 능력 주시는 자 안에서 내가 모든 것을 할 수 있느니라"(빌 4:13). 주 안에서 진리를 깨닫고 자유하고 성숙한 인간이 되는 길을 선포한 것입니다. 신앙으로 성숙한 한 인격자란 참으로 아름다울 뿐 아니라 그의 능력 또한 무한합니다. 바울은 이런 진리를 주 안에서 발견하고 우리에게 전하려 한 것입니다. 그리고 오늘의 세계도 성실하고 정직하되, 책임 있는 신뢰의 사람을 원하고, 나라와 사회, 교회까지도 이러한 신뢰할 수 있는 원숙한 인격자들이 늘면 늘수록, 그런 나라나 사회나 교회는 하나님도 기뻐하고 이 세계가 원하는 그런 교회와 사회가 됩니다.

5. 미정고(未定稿, Never Ending Story)

고별설교에서 크게 주목되는 것은 예수께서 제자들을 향해서 하신 이 말씀입니다: "너희는 나보다도 더 큰 일을 할 수 있을 것이다"(요 14:12). 우리는 예수를 교리적 차원에서 '마침표'로 이해하는 데 익숙합니다. 그가 모든 것을 다 이루었고, 구원이 그에게서 비롯하며 교회 출석이 내세를 보증하는 것이고 예수만이 종착점이기에 다른 것들을 무의미하다 여기면서 예수에게 마침표를 찍습니다. 그러나 예수의 마지막 말씀을 보면 너희가 내 안에 있고, 또 나를 믿으면 너희는 내가 하는 일도 할 것이며 내가 했던 일보다 더 큰 일도 할 것이라 했습니다. 이것은 예수의 일이 마침표로 끝난 것이 아니라 그것이 '아직 끝나지 않은 이야기'(Never Ending Story)로서 우리에게 남아있다는 말입니다. 아직 마치지 못한 일, 끝나지 못한 일, 그래서 누군가가 계속해서 더 크게 할 일이 있다는 이야기인 것입니다. 그래서 다석 유영모 선생은 이 말씀을 좋아하면서 '미정고'(未定稿)라는 선생님 특유의 한문으로 표현했습니다. Never Ending Story라는 말을 선생님 식으로 표현한 것입니다.

세상의 모든 일이 그러하듯이 그리스도교 역시도 아직 끝나지 않은 이야기를 말하는 종교입니다. '정의 · 평화 · 창조질서의 보전'(JPIC)을 위한 전 세계 그리스도인들의 모임을 주관했던 바이젝거(Carl Fiedrich von Weizsacker)는 "그리스도 정신은 아직 구현되지 않았습니다. 그리스도교 구원은 아직도 이루어지지 않았습니다"고 했습니다. 세상을 위협하는 정의의 문제, 평화의 문제, 생명의 위기가 존속하는 한 그리스도교 정신은 실현되지 못한 것이며 따라서 그리스도교의 구원이 아직 요원하다는 것입니다. 그럼에도 우리는 마치 그리스도교가 구원을 독점한 종교인 것처럼 마침표로 이해하는 데 너무 익숙해져 있습니다. 그리스도교 역시 아직 끝나지 않은 이야기를 하고 있는 미정고(未定稿)의 종교입니다. 우리 각자가 진리의 영인 보혜사를 지닌 존재라는 자각을 갖고, 예수가 원했던 것을 우리도 원하며, 그분이 진정으로 꿈꿨던 것을 우리도 꿈꾸고, 그분이 가고자 했던 길을 우리도 같이 걸을 때 비로소 마침표를 찍게 될 수 있다 했습니다. "너희를 고아처럼 남겨두지 않고 너희와 늘 함께 있게 하겠노라"(요 14:18)고 말한 성령강림의 사건이 그래서 우리에게 중요합니다. 진리의 영이신 그가 우리 안에 있다는 믿음, 내 안에 나보다 더 큰 존재의 힘이 내주한다는 확신, 그래서 우리도 올바른 꿈을 꿀 수 있고, 올바른 것을 바랄 수 있으며, 정의롭게 행동할 수 있을 것이라는 자신감, 바로 이것이 예수께서 마지막 고별설교로 우리에게 전하신 말씀의 핵심입니다. 그렇기에 예수는 너희가 내가 한 일을 할 수 있고, 나보다도 더 큰 일을 할 수 있다고 말씀하신 것입니다.

이 말을 달리 표현하자면, 우리 스스로 '작은 예수'가 될 수 있어야 한다는 것이고, 이제는 예수 믿기가 아니라 '예수 살기'로 나아가야 한다는 뜻인 것입니다. 내 안에 나보다 더 큰 힘, 진리의 힘이 내주한다는 믿음 하에서 예수 살기로 나아가자는 것입니다. 보혜사 성령이 우리와 함께 있기 때문에 가능한 이야기입니다.

하지만 로마서에는 하나님의 영의 탄식이란 말이 자주 나옵니다. 우리를 고아처럼 남겨두지 않고 더 큰 일을 위해, 하나님의 영, 진리의 영을 주고 떠났지만, 정작 그 영이 오히려 탄식하고 있다고 했습니다. 성령이 말할 수 없는 탄식으로 우리를 위해 간구하고 있다는 것입니다. 인간을 비롯한 피조물 일체가 탄식하는 것이 오늘의 현실입니다. 자기 소리만 내고 인생을 살아왔기에 남의 소리를 남의 소리로 듣는다면 우리에게 들리는 소리는 온통 비탄과 탄식과 신음의 소리뿐이란 것이 성서의 말씀입니다. 자기 소리만 크게 내며 살았던 탓에 자기 밖의 피조물의 고통소리를 들을 수 없었습니다. 성서는 이런 신음소리를 듣는 것이 우리 시대의 성령체험이라 합니다. 자신 속에 내주한 영의 존재를 깨닫는 사람들은 이런 소리를 들을 수 있습니다. 그래서 진정으로 탄식하는 피조물들과 소통하는 사람이 될 수 있습니다. 다석 유영모 선생은 믿음을 '밑음' 곧 '바닥의 소리'라고 풀었습니다. '밑'은 아래이고 '음'은 소리인 것이지요. 아래소리, 바닥소리, 이것을 믿음이라 한 것입니다. 인간 내면 깊은 곳에서 나오는 소리, 우리 사회 밑바닥에서부터 터져 나오는 고통의 소리라는 뜻일 것입니다. 자기 내면 깊은 곳에서 들려오는 소리라는 뜻일 것입니다. 자기 내면 깊은 곳에서 들려오는 세미한 소리를 들을 때, 비로소 삶의 바닥에서 들려오는 탄식과 아픔의 소리와 소통할 수 있습니다.

마감하면서, 남·북·미 관계와 한반도와 동북아의 미래를 위해 기도하고 싶습니다. 2018년에 적어도 두 가지 다른 변화가 생겼습니다. 트럼프 대통령이 기존의 파워 엘리트와는 거리를 두고 비교적 자유롭게 판단하고 행동한다는 점입니다. 그만큼 그의 리더십이 가변적이고 불확실하지만, 반대로 일관된 적대시 정책을 펼칠 때보다는 북한과 협상할 여지가 훨씬 많아진 것입니다. 또한 북미간 거리를 좁히고 중재할 수 있는 남한 정부의 리더십이 그 어느 때보다도 확실하게 움직이고 있습니다. 지난 70여 년의 역사 속에서 남북미 관계를 변화시킬 수 있는 매우 드문 기회가 찾아온 것입니다.

문제는 북미 관계의 변화가 주변 당사국의 모든 이해에 긍정적으로 기여할 수 있다는 점을 설득하고 그러한 변화의 방향을 만들어가는 것에 있습니다. 북미 정상회담과 종전협정은 새로운 출발선을 긋는 작업입니다. 분단과 불신의 역사가 70년을 넘었기에 이를 변화시키려면 오랜 시간이 필요할지 모릅니다. 중국과 미국이 국교 정상화의 의지를 갖고 협상을 시작한 후 실제 정상화가 이루어지기까지는 꼬박 10년이 걸렸습니다. 베트남과 미국이 파리 협정을 맺고 전쟁이 끝난 뒤, 국교정상화까지는 20년이 걸렸습니다. 게다가 북미 관계의 변화는 단순히 양국 간의 문제가 아닙니다. 동북아 지역의 냉전구조를 해체하는 새로운 관계가 형성되는 변화를 수반하기 때문입니다. 북미 관계에 한국이 책임 있는 당사자가 되어야만 하는 이유이기도 합니다.

오늘의 한국교회는 남북한 민간교류와 협력 분위기를 강화하는 데 기여해야 할 과제 앞에 서 있습니다. 통독 이전 라이프치히의 니콜라이교회처럼 '평화 위한 기도'를 시작해야 할 것입니다. 아울러

'작은 통일'의 의미가 있는 평화를 위해 교회가 앞장설 수 있는 일을 하는 것입니다. 북한 이탈 주민사역과 이산가족 상봉 그리고 민간 교류 협력에 교회의 역할을 찾는 일입니다. 남북한 주민들이 더불어 살아가는 교회 공동체를 건설하는 일이 특별한 의미가 있다고 여겨집니다.

주여! 한반도에 평화를 주옵소서. 우리 한국 그리스도인의 영적 삶의 주제이기도 하기 때문입니다.

2018년 10월 7일

성서와 그리스도 신앙 이해

신명기 6:20- 25, 이사야 53:3-5

1. 구약성서 속의 하나님

에리히 프롬(Erich S. Fromm)은 『너희도 신처럼 되리라』는 책에서 구약성서의 하나님과 인간의 새로운 이해를 제시합니다. 그리스도교 역사 속에서 구약에 대한 편견과 평가절하는 끊임없이 이어져왔고, 21세기 그리스도인들에게 구약을 새롭게 읽도록 자극합니다. 그는 독일 출신 유대계 미국인으로 『사랑의 기술』과 『소유냐 존재냐』의 저자이기도 합니다. 그는 이 책에서 정신분석학과 사회심리학에 대한 비판적 이해를 바탕으로 근본적 휴머니즘의 관점에서 구약성서와 후기 유대교 전승 속에서 '하나님'과 '인간'에 대한 개념이 '역사' 속에서 어떻게 변화하며 발전해 왔는가를 밝힙니다. 이 책은 '바벨론'과 '맘몬'의 우상에 사로잡힌 21세기 한국 그리스도인들에게 구약 속에서 '역사하는 이름 없는 하나님'을 만나게 하며 자유로운 인간으로 그분을 본받도록 촉구합니다.

저자는 근본적 휴머니즘의 관점에서 구약에 나타난 '하나님에 대한 이해'의 발전과정을 추적합니다. 초기 단계에서 '하나님' 개념은 부족장이나 왕과 같은 절대적 지배자로 묘사됩니다. 창조 이야기에서 이미 인간이 하나님의 절대적인 힘에 도전할 가능성이 담겨있다고 봅니다. 아담과 하와의 불복종의 행위를 인간이 스스로 생활하기 시작한 인류 역사의 기원이자 인간이 추구할 자유의 근원으로 생각합니다. 절대적 지배자로서의 하나님 개념은 '홍수 이야기'에서 중대한 변화를 일으킵니다. 인간의 사악함 때문에 지상의 모든 생명체를 멸절시키기로 결심했던 하나님은 노아와 그의 가족과 동물들을 살려주기로 마음을 바꿉니다. 그리고 하나님은 노아와 '무지개 언약'을 맺습니다. 이 생명 존중의 언약 체결에서 하나님은 더 이상 절대적 지배자가 아니며 인간은 협정에 있어 하나님과 동반자가 되었고 쌍방은 이 언약에 명시된 원칙에 얽매이게 되었음을 볼 수 있습니다.

하나님이 아브라함과 언약을 맺는 이야기(창 12-17장)에서도 발견됩니다. 저자는 "복의 근원이 될 것이라"(창 12:3)는 말씀에서 하나님에 대한 발전된 이해를 보여주는 "보편 구세주의에 관한 표현"을 발견할 수 있습니다. 하나님의 축복이 이제 아브라함을 넘어 전 인류로 확대되기 때문입니다. 특히 소돔과 고모라의 멸망과 관련해(창 17:7-10) 아브라함이 하나님에게 의인을 악인과 함께 공멸시키는 부당함을 지적하며 "정의와 사랑의 규범"을 지키라고 요구하는 장면에서 진보된 하나님 이해를 확인할 수 있습니다.

모세 이야기에서 하나님은 "천지 만물의 하나님이 아니라 역사의 하나님"으로 계시됩니다. 모세를 통해 이스라엘 민족에게 야훼라는 이름으로 알려지지만, 이름 없는 하나님과 대담하게 논쟁하며, 서서히 인간은 하나님의 짝이 되어 거의 대등한 관계를 맺습니다.

저자는 인간의 역사 과정을 발전과 진화의 과정으로 이해하며, 일차적 유대관계(혈연, 지연)를 끊고 떠나는 새로운 출발을 강조합니다. 아담이 에덴동산을 떠남으로써 시작된 인간의 역사는, 아브라함이 고향을 떠나고, 이스라엘 민족이 이집트를 떠나는 역사로 이어지며 발전한다는 것입니다. 특히 이집트로부터의 해방을 "민족혁명이 아니라 사회혁명"으로 이해하며 이스라엘 민족에게 중요한 역사적 사건으로 간주합니다.

구약에서 예언자 개념은 특별한데 예언자는 "진리의 계시자"이며, "정치활동과 사회정의에 관심이 많은 정치지도자"이기도 합니다. 왜냐하면 예언자는 "항상 정치사회적 차원에서 영성의 체험"을 "하나님의 역사 안에서 계시"하기 때문입니다. 메시아 시대는 "인간이 완전한 인간으로 거듭나는 시기"입니다. 잃었던 "과거의 황금기"(에덴동산)를 다시 찾는 "미래의 황금기"로 봅니다. 예언자가 그리는 메시아 시대에서 가장 중요한 것은 평화인데, 이것은 인간이 먼저 소외를 극복하고 서로 '하나임'을 깨닫는 데서 시작된다고 말합니다. 저자에게 평화는 단순히 "전쟁이 없는 상태"가 아니라 인간과 인간 그리고 인간과 자연 사이의 "조화와 화합이며 분리와 소외의 극복"을 뜻합니다.

2. 성서의 특성은 무엇인가?

연구자들에 따르면 성서가 문서화되어 오늘의 모습을 갖추게 된 것은 BC 8~9세기에서 AD 1세기 말까지라고 합니다. 그러니 문서화된 이후와 우리와의 시간적 거리만도 3천 년에서 2천 년이 됩니다. 성서는 한 권의 고전이 아니라 그 자체로서 독립된 여러 책들이 한데 묶어졌습니다. 그중에 구약이 39권이며 신약이 27권입니다. 구약은 이스라엘 민족의 역사와 직결된 경전이며 신약은 이미 세계사와 직결된 그리스도 중심의 경전입니다.

이름이 '성서'(Holy Bible)이기 때문에 이것을 다른 것과 구별된 거룩한 내용만 실려 있으리라는 전제를 가지고 읽다가는 크게 실망합니다. 왜냐하면 그 안에는 다른 어떤 민족의 건국 신화나 민담 또는 야사 등에서 볼 수 있는 것과 같은 잡다한 것이 무수하게 섞여 있기 때문입니다. 그 안에는 인간 역사에서 일어나는 온갖 것이 다 실려 있습니다. 추잡한 것과 고귀한 선이 있으며, 불륜과 순결, 절망의 애가가 있는가 하면 환희의 개가도 있습니다. 그 안에는 연대기(역사)가 있고 예술, 종교철학 등이 뒤섞여 있습니다. 기록의 양식으로 보면 시가, 시문, 산문, 소설 등 다채로우며 이러한 형식 안에는 격언과 같은 지혜의 단편, 축복, 예언, 법, 기도, 설교 등이 포함되어 있습니다.

이제 성서의 특성이 무엇인가를 알아보기로 합니다. 성서가 어떤 책이기에 지구 한 구석의 지역에서 숫적으로나 힘으로 보나, 한 민족 안에서 일어난 일을 기록한 이 책이 국경을 넘어 백인들의 역사

형성의 중추적인 역할을 했고, 온 세계의 구석구석에 침투해서 모든 언어로 번역되어 '영원한 베스트셀러'가 되고 있습니까?

성서는 이스라엘 역사의 잘잘못에도 불구하고, 아니 저들 민족들이 잘할 때, 약할 때 또는 강할 때, 패배했을 때 또는 승리했을 때 작용하는 어떤 힘, 어떤 의지, 어떤 손길이 머무르고 있다는 확신을 준 것입니다. 성서는 어떤 한 민족 공동체 또는 개개인의 삶의 기록입니다. 성서는 그 삶 한복판에서 경험한 무엇을 나타냅니다. 그러나 자신들의 삶 자체를 이상화하지 않고 그대로 폭로하면서 자기들을 초월하는 어떤 힘을 의식하고 신앙화하였습니다.

편의상 성서는 경전으로 된 순서를 밟아 창세기 이야기부터 시작했으나, 역사적으로 볼 때에 구약은 원래 출애굽을 기점으로 삼고 있습니다. 출애굽 사건은 예배 의식의 형식으로 되어 있는데, 이 같은 내용을 후손들에게 전승한 것임을 다음에서 볼 수 있습니다. "앞으로 너희 후손들이 묻거든… 이렇게 대답하라! 우리는 이집트에서 파라오의 종노릇을 한 일이 있었다. 그런데 야훼께서 강한 손으로 이집트를 내려치시고 우리를 거기에서 이끌어내셨다…"(신 6:20-24). 이와 같은 내용의 고백이 사무엘상 12:8, 시편 136:1-26, 여호수아 24: 2-13 등에 계속 반복되는데, 모두 출애굽기의 내용을 요약한 것입니다.

여기서 주목할 것은 저들은 이집트에서 노예였다는 고백입니다. 그때의 저들을 '히브리'라고 불렀는데, 람세스 2세(Ramses II, B.C. 1290-1223) 때와 람세스 4세(Ramses IV) 때의 자료인데, 거기에 '히브리인'이 언급됩니다. 그들은 성을 건축할 돌을 실어 나르는 강제노동에 동원되었다는 것입니다(출 1:11).

안병무 박사는 이들은 지금의 말로 하면 민중이라고 하며, 전통에 있어서 민중의 해방을 주제로 삼고 있으며, 그 전통이 예수님에게서 뚜렷하게 이어지고 있다는 것입니다. 희랍어로 '오클로스'란 바로 예수님을 둘러싼 그 민중을 일컫는 말입니다. 그런데 이 민중의 해방이 큰 줄기로 성서 전체를 꿰뚫고 있습니다. 이 점이 다른 모든 고전과 비교해서 볼 때 성서의 고유한 특성임이 재확인됩니다.

3. 예수 그리스도는 누구인가?

이제 우리의 신앙대상인 그리스도에 대하여 생각하여 보겠습니다. 인류 역사연대는 예수 그리스도 이전과 이후로 나누어지며, 위대한 사람들은 모두다 예수 그리스도의 역사적 사실을 놀랍게 생각하였습니다. 세인트 헬레나 섬에서 고독한 생애를 마친 나폴레옹은 예수 그리스도의 신비로운 능력에 경탄하였고, 근대인의 우상이었던 괴테도 예수님 앞에 무릎을 꿇었습니다. 그래서 괴테는 '그리스도의 인격에서 방사되는 숭고한 것과 빛나는 반사에는 언제나 신성한 것이 있었습니다. 어떤 사람이 묻기를 당신은 진심으로 그를 경배하느냐고 한다면 나는 그렇다고 말할 수밖에 없습니다.' 모든 것을 부정하고 자기 자신은 초인으로 자처하던 니체까지도 예수 그리스도의 단명을 아깝게 생각했던 것입니다.

예수 그리스도는 누구이며 무엇을 하려고 했습니까? 근대 신학은 이 문제를 해결하기 위해 '예수전 연구'에 몰두하였습니다. 예수전 연구가 가장 성행된 것은 19세기지만 슈바이처의 말과 같이 19세기의 예수전 연구는 마치 야곱이 얍복강 언덕에서 천사와 더불어 씨름하듯이(창 32:24이하) 예수와 더불어 씨름하였습니다.

그러나 예수님이 누구인가를 설문한 것은 대제사장 가야바나 근세의 신학자들만이 아니라 예수님 자신부터 같은 설문을 했던 것입니다. 수제자 베드로는 "주는 그리스도시요 살아계신 하나님의 아들이니이다"(마 16:16)라고 대답하여 예수가 그리스도요 하나님의 아들임을 고백하였습니다. 그리고 역대의 교회는 이 베드로의 고백을 계승하고 있는 것입니다.

예수라는 말은 구약성서의 여호수아의 이름을 희랍어로 옮긴 것입니다. 따라서 예수님 당시에는 같은 이름을 가진 이가 많았을 것이나, "그리스도"라 일컬음을 받은 예수는 나사렛 예수 한 분밖에는 없었던 것입니다. 이 그리스도라는 말은 원래 메시아라는 히브리 말을 희랍어로 옮긴 것입니다. 그래서 신약성서의 기자들은 그것을 하나님의 아들이라는 뜻으로 사용하였고(막 1:1), 구세주의 뜻으로도 사용하였습니다(벧후 2:20; 눅 1:49). 여기에서 우리가 말할 수 있는 것은 성서에서 하나님은 예수 그리스도와 같은 구세주로 인정되고 있으며, 예수 그리스도가 곧 하나님이라는 것입니다.

이 예수 그리스도는 물론 하나의 역사적인 인물이었습니다. 그는 2천 년 전 로마제국이 그 수도의 사치를 지속하기 위하여 온 천하 백성들을 착취하고 있을 때에 로마제국 동편에 있는 팔레스타인 베들레헴 말구유 위에서 탄생하셨고, 30년의 짧은 생애를 마치신 다음 국사범의 누명을 입고 골고다 산상에서 십자가의 극형을 당하신 분입니다. 그래서 예수 그리스도의 생애에 대해서는 역사 과학적인 방법이 적용되며, 앞서 말한 예수전 연구의 학문적인 근거가 있습니다. 예수 그리스도의 역사적 생애에 대하여는 사복음서뿐만 아니라 그리스도인이 아닌 요세푸스(Jesephus)도 서술한 바 있고, 기원 120년경에 활약한 역사가 타키투스(Tacitus)도 그가 본디오 빌라도에게 고난받으신 사실을 전하고 있습니다.

이렇게 예수 그리스도는 역사적 인물이면서도 역사의 테두리를 벗어난 분이십니다. 따라서 그에 대한 해답은 학문이 주는 해답을 넘어 경건한 신앙고백에서 기대할 수밖에 없는 것입니다. 역사적 인물인 예수 그리스도를 영원한 존재자로 믿게 하는 것은 그의 부활의 역사적 사실 때문입니다. "그리스도께서 다시 사신 것이 없으면 너희의 믿음도 헛되고 너희가 여전히 죄 가운데 있을 것이다"(고전 15:17)고 한 사도 바울의 말과 같이 그리스도교 신앙의 근거는 예수 그리스도의 부활에 있고 그리스도교는 부활의 종교라고 일컬어집니다.

그래서 신약성서 전체는 이 부활의 빛에 비추어 보면서 부활의 역사적 경험을 한 증인들의 예수 그리스도를 증거 하는 증언인 것입니다. 이 부활의 빛에 비추어 볼 때에만 예수 그리스도의 생애와 그 십자가의 의미가 알려지는 것입니다. 그리고 예수와 그리스도를 결합시킴으로써 예수 그리스도를 하나의 인격으로 믿게 하는 것도 그의 부활인 것입니다. 우리 그리스도인에게 있어서 예수는 그리스도요, 거룩하신 하나님의 아들인 것입니다. 그래서 역대의 그리스도교회는 예로부터 예수 그리스도를 참 하나님이요, 참 사람이라고 고백하였습니다.

4. 참 하나님, 참 사람

세상에는 그리스도교의 윤리적 교훈만을 중히 여기고 그것을 예수 그리스도의 역사적 사실과 결부시키는 일을 경홀히 하는 이들도 있었습니다. 인도의 무저항지도자 마하트마 간디(M. Gandhi)는 "나에게 역사적 예수에 대하여 아무 흥미가 없고, 설사 예수라는 인물이 생존한 일이 없다고 판명되고 복음서에 기록된 바가 제자들의 상징적 기록이라손 치더라도 나는 거기에 대하여 개의하지 않을 것입니다. 왜냐하면 그래도 산상수훈은 나에게 있어서 변함없는 진리가될 터이기 때문입니다"고 했습니다. 간디뿐 아니라 현대인은 대체로 그리스도교 윤리를 매개로 하고 그리스도교 신앙에 접근하려 합니다. 그래서 '예수전'을 쓴 르낭(Ernest Renan)이나 교리사의 대가인 하르낙은 그리스도교의 본질은 그 윤리사상에 있다고 보았고, 톨스토이 같은 이도 산상수훈을 실천하기에 진력하였습니다. 그러나 그리스도교에서 소중한 것은 예수 그리스도의 윤리적 교훈보다는 그것을 몸소 실천하신 그의 생애와 십자가의 죽음인 것입니다.

신약성서에 그려진 인간 예수의 초상화는 그 모습이 퍽이나 자연스럽습니다. 예수에게는 성장과정(눅 2:52)을 밟은 모습으로 보면, 인간미가 풍부하였고, 희로애락의 감정을 자연스럽게 보여주셨고, 웃기도 울기도 하며 탄식과 때로는 목 놓아 통곡도 하셨습니다(히 5:7). 하나님과의 관계도 그는 믿음과 기도에 힘쓰고 마귀에게 시험까지 당하신 것입니다(마 4:1이하). 그런데 인간 예수에게 한 가지 특이한 점은 그에게는 죄의식이 없었다는 일입니다. 히브리서 기자는 "그는 모든 일에 우리와 한결같이 시험을 받은 자로되 죄는 없으셨다"(히 4:15)고 했습니다. 하늘 천사는 하나님께 순종치 않다가 사탄으로 타락하였고, 아담과 하와도 하나님처럼 되려다가 낙원에서 추방되고 말았습니다. 그러나 예수께서는 처음부터 끝까지 하나님께 순종하고 십자가에 죽기까지 순종하셨습니다(빌 2:6이하). 그래서 그는 죄 없는 사람이 되신 것입니다. 예수님은 숭고한 도덕과 수정같이 맑은 양심을 가지신 분이었습니다.

그뿐만 아니라 예수님은 사람들의 죄에 대하여 사죄 용서를 선언하셨습니다. 그래서 그는 "내 아버지께서 모든 것을 내게 주셨다"(마 11:27)고 하였고, 신적 권위를 가지고 제자들을 소명(召命)하셨습니다(9:9). 그리고 자기 자신의 뜻이 바로 하나님의 뜻이라고 언명함과 동시에(마 11:6) 자기가 일하는 곳에 하나님의 나라가 임한다고 선포하였습니다(눅 9:1-10).

그러나 예수 그리스도의 신적 품성에 대하여는 보다 더 분명하게 요한복음에서 찾을 수 있습니다(요 7:16). 예수님은 "내 교훈은 내 것이 아니라 나를 보내신 이의 것이니라"(요 14:10). 이리하여 그는 자기 자신을 하나님의 아들로 자처하신 것입니다.

성서의 증언대로 하면 예수 그리스도는 우리 중에 강생하신 하나님의 아들이요, 사람이 되신 하나님입니다. 그래서 니케아 회의(325년)에서는 그는 사람이 되신 하나님(enmaned God)이라고 규정하였고, 칼케돈 회의(451년)에서는 또한 예수 그리스도는 참 하나님이요, 참 사람(vere deus vere homo)이라고 고백하였습니다. 그리고 중세기의 토마스 아퀴나스와 역대 교회는 그를 "내 주, 내 하나님"이라고 고백하고 있는 것입니다.

그런데 파스칼은 "우리는 예수 그리스도를 떠나서는 하나님을 알 수도 없으려니와 우리 자신도 알 수 없다"고 하였습니다. 그리스도교적인 이해대로 하면 예수 그리스도를 아는 일이 곧 하나님을 아는 일이요, 그를 아는 데서 사람이 무엇인가를 알게 되는 것입니다. 왜냐하면 예수 그리스도는 참 하나님과 참 사람이기 때문입니다.

대우주의 발견보다도 예수 그리스도 한 사람의 발견은 우리 인간 모두에게 중요한 것입니다. 스코틀랜드에 외아들을 둔 나이 많은 할머니가 있었는데 그 아들이 성장하여 큰 실업가가 되었습니다. 그래서 그는 어머니를 봉양하기 위해서 알뜰한 집 한 채를 마련하여 드리고 때를 따라 쓰실 것과 입으실 것을 공궤하여 드렸습니다. 그러나 어쩐 일인지 그 어머니께서는 기뻐하시는 눈치가 없고, 날이 갈수록 슬퍼하는 기색이 더하여 갔습니다. 그래서 친구들도 이 사실을 지적하면서 그 아들을 핀잔하였습니다. 그래서 그는 어떤 주말에 어머니를 찾아가서 어머니에게 여쭈어 보았습니다. 모든 것이 넉넉한데 어머니께서는 어찌하여 그렇게 슬퍼하시느냐고. 여기에 대한 어머니의 대답은 이러 하였습니다. "너는 나에게 좋은 집을 구해 주었다. 그러나 너는 나와 더불어 같은 집에 살지 않는다. 너는 나에게 먹을 것을 많이 주었다. 그러나 너는 나와 더불어 식사를 같이 하는 일이 별로 없다. 네가 나에게 가장 요구되는 것은 너 자신이라는 것을 알아주기 바란다"라고 하였습니다.

참 사랑이신 하나님은 예수 그리스도에게서 자기 몸소 사람이 되심으로써 우리에게 자기 자신을 사랑의 대상으로 주심으로써 자기 자신과 우리 자신을 알게 하신 것입니다.

5. 성서와 성령의 역사, 구원에 대한 성서적 이해

칼뱅은 성서는 반드시 성령의 증거로 확증되어야 한다고 하였습니다. 개혁교회의 신앙과 신학의 독특한 강조점이 여기서 나타납니다. 성서 말씀은 성령으로 하나님의 말씀이 되고, 성령은 하나님의 말씀에 의해서 다른 영들과 구별되는 하나님의 영으로 입증된다는 것입니다.

우리가 아는 바 정경화의 과정은 서기 97년에 얌니아 회의에서 유대 랍비들에 의해 구약성경 39권이 채택되고 그 뒤 300여 년이 지나서 카르타고 회의에서 신약성경 27권이 결정되고 거기에 외경 7권이 추가되었습니다. 로마교회는 성경의 권위가 교회에 있다고 주장합니다. 그러나 칼뱅과 개혁교회는 성령이 그 전체과정을 주관했다고 말합니다.

여러분, 하나님의 살아있는 말씀을 오늘 직접 들을 수 있겠습니까? 마치 그 옛날 2천 년 전, 3천 년 전에 하나님께서 족장들과 예언자들, 사도들에게 말씀하셨던 것처럼, 오늘 성령을 통해서 우리에게 말씀해 주신다는 사실을 믿으시기 바랍니다. 확신하시기 바랍니다. 시간적 간격, 공간적 거리를 넘어서 오늘 우리에게 하나님의 말씀이 되기 위해서는 성령의 내적 증거, 곧 성령이 역사해야 합니다.

성령의 감화, 감동을 받아야 합니다.

이제 한 가지 더 중요한 "구원에 대한 성서적 이해"를 다음과 같이 정리해 보겠습니다. 1) 하나님의 구원에 대한 구약성서적 이해의 표상은 다음과 같이 나타납니다. 첫째, 땅과 많은 후손을 얻고, 하나님의 샬롬 안에서 살게 되는 것. 둘째, 출애굽의 해방과 하나님의 백성으로 다시 태어나는 것. 셋째, 하나님을 섬기며 하나님의 정의를 세우는 것. 넷째, 메시아의 오심과 메시아 왕국이 이루어지는 새 하늘과 새 땅의 창조. 2) 하나님의 구원에 대한 신약성서적 이해의 표상은 다음과 같이 나타납니다. 첫째, 하나님의 나라가 이 땅 위에 세워지는 것. 둘째, 죄와 용서, 하나님의 칭의, 하나님과 만물의 화해, 그리스도 안에서 만물이 통일되는 것. 셋째, 영원한 생명이 있는 빛의 세계가 이루어지는 것. 3) 결론적으로 성서의 구원관의 핵심은 메시아적인 구원관이고, 동시에 정의를 세우는 구원관이며, 그것은 역사와 인격을 통하여 온전히 구현되어야 합니다.

여러분, 우리 교회는 육신의 죽음을 넘어 영원한 생명과 전인적 구원을 갈망하는 하나님의 백성들의 거룩한 공동체여야 합니다. 세계는 교회를 통하여 구원을 듣고, 믿고, 확신해야 합니다. 그리고 그리스도의 삶을 따라 살았던 이들의 죽음은 끝이 아니라 새로운 구원의 시작을 여는 이들일 것입니다. 구원은 세계 한복판의 사건에 관한 그리스도교의 지혜 전승일 것입니다. 우리는 하나님의 구원 잔치에 초대받은 하나님 자녀들이고 하나님은 영원히 우리의 아버지(어머니)인 것입니다. 하나님의 큰 기쁨과 위로가 가득 하시기를 바랍니다.

6. 해방된 자! 그는 고난의 종이었다

옥중예언의 성격을 띠고 있는 이사야 40-55장의 해방의 노래는 영원한 왕국, 바벨론이 망하고, 포로 된 유다 민족이 풀림을 받는 해방의 날이 임박했다는 선언이었습니다. "아름다운 소식을 전하는 자여"(사 40:9)로 시작하는 해방의 서사시는 "바벨론에 집을 짓고, 텃밭을 만들고, 아내를 맞이하여 자녀를 낳으며… 그 성읍의 평안을 구하고 기도하라"(렘 29:4-7)를 촉구하던 예레미야의 친바벨론적 예언에 정면으로 도전하는 것이었습니다. 제이 이사야는 바벨론을 저주하며 그 멸망을 노래하는데, 이는 하나님께서 친히 행하시는 역사의 신비였습니다. 타락했던 이스라엘을 채찍질하고 단련시키기 위해 바벨론을 도구로 쓰셨던 하나님께서 이번에는 자기 백성을 풀어 주시기 위해 또 다른 나라를 도구로 들어 바벨론을 치신다는 하나님의 비밀을 이 예언자는 정확히 읽고 있었습니다.

제이 이사야는 하나님의 또 다른 도구를 "페르시아"라고 지목했고, 하나님이 들어 쓰시는 종은 페르시아의 '고레스'왕이라고 합니다. 이 예언의 그루터기일 수 있습니다. "아름다운 소식" 그것은 풀림을 받는 해방의 노래였습니다. 버나드 앤더슨(Bernhard Anderson) 교수는 이 해방을 "제이 출애굽"(The Second Exodus)이라고 불렀습니다. 옛날 선조들이 애굽에서 풀림을 받았던 처음 출애굽의 '재연'으로서의 해방이었기 때문입니다. 이것이 처음 메시지입니다.

이 놀라운 해방의 약속, 아름다운 소식, 자유의 노래는 이사야 40장에서 52장까지 장엄하게 그리고 감동적인 언어로 진행됩니다.

그러나 52장이 끝나면서 제이 이사야는 갑자기 해방의 노래가 '고난의 종'으로 비약합니다. 고난의 종, 이것이 제이 이사야의 둘째 노래입니다(사 53:3-5). 고난의 종은 우리의 질고와 죄악을 대신지는 대속(代贖)의 종이었습니다. 그런데 문제는 '누가 이 고난의 종인가'라는 질문이었습니다. 이 고난의 종은 감옥에서 받고 있는 자기 자신의 고통이 포로 된 동족 유배민의 아픔을 대신하고 지고 있음을 자의식하기 시작한 것이었습니다. 그러기에 고난의 종은 예언자 자신이었습니다.

하나님의 구원을 보고, 읽고 또 선포하는 해방의 나팔수, 제이 이사야는 동족 유배민들의 고통을 대변하는 고난의 종으로 이어지고 있었습니다. 그리고 이 고난의 종은 이제 곧 풀림을 받아 고향으로 돌아가는 이스라엘 민족의 미래모습이었습니다. 여기서 해방의 영광은 과거처럼 선민의식이 아니라 모든 이웃이, 다른 민족의 아픔까지도 대신 짊어지는 '고난의 민족'이어야 한다는 예언으로 이어졌습니다. 오랜 세월 이스라엘은 처음 출애굽을 '선택된 자'라는 우월의식으로 해석해온 교만 때문에 타락해 왔다고 보았습니다. 그러나 이제 바벨론으로부터 풀림, 마지막으로 풀림을 받는 유대인 이스라엘, 그들은 교만에 빠진 선민이 아니라 다른 모든 민족의 죄와 아픔까지도 대신하는 고난의 종이어야 했습니다.

그래서 고난의 종은 마지막에 '오실 이!' 십자가에서 돌아가시는 예수 그리스도를 예언하고 있습니다. 예수 그리스도는 모든 인류의 죄와 죽음을 대신 지시는 하나님의 마지막 고난의 종이었습니다. 그러기에 이사야 53장의 고난의 종은 새 이스라엘 백성이었으며, 마지막으로 전 인류의 죄와 죽음을 대신 지시는 예수 그리스도였습니다. 코로나19는 인류문명에 대한 재점검과 검토해야 될 절체절명의 순간 앞에 우리 모두를 멈추게 했습니다. 그럼에도 언제 어디서나 우리와 함께하시는 우리 주님의 은총이 여러분에게 함께 하시기를 기원합니다.

2021년 2월 14일 주현 후 마지막 주

새 사람, 새 역사

에베소서 4:22-24, 골로새서 3:9-10

우리의 전통명절인 설 주일을 맞이하였습니다. 우리는 설 명절을 신정(新正)보다 더욱 선호합니다. 설 명절 새해 아침에 하나님 앞에 새해의 기원과 함께 새로운 다짐을 하였을 것입니다. 새해 아침의 기원과 다짐은 사람마다 다르지만, 한민족 누구에게나 '지난해를 돌아보면서 잘못을 뉘우치고 그런 잘못을 되풀이하지 않는 새사람으로 거듭나게 해주옵소서' 하는 기도와 함께 새사람이 되겠다고 스스로 굳게 다짐하였을 것입니다. 그리고 공적인 차원에서는 '이민족 분단의 역사를 끝맺고 새해에는 통일을 이루어주옵소서. 북녘의 동포들을 추위와 굶주림에서 구하여주시고, 남녘의 부정과 부패를 추방시켜 주시고, 온 나라가 화해와 협력으로 변화를 가져오고 억울하게 눌려 사는 계층과 서민들의 생활이 좀 나아지고 복지와 평등의 새 나라가 되었으면' 하는 기원과 함께 새해에는 한결 더 나라와 겨레를 위해 최선을 다하리라는 다짐이었을 것입니다.

작년부터 신종 코로나19 광풍(狂風)의 여파로 새해의 희망찬 기운을 짓누르고 있는 상황입니다. 경제적으로도 소상공인, 저소득층, 중산층이 많은 어려움을 겪고 있습니다. 온 국민이 단합하여 이 위기를 극복하고 새로운 시대를 열겠다는 집합된 의지가 강력한 것을 지켜보면서 큰 용기를 갖게 됩니다. 새해 첫날 아침에 '새해에는 새 사람이 되게 하여 주옵소서' 하는 그 기도와 다짐은 반드시 설날만의 것이 아니라 매일 아침마다 하는 기도와 다짐이어야 할 것입니다. 설날의 기도와 다짐이 특별히 중요하다면 매일의 기도와 다짐도 똑같이 중요한 것입니다.

1. 에베소서와 골로새서의 옛 사람

에베소서와 골로새서는 어휘와 신학의 주제, 문학적 구조 등이 서로 닮아있다는 것이 학계의 정론입니다. 예컨대 에베소서에 사용되는 단어의 25% 이상이 골로새서에 등장하고 골로새의 단어 1/3 이상이 에베소서에 나옵니다. 또한 신학적 주제, 그리스도는 교회의 머리로 보는 것 또한 양 서신에서 일치합니다.

바울은 그리스도 안에서 새 삶의 윤리를 제공했듯이 에베소서와 골로새서에서도 더욱 짜임새 있는 윤리적인 강령을 제시합니다. 새로운 삶의 시작은 '옛 자아'로 표상되는 이전의 생활방식을 답습하지 않는 결단으로 비롯됩니다(엡 4:22-24; 골 3:9-10). 그 이전의 삶이라는 것은 '이방인들'의 생활로 정의되는데, 가장 큰 특징은 무지와 강퍅한 마음으로 인한 하나님으로부터의 소외입니다(엡 4:18). 이로써 영적 민감성을 잃고 온갖 죄의 구렁으로 자신을 방기하면서 대책 없이 사는 삶이 펼쳐집니다. 여기에 대표적인 죄의 목록은 탐욕과 절도, 술 취함과 방종, 부정적 감정(분노, 질시 등)과 함께 특히, 성적 부도덕과 언어의 타락과 관련된 오류에 집중됩니다.

특별히 말로 인한 죄악에 대해 강조하는데, 이웃에 대한 거짓말(엡 4:25), 공허한 말(엡 5:6), 비방과 원한 서린 말, 외설스럽고 어리석고 저속한 말(엡 4:22, 5:4; 골 3:8) 등을 금하는 권고가 있습니다. 교회와 공동체가 성장하면서 그 전체규모의 조직과 운영 내지 통솔에 따르는 곤경의 원인은 대개 언어 질서의 혼돈으로 수렴됩니다. 말의 파괴력, 상호비방으로 인한 관계의 단절과 분열은 공동체의 도덕적 순결성에 해가 될 뿐 아니라 생존 자체를 위협하기까지 합니다. 그래서 말의 양과 질을 통제하는 것이야말로 공동체의 안녕과 질서 유지에 불가결한 요소가 됩니다. 이에 대응하여 공동체의 단합과 체제 유지적 필요에 부합하도록 내세울 만한 보편적 구호는 사랑을 통한 완벽한 조화입니다. 골로새서는 "이 모든 것 위에 사랑을 더하라 이는 온전하게 매는 띠니라"고 했습니다(3:14).

2. 그리스도 안에 새 사람의 가치관

에베소 교회에 보낸 편지에서만이 아니라 바울이 그의 모든 서신에서 일관되게 주장하고 있는 중심사상은 그리스도 인격에서 인류역사상 최초의 새 사람을 발견하였다는 것입니다. 그리하여 유대인이나 이방인이나 즉 세계의 모든 사람이 다 그리스도와 같은 새 사람으로 변화해야 하고 그렇게 변화된 새 사람들이 새 역사를 즉 하나

남나라를 만든다는 것입니다. 옛 사람과 새 사람, 옛 역사와 새 역사, 옛 문화와 새 문화, 옛 사회와 새 사회, 바울에게 옛것은 분토와 같았습니다. 그는 그것을 버리기에 주저하지 않았고 새 것을 얻기 위해 모든 것을 바쳤습니다. 그는 옛것에서 새것으로서의 변화를 굳게 믿은 사람이었습니다.

새 사람으로서의 변화를 믿고 그 새 사람들에 의해 새 역사가 만들어진다는 사상은 구약성서에서도 일관되어 있습니다. 모세는 이집트의 금송아지 숭배의 옛 가치관을 완전히 청산하고 초월적 유일신 야훼 숭배의 새 가치관의 새 사람으로 변화한 것이었습니다. 새 사람에 의해 새 역사가 만들어진다는 변화와 진보의 역사 사상은 유대교와 기독교의 독특한 사상입니다.

사도 바울은 사람의 인격적 변화를 믿었습니다. 그 변화된 새사람들에 의해 새 역사가 만들어진다고 믿었습니다. 그는 쉬지 않고 새 사람으로 변화하라고 가르쳤습니다. 바울에게 새 사람이란 어떤 사람이며 새 사람이 되기 위해 반드시 버려야 했던 옛 사람은 어떤 사람입니까? 바울에게 옛 사람은 예수를 만나기 전의 자기 자신이었습니다. 예수를 만나기 전의 바울—즉 사울—은 유대교의 대 석학이고 바리새파의 지적 리더였고, 희랍어를 모국어 못지않게 구사하는 당대 최고의 엘리트였고, 신분상으로도 유대인의 명문 출신이고 로마 시민권을 소유한 특권층의 한 사람이었습니다. 그는 유대민족의 종교적 문화적 전통을 가장 소중한 것으로 존중했을 뿐만 아니라 당시 세계를 지배하는 로마의 헬라 문화도 충분히 이해하고 그 가치를 높이 평가하고 있었습니다.

그러면 바울이 예수를 만난 후의 새 사람—사울이 아닌 바울—
은 어떤 사람이었습니까? 그는 그토록 존중하고 자랑하던 자기 신
분과 지식, 유대교의 전통과 헬라 문화를 분토와 같이 여겨 그것을
내어 버리는 데 조금도 주저하지 않았습니다. 새 사람으로 변화한
바울의 눈에 비친 유대주의는, 우주의 하나님 세계만방의 하나님인
야훼를 유대민족의 좁은 울타리에 가둬둔 화석처럼 굳어버린 율법
주의로 보였고, 헬라 문화는 현세주의적 물신숭배의 다신교적 우상
숭배로 보였습니다. 새 사람으로 변화한 그의 눈은 자기 민족의 시
대착오적 오류와 헬라 문화의 허위를 정확히 간파하고 미래의 새 세
계가 가야 할 새 길을 뚫어보고 있었습니다. 그 새 길은 유대주의에
도 헬라 문화에도 없었습니다.

그 길은 그리스도의 십자가의 길 뿐이었습니다. 그 길만이 새 역
사를 만들어낼 새 사람들의 길이었습니다. 여기서 바울은 유대인에
게나 헬라인에게나 즉 세계 모든 사람에게 새 사람이 되라고 확신을
갖고 목숨까지 바쳐가며 그리스도를 전파하였습니다. 옛 가치관, 옛
세계관의 옛 사람들을 새 가치관 새 세계관의 새 사람들로 변화시키
어서, 이 새 사람들이 새 역사의 주인공이 되어 새 역사와 새 문화를
창조하게 하는 것, 그것이 바울의 간절한 소망이었습니다.

3. 변화를 위한 몸부림의 역사

그런데, 그 소망은 결코 쉽게 이루어진 것이 아니었습니다. 초대
교회가 로마제국의 무서운 박해를 받은 이유가 무엇입니까? 새것을

거부한 옛것이 역사의 무대에서 결코 물러서지 않겠다고 새것을 필사적으로 거부한 치열한 전투였습니다. 역사는 옛것과 새것의 싸움의 마당입니다. 그 싸움은 처절한 혈투입니다. 초대 그리스도교회사를 보면 '황제가 주님이다'(Caesar is Lord)라고 고백해야만 했고, 황제숭배를 강요하는 상황 속에서 신앙의 지조를 지키며 살았던 초대 그리스도인들은 보게 됩니다. 과연 누가 전우주의 보좌에 오르고, 역사의 진로를 좌우할 권세를 지니고 있습니까? 황제인가, 아니면 그리스도인인가? 그리하여 그리스도의 예배와 황제의 숭배는 정면으로 충돌하였습니다. 그리스도인으로서, 절대로 말할 수 없는 한 가지는 '황제가 주님이다'라는 고백이었습니다. 왜냐하면 신자들에게는 예수 그리스도만이 주님이셨기 때문입니다.

실제로 미국의 위대한 역사는 진보와 보수 두 진영의 끊임없는 투쟁의 역사였습니다. 한쪽은 대다수의 미국인에 속하는 외국인과 부랑자, 소수자, 피억압자와 피차별자들의 삶을 지성과 도덕적인 양면에서 증진시키려고 일하는 진보적 세력이 있었습니다. 다른 한편은 근로자가 정당한 보상 없이 사용되고 오용되며, 법이 부자에게만 유리하고 가난한 자와 못가진 자를 차별하거나 부자가 가난한 자를 지배하는 과거 시대로 후퇴하기를 희구하는 보수 세력입니다. 이렇듯 진취적 진보주의와 보수주의적 거절자 간의 계속적인 투쟁은 지속적으로 진행되고 있는 것입니다. 이러한 미국 역사의 흐름은 우리에게도 중요한 교훈이 된다고 생각합니다.

4. 무엇이 오늘의 유대주의와 헬라주의인가

우리 시대에 바울 시대의 유대주의와 헬라주의에 맞먹는 것은 어떤 것일까요? 논란의 여지가 있는 문제이지만, 감히 유대주의에 맞먹는 것은 원시문화의 샤머니즘과 샤머니즘에 먹히고 있는 한국불교, 주자학적 전통에 굳어버려 형식주의와 공리공론으로 헛된 세월을 보내면서 제 구실을 다하지 못하고 결국 나라도 지켜내지 못한 조선조 이래의 한국유교, 그러한 샤머니즘과 형식주의의 굴레를 그냥 뒤집어쓴 채 '예수 믿고 천당 가시오'를 염불 외우듯 밤낮 되풀이 떠들고 있는 한국 기독교의 기복신앙입니다. 더 나아가서 집단이기주의라고 불리는 자기중심의 이기주의와 가족주의, 끼리끼리의 지역주의가 우리 교단, 우리 교파, 우리 교회 중심주의로 기세를 올리고 있습니다.

그러면 우리 시대에 바울 시대의 헬라주의와 유사한 것은 무엇일까요? 이 역시 논란의 여지가 있지만, 그것은 과학기술 만능사상과 거기에 바탕을 둔 황금만능사상, 이들과 유기적 관계에 있는 일제시대로부터 물려받은 군국주의, 권력숭배의 감투싸움, 물질적 향락주의 등이라 할 수 있습니다. 사도 바울은 "유대인은 표적을 구하고 헬라인은 지혜를 찾으나 우리는 십자가에 못 박힌 그리스도를 전하니… 오직 부르심을 받은 자들에게는… 그리스도는 하나님의 능력이요 하나님의 지혜니라"(고전 1:22-24)고 말씀했습니다. 바울에게 있어서 새 사람은 고난자의 초상 속에 압축되어 있습니다. 수난자로서 바울의 자화상 중 에베소서에서 돋보이는 것은 '예수 그리스도의 죄수'의 초상입니다. 바울은 "주 안에서 죄수" 된 자로서 간청하고(엡 4:1) "사슬에 묶인 사자"가 되어 자신의 복음 전파를 위한 중보기도를 요구하고 있습니다(엡 6:19-20). 바울이 "그리스도의 죄수"를 자처한 것은 이방인들에게 십자가에 못 박힌 그리스도를 전파하기 위함이었습니다. 새 사람이 된다는 것은 우리의 이웃과 겨레, 사회와 인류를 위한 봉사와 자기희생의 십자가 정신의 사람이 되는 것을 의미합니다. 새 사람은 하나님의 능력과 지혜로써 옛 역사를 새 역사로 만들어가는 하나님의 일꾼입니다.

5. 역사의 두 신앙인, 어거스틴과 아퀴나스

어거스틴은 젊어서 매우 방탕한 생활을 했습니다. 여자와 술에 취한 이러한 생활은 어거스틴의 몸만이 아니라 정신적으로 철학적으로도 타락하게 했습니다. 종교적으로도 마니교에 심취하여 육체와 정신과 영이 모두 철저하게 타락했던 사람이었습니다. 그런 그가 암부로시우스를 만나 예수를 믿고 새 사람으로 거듭나게 되었습니다. 어느 날, 어거스틴이 옛날에 술 마시러 다니던 골목을 지나게 되었습니다. '선생님, 오랜만입니다. 왜 그 동안 안보였습니까? 잠깐 쉬었다가 가세요.' 술집 아가씨가 뛰어나와 반색을 하며 맞습니다. '사람 잘 못 보았소.' 이렇게 말하면서 그는 생각합니다. '여인이여, 나는 옛날의 어거스틴이 아닙니다. 그 사람은 죽은 지 오래입니다. 지금의 나는 예수님과 함께 하는 어거스틴입니다.'

중세기 로마 가톨릭교회의 지성과 신앙의 화신인 토마스 아퀴나스는 49세에 그가 그렇게도 사랑하던 주님의 품 안으로 돌아갔습니다. 그는 마지막 영성체를 받으면서 눈물을 흘리며 이런 기도를 올렸습니다. "나는 지금 내 영혼을 이 땅에서 풀어주는 당신의 은총을 받고자 합니다. 당신께 대한 사랑이야말로 나로 하여금 배움의 길을 부지런히 걷게 한 힘, 허다한 밤을 새워가며 몸을 깎고 살을 에워 힘쓴 것도 당신을 위해서였습니다. 나는 당신을 설교하고 교수하되 요행히 당신을 배반하지 않았습니다. 나는 티끌만치도 내 생각을 관철하고자 아니하였습니다. 만일 그릇된 생각을 하여 그대의 성체를 욕되게 함이 있었을진대 기꺼이 거룩한 교회의 재판에 응하겠나이다. 나는 지금 이 교회에 대한 순복과 충성 가운데 이 세상을 떠나려 하나이다." 세상을 떠나기 3개월 전 그가 니콜라 성당에서 십자가 앞에 꿇어 엎드려 기도하고 있을 때에 문득 십자가에 못 박힌 예수는 이렇게 말했습니다. "토마스여, 너는 내게 대하여 훌륭하게 기술했다. 네게 무엇으로 갚을 것인가?" 토마스는 그때 곧 대답했습니다. "주여, 당신 외에 아무것도 원치 않나이다." 그는 놀라운 하나님의 은총을 경험하게 되었습니다. 그는 『신학대전』을 써서 교회의 근간을 이루었지만, 그 이후로는 아무것도 더 이상 쓰지 않았습니다.

6. 함석헌의 신앙순례

함석헌은 자신의 사상적 그래프를 그리자면 두 번의 도약이 있는 계단과 같다고 말한 적이 있습니다. 우찌무라를 만난 날과 유영모를 만난 날이 그 두 번 도약의 계기라고 했습니다. 우찌무라를 통해 무교회 신앙을 소개받고 기독교를 이해하는 바른 정신이랄까 관을 세울 수 있었다면, 유영모는 한국인 혹은 동양인의 자리에서 성서읽기를 가르쳐주신 분이었습니다. 한국적, 동양적 종교문화 전통을 소화하는 데 큰 도움을 받았고 특히 한국 고대 사상 중 하나님 신앙을 긍정적으로 계승 발전하게 되었다고 했습니다.

함석헌의 비폭력 평화주의적 투쟁은 기독교와 도교의 가르침으로 형성된 것이지만, 구체적으로 이러한 삶을 보여주며 살았던 인물, 마하트마 간디의 영향 또한 지대했습니다. 간디를 "현대역사의 조명탄", "폭발하는 혼"[1]이라고 했습니다. 함석헌이 간디를 통해 배운 것은 '조직적인 사랑'이라 합니다. '조직적인 악에는 조직적인 사랑으로 대항할 것과 그렇게 하면 반드시 이기는 것을 증명한' 사람이었습니다.

말년의 함석헌은 다음의 말씀을 하셨다고 합니다. "하나님이란 형체도 없고 이름도 없다는 그것 얼마나 높은 사상이야요. 그러나 예수가 걸은 길 가운데 십자가라는 것, 이것이 참으로 독특한데 이 점이 노장만하고 가만 있을 수가 없게 만드는 것이지요", "내가 노자를 좋아하고 장자도 좋아하지만 내가 믿는 내 주님이 누구냐 하면 예수 그리스도지, 다른 이가 있겠느냐"[2]고 하셨습니다. 정통 그리스도인이면서 평생 함석헌의 신앙 여로를 지켜보며 우려하고 기도하던 장기려 박사를 울린 한마디였습니다. 역사 안에서 싸우는 평화주의

---

1 함석헌, 『함석헌전집』 7, 39-40.
2 함석헌, 『함석헌전집』 3, 171.

자, 그 모순의 사람 예수를 스승 삼아 따르는 그리스도인 함석헌은 하나님의 평화로운 마음을 가졌다 해도, 풍류나 즐기며 나무 그늘 아래 계실 수만 없었던 것은 기독교적 세계관(초월적 역사의식) 덕택이었습니다.

무교회 에클레시아는 바로 함석헌이 그리고 기다리던 새 시대 공동체, 신앙적이고 스스로 서고 함께 사는 공동체의 작고 구체적인 모델이었습니다. 제도교회의 권위나 그 집단성에 개인의 인격이 억압되고 묵살되는 것에 저항하고 신앙인 개개인이 하나님 앞에서 독립된 자아로서 홀로서기 하는 것을 중요시하면서도, 홀로 선 평신도들이 연합하여 일상의 삶에서 코이노니아를 이루는 에클레시아를 형성하려 했습니다. '오직 하나님만'의 절대 신앙을 가지면서도 수도자적으로 은둔하지 않고 '밖으로 불려 나와' 세상의 인간 중심적 세계관과 그 산물들에 대해 '아니다' 하면서 그 시대, 자신의 자리에서 영적 혁명을 위해 끊임없이 전적으로 저항한 역사적 공동체였습니다. 신앙, 독립(스스로 섬), 통일(하나 됨), 이는 함석헌이 그린 씨알 공동체의 특성과도 같습니다. 그렇다면 신앙 안에서 자아를 세우고 역사의 주체로서 함께 살아가는 평민 씨알들이 유기적 공동체인 씨알 공동체는 사회로 '불려져 나온' 무교회적 에클레시아가 아니겠습니까?

함석헌은 어릴 때부터 기독교 신앙 울타리에서 자랐고, 구미교육을 통해 기독교가 역사 속에서 얼마나 위대한 종교인가를 잘 알고 인정합니다. 그러나 더 중요한 것은 진리 자체 곧 참은 기독교보다 더 위대하다는 것을 깨달아야 한다는 것입니다. 역사 속에 등장한

모든 위대한 종교들은 '진리 그 자체'가 아니고 그것을 가리키는 손
가락들이고 참과 하나 된 경험을 말하는 증언의 소리였기 때문이라
는 것입니다.

함석헌은 신앙 순례자의 길잡이였던 것이라 회상이 됩니다. 함
석헌의 〈대선언〉은 6.25 전쟁의 포성이 한반도를 할퀴고 있을 때
항도 부산에서 세상에 태어났습니다. 그의 〈대선언〉은 마치 13세
기 교회개혁의 수도자 요아킴이 교황권을 부정하고, 자율과 기쁨으
로 특징되는 '성령의 제삼시대'가 시작된다고 선언했던 사건과 비
교가 됩니다. 요아킴 수도자는 이단자 취급을 받았습니다. 중세기
였다면 함석헌도 이단자로서 당연히 '화형처형' 죄목에 해당한 내
용을 선언했던 것이라 생각하며 신앙 순례자로서의 외로움과 용기
를 상기하게 합니다.

7. 루터의 영성과 얽힌 이야기

믿음의 순례의 길에서 하나님의 은총은 세례와 성만찬과 말씀을
통해 끊임없이 우리에게 임재합니다. 여기에 루터의 영성의 교회론
적인 차원이 있습니다. 교회는 인간적인 모임이나 회중들의 도덕적
인 클럽이 아니라, 성례전의 신비를 통해 종말론적으로, 세상 끝날
때까지 하나님이 우리와 함께하시는 임마누엘의 신비를 말씀과 성
만찬의 예배를 통해 재현하는 곳입니다. 그리고 이 신비를 나누는
자들이 비로소 세상 속에서 왕 같은 제사장(벧전 2:9)으로서 보편적
인 만인사제직의 삶을 살아가게 됩니다. 그러므로 예배는 우리의 사

회적 참여와 예언자적 봉사와 구분하지 않습니다.

　루터의 영성을 표현하면서 미국의 한 신학자에게 이런 이야기를 들은 적이 있습니다. 중세 때 하나님의 사람이 있었습니다. 하루는 천사가 그에게 나타나서 말했습니다. "하나님께서 당신에게 은사를 주시기를 원합니다." "나는 하나님 한 분으로 족한걸요." "하나님도 그걸 알고 계십니다." "그러나 하나님은 당신에게 은사를 주시기를 원합니다." 곰곰히 생각에 잠겨있던 이 하나님의 사람이 마침내 입을 열었습니다. "나에게 치유의 은사를 주십시오. 나를 통해서 페스트로 죽어가는 많은 병자들이 치유되길 원합니다." "나에게 평화와 위로의 은사를 주십시오. 가난과 질고에 시달리는 가난한 사람들이 나를 통해 하늘의 위로와 소망을 갖게 해 주십시오." 그러나 하나님의 사람은 잠시 동안 말을 멈추고 있었습니다. "단, 그 은사를 나의 그림자에게 내려주십시오. 그래서 내가 무슨 일을 하고 있는지 알지 못하도록 해주십시오." 천사는 매우 흡족해서 하나님의 사람의 그림자에 하늘의 신비한 은사를 내려주고 갔다고 합니다. 그 사람의 그림자가 스치는 곳에 많은 병자가 치유를 받았고, 절망 가운데 사는 민중들이 하늘의 위로를 얻었지만, 그 사람은 자기가 그런 놀라운 일을 하는지도 모른 채 평소와 다름없이 하나님과 깊은 사랑을 나누며 살았다고 합니다.

　그리스도인의 영성은 무엇일까? 믿음으로 의롭게 된다는 것은 무엇일까? 아마도 나를 비어 가난한 사람들을 위해(option for the poor) 스스로 가난함과 영적 청빈함을 선택하는 자들(option to poor)에게 주어지는 하나님의 은총이 아닐까? 여기에 신비의 그리스도가 임재 한다면, 이 영성의 심연(深淵)을 몸으로 체험한 자들이 그리스도의 신비를 잃은 채 표류하는 한국교회의 어둠을 정화(淨化)하고, 치유하는 새로운 밀레니엄에 남겨진 사람들이 아닐까요?3

8. 마감하는 말

이제 이 말씀을 마감하면서, 역사의 예수 역시 1세기의 유배자였음을 발견합니다. 예수는 분명히 당시의 종교적 행태를 넘어섰거나, 아니면 적어도 그 바깥에 있었습니다. 예수는 자신의 삶 속에 하나님 나라가 실제로 현존한다고 선언하였는데, "때가 찼고 하나님의 나라가 가까이 왔으니 회개하고 복음을 믿으라"(막 1:15)고 선포하였습니다. 나중에는 그 나라는 심지어 그 나라의 원리를 구현한 우리들 속에 임재 한다고 선언하였습니다(눅 17:21). 그 하나님의 나라의 표시는 승리나 의로움이 아니라, 오히려 인간의 부서진 증상들(symptoms of human brokenness)을 제거하는 것이라고 가르쳤습니다. 즉 하나님의 나라에서는 눈먼 사람이 보고, 귀먹은 사람이 듣게 되며, 다리 저는 사람이 걷게 되고, 나병환자가 깨끗함을 받으며, 죽은 자가 살아나며, 가난한 자에게 복음이 전파됩니다(눅 7:22).

주 안에 있는 여러분, 이제 우리는 누구를 향하여도 원망하지도 불평하지도 말 것입니다. 변화된 나를 알아주지 않는다고 시비 걸지도 말 것입니다. 오직 하나님과 나 사이에서 이루어진 새 사람을 입

---

3 정승훈, 『종교개혁과 21세기』(대한기독교서회, 2003), 92-93.

고 그대로 묵묵히 길을 갈 것입니다. 하나님께서 지어주신 새 사람을 입고 주님의 부르심에 응할 때에 그 존재의식은 전혀 다릅니다. 똑같은 생활을 하나 그 감격도 다르고, 그 의미도 다르고, 그 목적도 다릅니다. 전통적인 한국인의 설 명절을 복되게 맞고 보내시며 그리고 새 해에 새 사람을 입고 새 역사를 만들어가는 우리 모두가 되시기를 바랍니다.

2021년 주현 후 다섯째 주, 설 주일

감사 정신의 근거 위에서 감사하자

신명기 8:1-10, 마가복음 12:41-44

1. 추수감사절의 정신적 근거

미국의 초석을 놓은 조상들(Founding Fathers)의 신앙과 감사의 정신적 뿌리를 생각해 보기로 하겠다. 1620년 12월 26일 메이플라워호로 플리머스(Plymouth)에 도착한 146명의 청교도는 하나님을 향한 감사한 마음과 신앙으로 가득했었다. 이것이 추수감사절의 정신이요 미국 정신의 뿌리이다. 180톤의 작은 배로 117일 동안 험난한 대서양을 항해하면서 단 한 명도 돌아간 사람 없이 신앙과 정치의 자유를 위해 신대륙을 찾은 저들의 개척 정신은 참으로 고귀하고 자랑스럽다. 겨우 한겨울을 나는 동안, 추위와 전염병과 싸우다 47명이나 죽었기에 슬픔을 당하지 않은 가족은 거의 없었다. 실로 비극이 아닐 수 없었다. 그러나 이들은 옥수수, 푸성귀와 칠면조, 팬케이크 등을 준비하고 감사예배를 드리며 잔치를 했다. 풍성하고 대성하며 기뻐서가 아니라, 아직도 어렵고 춥고 가족과 친구를 잃은 슬픔이 마음을 아프게 하지만 이러한 여건에서도 하나님께 감사예배를 드린 것이다. 그 후 3년 뒤인 1623년 초대 지사인 브래드포드(William Bradford)는 추수감사절 예배를 다음의 포고문으로 선포했다.

높으신 하나님 아버지께서 금년에도 풍부한 수확을 주셨다. 인디언의 도움으로 옥수수, 밀, 콩, 호박과 여러 채소를 심었으며 자라게 하셨다. 숲에서는 짐승을 잡고 바다에서는 생선과 조개를 넉넉하게 거두도록 축복하셨다. 야만인의 습격에서 보호하시며 악한 질병으로부터 지켜주셨다. 무엇보다 우리의 양심을 따라 자유롭게 하나님을 예배할 수 있게 되었다. 나는 모든 필그림 순례자들에게 선포한다. 1623년 11월 29일 오전 9시부터 정오까지 어른, 아이들이 다 모여 목사님의 말씀을 듣고 이 모든 축복을 주신 하나님께 감사의 예배를 드리자.

신대륙에서 거둔 수확, 양심에 따른 자유로운 예배, 갖가지 위험에서 보호받은 일들이 하나님의 축복과 은총이기에 감사의 예배를 하나님께 드리는 것이다. 미국의 개척은 이처럼 감사로 시작했다. 감사의 정신은 개인의 행복만이 아니라 훌륭한 국가 건설에도 추진력이 된다. 없는 것을 불평하는 부정적인 자세가 아니라 현재의 부족한 여건도 긍정적으로 보고 감사하며 더 나은 내일을 희망하며 사는 것이다.

워싱턴 초대 대통령은 1795년 추수감사절의 메시지에서 "전능하신 하나님의 섭리를 알고 그의 뜻에 복종하며 그 은혜를 감사하는 것이 미 국민의 마음이 되기를 바란다"며 "추수감사절에 온 백성이 교회에 나아가 하나님의 축복이 이 나라에 영원히 계속되기를 기도해 달라"고 당부했다. 확실히 추수감사절의 감사 정신이 미국의 정신적 뿌리로 받아졌다. 1863년 링컨 대통령이 추수감사절을 국가 공휴일로 선포한 때에도 하나님에 대한 신앙과 감사의 정신을 분명히 했다. 남북전쟁이 아직도 치열하며 수만 명이 처참하게 죽는 위기의 때에 링컨은 추수감사절을 국경일로 선포하며 외쳤다. "미국민에게 자유의 고귀한 선물을 주신 하나님, 모든 축복의 근원이 되시는 하나님께 온 국민이 자손 대대로 감사한 마음을 가지도록 매해 11월 넷째 목요일을 추수감사절로 정한다." 그는 선포문에 빌립보서 4장 6절의 말씀을 인용했다.

아무것도 염려하지 말고 모든 일을 오직 기도와 간구로 하고 여러분이 바라는 것을 감사하는 마음으로 하나님께 아뢰십시오.

이는 바울이 생각하는 그리스도인 신앙생활의 기초였다. 그에게는 하나님께 감사하는 것이 기도요, 믿음이요, 예배였다. 이런 정신은 1907년 루즈벨트(Theodore Roosevelt) 대통령의 추수감사절 메시지에도 그대로 반영됐다. 그의 관심은 건국 조상들의 감사 정신을 이어받고 비록 잘살게 되더라도 결코 감사의 책임을 잊지 말라는 것이다. "우리 개척자 조상들은 가난하고, 춥고, 전염병과 싸우는 황무지에서도 하나님의 은혜에 감사했다. 그러므로 오늘 잘살고 자유를 누리는 미국민은 우리의 책임을 다함으로써 하나님께 감사하자." 좀 잘살게 되었다고 감사 정신을 잃는 것은 미국의 건국 정신에 위배 되는 것으로 여겼다. 그 땅에 발을 붙인 우리 한국인들로 이민 100주년을 맞는 때에 하나님께 대한 감사 정신이 미국 건국 조상들의 신앙이요, 미국의 정신적 뿌리였음을 되새기며 계승 발전해 갈 의무와 함께, 진정한 감사 정신은 타 이민한 사람들에게 본이 되기를 바란다는 메시지를 전했다. 추수감사절 메시지는 "감사 정신의 근거 위에서 감사하자"이다.

2. 이스라엘인들의 감사 근거(신명기 8장)

가나안은 이스라엘 백성에게 필요한 모든 것을 충족시켜 줄 만큼의 곡식이 수확될 기름진 토양, 풍부한 광물, 맑은 물 등을 가진 땅이라고 묘사한다. 땅은 하나님이 그의 백성과 맺은 언약을 지속시켜 줄 핵심 열쇠이다. 그들의 땅에서, 그들의 예배처에서 예배를 드릴 때만 참된 하나님의 백성이 되기 때문이다.

이스라엘인들이 수천 년 동안 자기들의 명절이나 뜻깊은 날에 읽는 신명기 8장의 주제는 '하나님을 잊지 말라' 그리고 하나님의 '모든 명령을 잘 지키라'는 것이다. "오늘 내가 너희에게 전하여 주는 명령과 법도와 규례를 어기는 일이 없도록 하고, 너희의 하나님을 잊지 않도록 하여라"(신 8:11).

광야 40년 동안 그들을 낮추고 굶게도 하신 것은 그들이 하나님의 계명을 지키는가, 안 지키는가 그 마음속을 알아보려는 것이다. 물이 없는 사막에서 반석을 쳐 물이 솟아나게 하고 먹을 것이 없어

굶어 죽게 되었을 때 신비한 만나를 먹게 한 것도, 사람이 먹는 것으로만 사는 것이 아니라 주의 입에서 나오는 모든 말씀으로 산다는 것을 알게 하려는 것이요, 단련시키고 시험하셔서 나중에 그들을 잘되게 하시려는 것이다. 그러므로 이런 하나님의 뜻과 은혜를 잊지 말고 끝까지 겸손히 주의 법도를 지키며 살라는 것이다. 모세는 이 경고가 얼마나 중요한 것인지 강조하며 "너희가 주 너희 하나님을 참으로 잊어버리고… 하나님의 음성을 듣지 않으면 주께서는 너희 앞에서 멸망시킨 민족들과 똑같이 너희도 망하게 하실 것이다"라는 말로 결론을 내린다. 이스라엘의 축복과 저주, 행복과 불행, 번영과 패망이 전적으로 이런 하나님과 그 은혜를 잊지 않고 그 명령을 지키는 여부에 달렸음을 경고하고 다짐한다. 더욱이 아름답고 기름진 땅에서 잘살게 되고, 모든 일이 성공적이라 하여 마음속에 교만한 생각이 들며, 자기의 힘으로 된 것 같이 자부하여 하나님을 잊는다면, "내가 오늘 엄숙하게 경고한다. 너는 틀림없이 망한다"(I solemnly warn you today that you shall perish, 신 8:19)는 것이다. 이것이 신명기에서 모세가 말한 교훈의 요지이다. 하나님을 잊지 않고 그 은혜를 기억하며, 땅에서는 하나님의 법도를 지키고 어려운 시련의 때나, 부요한 생활 속에서나 늘 겸손하며 감사히 살자는 말씀이다.

이런 경고는 당대의 저들에게만 하는 말씀이 아니다. 거기 있지 않은 먼 훗날의 자손들에게도 하시는 말씀이며 그 후손들도 결코 하나님과 그 은혜를 잊어서는 안 된다고 했다. 이는 먼 훗날 예수가 40일 금식 후 광야에서 받았던 시험을 연상케 한다. 굶주린 예수에게 돌을 변하여 떡이 되게 하라고 사탄이 시험할 때, 예수는 "사람이 떡으로만 살 것이 아니요, 하나님의 입으로부터 나오는 모든 말씀으로 살 것이라"(마 4:4)고 대답하였다. 마치 광야 40여 년의 굶주림 속에서 하나님이 만나를 먹이시며 깨우치려는 것도 "사람이 떡으로만 사는 것이 아니요, 주의 입에서 나오는 모든 말씀으로 사는 줄을 너로 알게 하려 하심이니라"(신 8:3)는 것이다.

중요한 것은 하나님이나 그 은혜를 잊지 않는 것이다. 인간이 살아가는 데에 하나님의 말씀이 주는 것보다 더 귀한 부(富)도, 더 필수적인 생필품도 있을 수 없다. 사람들은 가난이나 기근 등의 어려움 속에서 부한 자가 되고, 먹고 입을 것이 많아지는 이것을 위해 저들의 대부분 생을 보낸다. 그러나 저들은 절실한 요소가 바로 하나님의 말씀에서 발견된다는 것을 모른다.

성서는 부(富) 자체를 부정하지 않는다. 부가 사람에게 자족과 오만에 빠지게 하여 더 이상 하나님과 이웃도 다 잊게 하고 홀로 부요하고 평안하게 살 수 있을 듯이 생각하게 하고, 실제로 부한 자들은 대부분 이런 시험에 빠지기 쉽다. "돈을 사랑함이 일만 악의 뿌리가 되나니 이것을 사모하는 자들이 미혹을 받아 믿음에서 떠나 많은 근심으로써 자기를 찔렀도다"(딤전 6:10)고 한 바울의 경고도 다 같은 맥락의 의미이다.

따라서 구약성서의 가르침부터 예수와 바울에 이르기까지 먹고 입는 물질은 세상을 살아가는 데 필수적이지만, 물질에 너무 집착해 하나님도 잊고 그를 더는 필요하지 않게 생각하기 시작한다면 부요는 결코 축복이 아니요, 참으로 무서운 저주가 된다. 부자가 하나님 나라에 들어가는 것이 낙타가 바늘구멍으로 들어가기보다 더 어렵다는 예수의 말씀도 다 부요가 인간을 오도하는 것을 경계하는 말씀이다.

그러므로 하나님의 뜻에 살며 축복된 생을 살려는 사람들은 부요로 인한 자족함이나 경제적 성공이 하나님의 은혜와 바꿀 수 없음을 알아야 한다. 그리고 부요를 이루게 한 것도 하나님의 선물임을 잊어선 안 된다(신 8:17-18). 따라서 성공이나 번영도 한 인간을 시험하는 것임을 알아야 한다. 여기에서 하나님의 메시지는 분명하다. 오늘 이렇게 재산을 모으도록 너희에게 힘을 주셨음을 너희는 기억해야 한다(신 8:18).

그러므로 세상을 너무 지나치게 사랑하여 하나님도 잊고, 그 은혜를 망각하며, 그 귀한 생을 헛되게 살다 사라질까 두렵다. 요한이 그 서신에서 이를 경계하며 어떻게 살아야 할 것인가에 대해 권면한 것을 깊이 새겨들어 보기로 한다.

이 세상이나 세상에 있는 것들을 사랑치 말라. 누구든지 세상을 사랑하면 아버지의 사랑이 그 속에 있지 아니하니 이는 세상에 있는 모든 것이 육신의 정욕과 안목의 정욕과 이생의 자랑이니 다 아버지께로 좇아 온 것이 아니요 세상으로부터 좇아 온 것이라. 이 세상도, 그 정욕도 지나가되 오직 하나님의 뜻을 행하는 이는 영원히 거하리라(요일 2:15-17).

3. 감사 정신은 템플턴의 부호 비결

억만장자의 투자가이며 템플턴 재단을 창설하였고 종교계의 노벨상으로 불리는 템플턴상(賞)을 제정한 템플턴(Sir John Templeton)에게 그런 대부호가 된 비결이 무엇인가를 물었다. 그는 아무 주저도 없이 '감사의 표시'(Gratitude)라고 했다. "감사함이 없다면, 돈을 얼마를 가졌을지라도 부자가 아니다"라고 했다. 템플턴은 '감사'라고 할 때 모든 일에 또는 모든 관계에서 언제나, 어디서나 감사하는 마음과 감사하는 자세를 소중하게 생각했다. 따라서 감사의 자세를 발전시키면 행복이 증진하는 것이 생의 한 법칙이라는 것을 깨달았다. 감사의 덕은 인간 존재의 궁극적인 근원을 직접 움직일 수 있고 감사함을 몇 배로 늘어날 수 있게 한다. 템플턴은 이런 감사의 자세를 '모든 사람, 모든 환경에서 선과 축복을 추구하는 의식적 결단'이라 했다.

따라서 우리는 우리의 가족이나 사랑하는 사람, 어떤 공동체든 그들을 치하(칭송, appreciating)하는 것으로 시작할 수 있다. 우리의 재질이나 능력을 기회로 받아들일 때 감사의 자세는 확대되며, 이전 감사의 태도는 우리의 생을 풍요롭게 하는 창조적 사상의 문을 활짝 연다. "감사한다"(thank you, thanks)를 진지하게 말하거나 조용히 느낄 때 선의 더 넓은 세계의 문을 열 수 있게 한다. 템플턴에 따르면 목소리, 표정, 말의 선택 등을 통해 우리는 이웃들과 더 좋은 대화를 할 수 있다고 한다.

깊은 그리스도인 신앙을 가진 템플턴은 우리의 영혼이 열정과 돌보려는 마음이 더할수록 우리는 비로소 우리의 이웃과 인류에 대한 관심이 더 진지해지고, 한 지구상에서 사는 온 누리의 슬픔, 성공, 도전에 대해 진실로 함께 염려하게 된다고 했다. 우리는 분리되지 않은 존재요, 영으로 하나이다. 한 사람에게 영향을 주는 것이 모든 사람에게 영향을 준다. 어떤 환경이나 여건일지라도 모든 것들 속에서 모든 사람에게 영향을 준다. 어떤 환경이나 여건일지라도 모든 것들 속에서 역사하는 생의 중요한 요소인 '신적 감동'(god-like)이 감사와 기쁨을 일으킨다. 감사의 자세는 스스로 제한하는 한계나 부정적인 것들을 없애고 희열에 찬 삶을 살게 해 언제나 새로운 날이 오는 것을 알게 한다. 이런 감사와 감사의 자세는 적극적 인생의 자세를 갖게 하고, 어떤 악조건의 환경에서도 극복할 수 있고, 승리할 수 있게 한다. 바로 이런 감사의 자세가 템플턴을 억만장자가 되게 하고, 예일대학과 옥스퍼드대학 로드스 장학재단을 거치는 서생이던 그를 재계의 거장으로 만들었다. 그뿐만 아니라 이런 자세로 수많은 투자가의 수천 수억 만 불을 지혜롭게 투자 관리하기에 미국의 더 많은 사람이 그를 믿고 투자하며, 자신의 자본으로 세계의 종교와 정신, 윤리와 도덕 세계에 공헌하는 이들을 시상하는 세계적인 '템플턴 재단'을 운영하고 있다.

'지상에서 하늘을 향한 지름길'(Pathways Toward Heaven on Earth)이라는 부제가 붙은 그의 저서 『세계 종교들로부터의 지혜』(Wisdom from World Religions)에서는 인간이 지상에서 사는 여러 측면의 지혜들을, 세계의 대종교들 속에서 정리하여, 우정을 나누는 소년 그룹이 한 어머니에게게서 듣는 '보물 상자'에 관한 이야기를 전한다. 그 어머니는 아주 안전한 보물 상자를 가지고 있으며 그 속엔 이 세상에 최고의 보물들로 가득하다고 했다. 소년들은 온갖 보물들을 상상하면 궁금하여 참지 못하고 그 보물들이 구체적으로는 어떤 것들이요 어디에 있느냐고 물었다. 그녀는 이 놀라운 비밀, 그 '보물 상자'는 어디에 있는 물질적인 것이 아니라, 여러 소년 각자의 가슴 속에 다 가지고 있음을 일깨운다. 그 보물의 내력은 사랑·기쁨·평화·감사의 마음들과 하나님 나라의 상속자들이 되게 하는 믿음이라고 가르쳤다. 하나님의 은혜로 그것이 너희 마음속에 거하신다는 것이다. 다만 이 보화를 활용하고 선용하여 이웃과 세상을 위해 사용할 때, 마음속의 보화도 외적인 보화와 함께 더 증대한다는 가르침이었다. 이들이 성인이 되어서도 이 '보물 상자'의 비밀이야기는 큰 영향을 주었다. 감사의 자세는 누구에게나 이토록 소중한 보화임을 템플턴은 증명해주려 했다.

4. 감사의 성서적 가르침

마가는 예수가 어느 날 예루살렘 성전에서(막 12:41-44) 가난한 과부가 동전을 헌금함에 넣는 것을 보고 이는 누구보다도 더 많이 넣었다고 칭찬한 사실을 전한다.

모두 다 넉넉한 데서 얼마씩을 떼어 넣었지만 이 과부는 가난한 가운데서 가진 것 모두 곧 자기 생활비 전부를 털어 넣었다(막 12:44).

사실 당시 아무런 사회 복지 제도가 없던 시절에 과부의 생활이란 가난할 수밖에 없었다. 구약 신명기(24:17-21)에 나타나는 과부나 고아를 돌보라는 말씀을 초대교회는 우선적 과제로 삼았다. 오늘날도 과부들의 삶은 홀로 그 책임을 져야 하기에 옛날 못지 않게 어려운 경우가 많다. 예수 당시는 확실히 더 어려웠다. 따라서 돌봄을 받아야 할 가난한 과부가 자기 생활비의 전부인 동전을 다 하나님께 바치는 일은 예수의 눈을 끌 수밖에 없었다. 물론 다른 사람들의 헌금하는 모습도 보았다. 그들 중에는 많이 넣는 부자들도 있었다. 그러나 넉넉한 데서 얼마를 넣는 부자들과 가난한 과부의 동전 두 냥은 대조적이었고, 후자는 그의 생활비 전부를 다 넣었기에 예수는 그녀를 칭찬하며 그것은 하나님을 향한 그녀의 감사함을 나타내는 것으로 보았다. 따라서 하나님께 드리는 물질이나 헌금은 하나님을 향한 인간의 봉헌의 증표가 된다는 것이다. 그리고 예수는 "네 보물이 있는 그곳에는 네 마음도 있느니라"(마 6:21)고 했다. 네 보물이 있는 곳에 네 마음도 있고, 네 마음이 있을 때 거기에 네 보물도 함께 드리게 된다는 것이다.

때로 물질에 관한 이야기는 자칫 오해를 일으킬 수 있어 무척 조심스럽다. 그러나 땅에 있는 교회가 하나님의 선교나 사업을 운영, 발전하는 데에는 자원을 필요로 하며, 그 자원은 교인들이 봉헌하는 헌금으로 충당한다. 물론 구약의 말라기서는 수입의 십일조는 하나님의 것이요, 하나님께 봉헌하도록 명한다.

만군의 여호와가 이르노라. 너희의 온전한 십일조를 창고에 들여 나의 집에 양식이 있게 하고 그것으로 나를 시험하여 내가 하늘문을 열고 너희에게 복을 쌓을 곳이 없도록 붓지 아니하나 보라(말 3:10).

말라기는 이전 하나님의 십일조를 봉헌하지 아니하는 자는 하나님의 것을 도적질하는 것이라며 엄히 경계한다. 하나님의 가르침대로 가르치며 순종하는 징표로서 십일조 헌금을 정성으로 봉헌하며 교회를 받드는 것이 그리스도인의 봉헌적 생이 된다. 흔히 진보적인 교인들은 십일조 헌금에 대하여 소홀하게 생각하고 교세나 하나님 나라, 하나님 선교 운동에 약한 양상을 보이기도 한다. 말라기서는 '온전한 십일조'를 봉헌하는 사람들에게 "하나님이 하늘 문을 열고 너희에게 복을 쌓을 곳이 없도록 붓지 아니하나 시험하여 보라"고 한다. 우리 그리스도인들은 신자의 의무와 봉헌을 실행하여 하나님의 약속한 축복을 받는 자들이 되기를 바란다. 우리 주변에 한국교회와 기관에서도 십일조 봉헌을 하며, 충실하게 봉사하며, 사회에서도 크게 활동하는 그리스도인들을 많이 알고 있는데, 크게 감사할 일이다. 아니 그들 중에는 십일조가 부족해 십이조, 십삼조, 십오조의 봉헌을 하면서 하나님 나라와 그 선교를 위해 넘치게 봉헌하는 사람도 있다. 사실 한국의 선교를 꿈꾸던 장로교의 언더우드도 선교자금이 없어 포기할 수밖에 없는 처지였으나 뉴욕 브루클린(Brooklyn)에 있는 라파엣교회(Lafayett Church)의 맥윌리암스(D.W. Mcwilliams)가 선교를 위해 5천 불을(선교사 2명이 2년간 일할 수 있는 경비) 봉헌하였기에 언더우드의 한국 선교가 가능케 된 것이다. 어찌 한국교회가 언더우드와 함께 맥윌리암스를 잊을 수 있겠는가?

5. 결론: 감사는 하나의 과정(process)

우리가 분명히 알아야 할 것은, 사실 추수감사절은 어느 한 날, 한순간의 축제나 사건만이 아니라는 사실이다. 그것은 하나의 과정 (process)이다. 마치 이스라엘인들이 광야를 여행하고 가나안을 향해 옮기던 나그네의 삶과 같이 끊임없이 우리 그리스도인들도 순례해야만 할 길이다. 그러므로 추수감사절이라 하여 이날 하루만 감사하는 날로 생각하는 것은 옳지 못하다. 감사하는 마음과 표현이 끊임없이 범사에 나타나게 해야 한다. 동시에 우리가 어떤 은혜를 받았던 그것을 자기 탓으로 돌리지 않고 연고된 이웃에게 돌릴 때 이는 더 큰 은혜를 가져옴을 알아야 한다.

옛날 미식가(美食家)인 왕이 아주 맛이 기막힌 음식을 먹고 요리사를 불러 칭찬했다. 상을 주려는 왕께 그는 자기 기술이 좋아서만 아니라 좋은 채소를 파는 채소 상인의 덕이라고 칭찬했다. 그 말을 듣고 왕은 채소 상인을 불러 칭찬했으나 그는 좋은 채소를 키운 농부가 있기 때문이라 했다. 왕은 다시 농부를 불렀다. 잘못을 범했나 싶어 농부는 두려워했으나, 좋은 채소를 생산해 온 것을 치하하기 위함이라 할 때, 자신이 정성으로 농사를 지은 것이 사실이나 이는 비와 햇빛을 주신 하나님의 은혜요, 감사의 인사는 하늘의 하나님께 드려야 마땅하다고 말했다. 왕은 이런 백성을 흐뭇해하며, 그는 온 나라 백성들과 더불어 하나님께 감사를 드렸다.

한 감사는 다른 감사를 낳고, 작은 감사는 큰 감사를 가져오며, 그런 감사의 자세는 온 나라 모든 백성에게 돌아오는 이치를 보게 된다. 미국의 억만장자 템플턴의 고백과 같이 감사와 감사의 자세는 부귀를 산출하며 불의한 인생을 뒤바꾸어 놓기도 한다. 하나님은 한 개인만이 아니라 국가와 세계의 운명도 변화시킨다. 비록 오늘의 교회가 때로는 좀 무력해 보이고, 개혁의 주체에서 개혁의 대상으로 추락하였다 해도 소수의 창조적 그리스도인들의 헌신적 봉헌의 생을 통해서 하나님의 역사와 위력의 힘을 확신하게 한다. 우리는 이 깨달음을 결코 과소평가할 수 없다. 이런 깨달음과 감사의 자세가 감사절의 의미요, 감사의 자세가 날마다 계속되어야 하는 이유이다. 아무리 세상이 각박하고 배신과 배반, 배은망덕으로 가득 찼다지만, 고마움을 알고 감사하게 될 때, 비로소 메마른 세상에서나마 훈훈하게 사는 즐거움을 더해 준다. 회고하면 부족한 필자의 40여 년 동안의 목회 생활도 감격스럽고 눈물겨운 일들이 수없이 많았다. 그동안 수백여 명의 교우들, 친구들과 많은 애환의 이야기들이 있다. 만약 목회 생활과 인간관계를 통해 감사와 감격스런 일이 없었다면 얼마나 고독하고 적적했겠는가를 상상해본다. 이제 아마도 나이를 먹어서 그런듯하다.

교우들이나 친구들, 스승들에 대한 회상, 앞서간 신앙의 선진들과 성인(聖人)들의 생의 가르침들의 마음속 깊은 감사나 표현들이 잊히지 않는다. 낙심하지 않도록 다시 용기와 희망을 품고 일어서게 하는가 싶으니 그저 감사 감격할 뿐이다. 특히 부족한 나의 목회 사역 동반자로 항상 격려와 도움을 주고 전적으로 헌신했던 나의 사랑하는 아내 박정자 사모를 요즘 가끔 회상한다. 오랜 세월이 지나고 또 새로운 날이 되어서도 잊히지 않고 늘 새롭게 위로하며 힘이 되는 것은 역시 사람의 마음속에서 우러나오는 사랑과 감사의 심사 언동이 아닐까 한다. 일일이 나열하지 못할지라도, 그 어떤 대소사를 불문하고 감사의 마음과 표현, 표시 등은 결코 누구의 마음에서도 지워지지 않고 새로운 위로와 힘이 된다. 물론 감사를 안 한다고 법에 걸리는 것도 아니고 범죄자가 되는 것도 아니다. 그러기에 감사함을 잊을 수도 있으나, 감사한 마음과 표시, 감사함을 잊지 않는 말과 행동은 자신과 주변, 이 사회와 교회와 세상을 아름답고 훈훈하게 하며 더 살맛 나는 세상이 되게 할 것이다.

2018년 9월 23일 추석

하나님께 감사하라

시 136:1-9, 26, 골 3:15-17

1. 시작하는 말

사막 수도자들의 이야기 중에 기도에 대한 이런 이야기가 있다. 어느 제자가 스승에게 "하나님께 드리는 기도를 하나만 할 수 있다면 어떤 기도를 해야 할까요?"라고 질문한다. 스승이 답한다. "기도를 단 한마디만 드린다면 '하나님, 감사합니다'라고 해라." 그렇다. 우리도 하나님께 드릴 기도는 '하나님 감사합니다' 이 한마디이어야 하겠다.

어거스틴의 저서에 보면 당시 그리스도인들은 서로 만나서 여러 가지 이야기를 하며 성도의 사귐을 하다가 헤어질 때는 언제든지 우리 '하나님께 감사합시다' 이것이 한 인사처럼 되었다고 전해진다. 어떤 때는 그리스도인들이 만나서 억울한 이야기, 핍박당하는 이야기, 순교 당하는 이야기 등을 하다가도 마지막 헤어질 때는 우리 '하나님 앞에 감사합시다'라고 했다는 것이다. 이와 같이 참 신앙인들은 감사를 생활화하였다.

2. 어떤 상황에도 감사해야 한다

그러나 이와는 반대로 지난 일 년 동안에 일생의 어려운 일, 슬픈 일, 괴로운 일, 실패나 절망적인 사건을 경험하면서 감사절을 맞이하여 지키는 분들도 있을 것이다.

감사절을 지키는 우리의 정신과 태도가 무엇에 근거를 두고 있는가 살펴볼 때, 사람들은 내가 무엇을 받았으니, 어떤 좋은 일이 있으니, 어떤 감사하는 일이 있으니 감사를 한다는 심정이 앞선다고 하겠다. 그러나 이런 인생의 명랑한 면, 밝은 면을 가지지 못한 사람이라도 우리 믿는 사람의 의무는 항상 감사하는 것이다. 말씀에도 범사에 감사하라고 했으니 좋은 일에서만 아니라 궂은일, 슬픈 일, 괴로운 일, 억울하고 답답한 일을 당했어도 감사를 해야 한다고 의무적인 생각을 하게 된다. 왜 이렇게 감사해야 할까?

첫째, 역경과 환난 중에 하나님의 섭리가 있기에 감사해야 한다. 흐린 날씨 후에 맑은 날씨가 있고, 겨울이 지나면 봄이 온다. 아픈 후에 나음이 있고, 고통 후에 면류관이 있다. 하나님은 우리의 삶의 여정을 평탄하게만 하시는 것이 아니라, 때로는 역경을 통해 연단시켜 새로운 역사창조와 새 삶이 있게 하신다.

역경과 환난은 힘들고 어려운 일이지만 그것을 견뎌 지내고 나면 연단이 되고 훈련이 되어 삶을 더 견고케 하며, 평탄한 삶에서 갖지 못했던 삶의 가치와 관대함을 배우게 된다. 아픔이나 고독, 배반이나 이용·당함, 이별이나 사업실패, 낙방이나 사랑하는 사람의 죽음 등이 반드시 나쁜 것만이 아니라, 도리어 인생을 바르게 살아가게 할 수 있고, 인생에 대해 진지한 하나님의 뜻을 발견하게 할 수 있고, 그때가 하나님을 만나는 기회가 되는 것이다. 그래서 내 인생에 소중한 것이 되는 것이다. "우리가 알거니와 하나님을 사랑하는 자 곧 그 뜻대로 부르심을 입은 자들에게는 모든 것이 합력하여 선을 이루느니라"(롬 8:28).

고통이나 역경을 당할 때 실망이나 좌절하지 말아야 할 것은 하나님이 그 일을 통해 은혜 주시고 더 크게 쓰시려는 섭리가 있기 때문이다.

둘째, 역경 중에 감사하면 기도와 찬양이 나온다. 역경 중에서도 하나님의 창조와 섭리를 믿는 사람은 하나님만 의지하고 기도한다. 사람에게 실망하거나 변하는 세상에 좌우되지 않고 하나님의 뜻을 헤아리는 기도를 하게 된다. 감사가 빠진 기도에는 회의와 원망이 따른다.

3. 감사 찬송에 얽힌 이야기

찬송가 66장 "다 감사 드리세"는 고난과 역경 중에서도 찬양을 잃지 않는 링카르트(M. Rinkart, 1636) 목사의 깊은 신앙이 담겨있다. 지금부터 400여 년 전, 종교전쟁이라고 부르는 '30년 전쟁' 당시 스웨덴 군대가 독일에 쳐들어왔을 때, 아일렌부르크시를 보호해 주던 성벽이 있었다. 개신교 피난민들은 이 성곽으로 피난을 왔으나 피난민으로 들끓는 성안에는 먹을 것이 없는 데다가 전염병마저 퍼져서 그들의 참상은 말로 다 할 수가 없었다. 사람들은 죽기 시작했고, 목사들은 할 수 없이 시가지를 떠났다. 그러나 루터교 목사인 마르틴 링카르트는 30년 전쟁에서 5천 명을 매장했다. 매주간 100명을, 하루에 50명을 장례 지낸 날도 있었다. 성벽은 스페인군에 의해 끊임없이 무너져가고, 집은 파괴되고, 한 치 앞을 내다볼 수 없는 그때 어린이를 위한 기도문을 썼는데, 바로 우리 찬송가 66장이 이 기도문에서 만들어진 것이다.

이 말씀은 바울이 골로새 교회에 권고한 말씀이다. 3장 16절에 "그리스도의 말씀이 너희 속에 풍성히 거하여 모든 지혜로 피차 가르치며 권면하고 시와 찬송과 신령한 노래를 부르며 감사하는 마음으로 하나님을 찬양하고" 17절에 "또 무엇을 하든지 말에나 일에나 다 주 예수의 이름으로 하고 그를 힘입어 하나님 아버지께 감사하라"고 했다.

찬양은 첫째로 그리스도의 말씀이 우리 영혼 속에 살아있는 것을 증거하는 것이요, 둘째로 찬양의 태도는 감사가 넘치는 마음으로 노래를 불러야 한다고 했다. 우리의 전 생애는 하나님의 것이다. 그러니 찬송이 우리 생의 순간순간에서 흘러나와야 한다.

우리 생애의 어두운 면, 소극적이고 부정적이고, 실망적이고 좌절감만을 본다면 사실 찬송을 부를 수도 없고 억지로 감사를 할 수도 없다.

그러나 우리의 전 생애는 하나님의 손안에 있다는 폭넓은 신앙심을 가져야 한다. 저 유명한 찬송가 69장 "온 천하 만물 우러러"—

성 프란시스(St. Francis of Assisi, 1225)의 찬송은 그의 삶이 평탄할 때 부른 노래가 아니다. 젊은 날, 프란시스는 그리스도의 부르심을 받고, 허물어져 가는 시골 성 마태교회에서 기도하던 중에 '프란시스야, 이 성전을 수리하라'는 내적인 명령을 듣고, 너무 답답하여 자기 아버지 포목상에 찾아가서 점원 몰래 비단 몇 필을 가지고 나와 그것을 팔아서 그 허물어진 성전을 깨끗하게 수축(修築)했다. 자기를 구속하신 예수님을 진실히 믿고 전하고자 한 열심 때문에 아씨시 지방에서도 갑부라 불리던 아버지 집에서 쫓겨났다. 걸인처럼 방랑하며 예수가 사셨던 생활을 본받아 '가난과 결혼한다'고 스스로 맹세하고, 가난한 이들을 섬기고 사랑하는 일로 굶고, 헐벗고, 찬 바위를 요로 삼고, 구름으로 이불 삼고 살았다. 그러나 아들의 생활을 못 마땅히 여기던 그의 아버지가 여행에서 돌아와 이 모든 사실을 알고 그 아들을 상대로 법정에다 절도범으로 고발했다.

프란시스는 법정에 불려가 아버지의 고소장을 들고 답변 대신 다음의 유명한 영적 아버지에 대해 선언했다. "저는 지금까지 여기서 있는 베르나르드를 나의 아버지라 부르며 살았지만 이제 이후로는 하늘에 계신 하나님을 아버지로 모시며 살겠다." 그리고 그가 걸치고 있던 겉옷과 속바지까지도 벗어서 아버지 앞에 던져두고 하나도 걸칠 것 없는 알몸으로 법정에서 나왔다. 이것을 본 재판관이 너무도 안타까워 자기의 가운을 벗어서 알몸을 가리게 했다고 한다.

프란시스는 그의 순례와 그리스도를 본받아 고행과 사랑의 실천, 가난한 자들, 병든 자들을 위하여 살며 따르는 자들을 건사하며 보냈다. 그는 병든 몸을 이끌고 클라라가 이끄는 곳에 움막을 짓고 얼마간 보내면서 하나님을 찬양하라는 '태양의 노래'(69장 찬송의 본래의 것)를 이탈리아어로 작사했는데 이는 많은 사람이 부르게 하기 위함이었다. 프란시스는 평생 그리스도 예수님을 닮아가는 삶을 사셨던 성자이다.

육신의 아버지 앞에서 알몸으로 뛰쳐나간 그였지만 주 예수님을 믿게 된 하나님의 은혜에 감사하여 하늘을 보고 찬양하고, 해를 보고 찬양하고, 별을 보고 찬양하고, 슬픔과 고통, 죽음까지도 자매라고 부르며 찬양할 조건이 된다고 했다. 신앙의 선진들을 본받아 "무엇을 하든지 말에나, 일에나 다 주 예수의 이름으로 하고 그를 힘입어 하나님 아버지께 감사하시기"를 바란다.

미국의 부흥사 스펄전 목사는 '우리에게 별빛을 주신 하나님의 은혜를 감사하면 하나님께서는 달빛을 주실 것이요, 달빛을 보고 감사할 줄 알면 햇빛을 받을 것이요, 햇빛을 주신 은혜를 감사하는 자에게는 영원히 솟는 신비의 빛을 우리에게 주실 것이다'라고 했다.

4. 시편 기자의 감사와 우리의 감사

구약 본문 말씀인 시편 136편은 매절에서 "그 인자하심이 영원함이로다"라는 구절이 반복되는 구조적 특징을 지니고 있다. 이 시편은 이스라엘의 순례자들, 예배자들이 예루살렘 성전에 모여 예배드릴 때, 찬양을 인도하는 한 레위인 또는 제사장과 더불어 교창한 찬양으로 추측된다. 전체적인 내용은 모든 신(神)과 주(主)보다 뛰어나신 여호와의 사랑에 대한 찬양 권면(1-3절), 하나님의 위대하신 창조행위(4-9절)와 이스라엘을 애굽에서 인도해내어(10-15절) 가나안을 정복하게 하신(16-22절) 구원행위에 대한 찬양 그리고 감사에 대한 결론적 권고(23-26절)로 구성되어 있다. 이스라엘이 드리는 최고의 찬양, 하나님이 기쁘게 받으실 찬양이라고 생각한다. 하나님께 감사하는 마음은 구원의 기쁨을 소유한 마음이며 주께 감사 찬송하는 사람은 이미 영원한 생명의 축복을 받은 자이다. 성령 충만한 심령을 가진 자는 감사의 생활이 넘쳐난다.

이스라엘 민족이 나그네들이었지만 하나님께 구원을 요청하여 출애굽의 해방과 구원을 얻은 것에 대한 감사의 신앙고백을 했던 것 같이, 우리 고난의 역사 속에서도 복음이 들어왔고 믿음으로 민족의 해방과 구원의 역사를 체험할 수 있게 하신 주님께 감사의 신앙고백을 할 수 있다고 말할 수 있다.

우리는 개인의 삶을 회고해 볼 때도 집을 옮기고 새 직장을 가지며, 가정과 자녀들을 지켜주심에 대하여 감사하면서 오늘이 있게 하신 것, 하나님의 은혜이다. 영적으로, 육적으로 방황하면서 나그네 같은 삶이었지만 그런 중에도 하나님 신앙과 삶의 변화를 체험했다면 이를 하나님의 축복으로 알고 감사하는 신앙고백을 할 수 있다. 특별히 우리 그리스도인들은 1970, 80년대 인권회복과 민주주의 실현(민주화 회복기)과 90년대 이후 민족의 일치와 화해(평화 통일 실현, 남북관계 개선)에 40여 년을 보내면서, 약속의 땅을 향한 40여 년의 히브리(이스라엘) 백성들의 여정과 연계하여 생각해 볼 수 있다.

구약성서는 물론이고 신약성서에서도 하나님을 향한 그 모든 은혜에 대한 감사와 찬송은 넘치고 있다. 감사는 신앙의 척도이다. 우리는 모든 것을 하나님으로부터 받았다. 그러니 내 모든 것은 하나님의 것이다. 거저 받았으니 감사하며 살아야 한다.

현재 우리나라는 초유의 헌정 문란 사태를 맞아 새로운 헌정질서 회복을 향하여 — 11월 12일 주말 저녁, 100만 개의 촛불이 서울 중심가를 밝혔다. 도심을 휩쓴 촛불의 물결은 민심의 현주소를 분명하게 드러냈다. 대통령의 '친구'라는 최 씨 일당이 건드리고 지나간 곳은 망가지지 않은 곳이 거의 없다. 지금은 당장 여야를 가릴 상황이 아니고, 보수, 진보를 나눌 계제가 아니다. 국민이 원하는 준엄한 명령을 이행하는 일이다.

더욱이 최순실의 배경이 사이비종교를 만든 영생교 교주 최태민의 딸이라는 것이다. 그동안 사이비종교의 농락에 빠져 놀아났다는 사실이 우리를 모두 당혹하게 한다. 감추어진 거짓과 불의, 우상숭배를 드러내시는 하나님의 손길을 감지하며 그럼에도 '역사의 주인이신 주님, 반드시 이 어둠을 밝혀 주시고 이 민족과 나라를 바로 세워주옵소서!'

5. 마치며, 그럼에도 감사합시다

우리의 감사가 잘살고, 성공하고, 만사형통해서 감사하는 것이라면 이는 온전한 감사일 수 없다. 그러한 것이 없는 경우 우리는 감사하지 않을 수 있다는 말이 된다. 언제나 듣고 읽어도 아름답고 공감이 가는 감사 정신을 일깨우는 하박국의 고백을 우리의 신앙고백으로 삼아야 할 것이다. "무화과나무 포도나무 감람나무에 딸 것이 없고 밭에서 거둘 것 없고 우리와 외양간에 양과 소가 없어도 나는 주님 안에서 즐거워하며 나를 구원하신 하나님 안에서 기뻐하리라"(합 3:17-18).

"너희는 감사하는 자가 되라"(골 3:15). 아무리 가져도 충분하지 않아 끝없이 더 가지려고 발버둥 치는 문화, 영원한 불만족의 딱지가 붙은 문화에서, 창조주의 형상에 따라 새롭게 된 그리스도인 공동체는 '급진적인 감사'를 그 특징으로 삼아야 한다. 오늘날 우리는 불만족의 포로가 되었다. 그 결과 돈의 문화에 속한 모든 사람의 얼굴에는 전혀 감사할 줄 모르는 배은망덕이라는 낙인이 찍혀 있다. 이런 방식으로 죄가 우리 속에 그 형체를 드러내고, 우리의 습관을 좌우하며, 우리를 포로로 사로잡고 있다. 어떻게 감사를 깊이 체험하고 표현할 수 있을까? 우리가 진실로 창조에 대하여, 우리가 받은 생명의 선물에 대하여, 그리스도의 구속(救贖)과 평화에 대하여 감사할 수 있을 때만이 감사할 줄 모르는 문화와 그 영향력을 깨뜨릴 수 있다.

바울은 결코 보석이나 돈, 가죽옷이나 값비싼 물건들에 관심을 갖지 않았으며, 오직 본질적이고 영원한 것들 즉 믿음, 사랑, 지혜의 영, 하나님이 주시는 능력 같은 것이 귀함을 알고 그런 것들을 위해 살며 그런 유산을 우리에게 전해 주려 애썼다. 이런 본질적인 귀함을 알고 깨닫게 될 때 그 위력은 세상 무엇과도 바꿀 수 없다. 바울, 그는 세상의 부귀영화 같은 이 모든 것을 분토같이 여기며 그리스도가 보여주시고 가르친 그 영원한 것을 향해 진력할 뿐이라고백했다.

　우리는 오늘의 한반도의 상황, 동서냉전의 마지막 결전지로 여기는 한반도에서 오늘을 사는 그리스도인들이다. 우리는 정의와 형제애, 평화의 새날을 이루어 낼 것이라는 남북 간의 공존과 동포애, 관심으로 소통되고 평화의 감사제가 일어나는 꿈을 꾸어 봤으면 좋겠다.

　사실 감사는 어느 한순간의 사건이 아니다. 그것은 하나의 과정(process)이다. 마치 이스라엘인들이 광야를 여행하고 가나안을 향해 움직이던 나그네의 길과도 같이 끊임없다. 우리의 감사 생활 역시 추수감사절 하루만이 아니라 범사에 나타나야 한다. 한 감사는 다른 감사를 낳고, 작은 감사는 큰 감사를 가져오며, 그런 감사의 자세는 온 나라 모든 백성에게 돌아온다. 진정한 감사는 그 어떤 외적인 조건이나 소유에 상관없이 하나님의 은혜에 대한 무조건적인 감사(Thanks for Nothing)이다.

　성찬 예식은 주의 구원의 은혜에 감사하는 예식으로, Eucharist라는 영어단어는 헬라어의 Eucharisteo(감사하라)라는 말에서 나왔다. 예수님께서 떡을 들어 축사(축복 감사)하시면서 5천 명을 먹이시고 최후 만찬을 제자들과 함께하셨다. 하나님의 크신 축복이 함께 하시기를 바란다.

2016년 11월 20일, Giving Thanks to God

하나님의 은혜에 감사

신 26:5-11, 살전 5:18

매년 11월 셋째 주일에 드리는 추수감사절 축제가 시작되면 미국인들 30~50만 명의 귀성 인파가 고향을 향하고, 흩어져 있던 가족들이 한자리에 모여 칠면조 파티를 한다. 한국도 미국의 추수감사절처럼 한국인들의 마음을 움직이고, 축제 분위기를 일으키고, 고향을 찾고 잔치를 하는 명절이 있는데, 그것은 바로 '추석'이다. 교회 생활에 충실한 사람들도 추석과 주일이 겹치면, 교회를 떠나 고향으로 갈 정도로 추석은 온 한국인들의 마음을 움직이는 명절이다. 축제와 감사가 살아있고 한국인의 마음을 움직이는 감사절 예배는 미국인의 추수감사절이 아니라, 한국인의 '추석감사절'이어야 할 것이다. 1970~80년대부터 추석이 한국교회의 감사절이 되어야 한다는 주장이 제기되어 왔다. 그리고 나아가 우리 문화를 소중하게 여기고, 한국인의 마음을 움직이고 있는 추석 명절을 존중하는 차원에서 한국교회의 감사절은 '추수감사절'보다 '추석감사절'이 더 바람직하다는 것이다. 그러나 교회는 교회력에 따라 추수감사절을 지킨다.

콜럼버스는 1492년 10월 12일, 카리브해의 바하마 제도에 속한 섬에 도착한 이래 오랫동안 역사 속에서 영웅으로 인식되어 왔으나 실상은 그렇지 않았다. 우호적으로 대해 온 인디언들에게 오히려 칼을 겨누고 그들 고유의 문화를 파괴한 것은 유럽인들이었다. 스페인의 정복자들은 멕시코 지역의 아즈텍문명과 남미의 잉카문명을 파괴하였다. 1620년 필그림스 믿음의 조상들이 플리머스에 도착하여 감사절을 지낸 후 350년째인 1970년 추수감사절에 인디언들이 몰려와 이날을 '통곡의 날'(Day of Mourning)로 선포하며 항의하는 사건이 벌어졌다. 이후 감사절 때마다 인디언들의 항의 시위는 해가 갈수록 그 수도 늘어가고 열기도 높아가고 있다. 따라서 미국 감사절의 유적지를 찾는 많은 순례자나 관광객들은 실망하고 언짢아 돌아가기도 한다.

그리고 인디언의 '통곡의 날' 항의 시위는 뜻있는 미국 그리스도인 후예나 미국인들에게 필그림스 청교도들의 플리머스 도착과 그들이 시작한 감사절을 추수감사절의 시작으로 보는 일을 반성케 하고 있다. 역사가들은 백인들이 미 대륙에 도착하기 전 멕시코 이북의 북미 인디언 인구를 1천만에서 1천 2백만 명으로 추산하며, 250여 년 뒤인 1890년에 그 인구는 23만 정도라고 했다. 미 대륙 백인 조상과 인디언의 투쟁, 아니 백인들의 인디언 말살 정책이 얼마나 잔혹했던가를 상기시킨다.

이러한 역사적 배경을 본다면, 우리는 프리머스 필그림스 청교도들의 감사절 연원으로부터 추수감사절을 해방해야 함이 옳다. 청교도들의 감사절 유래보다는 벌써 수 천 년 전, 신구약성서에 이스라엘과 그리스도인들이 하나님께 감사하던 역사에 기원하여, 하나님의 온갖 크신 은혜에 복귀하는 감사절이 되게 해야 한다. 필그림스의 청교도들이 아니라 천지를 창조하고 땅과 하늘, 해와 물, 온갖 곡물과 은총을 주신 하나님께 감사하게 될 때, 적대의 감정이나 그동안 저질러진 백인의 인디언에 대한 잘못과 참회의 뜻도 포함되기에, 이런 감사절만이 '통곡의 날'을 치유하는 새로운 감사절로 변하게 하리라 믿는다.

히브리(이스라엘) 사람들이 애굽에 가서 살다가 정권이 교체되자 애굽 사람들로부터 탄압과 억압을 받았다. 이스라엘 백성은 하나님께 구원해 달라고 호소했다. 하나님은 모세를 불러서 애굽에서 동족을 탈출시켜 가나안 땅으로 인도하도록 하였다. 가나안 땅에 정착한 이스라엘 백성은 목축업과 함께 농사를 배워 농사를 짓고 살게 되었다.

농사를 지은 첫 추수를 하나님께 바치는 예배를 드리는 내용이 신명기 본문에 나온다. 각종 햇곡식을 광주리에 담아 예배를 인도하는 제사장에게 전달하였다. 제사장은 이를 받아 하나님의 제단 앞에 놓았다. 그리고 하나님께 아뢰는 신앙고백을 했는데, 신명기 26:5-9을 학자들은 이를 '옛 신앙고백'이라고 부른다. 이 신앙고백을 한 다음에, 온갖 햇곡식을 먹고 즐길 때 레위인과 거류하는 객과 함께 먹고 즐기었다.

이스라엘 백성들의 역사는 고난의 연속이었다. 옮겨 다니고, 떠돌아다니고, 헤매는 방랑자, 나그네의 삶을 이어 왔다. 사막과 광야를 유리 방황해 온 아픔의 역사를 체험한 민족이다. 그뿐만이 아니었다. 약 4천 년에 걸쳐서 12개의 강대국 민족의 침략을 받아 고생한 방랑의 나그네 생활을 해 왔다. 애굽, 앗시리아, 바벨론, 페르시아, 그리스, 로마, 비잔틴제국, 아랍권, 십자군, 또다시 아랍인, 터키, 영국 등의 민족들에 의하여 점령, 포로, 강제 이주, 피난 이주, 학살, 약탈 등을 당해 왔다. 떠돌이들의 흩어지고 피난 가는 삶, 정착했다가 또다시 잡혀가고, 헤어지고, 죽는 악순환의 역사를 걸어온 이스라엘 민족, 그들의 고난을 우리는 짐작하고도 남음이 있다. 오늘의 유대인들도 제2차 세계대전 때, 독일 나치에 의해 아우슈비츠에서 6백만의 대학살이 있었다. 이 나그네 민족의 수난을 사람들은 잊을 수 없다.

강대국들에 둘러싸인 이스라엘 민족의 역사는 고난의 연속의 역사, 하나님의 거룩한 백성을 삼기 위하여 특별히 훈련시킨 민족 역사라고 해석하기도 한다. 구약성서에 나타난 이스라엘 민족사를 보면 그러한 유랑생활을 해 오면서도 이른바 야훼 하나님을 섬기는 하나님 신앙을 계속 이어온 신앙의 역사를 배울 수 있다. 평화롭고 안정된 때에만 감사의 예배를 드린 것이 아니라, 항상 위험과 불안과 혼미한 상황 속에서 의로운 싸움으로 신앙의 지조를 지켜온 예언자들의 신앙 전승을 발견할 수 있다. 그리고 하나님이 자기 민족을 구원해 주셨고 또 구원해 주신다는 확신을 유지하고 전승하면서 떠돌이 같은 나그네들의 감사예배를 드리는 전통을 이어 나갔다.

그러기에 감사라는 것은 고생과 수난의 삶 속에서 진행되고 이어져 간 것이다.

수천 년 역사에 걸쳐서, 우리 한국 민족은 외국으로부터 976회나 침략을 받은 나라라고 알려져 있다.[1] 돌이켜 보면, 한국의 역사는 고난의 역사이다. 고난의 역사! 한국 역사의 밑에 숨어 흐르는 바닥의 가락은 고난이 주제이다. 이 땅도, 이 땅의 사람도, 큰일도, 작은 일도, 정치와 종교, 예술과 사상도 다 고난을 드러내고 있는 것이라 할 수 있는 것이다. 한국이 위치한 지정학적으로 보아도 이미 결정된 한국 역사의 성질이라고 할 수 있을지, 한반도의 지리적 위치와 민족 역사의 변천에서 고난을 볼 수 있다. 그러나 성경은 고난의 역사 가운데서 진리와 고난의 의미를 보여준다.

한반도를 보면 세 세력에 둘러싸여 있음을 알 수 있다. 서쪽의 중국과 북쪽의 만주와 러시아와 동쪽의 일본이다. 이 위치는 마치 능동적인 힘을 행사할 수 있는 자라면 동북아를 뒤흔드는 중심이요 다스리는 서울일 수가 있다. 그러나 만일 억세지 못한 자가 그 자리에 선다면 그때는 수난과 압박의 위치가 될 수밖에 없겠다. 한국의 역사는 불행히도 후자의 것이 되었다. 한국의 고대, 중세는 생략하더라도 현대사에서 겪어온 것만 봐도 알 수 있다. 일제의 침략과 강제징집, 동원을 비롯하여 8.15 이후의 남북분단과 6.25 전쟁으로 인한 행방불명과 피난, 가족 이산 등을 따져 볼 때, 오늘 우리 모두도

---

1 1998년 9월 5일자 「타임」(Time)지에 실린 "남한"이라는 특집 참조.

살아남은 나그네들의 후예들이라고 볼 수 있다.

　이스라엘 민족이 나그네들이었지만 하나님께 구원을 요청하여 출애굽의 해방과 구원을 얻은 것에 대한 감사의 신앙고백을 했던 것 같이, 우리 한국인의 고난의 역사 속에서도 복음이 들어왔고 믿음으로 민족의 해방과 구원의 역사를 체험할 수 있게 된 우리의 처지에서도 감사의 신앙고백을 할 수 있다고 말할 수 있다. 우리 개인의 삶을 회고해 볼 때도 집을 옮기고, 직업을 바꾸고, 또 어떤 이는 이민 가서 살면서 여러 어려운 일을 겪었지만, 오늘이 있게 해 주신 것이 하나님의 은혜이다. 영적이나 육적으로 방황하면서 나그네 같은 삶이었지만 그런 중에도 하나님 신앙과 삶의 변화를 체험했다면 이를 하나님의 축복으로 알고 감사하는 신앙고백을 할 수 있다고 본다. 특별히 우리 그리스도인들은 1970, 80년대 인권회복과 민주주의 실현(민주화 회복기)과 1990년대 이후 민족의 일치와 화해(평화통일 실현, 남북개선)에 40여 년을 보내면서, 약속의 땅을 향한 40여 년의 히브리(이스라엘) 백성들의 여정과 연계하여 생각해 볼 수 있다.

　구약성서의 모세오경이나 성문서, 예언서들은 물론이고 신약성서에도 하나님을 향한 그 모든 은혜에 대한 감사와 찬송은 넘치고 있다. 예수님과 바울도 범사에 하나님께 감사와 영광을 돌리도록 일깨우고 있다. "범사에 감사하라 이것이 그리스도 예수 안에서 너희를 향하신 하나님의 뜻이니라"(살전 5:18)라고 가르쳐 주신다. 감사는 신앙의 척도이다. 우리는 모든 것을 하나님께로부터 받지 않은 것이 아무것도 없다. 그러니 내 모든 것은 하나님의 것이다. 거저 받았으니 감사하며 살아야 한다.

　우리가 또 삶의 자리에서 깊이 뉘우치며 감사해야 할 일들이 있음을 알아야 한다. 더욱이 오늘과 같이 온 세계가 살기 어려운 세월을 살면서, 세계에 가장 부강한 나라에 사는 자들로서는 한국도 포함하여 그 어떠한 형편에서도 감사하지 않을 수 없다. 먹을 것과 몸에 걸칠 것, 지붕을 덮은 곳에서의 잠잘 곳이 있다면 우리는 세계에서 75% 이상의 부요한 자이다. 은행에 돈이 있고 지갑에 현금이 있으면 지구의 부요한 자들의 상위 8%에 해당한다. 아침에 건강하게 일어나고 병이 없다면 이 한 주간에도 살아남지 못하는 사람들보다 운이 좋은 자이다. 전쟁의 위험이나 감옥의 외로움, 고문의 고통 또는 굶주림의 처절함을 오늘 경험하고 있지 않다면 이 세계 5억 인들 보다 행복한 자이다. 만약 위협, 구금, 고문이나 죽음의 위험 없이 자유스럽게 예배드리거나 종교 활동을 할 수 있는 자라면 축복된 자이다. 지구상의 수십억 인구에게 아직도 이런 자유가 없기 때문이다. 우리의 축복을 계산하고 명단을 작성하자면 아직도 한이 없겠다. 가족, 친구들, 의식주와 자동차, 건강과 일터, 자유와 기회, 작은 아파트라도 상하수도, 냉·온방에 침대, 욕실, 샤워 시설까지 가진 상태이다. 누릴 수 있는 최고의 혜택을 다 가지고 있으나, 우리는 아직도 고마움보다는 불만과 짜증이 더 많은 것은 어찌 된 연고인가?

　그러나 우리의 감사가 잘살고 성공하고 만사형통해서 감사하는 것이라면 이는 온전한 감사일 수 없다. 그러한 것이 없는 경우 우리는 감사하지 않을 수 있다는 말이 된다. 언제나 듣고 읽어도 아름답고 공감이 가는 감사 정신을 일깨우는 하박국의 고백을 우리의 신앙고백으로 삼아야 할 것이다. "무화과나무 포도나무 감람나무에 딸 것이 없고 밭에서 거둘 것 없고 우리와 외양간에 양과 소가 없어도 나는 주님 안에서 즐거워하며 나를 구원하신 하나님 안에서 기뻐하리라"(합 3:17-18).

생떽쥐베리(Antoine de Saint-Exupery)의 고전 『어린 왕자』(*The Little Prince*)에 한 교활한 친구가 왕자와 작별하며 비밀을 말하는 장면이 나온다. "여기 나의 비밀, 아주 간단한 비밀 하나가 있다. 사람이 바로 볼 수 있는 것은 오직 가슴으로만 가능하다. 본질적인 것은 눈에 보이지 않는다." 왕자는 본질적인 것은 눈에 보이지 않는다(what is essential is invisible to the eye)는 말을 반복하며 마음에 간직한다. 이는 바울이 이미 터득한 진리와 같은 맥을 갖는다. 우리는 보이는 것을 바라보는 것이 아니라, 보이지 않는 것을 바라본다. "보이는 것은 잠깐이지만 보이지 않는 것은 영원하기 때문이다"(고후 4:18).

"너희는 감사하는 자가 되라"(골 3:15). 아무리 가져도 충분하지 않아 끝없이 더 가지려고 발버둥 치는 문화, 영원한 불만족의 딱지가 붙은 문화 속에서, 창조주의 형상에 따라 새롭게 된 그리스도인 공동체는 '급진적인 감사'를 그 특징으로 삼아야 한다. 오늘날 우리는 불만족의 포로가 되어있다. 그 결과 돈의 문화에 속한 모든 사람의 얼굴에는 전혀 감사할 줄 모르는 배은망덕이라는 낙인이 찍혀있다. 이런 방식으로 죄가 우리 속에 그 형체를 드러내고, 우리의 습관을 좌우하며, 우리를 포로로 사로잡고 있다. 어떻게 감사를 깊이 체험하고 표현할 수 있을까? 우리는 창조에 대하여, 우리가 받은 생명의 선물에 대하여, 그리스도의 구속과 평화에 대하여 깊이 사유할 때만이 감사할 줄 모르는 문화와 그 영향력을 깨뜨릴 수 있을 것이다.

바울은 결코 보석이나 돈, 가죽옷이나 값비싼 물건들에 관심을 갖지도 않았으며, 오직 본질적이고 영원한 것들 즉 믿음, 사랑, 지혜의 영, 하나님이 주시는 능력 같은 것이 귀하다는 사실을 알고 그런 것들을 위해 살며 그런 유산을 우리에게 전해 주려 애썼다. 이런 본질적인 귀함을 알고 깨닫게 될 때 그 위력은 세상 무엇과도 바꿀 수 없다. 그는 세상적인 부귀영화 같은 이 모든 것을 분토 같이 여기며 그리스도가 보여주시고 가르친 그 영원한 것을 향해 진력할 뿐이라 고백했다.

역사가 토인비는 왜 소수집단인 그리스도교가 로마제국의 공인 종교가 되었는가에 대해 연구한 바 있다. 토인비에 의하면 인명 존중이요, 형제 사랑이요, 이웃에 관한 관심이라 했다. 사실 그리스도교는 유대인은 물론이고 이방 사람들도 형제로 대하고 그들을 따뜻하게 영접했다는 것이다. 서로 돕고 사랑하는 삶에서 놀라운 역사가 일어난다. 우리가 다시 형제가 되고 이웃이 되는 길은 사랑의 친교, 코이노니아의 회복이다.

우리는 오늘의 한반도의 상황, 동서냉전의 마지막 결전지로 여기는 한반도에서 오늘을 사는 그리스도인들이다. 우리는 정의와 형제애, 평화의 새날을 이루어낼 것이라는 남북 간의 공존과 동포애,

관심으로 소통되고 평화의 감사제가 일어나는 꿈을 꾸어 봤으면 좋겠다. 제10차 WCC 총회의 주제인 "생명의 하나님, 우리를 정의와 평화로 인도하소서." 이렇게 기도하며 찬송하며 감사의 축제를 가졌으면 좋겠다.

어거스틴의 저서에 보면, 당시 그리스도인들은 서로 만나서 여러 가지 이야기를 하며 성도의 사귐을 하다가 헤어질 때는 언제든지 우리 '하나님께 감사합시다.' 이것이 한 인사처럼 되었다고 전해준다. 어떤 때는 그리스도인들이 만나서 억울한 이야기, 핍박당하는 이야기 순교 당하는 이야기 등을 하다가도 마지막 헤어질 때는 우리 '하나님 앞에 감사합시다'라고 했다는 것이다. 이와 같이 참 신앙인들은 감사를 생활화하였다.

사실 감사절은 어느 한 날, 한순간의 사건이 아니다. 그것은 하나의 과정(process)이다. 마치 이스라엘인들이 광야를 여행하고 가나안을 향해 움직이던 나그네의 길과도 같이 끊임없다. 추수감사절은 하루만이 아니라 감사하는 마음과 표현이 범사에 나타나야 한다. 동시에 어떤 은혜를 받으면 이웃과 함께 나눌 수 있어야 한다. 한 감사는 다른 감사를 낳고, 진정한 감사는 그 어떤 외적인 조건이나 소유에 상관없이 하나님의 은혜에 대한 무조건적인 감사(Thanks for Nothing)이다.

신종 코로나바이러스가 기승을 부리는 세계의 현실에서 우리 교회는 역사의 긴 터널을 통과하고 있다. 그러나 용기를 갖고 눈을 들어 새로운 비전(vision)을 보아야 한다. 이스라엘 신앙의 조상들의 대열과 한국 고난의 역사 속에서도 지켜주신 하나님께 뜻있고 정성 된 감사예배를 드릴 수 있기를 바란다. 교회의 본연의 상(image)을 찾기 위해 더욱 힘 있게 결속하고 하나 되어 새 출발을 다짐하기를 바란다.

2020년 11월 15일, 추수감사주일

에스겔 골짜기에 불었던 하나님의 영은 한반도 평화통일의 영

겔 37:1-14, 15-28, 행 2:1-4, 42- 47

1. 평화 염원 이야기

15개의 나라, 세계 여성 평화운동가들 30명, '국제 여성 평화 걷기'(Women Cross DMZ)가 평화의 염원으로, '평화와 여성'의 이름으로 지난 2015년 5월 24일 12시쯤 북쪽에서 비무장지대를 지나 경의선 육로를 통해 걸어서 남쪽 땅을 밟았다. 이들이 애초 바란 대로 판문점을 통해 걸어서 넘어온 것은 아니지만, 남북 사이에 군사적 긴장이 고조되는 가운데 국제 여성 평화운동가들이 군사분계선을 '돌파'한 것은 역사적 의미가 크다. 전쟁이나 분쟁이 일어날 경우, 가장 심한 고통을 겪는 여성들이 남북을 잇는 물꼬를 튼 것은 다른 어떤 집단이나 개인이 한 것보다 상징성과 그 파급의 힘이 크다. 이들의 상상력과 용기에 박수를 보낸다. 5박 6일 동안의 방북 기간에 기자의 말을 인용하자면, "5일간 북한 통역가와 가장 많이 한 일은 같이 웃는 것이었다." 긴 시간 동안 분단되어 있으면서 서로 두려워할 수 있지만, 우리는 사랑해야 한다. 마음을 열고 남북이 서로 형제자매로 받았으면 좋겠다.

'DMZ 통과' 참여 노벨평화상 수상자 리마 보위(44세, 아프리카 라이베리아 출신)는 5월 25일 오후 서울시청에서 열린 '2015년 국제 여성 평화회의'에서 "화해·협력을 위한 남북대화에 나서라고 당시 정부에 주문했다. 무기로는 평화를 가져올 수 없다고 강조했다. 이어 어떤 다른 나라도 남북한에 평화를 가져올 수 없다. 한국은 미국에 의존하고 북한은 러시아에 의지하지만, 미국·러시아는 평화를 이룰 수 없다"라고 말했다.

보수단체들이 '위민 크로스 디엠제트'를 '종북 세력'이라고 비난하는 것에 대해 리마 보위는 "우리는 어떤 정권도 옹호하지 않는다"고 반박했다. 그는 "북한에서 우리는 김일성·김정일 동상에 절하지 않았다. 이것 자체가 북한 사람들이 자신들의 숭배에 대해 생각해 보도록 도전한 것이다. 북한 사람들이 외부와 교류를 지속한다면 10년 뒤에 북한은 매우 달라질 것"이라고 말했다. 그리고 "내년 DMZ 도보 통과 재시도… 남에서 북으로" '위민 크로스 DMZ' 연례화 추진이 실현되지는 않았으나 다음에는 판문점을 걸어서 통과하게 되기를 바란다는 의사도 밝혔다.

2. 성서 본문, 에스겔의 역사적 배경

이스라엘인들이 오랜 바빌론 포로 생활에 지쳐 자기들의 신 야훼마저 의심하고 낙심하며 희망을 잃고 살 때였다. 하나님이 에스겔을 뼈들이 가득한 골짜기로 인도하여 "이 뼈들이 살겠느냐"(겔 37:3)고 물었다. 이어 하나님의 말씀을 뼈들에게 대언하라며, 하나님의 영이 뼈들에게 들어갈 때, 그들이 살게 될 것이라 말했다. 에스겔이 하나님의 명대로 대언하자 뼈들이 소리를 내고 움직이며 서로 연결되고 가죽이 생겼으나 생기는 없었다. 이에 하나님이 그 영에 기운을 불어넣을 때 그들이 곧 살아나 큰 군대를 이루었다. 하나님은 이 뼈들이 바로 이스라엘 족속이라며, 소망 없이 멸절되는 족속 같았으나, 무덤을 열고 거기서 나와 고국으로 귀환케 하시기에 자신이 역사의 주 하나님이심을 알라고 했다(겔 37:1-14).

에스겔은 여호야긴 왕이 포로로 잡혀 온 지 5년째 되던 해에 아주 특이한 환상을 본 뒤, 예언자로서의 소명을 받았다. 그날 그는 "하늘이 열리는 것을 보며, 나는 하나님의 환상을 보았다"(겔 1:1)고 말한다. 에스겔은 예언을 구두로 선포하기도 하였지만, 무언극과 같은 상징성 짙은 특이한 방식의 예언 모습을 보여준다. 이를테면 예루살렘이 위기에 처하자 에스겔은 그 도성을 에워싼 그림을 그려서 유다 백성들에게 경고하기도 하였고(겔 4:1), 말씀이 기록된 두루마리를 받아먹는 연극적 효과를 보여주는 예언 활동을 하기도 하였다. 또한 자신의 머리카락과 수염을 날카로운 칼로 깎아서 저울에 달아 1/3은 도성 안에서 불사르고, 1/3은 도성 내 장소에서 칼로 치고, 나머지 1/3은 바람에 날려서 예루살렘의 수난을 예고하는(겔 5:1-2) 등 예언자로서 유난히도 독특한 행적을 여러 차례 보여주었다.

그런데, 이스라엘의 곤경은 하나님의 기회가 된다. 예언자는 하나님께서 그의 백성을 무덤에서 부활시키고, 그들을 고향으로 돌려보내며, 그들의 생명력 없는 육체에 하나님의 영을 불어넣어 새로운 삶을 시작할 수 있게 하겠다고 약속하셨음을 예언한다. 이것은 포로로부터 구원하는 것을 의미한다. 하나님의 기적은 실제로 일어났다. 죽음에서 삶으로! 하나님은 이스라엘(에브라임)과 유다가 서로 화해의 포옹을 함으로써 그리고 그들을 다스릴 '왕'에게 기름 부으심으로 이스라엘이 한민족이 되도록 하셨다. 이스라엘이 일치되는 것은 옛날부터 전해오는 계약의 완성이 된다. "나는 그들의 하나님이 되고, 그들은 나의 백성으로 삼으리라"(겔 37:23).

에스겔은 하나님께서 그 민족이 계약 백성이기에 그 깊은 죄악된 인간 본성을 완전히 바꿔 놓으려고 하신다고 주장했다. 새로운 삶의 형태가 시작되기 위해서, 이스라엘의 마음(정신, 의지)은 바뀌어야만 했으며, 백성들의 깊은 곳에서부터 변화가 일어나야만 했다(겔 36:26-27 참조). 그때 이스라엘은 하나님의 음성에 순종하게 될 것이며, 하나님과 이스라엘 사이에 "영원한 계약"(겔 37:26)이 세워지게 된다. 에스겔 36장과 예레미야의 "새로운 계약"(렘 31:31-34)이라는 예언은 매우 근사해 보이기 때문에 일부 학자들은 에스겔이 예레미야의 예언을 들었을 것으로 생각한다.[1]

에스겔은 그의 거룩한 백성을 거룩한 땅으로 회복시키시는 하나님의 은혜로운 행위를 선포한다. 새로운 계약의 시대에 하나님은

---

1 버나드 W. 앤더슨, 『구약성서이해』 (CH북스, 2001), 524-527.

그들과 함께 그들의 한가운데 계시면서, 그 기룩한 땅을 "축복의 소나기"로 적셔 주실 것이며, 평화롭고 안전한 가운데 그 수가 부쩍부쩍 늘어나게 해주실 것이다(겔 34:26). 이스라엘이 회복된 것에 대한 모습은 제사장 에스겔의 환상 가운데서 분명하게 드러난다. "내가 그들과 화평의 언약을 세워서 영원한 언약이 되게 하고 또 그들을 견고하고 번성하게 하며 내 성소를 그 가운데에 세워서 영원히 이르게 하리니"(겔 37:26)라고 한다. 성전을 중심으로 한다는 말씀은 하나님의 백성으로 이루어지는 새로운 나라를 말하는 것이다. 유다와 이스라엘의 통일을 에스겔은 통일왕국(2:3 설명), 종종 "이스라엘"이라고 말한다. 주전 722년 북 왕국 이스라엘이 당했던 것과 비슷한 운명을 유다도 주전 587~586년에 당했다. 하나님은 이 두 왕국의 회복을 약속하셨는데, 이 약속은 두 나라의 통일을 포함한다. 유다와 사마리아 간의 종교 분쟁이 지속되었지만, 이 약속은 그리스와 로마의 통치 아래서 어느 정도는 이루어졌다. 신약은 유대인과 이방인을 모두 포함하는 토대 위에서 하나님의 백성이 다시 구성될 것을 말하고 있다.

에스겔서의 역사적 배경에 대한 오늘의 교회와 한반도에서의 평화 문제는 어떤 대응을 해야 할까? 에스겔이 본 죽은 뼈들은 마치 오늘날 그리스도인들과 교회들 그리고 한반도 평화 문제 등에 생기를 잃고 두려움과 방황 가운데 있는 우리 자신들의 초췌한 모습이 아닐까 한다. 불의와 세속적인 욕망의 바람이 세차게 불어 닥치는 분단의 한반도에서 그 힘이 소진한 삶의 갈등과 고뇌에 쓰러진 꼴이 아닐까 싶다. 주도권 다툼과 맘몬 신에 홀려 정직과 양심, 속사람, 진심에서 솟아나는 꼴이란 볼 수 없는 메마르고 생기 없는 죽음의 골짜기와 같은 한반도이다. 거기에 세상의 안목으로 무슨 희망과 생기, 민족의 하나 됨의 숭고한 비전이 있겠는가? 그러나 살아 역사하시는 하나님은 그들에게 그의 영을 불어넣어 소생케 하고 생명을 주어 남과 북의 하나 되게 하시는 새 역사를 이루게 하신다. 오늘날 한반도 우리 민족에게도 하나님의 영만 주신다면 평화통일의 새 나라와 남북의 새 생명의 새 역사가 용솟음칠 것이다.

3. 펜테코스트(Pentecost)의 성령강림

먼저 하나님의 영의 기운이 메말라 시들어가는 우리의 심혼에 불러오기를 열망하며 간절히 기도해야 한다. 우리는 메마른 뼈들이 가득한 골짜기 같은 자신들의 처지를 하나님께 고백하고 하나님의 영기를 부어주시기를 간구해야 한다. 강력한 세속 풍랑에 뭇 영혼들이 쓰러지고 물질문명에 휩싸여가는 것을 보면서 하나님의 새로운 기운 없이는 하루도 제대로 살아갈 수 없음을 고백해야 한다. 한국교회의 경우 교인들은 많으나 진리의 바른 터득은 없어 세상에 그 빛을 발하지 못하고, 세상의 소금 노릇을 하지 못하는 잎만 무성한 나무같이 될까 두렵다.

지금은 펜테코스트의 성령강림절이다. 최초의 교회가 지상에 탄생한 날이요, 사도행전 2장은 본래의 교회 모습을 잘 전해준다. 이는 모든 땅 위에 교회의 모본이요, 항상 교회는 그 본을 본받아야 한다. 또한 지상의 어느 교회든, 초대교회와 같은 자세를 가질 때 그 교회는 살아나고 생기 넘치는 산 신앙의 공동체가 된다는 하나님의 약속이기도 한다. 죽은 뼈들과 같은 교회도 하나님의 영기를 받게 될 때, 새 생명으로 소생하며 하나님의 뜻을 이 땅에 이루게 된다.

이제 우리는 사도행전이 전하는 초대교회를 좀 더 광범위하게, 깊이 있게 되새기며 유념해 봐야 한다. ① 하나님의 영을 충만하게 받은 신도들로 생기가 넘쳤다. ② 그들은 사도의 가르침을 받아 서로 교제하며 함께 먹고 기도하며 하나님을 경배했다. ③ 사도들로 이적 기사가 많이 나타나고 믿는 자들이 물건을 서로 통용하며 필요에 따라 함께 나누어 썼다. ④ 날마다 마음을 같이 하며 성전에 모이기를 힘쓰고, 집에서 떡을 떼며 기쁨과 순수한 마음으로 하나님을 찬양했다. ⑤ 온 백성에게 칭송을 받기에 구원받는 사람을 날마다 더하게 했다(행 2:1-4, 42-47). 이상의 사건들은 초대교회에서만 나타난 사도 시대의 특징으로 볼 수 있으나 지상의 교회는 언제나 초대교회를 이상으로 목표하며 살고 있다. 한국교회도 최소한 초대교회의 모습을 되찾으려는 정성과 노력이 절실하다고 믿는 것이다. 우리 그리스도인들은 순수하고 거짓 없는 신앙으로 기도하며 이웃과 더불어 사랑의 공동체를 이루어 갈 때 펜테코스트의 성령강림을 체험하게 될 것이다.

4. 한국교회 성령강림과 얽힌 이야기

한국교회는 1903년 원산에서 선교사들의 성경 공부와 기도회 가운데서 성령강림 경험을 하였고, 1904년 개성지방 사경회에서도 마찬가지 현상을 경험하였다. 한국교회는 1907년 평양에서 일어난 성령운동을 기억하며 100주년 기념행사를 2007년에 가졌다. 100년 전에 있었던 성령운동의 의미를 되새기며, 현재의 교회 현실을 반성하고, 선교 2세기를 향한 올바른 교회의 미래를 전망해 보려는 것이다. 교회의 관심은 단지 연대기적 의미만이 아니라 교회 성장의 정체라는 위기의식과 세속화된 교회 변화와 개혁의 요구가 맞물려 더욱 고조되었다.

1) 성령운동에 대한 정의와 평가는 한국교회 출발점을 회상하며 현재 상태를 반성하고 미래전망이라는 중요한 과제가 있다. 일반적으로 1907년 성령 체험을 통한 회개와 중생에 근거한 '부흥 운동' 혹은 '평양 대 부흥 운동'으로써 '비정치적인 순수한 영적 운동'으로 정의한다. 그러한 평가에는 상반된 입장이 있다. 대부분은 1907년 성령운동을 회개 운동, 기도 운동, 전도 운동, 말씀 운동, 한국적 그리스도교 신앙의 형성과 토착화 운동, 에큐메니칼 운동, 내적 변화를 통한 교회갱신과 사회개혁 운동으로 평가한다. 그러나 이러한 긍정적 평가와는 다르게 1907년 성령운동이 몰역사적 신앙의 강조, 교회의 비정치화, 탈지성화, 성령의 도구화와 교회주의를 가져왔다고 비판하는 면도 있다.[2]

2) 대부분의 주한 선교사들은 비정치화를 강조하였음에도, 당

---

2 「신학연구」 52 (2008), 94-95; 류장현, 『한국교회 신앙운동의 통섭』 (프리칭아카데미, 2009), 12-45.

시 한국교회가 민족운동의 중심에 있었다는 사실에 유의해야 한다. 선교사들이 교인들의 애국 운동, 특히 반미감정을 순화시키기 위한 노력으로 영적 각성에 관심을 가졌고, 심지어 그런 의도에서 계획적으로 부흥회를 준비하였다. 그럼에도 한국교회는 일제의 침략에 맞서 정치적 투쟁을 했다는 사실이 중요하다.

오히려 1907년 성령운동을 통해서 하나님을 체험한 교인들이 적극적으로 독립운동에 뛰어들었다는 사실이다. 예를 들면, 1907년 성령운동을 통해서 급성장한 교회의 내적인 영적 역량은 12년 후 1919년 3.1운동 때에 역사 참여적 신앙으로 나타났다. 그 당시 총인구의 1.5%에 지나지 않았던 기독교인(약 20만 성도)이 3.1운동 전체 피검자의 17.6%를 차지했으며, 특히 피검 된 교역자는 244명으로 천도교나 불교의 두 배나 되었다. 그 결과, 교회는 민족과 민중의 고난에 동참하는 애국적인 민족종교로 사람들에게 각인되었고, 교인들은 애국자로 백성들의 칭송을 받게 되었다.3

3) 성령운동의 역사적 상황: 1907년 성령운동의 의미를 정확히 이해하기 위해서는 당시의 역사적 상황이 성령운동에 어떤 영향을 주었는가를 알아야 한다. 그것은 '청일전쟁'(1894~1895)과 '노일전쟁'(1904~1905)에서 승리한 일제가 1905년 11월 '을사늑약'을 체결하여 민족의 주권 상실의 위기가 고조되었고, 500여 년 동안 통치 이데올로기로 작용한 유교적 가치관과 봉건적 사회질서가 붕괴

---

3 「신학연구」 52 (2008), 105-107.

되어 민족적 절망감과 정신적 혼돈이 심화되는 암울한 시기에 일어
났으며 1907년 7월 고종황제의 퇴위, 그해 8월에 군대해산 및 보
안법과 신문지법을 통한 언론 통제, 1910년 치욕적인 한일합방,
1911년 105인 사건, 1919년 1월 22일 고종황제 서거와 1919년
3월 1일 독립운동이 일어난 격동의 시기에 발전했다.

이러한 역사적 상황에서 한국민들은 민족 주권의 상실과 경제
적 빈곤으로 이중적인 고통을 당하고 있었다. 암울한 현실을 극복
하기 위하여 낡은 세계의 붕괴와 새로운 사회의 도래를 꿈꾸는 종
말론적 희망을 갈망했다. 특히 개혁파 인사들은 정치적 한계를 느
꼈을 때, 교회를 찾아서 구국운동의 새로운 방향을 모색했으며 많
은 지사와 지식인들은 기독교에 입교하여 그들의 통렬한 감정을 승
화시키고 민족의 새로운 소망을 찾았다.[4]

4) 성령운동의 재조명: 1907년의 성령운동은 1876년 "새 하늘
과 새 땅의 희망"으로 우리 민중이 받은 복음이 어떻게 한국인의 영
성에 뿌리내리게 되었고, 성령 체험을 통해 내적 변화를 체험한 교
인들이 어떻게 사회개혁과 민족해방운동에 참여했는가를 밝힐 때
올바로 파악할 수 있다.

이미 밝힌 대로, 1907년 성령운동은 비정치적인 순수한 영적
각성 운동은 아니었다. 당시 일제의 침략으로 민족의 주권이 상실
되는 암담한 현실에서 이 민족의 고난이 자신의 죄 때문이라는 집

---

4 한국기독교사연구회, 『한국기독교의 역사 II』 (기독교문사, 2012), 48-51.

단적 회개 운동이었고, 성령의 중생체험을 교회개혁, 사회변혁과 민족해방운동으로 승화시킨 종교적·사회적 운동의 출발점이 되었다. 그것은 초월적 신앙과 역사적 상황의 결합, 즉 복음과 한국 역사의 내적 결합이었다. 이러한 1907년 성령운동은 새천년 한국교회가 나아갈 방향을 제시한 것이라 할 수 있다. 이제 한국 그리스도인들은 하나님 앞과 민족 앞에 참회하고, 새 사람으로 변화하고, 교회개혁과 민주사회 건설 그리고 평화적 민족통일에 헌신하는 책임 있는 실체여야 한다.

5. 본회퍼의 평화 사상과 한반도 평화통일

2019년은 본회퍼가 나치 정권의 처형으로 순교한 지 74주년이 되고 한반도 광복과 분단 74주년이 되는 해이다. 본회퍼는 20세기 후반 세계 교회에 큰 영향을 주었고 한국 민주화와 정의와 자유와 평화를 위해 투쟁하는 이들의 정신적 지주가 되었다. 그는 그리스도의 평화가 무엇인가와 평화를 위해 어떻게 살고 죽어야 하는가 그리고 평화를 위해 교회는 무엇을 해야 하는가를 보여주었다.

본회퍼가 그리스도교 평화에 관심을 갖는 데 영향을 준 두 사람이 있다. 1930년~1931년 뉴욕 유니온 신학교에서 만난 프랑스인 장 라세르는 본회퍼에게 그리스도교 평화주의에 관해 소개해 주었다. 본회퍼는 산상설교에 나타난 평화 사상을 깨닫게 된다. 예수의 가르침 중에서 보복 금지, 비폭력, 원수 사랑으로부터 그리스도교 평화를 깨닫고 배운다. 당시 독일 루터교회는 이런 평화를 생각하지 못하였다. 이때 본회퍼는 평화가 민족적 배경을 초월해야 할 필요성을 인식하게 되었다.

다른 한 사람은 인도의 간디인데, 본회퍼는 간디의 비폭력방법을 높이 평가하고, "폭력을 필요로 하지 않는 저항의 형식"에 감명을 받았다. 사실 본회퍼는 인도를 방문하고 간디를 만나기로 간디의 허락을 받았으나 그 계획은 이루어지지 않았다. 본회퍼는 간디가 예수의 산상설교의 가르침을 실천하고 있다고 보았다. 본회퍼는 그의 평화설교에서 "우리는 동쪽에 있는 이교도로부터 수치를 당하지 않으면 안 되는가?" 여기서 이교도는 힌두교도인 간디를 지칭한 말인데, 간디가 그리스도인보다 잘 실천했기에 수치스럽다는 표현을 한 것이다. 본회퍼의 평화 사상은 1930년대 강연과 설교, 그의 저서 『나를 따르라』, 『윤리학』과 같은 그의 저서에 나타나 있다.

1) 본회퍼의 평화 사상은 성서에 기초한 것으로 산상설교와 구약과 복음서, 바울 서신에 나타난 평화에 관한 말씀을 토대로 한 것인데 이는 그리스도론적이며 교회론적이다. 그리스도는 평화이다. 평화는 그리스도 안에 하나님의 계명에 순종하도록 부르심을 받는 것이다. 평화를 위해 일하는 것이 하나님 자녀 된 마땅한 의무와 책임이다. 본회퍼는 전 세계가 연합하여 평화를 만드는 것은 교회의 역할이라고 하였다. 교회는 민족적, 정치적, 사회적, 인종적인 모든 경계를 초월한다. 본회퍼의 평화는 무기와 군비확장, 안전보장의 방법을 통해서가 아니라 기도와 비폭력적 방법을 통해서 이룰 것을 말하고 있다. 본회퍼는 진리와 정의가 실천되는 곳에 평화가 실현된

다고 보았다. 평화실현의 길은 십자가를 지는 제자의 길을 가는 것이고 하나님과 이웃 앞에서 평화를 행하는 책임을 다하는 것이다.

1930년대 초에 평화주의를 주장하였던 본회퍼가 1940년대 초 히틀러 암살단에 가담한 것은 평화주의를 포기한 것이 아니라 구체적인 신의 계명에 순종한 것을 의미한다. 본회퍼는 "히틀러는 전쟁을 의미한다"고 말했고, 본회퍼의 신학과 평화 사상은 그의 삶 속에서 전기와 후기의 단절이 아니라, "일치 속의 다양한 모습의 결단"이었다. 교회의 정치적 책임을 강조하는 본회퍼의 모습은 다음과 같이 극명히 잘 표현되었다. 교회가 할 일은 "바퀴 아래 깔린 희생자에게 붕대를 감아주는 것뿐만 아니라 바퀴 자체를 멈추게 하는 것이다." 본회퍼는 당시 미친 운전사인 히틀러를 제거하려던 것이다. 스코틀랜드 신앙고백에는 폭정에 저항할 의무를 말하고 있는데 본회퍼는 이것을 실천한 것이다.

2) 본회퍼와 한반도 평화통일: 한국과 본회퍼, 한국교회와 본회퍼는 어떤 관계인가? 본회퍼의 저서와 그에 관한 책들이 많이 소개되어 있다. 한반도 평화통일을 위해 본회퍼의 평화 사상에서 무엇을 배울 수 있나? 통일신학은 평화신학에 근거해야 한다. 통일은 평화적 방법으로 하는 평화통일이 되어야 하고 통일은 평화를 실천하는 과정이다. 한반도의 평화통일은 한 민족의 염원이요 이뤄야 할 역사적 과제이다. 아니 역사와 시대적 사명이다. 예수님은 우리에게 "평화를 만드는 자들"(Peacemakers)이 되라고 하신다(마 5:9).

평화통일을 위해 한국교회는 무엇을 할 것인가? 먼저 교회는 평화통일을 위해 분단으로 인한 분단체제 속에서 증오와 적개심을 품고 대결해 왔던 잘못을 반성하여야 한다. 역사적 잘못을 인식하고 참회하여야 한다. 남북한은 화해하고 협력하며 불신의 장벽을 무너뜨리고 신뢰 구축을 통하여 통일 환경을 조성하도록 노력해야 한다. 로마서 12장 18절 "할 수 있거든 너희로서는 모든 사람과 더불어 화목하라"는 말씀을 실천해야 할 것이다.

평화통일의 목표는 정의로운 평화공동체이므로 남한 사회가 정의롭고 민주적인 사회가 되도록 해야 한다. 교회 자체부터 민주화되어야 한다. 한국교회는 통일되었을 때를 위한 선교전략을 세워야 한다. 독일교회가 독일 통일에 크게 기여한 것처럼 한국교회도 한반도 통일을 위해 구체적인 노력을 해야 한다. 동·서독교회들은 화해를 위한 노력과 통일을 위한 운동을 하였다. 라이프치히의 성 니콜라이교회와 동베를린의 겟세마네교회가 민주화와 변혁을 위한 전초기지 역할을 하였다. 서독교회는 동독교회에 재정적 지원을 하였다. 동·서독교회는 분단된 사회와 국가를 연결하여 주는 교량 역할을 하였다. 한국교회는 분단된 한반도의 남과 북을 화해시키는 교량 역할을 해야 할 것이다. 한국교회는 민족적 과제이며 미완의 해방을 완성하는 일인 평화통일을 위한 일에 민족적 책임을 다하여야 할 것이다.

6. 마감하면서

에스겔 골짜기에 나타난 하나님의 영은 예수 그리스도의 영이며, 평화통일의 영이다. 하나님의 영은 지혜와 생명의 영이요, 정의와 심판의 영이다. 이 예수 그리스도의 영, 성령은 이제 만민에게 주어져야 할 영이다. 이 성령은 능력과 해방의 영으로 속박이 있는 곳에 풀어주는 영이요, 불의가 성행한 곳에서 정의를 실현하는 영이요, 거짓이 있는 곳에서 사랑과 용서의 꽃을 피우는 영이요, 어둠과 실의에 주저앉아 있는 자에게 희망과 창조적 능력을 부여하는 영이다. 분단으로 남과 북의 소통이 끊어진 한반도 우리 민족이 진정으로 형제자매로서 하나가 되는 평화통일도 성령의 역사로 이룩하신다. 강대국에 의존하여 실상 남북 동족끼리는 원수가 되어가는 어리석음으로부터 벗어나는 하나 됨의 민족적 결단을 해야 한다. 나아가 평화통일 문제, 복지 나라 건설, 자연생태계 회복, 이주자들(떠돌이) 문제, 양성평등의 문제, 장애인 문제 등의 올바른 해결을 위한 지혜와 능력, 이 모든 과제를 위한 선교 비전을 깨우쳐 주신다. 이 성령을 받은 자는 책임질 줄 아는 자요, 정직하고 성실한 자요, 불의와 거짓과 세상의 모든 것에 예속되지 않은 자유인이다. 그는 창조적 능력을 이어받은 만물과 역사와 운명의 주인이다. 그는 창조의 수고를 할 줄 알며 안식의 기쁨을 즐길 수 있는 자유인, 곧 그리스도의 현존을 사는 자이다.

2019년 7월 14일, 성령강림 후 다섯째 주

성령의 역사적 현존
─ 2018년 성령강림절

사도행전 2:1-13, 로마서 8:28-39

1. 성령의 역사(act)란 무엇이며 성령을 받은 증거로 나타나는 역사적 현존은 어떤 것일까? 그리스도인은 성령을 받아야 한다고 주장하나 문제는 그 '성령'이란 눈에 보이지도 손에 잡히지도 않습니다. 구약성서에서 성령은 하나님의 역사(役事)의 도구로서 자연계와 인간의 마음속에서 커다란 활동을 하고 있다고 합니다. 하나님의 영은 이미 창조활동에 참여하여 물 위를 운행했습니다(창 1:2). 성령 또는 영이라고도 하는데 선지자들을 영의 사람이라 하며(호 9:7) 이들이 받은 영감과 놀라운 지혜, 통찰력, 황홀한 가운데 행하여지는 초인적 모든 힘을 영의 작용이라 하였습니다. 그 영은 하나님의 영입니다(창 1:2; 시 33:6; 51:11; 사 63:10). 하나님이 사람을 자기 형상대로 지으시고 그에게 생명의 기운을 불어넣어 주심으로 하나님의 영이 인간 속에 들어간 것입니다(창 2:7). 성령은 하나님 자신의 영이며 곧 하나님이시다(사 63:10). 즉 하나님은 스스로 직접

행동하시고 나타나시는 것이 아니라 성령을 통하여 행동하시고 나타나시는 것이며 따라서 하나님 자신의 능력입니다. 구약에 나타난 성령은 다분히 종말적인 것으로 종말의 날에 나타나는 종말의 징조입니다. 성령을 통하여 사람이 하나님과 교통하고 마음이 새로워지며 (겔 36:26; 39:29) 예언과 기사와 이적이 일어날 것이라고 합니다(욜 2:28). 영이라고 하는 히브리어 'ruah'는 원래 '바람'을 의미합니다.

신약성서에서 희랍어의 '프뉴마'(Pneuma)는 이미 칠십인역에서 사용하는데, 구약의 'ruah' 개념을 더 확장한 개념에서 쓰이고 있습니다. 그러나 공관복음서와 바울서간 그리고 요한복음 사이에는 약간의 차이가 있습니다. 우선 공관복음서의 경우 성령은 하나님의 능력으로서 표현하였습니다. 처녀 마리아가 성령에 의하여 예수를 잉태한 것, 예수의 수세 시에 성령이 그 머리에 임한 것, 예수가 광야에서 시험을 받을 때 성령이 수종한 것, 기타 예수의 일생을 통하여 일어난 기적과 역사는 모두 성령을 통하여 이룩되었습니다.

바울서간의 경우, 성령은 그리스도가 임재하는 존재양식으로 되어 있습니다. 그리스도는 신도와 그 공동체 안에 계시고, 또 신도들은 그리스도 안에 있습니다. 공동체는 그리스도의 몸입니다. 이러한 존재양태는 성령에 의해서만 가능합니다. 그러므로 '하나님의 영'은 곧 '그리스도의 영'을 의미합니다. 성령은 부활한 그리스도를 이해하는 하나의 양태라고도 봅니다. 그리하여 바울은 부활한 그리스도와 성령을 거의 동일시하리만큼 밀접한 관계에서 설명하고 있습니다. 성령은 우리를 아버지와 그리스도에게 결부시킵니다. 죄와 사망과 율법에서 인간을 해방하여 기쁨을 주는 것은 성령의 양식에 존재하는 그리스도이십니다.

그런데 요한복음에서는 달리 우리를 '돕는 주'(요 14:16, 26)로서 이해하였습니다. 성령은 아버지와 예수 자신으로부터 발출하는 보혜사입니다. 요한신학에서 그리스도인은 성령 안에서 일종의 새로운 생활을 경험하는데, 특히 물과 성령으로 거듭나는 존재로 되어 있습니다. 모든 그리스도인은 성령을 가진 메시아의 백성으로서 기름부음을 받았는데, 이 성령은 그리스도가 우리 안에 거하시는 증거가 됩니다. 또 성령은 그리스도의 성육신의 실재성을 증거합니다. 오늘 메시지는 2018년 성령강림절을 맞아 나누고 싶은 '성령의 역사적 현존'에 대한 것입니다.

2. 바울은 복음전파의 선교활동을 하면서 친히 경험한 내용을 알려줍니다. "우리가 사방으로 욱여쌈을 당하여도 싸우지 아니하며 답답한 일을 당하여도 낙심하지 아니하며 박해를 받아도 버린 바 되지 아니하며 거꾸러뜨림을 당하여도 망하지 아니하고"(고후 4:8-9), "…환난과 궁핍과 고난과 매 맞음과 갇힘과 난동과 수고로움과 자지 못함과 먹지 못함 가운데서도"(고후 6:4-5), 심지어 자기 몸에 가시로 찌르는 것과 같은 고초를 겪으면서도, 도무지 꺾이고 지쳐 넘어질 줄을 몰랐습니다. 그러면서도 "속이는 자 같으나 참되고 무명한 자 같으나 유명한 자요 죽은 자 같으나 보라 우리가 살아있고 징계를 받는 자 같으나 죽임을 당하지 아니하고 근심하는 자 같으나 항상 기뻐하고 가난한 자 같으나 많은 사람을 부요하게 하고 아무것도 없는 자 같으나 모든 것을 가진 자로다"(고후 6:8-10)라고 하면서 오히려

더 담대하고 꿋꿋하며 기쁨으로 정진할 뿐이라고 했습니다. 그의 고백에 따르면, 이는 그가 성령의 은총을 받고 성령께서 그와 함께 하시기 때문이라 했습니다. 이런 성령의 역사를 통해 바울은 동족 유대 종교 지도자들이나 로마제국의 핍박을 능히 이기며 이방세계에까지 주의 복음을 전할 수 있었습니다.

바울은 또한 성령의 역사적 현존을 대하여서도 증언합니다. "육신을 따르지 않고 그 영을 따라 행하는 우리에게 율법의 요구가 이루어지게 하심이니라. 육신을 따르는 자는 육신의 일을, 영을 따르는 자는 영의 일을 생각하나니 육신의 생각은 사망이요 영의 생각은 생명과 평안이니라"(롬 8:4-6). 계속하여 증언합니다. "육신에 있는 자들은 하나님을 기쁘시게 할 수 없느니라. 만일 너희 속에 하나님의 영이 거하시면 너희가 육신에 있지 아니하고 영에 있나니 누구든지 그리스도의 영이 없으면 그리스도의 사람이 아니라, 또 그리스도께서 너희 안에 계시면 몸은 죄로 말미암아 죽은 것이나 영은 의로 말미암아 살아있는 것이니라. 그리스도 예수를 죽은 자 가운데서 살리신 이의 영이 너희 안에 거하시는 그의 영으로 말미암아 너희 죽을 몸도 살리시리라"(롬 8:8-11). 바울은 그가 어떻게 육과 세상의 온갖 시련에도 불구하고 그 자신 속에 거하시는 성령의 역사를 통해 사망인 육의 생각을 쫓아내고 모든 시련을 이기며 승리의 생으로 나아가게 되었는가를 로마서 8장에서 생생하게 증언합니다. "이와 같이 성령도 우리의 연약함을 도우시나니 우리는 마땅히 기도할 바를 알지 못하나 오직 성령이 말할 수 없는 탄식으로 우리를 위하여 친히 간구 하시느니라… 우리가 알거니와 하나님을 사랑하는 자 곧 그의 뜻대로 부르심을 입은 자들에게는 모든 것이 합력하여 선을 이루느니라"(롬 8:26, 28).

바울은 그리스도와 성령의 구별이 없이 다 그 속에서 한 체험이 된다고 했습니다. 만일 하나님이 우리를 위하시면 누가 우리를 대적하겠는가? 죽으실 뿐 아니라 다시 사신 그리스도 예수가 우리를 위하여 간구하시고, 성령이 말할 수 없는 탄식으로 우리를 위하여 간구하십니다. 이보다 더 성령 역사의 현존을 잘 증언할 수 있겠는가?

"누가 우리를 그리스도의 사랑에서 끊으리요, 환난이나 곤고나 핍박이나 기근이나 적신이나 위험이나 칼이랴… 우리가 종일 주를 위하여 죽임을 당케 되며 도살할 양같이 여김을 받았으나… 그러나 이 모든 일에 우리를 사랑하시는 이로 말미암아 우리가 넉넉히 이기느니라. 내가 확신하노니 사망이나 생명이나 천사들이나 권세자들이나 현재 일이나 장래 일이나… 다른 아무 피조물이라도 우리를 우리 주 예수 그리스도 안에 있는 하나님의 사랑에서 끊을 수 없으리라"(롬 8:31-39). 바울이 친히 체험하고 증언하는 이것이 성령의 역사적 현존인 것입니다. 우리 속에 이런 성삼위 하나님 역사가 함께 하심을 확신하고 체험할 때 우리의 신앙과 사랑의 생은 승리하는 것입니다.

현대 러시아 정교회(正教會)는 로마 가톨릭교회와 프로테스탄트 교회와 함께 셋으로 나뉜 그리스도 교회 중의 하나입니다. 교회의 역사에서 수많은 우여곡절을 겪은 후 1917년 러시아의 공산주의 혁명으로 인해 교회는 그 어느 시대보다도 큰 시련과 박해 속에서 살아남은 성령의 역사적 현존을 증언하고 있습니다. 그 한 예를 소개

합니다. 1941년 독일과의 전쟁이 터지자 성직자들과 모스크바의 시민들은 조국의 승리를 위해 기원했습니다. 상트페테르부르크는 1917년 러시아 혁명이 일어나기 전까지 2백 년 동안 소련의 수도였는데, 혁명 후 레닌그라드로 이름이 바뀌고 수도는 모스크바로 옮겨졌습니다. 페테르부르크는 고대와 현대가 어우러진 아름다운 북구의 도시일 뿐 아니라 네바다 강을 중심으로 갖가지 문화재와 보물, 교회당, 박물관들로 가득한 보석 같고 가슴 설레게 하는 고풍스런 도시였습니다. 우리가 기억해야 할 것은 바로 이 도시가 제2차 세계대전 때에 히틀러의 나치군에 의해 3백만 시민이 9백일 동안이나 포위되었던 사실입니다(1941년 9월 8일~1944년 1월 27일). 육해공군의 공격과 모든 통신 차단과 식량 공급의 중단으로 약 66만 명이 굶어 죽었습니다. 1941~1942년의 겨울은 유난히 추워 화씨 영하 40도나 되었습니다. 도대체 레닌그라드 시민은 왜 어떻게 그 긴 3년을 싸우며 살아남아 독일군을 물리쳤을까요? 여기에는 한 비밀에 있었습니다. 레드가호(Lake Ladoga)의 얼음 속으로 외부와 통하는 길이 있었던 것입니다. '생명의 길'(Road of Life)이라 불리는 바로 이 비밀통로로 최소의 생필품이 공급되고, 3년여의 하늘과 땅의 공격에도 레닌그라드는 함락되지 않고 버텼습니다. 3년째는 더 견디지 못하고 포기하고 떠날 수밖에 없었습니다. 전후 세계는 레닌그라드를 '영웅도시'(Hero city)로 치하했습니다.

여기 우리의 관심은 비밀의 통로인 '생명의 길'에 대한 것입니다. 바울이 사방으로 우겨 쌈을 받고 갖가지 호된 시련에도 불구하고 이를 극복하고 승리할 수 있었던 것은 비밀의 통로인 성 삼위 하나님의 영이라는, '생명의 길'이라는 얼음 속의 비밀의 통로를 통해 그 무서운 독일군의 9백일의 포위 속에서 살아남은 것입니다. 오늘 우리 그리스도인들이 이 세상의 갖가지 도전과 시련 속에서 하나님이 기뻐하시는 신앙공동체의 교회를 이룩하며 바른 신앙을 지키기가 어려울지라도 승리의 그 날까지 참고 견딜 수 있는 힘도 바로 이 비밀스런 '생명의 길'인 성령의 역사적 현존을 체험하며 살 수 있기 때문입니다.

3. 이제 성령에 관한 그리스도교의 기초적인 가르침을 종합하여 보겠습니다. 그리스도교 신앙은 성령의 역사(役事)를 믿습니다. 성령의 역사는 인간을 창조하시고 인간의 생사화복을 주관하는 하나님을 믿게 합니다. 동시에 성령의 역사는 예수가 우리 주 그리스도이심을 고백하게 하고, 인류의 구원과 참 생명이 그에게 있음을 믿게 합니다. 따라서 성령은 계속해서 하나님의 뜻과 예수 그리스도의 정신과 생을 우리 마음속에 되새기는 역사를 합니다. 창조와 역사 섭리의 하나님, 인간이 되어 인류를 구원하시려 십자가에 죽고 부활 승천하신 예수 그리스도, 지금도 여전히 성령은 성도들을 감화-감동케 하여, 하나님의 뜻과 예수 그리스도의 정신으로 의와 진리를 따라 살도록 역사하시기에 이를 삼위일체 하나님의 역사라 부르기도 합니다.

성령은 하나님으로부터 우리에게 주어진 영이요, 예수 그리스도의 정신과 삶을 성도들에게 다시 일깨우는 영입니다. 따라서 성령은 하나님 자신이 예수 그리스도와 함께 우리 속에 임재하셔서 우리와 언제나 함께하심을 뜻합니다. 허물 진 인간이 죄악으로 기울 때엔 그 길을 막고 육체의 욕심을 따르지 못하게 합니다. 바울이 선언했 듯이 "육체의 소욕은 성령을 거스르고 성령의 소욕은 육체를 거스른다"(갈 5:15-16). 죄 많은 인간 속에서 "이들이 서로 대적하여 우리가 원하는 것을 하지 못하게 한다"(갈 5:16)는 것이 바울의 당부입니다. 예수가 이 세상에 오셨듯이 성령도 우리에게 임재하시기에 하나님과 예수를 믿고 따르듯 성령을 믿고 받아 그의 뜻과 역사를 따라 사는 것이 그리스도인의 도리요 우리가 이 세상을 훌륭하게 사는 길입니다. 믿음의 모든 훌륭한 선배들은 그렇게 살았습니다. 문제는 성령이 눈에 보이지 않는 데 있습니다. 초대교회에서도 성령 받았는가 여부 문제로 혼란스러웠습니다.

요한일서는 성령을 받았다는 사람들을 다 믿지 말고, 그들의 주장이 과연 하나님으로부터 온 것인지 아니면 악령인지 시험해보라 했습니다(요일 4:1). 갈라디아서도 이 점을 더 분명히 합니다. 아무리 성령을 받았다 말하더라도 그 인격과 삶이 더럽혀지고 제 육체의 소욕이나 따르며, 이로 인해 세상 사람들이나 다른 그리스도인들에게 핀잔의 대상이 된다면 이는 성령 받은 자가 아닙니다. "음행과 더러운 호색만을 따르고 사람을 속이고 기만하며 시기, 분쟁으로 패를 만들고 이웃과 더불어 살지 못하고 원수 짓고 용서 못 하여 나뉘고 분내고 성내며 참지 못하고 술 취하고 방탕하여 제대로 생을 못 산다면, 이런 자들은 다 하나님 나라를 유업으로 받지 못한다"(갈 5:19-21). 즉 그리스도인이라 할지라도 그 신앙과 인격과 삶이 잘못되어 있다면 성령 받은 자가 아닌 증거입니다.

4. 성령에 대한 오해를 막고 그 바른 이해를 위해 성령이 하는 일, 즉 성령의 역사 또는 사역(act)에 대한 기초적 가르침을 요약하며 그 의미와 성령 받은 증거를 간단히 살펴보기로 합니다. 성령은 하나님의 사랑과 예수 그리스도의 구원 은총을 우리로 하여금 체험하게 합니다. 성령은 지금도 우리를 예수 그리스도와 교제하게 하여 진리를 알게 하고, 그의 정신과 삶을 같이 살도록 합니다. 성경이 가르치는 성령의 기초적 역사는 아주 분명합니다. 간단히 다음과 같이 요약해 봅니다.

1) 예수가 하나님의 아들이며 주 그리스도임을 믿고 받아들이게 합니다(마 16:18). 2) 예수의 십자가가 그리스도교 신앙의 핵심이요 부활은 십자가의 생을 사는 자에게 따르는 하나님의 축복임을 깨닫게 합니다(고전 2:29; 고전 15:29-34). 3) 죄를 깨닫고 회개하며 변화하여 새사람이 되게 합니다(요 3:4-9). 4) 구원의 진리를 깨닫고 불의의 세력과 싸워 승리할 수 있는 지혜와 힘을 줍니다(마 10:17-20). 5) 기쁨과 평안과 소망을 주며(롬 14:17; 15:13), 일할 수 있는 열심과 능력을 주고 증인되게 합니다(행 1:8). 6) 교회가 그리스도의 생사와 가르침대로 사는 신앙공동체가 되게 하고, 인간과 세계를 위해 끝까지 봉헌·봉사케 합니다(행 2:1-47).

성령은 어떻게 받는가. 그리스도인들 사이에 "성령을 받으라. 성령을 받았느냐?"는 등의 말을 교회 안팎에서 흔히 듣습니다. 그럴 때마다 성령을 받고 싶은 마음이 간절하고, 나 같은 사람도 받을 수 있을까? 또 언제 어떻게 받을 수 있을 것인가에 대해 질문이 많습니다. 또 오랜 신앙생활을 해온 그리스도인들도 자신이 성령을 받았는지 여부에 대해 반신반의합니다. 어떤 편잔의 대상이 된 그리스도인들처럼 그런 성령은 받기를 원치 않습니다.

우리 그리스도인들은 성령은 싶은 산이나 기도원에 가서 열심히 기도하다가 극적으로 체험하기도 합니다. 그러나 많은 경우 더 많은 신실한 그리스도인들은 누구나 매일의 성실한 삶과 신앙생활에서 받고 경험합니다. 집에서 조용히 기도하며 성경을 읽으면서 성령을 마음 깊이 체험하거나, 교회에서 성도들과 함께 예배드리고 찬송하며 하나님 말씀을 들으면서 성령의 임재를 느낍니다. 주어진 내 생업이나 가사를 성실하게 살며 주를 위해 지극히 작은 봉사지만 열심히 하면서 성령의 은총과 기쁨을 체험합니다. 어려운 이웃을 사랑하고 돌보면서 참 하나님의 사랑을 느끼기도 합니다. 이러한 모든 체험과 기쁨과 느낌의 확신들은 성령의 역사요, 성령을 받고 살고 있는 징표들입니다.

우리의 할 일은 항상 기도 하고 하나님 말씀을 읽고 배우며 잘못된 심사언동을 회개하고 하나님의 아들딸로서 부끄럽지 않게 살도록 힘쓰는 것입니다. 더욱이 예수께서 분부한 하나님 나라와 그 뜻을 이 땅에 이루어지도록 최선의 노력을 하는 것이 성령을 받은 그리스도인의 본분입니다. 이런 그리스도인들의 신앙공동체인 교회가 하나님이 기뻐하시는 교회가 되어, 성도들이 참 쉼과 평화를 얻고 세상을 위해 더 활발하게 섬기며 봉사할 수 있게 하는 것이 성령의 역사입니다. 그럼에도 인간세계에는 허물 진 인간들이 있게 마련입니다. 그러나 허물 진 인간들이 모인 교회이기에 거기에는 언제나 인간의 약점과 냄새가 나기 마련인 것을 잊어선 안 됩니다. 서로 용서와 인내가 필요합니다. 용서하고 용서받지 못하며 인내하며 끝까지 참을 수 없는 자들은 참으로 하나님과 세상이 원하는 교회를 이루지 못합니다. 성령의 역사만이, 즉 성령을 바로 받은 성도들만이 갖가지의 시험과 시련에도 불구하고 끝까지 인내하면서 하나님의 교회와 그 뜻을 바로 이룰 수 있는 것입니다. 다시 한 번 성령의 역사적 현존에 대하여 분명히 하고 싶습니다. 성령 받은 증거, 그 역사적 현존은 어떻게 알 수 있습니까? 그것은 우리가 매일의 삶을 어떻게 살며, 우리의 삶에서 어떠한 열매를 맺는가로 알 수 있습니다. 내 삶에 대해 기쁨과 감사 가운데, 그 어떤 여건에서도 이웃들을 사랑하며 화평하게 살고 있습니까? 사람들의 허물에도 연민의 자비로운 마음을 가지며 선으로 대하고 있습니까? 아무리 큰 시련에도 오래 참고 바라며 모든 맡은 일엔 책임감을 가지고 충성되게 살고 있습니까? 이런 마음과 자세로 우리의 신앙과 삶을 산다면 이는 성령 받은 역사적 현존으로 사는 증거가 될 것입니다. 바울은 성령 받은 이런 역사적 현존을 아주 선명하게 요약해줍니다. 우리의 신앙과 인격, 그 삶 속에 "사랑과 희락과 화평과 오래 참음과 자비와 양선과 충성과 온유와 절제"(self-control)가 있다면, 바로 이러한 것들이 성령의 역사적 현존이라고 그 유명한 성령의 열매로 증언합니다(갈 5:22-23).

5. 이제 본 메시지의 마감 부분에 이르렀습니다. 20세기의 대 신학자 폴 틸리히(Paul Tillich, 1886~1966)가 말하는 '하나님이 불러 모으신 회중'(ecclesia of God), '그리스도의 몸'(body of Christ), 혹은 '성령공동체'(spiritual community) 등이 본래 의미에서 '교회'의

실재성에 잘 맞습니다. '그리스도의 몸'으로서의 성령 공동체는 성령의 현존에 의해 탄생된 새로운 공동체이기 때문에, 그리스도이신 예수가 새로운 존재이듯이 성령공동체는 새로운 공동체, 구원받은 공동체입니다.

그리스도 교회는 언제 처음 탄생했을까?[1] 그리스도교 신앙의 역설이라고 말할 수 있는 가장 극적인 사건인데, 가이사랴 빌립보에서 베드로의 고백 "당신은 그리스도이십니다"(막 8:29; 마 16:16; 눅 9:20)라는 말이 입에서 나올 때 교회가 출현한 것입니다. 교회의 핵심 본질은 역사적 예수라는 인간이 그리스도(메시아, 구세주)이심을 고백하는 데 있기 때문입니다. 그런데 매우 역설적이게도 베드로의 고백 직후, 예수께서는 베드로의 그리스도 인지(recognition)가 하나님이 알게 하신 것, 성령의 감동으로 가능한 것임을 말합니다. 그리스도 신앙의 역설은 인간의 주체적 고백과 수용이 있어야 하면서도, 동시에 그 일은 성령의 감동과 감화의 결실이라는 것입니다. 자율(自律)도 아니고 타율(他律)도 아닌 신율적(theonomous) 사건이라는 데 있습니다.

사도행전의 오순절 사건 보도(행 2장)는 성령공동체의 성격이 어떤지를 웅변적으로 보여줍니다. 가이사랴 빌립보 여행길 위에서 선택된 열두 제자와 그들의 스승 그리스도 예수 사이에 있었던 비공개적인 교회 탄생 사건은, 이제 오순절 다락방에서의 성령 강림 체험을 통해 공개적으로 만천하에 새로운 영적 공동체로서 그리스도

---

1 이하의 내용에 대해서는 김경재, 『틸리히 되새김』(여해와함께, 2018), 403-411를 참고한 것이다.

교회의 탄생을 알려줍니다. 영적 공동체로서 교회의 특징을 드러내는 오순절 사건의 요소는 다음과 같이 다섯 가지로 요약됩니다.

첫째는 영적 공동체로서 교회의 탄생은 황홀한 성격(the ecstatic character)을 지닌다는 것입니다. 성령의 현존이 있을 때 발생하는 일들이 오순절 사건에서 그대로 나타났는데 종교적 황홀 체험과 인간적 이성 구조가 하나 되는 일치 체험이 일어난 것입니다. 그 황홀 체험은 자아를 잃어버리는 무아지경의 황홀 체험이 아니라 신앙, 사랑, 일치, 보편성이 하나로 통전되는 그런 황홀 체험입니다.

둘째 요소는 믿음의 창조(the creation of faith)라는 것입니다. 새로운 존재의 담지자로 여겼던 그들의 스승 예수의 십자가 처형을 눈으로 본 제자들의 신앙은 심한 회의감에 휩싸여 위협받았고 거의 파괴되었던 것입니다. 의혹과 불안정 상태에 빠져서 갈릴리 지방으로 뿔뿔이 흩어졌던 제자들이 오순절 성령 강림 사건에서, 성령에 사로잡힌 경험을 통해 의심과 회의를 극복하고 새롭게 신앙을 창조 받은 것입니다.

오순절 사건의 셋째 요소는 사랑의 창조(the creation of Love)입니다. 오순절 성령 체험은 그들로 하여금 즉시 자발적인 상호 섬김과 봉사행위로 나타났습니다. 가난한 자들을 구제하고 낯선 떠돌이들을 차별 없이 받아들여 품에 안았다(행 2:42). 자발적으로 자기를 내주는 사랑이 없다면 성령공동체, 참 교회는 없습니다.

오순절 사건에 넷째 요소는 모든 형태의 차별과 차이를 극복하는 일체성의 창조(the creation of unity)라는 것입니다. 서로 다른 개성을 지닌 개인들, 국적 차이, 오랜 관습의 차이를 모두 극복하고 거룩한 식탁 공동체(the sacramental meal)에 참여하고 모일 수 있었습니다. 언어도 다르고 출신 지역도 다른 사람들이 사도들의 첫 케류그마(복음선포)를 알아들었던 것은 바벨탑 설화(창 11:1-9)에서 증언된 인류의 혼란과 분열이 성령 현존 체험 안에서 극복됨을 상징적으로 말해줍니다. 그러므로 소외되고 찢긴 인류들의 궁극적 재 연합(the ultimate reunion)이 없는 곳에는 참된 성령 공동체, 참교회도 없습니다.

오순절 사건의 다섯째 요소는 보편성의 창조(the creation of universality)라는 것입니다. 성령의 현존에 붙잡혀 새로운 존재 체험을 한 제자 공동체는 그들이 듣고 체험한 진실한 생명적 실재를 전해야 한다는 것을 느꼈습니다. 왜냐하면 그들이 경험한 새로운 존재의 능력과 의미로서 가치를 지니지 않는다면, 그것은 그들의 영적 체험이 진정한 의미에서 '새로운 존재'(the New Being) 가치를 지닌다고 볼 수 없기 때문입니다. 그러므로 오순절 사건이 보여주는 우주적 보편성에 비추어 볼 때, 모든 개인과 집단과 사물과 사건을 그 새로운 존재의 실재에로 초청하고 이끌어 들이는 선교적 열정이 없는 곳에는 참다운 성령 공동체 곧 참된 교회는 없다고 말해야 합니다.

이 다섯 가지 오순절 사건 이야기에서 뚜렷한 요소들은 그리스도이신 예수가 담지한 '새로운 존재이신 그리스도 예수'를 통해 드러난 새로움의 실재, 옛 사람과 옛 시대가 극복된 새로운 메시아 공동체의 원형이 오순절 첫 교회 공동체에서 드러난 것입니다. 그러므로 성령 공동체로서의 참된 교회를 '그리스도의 몸'이라고 합니다. 성령은 그리스도의 영예심이 드러난 것입니다.

오순절 성령 강림 사건은 최초로 교회가 역사 속에 등장한 사건입니다. 위에서 언급한바 다섯 가지 필수요소는 언제나 담보되어야 합니다. 공동체로서의 참 교회는 황홀 경지의 창조, 믿음의 창조, 사랑의 창조, 한 몸 일체성의 창조, 보편성의 창조가 그것이라고 틸리히는 정리합니다. 후대에 교회론이 발전하면서 교회의 네 가지 특징으로 '하나의 교회, 사도적 교회, 거룩한 교회, 보편적 교회'라는 특징도 오순절 성령 공동체로서의 참 교회 원형입니다. 교회의 네 가지 필수 기능으로 선교신학이 정리하는 케류그마(복음선포), 코이노니아(성도의 사귐), 디아코니아(섬김과 봉사), 디다케(진리의 교육) 또한 맨 처음 성령공동체 오순절 교회의 원형적 참 교회에서 유래한 것입니다. 성령강림절과 종교개혁 5백 주년을 보내면서 '성령의 역사적 현존'이 한국교회에 새 바람을 일으키기를 바랍니다.

2018년 5월 27일, 6월 3일

예수의 머리에 향유를 붓다

― 거룩한 낭비 · 흔들리는 터전

막 14:3-11

1. 시작하면서 – 마가복음의 고난 주간 배경사

마가복음은 예수님의 마지막 일주일, 즉 종려주일 혹은 고난 주간에 있었던 사건으로만 내용의 절반을 채우고 있다. 옥합을 깨뜨린 여인의 이야기 역시 고난주일로 불리는 예수의 마지막 일주일 중 수요일에 있었던 사건이다. 이 본문을 종려주간이라고 하는 배경과 함께 이해하지 않고서는 잘못 해석하기 쉽다. 수요일에 있었던 이 여인의 이야기는 예수님을 따라다녔던 12명의 제자의 실패담과 더불어 이해되어야 옳다. 가룟 유다의 이야기 역시 본문과 더불어 생각될 주제이다. 예수님을 따랐던 12명의 제자와 극명하게 다른 삶을 보여준 한 여인의 이야기가 핵심 내용이 되겠다.

주지하듯 '고난 주간'이란 갈릴리에서 복음을 전하고, 하나님 나라를 선포하시며, 3년간의 공생애를 사셨던 예수께서 예루살렘에 입성하는 마지막 일주일의 삶을 일컫는다. 마가복음에 따르면 당시 예루살렘은 유대인들에게 희망의 상징이기도 했지만, 온갖 탄압과 불의로 인해 하나님이 진노하시는 공간이기도 했다. 하나님의 성전 이 있기에 예루살렘을 우주의 중심으로 존중히 여겼으나, 성전 자 체는 그와는 너무도 다른 길을 걷고 있었다. 도둑과 강도의 소굴이 었고, 정의가 사라져 버린 탓이다. 백성들을 옥죄는 지배자 로마제 국의 위용에 이스라엘 종교는 머리를 숙였고, 그들의 앞잡이 역할 을 했다. 그곳은 예수님 공생애 3년간 선포했던 하나님 나라의 실 상과는 거리가 먼 곳이었다. 예수께서는 그런 예루살렘으로 당신의 마지막 발걸음을 옮기셨다. 백성들을 진정으로 자유롭게 하기 위하 여, 그들을 온전한 하나님의 자녀로 해방시켜 구원해내기 위하여, 가난한 백성들에게 정치적으로, 종교적으로 군림하던 세력들에게 하나님의 정의를 선포하고자 예수님은 죽음을 예감하며 그 길을 걸 었다. 예루살렘으로의 여행은 참으로 험난했다. 하나님 나라의 열 정을 가슴에 품었던 예수님은 당시 예루살렘을 다스리던 로마의 세 력과 성전 관리들에게 '불편한 진실'이었던 까닭이다.

2. 예수님 중심을 읽지 못한 제자들의

예수님은 생의 마지막에 이르러 제자들과 함께 예루살렘으로의 여정을 시작하셨다. 지난 3년간 제자들은 예수를 보았고, 알았고, 누구보다 이해한 듯했다. 하지만 성서 곳곳을 보면 제자 중 어느 하 나도 예수님의 마지막 일주일간의 삶, 그가 가슴 속에 품었던 하나님 나라의 열정을 이해하지 못했다. 예수님은 곁에 있던 제자들에게 여러 차례, 적어도 성서에서 3번 이상 자신이 가야 할 길의 성격을 분명하게 말씀하였다. 다음 말씀 속에 자신이 가는 길의 성격을 분명히 언급하였다. "나를 따르려거든, 자기를 버리고 제 십자가를 져야 한다"(마 16:24), "하나의 밀알이 땅에 떨어져 죽지 않으면 아무런 열매를 맺을 수가 없다", "인자가 온 것은 섬김을 받으려 하는 것이 아니라 자신을 대속물로 내놓기 위함이다." 이렇게 세 차례에 걸쳐 당신의 운명이 어떻게 될 것인가를 설명했다. 그런데도 제자 중 누구 하나라도 예수님의 가슴 깊은 중심 이야기를 진지하게 숙고하지 않았다. 오히려 그들은 예루살렘 입성과 함께 헛된 꿈을 꾸고 있었다. 누가 더 큰 존재가 될 것인가. 예루살렘에 가면 누가 예수님의 좌우편에 앉게 될 것인가가 그들의 관심사였다. 심지어 한 제자의 어머니는 예수님에게 자기 아들의 미래를 부탁할 정도였다.

예수님은 너무도 답답하셨고 안타까웠다. 그래서 예수님은 제자들에게 "너희는 나를 누구라 생각하느냐?" 베드로는 자신만만하게 "주는 그리스도시요 살아계신 하나님의 아들이다." 대답했지만 진정으로 예수님의 중심인 고난 여정을 알지 못했다. 그리스도시요 살아계신 하나님의 아들이라고 당당하게 고백하는 베드로에게 인자는 죽을 것이란 말을 거듭 강조하였다. 베드로의 고백 바로 앞에는 소경 된 자를 고치시는 이야기가 두 번 나온다. 예수께서 소경을 보게 하셨던 이 사건은 육신을 고친 기적을 강조할 목적이 아니었다. 이야기의 핵심은 예루살렘의 길을 옳게 보지 못하는 제자들의 소경됨을 눈뜨게 하려는 데 있었다. 그만큼 예수님은 제자들의 장님된 상황을 답답하고 안타깝게 바라보았다. 이런 제자들이니 예수님 잡히시던 날, 다 도망갔고 십자가 처형 현장에 누구도 곁에 서 있을 수 없었다. 가룟 유다만 특별히 나쁜 제자가 아니었다. 12명의 실패한 제자 중 한 사람이었을 뿐이다. 사실 오늘을 살아가는 우리, 그리스도인들 역시 실패한 제자들을 닮아있는 것은 아닌지 모르겠다. 예수님의 제자들 누구도 죽지 않으려 했고, 높아지려고만 했기 때문이다. 하나님의 정의에 대한 갈망을 다 망각해버렸다. 예수께서 제일 근심하신 일이 소경이 소경을 인도하는 경우였는데, 바로 우리가 지금 오늘의 삶의 정황에서 예수님을 따르는 사람들이기보다도 다른 길을 가려는 자들이 아닐까 안타깝고 두려워지기 때문이다.

3. 예수님의 고난 여정에 따른 한 여인의 이야기

실패한 제자들의 옆에 한 여인의 이야기가 전해지고 있다. 성서에 여인의 이야기는 가룟 유다 이야기와 짝을 맺고 있다. 실패한 제자들과 다른 삶을 살았던 한 여인의 이야기를 강조하기 위함이다. 마가복음서는 제자들의 실패에도 불구하고 이 여인만이 예수님 죽음의 길을 인지(認知)하고 깨달은 유일한 존재였음을 강조한다. 모든 제자가 예수님과 동문서답을 하고 있을 때, 이 여인만이 홀로 예수님의 죽음을 준비했다는 것이다. 하나님 나라의 열정이 예수 마지막 생애의 일주일을 예루살렘으로 이끌었고, 그곳에서 기다리는 것은 죽음이었다. 베다니의 한 여인만이 이전 예수님의 죽음을 미리 보았고 앞서 장례를 치렀다. 마지막 일주일 동안 이 여인만이 예수님을 바로 보았고, 참으로 알았고, 진정으로 따랐던 유일한 존재가 되었다. 그렇기에 이 여인은 모두가 피해 숨어 있는 이른 아침 홀로 예수님 무덤가에 달려갔던 사람이 되었으며, 부활하신 예수님을 처음으로 목도한 증인이었다고 요한복음은 증거한다. 예수님의 길, 예루살렘 여정의 의미를 깨달은 사람에게는 죽음도 무서움의 대상일 수 없었다. 자신의 것을 예수님 마지막 죽음을 위해 아낌없이 내놓은 여인, 예수님의 장례를 치른 여인이야말로 땅에 떨어진 밀알이었다. 장식품으로서의 십자가가 아니라 자기 삶의 몫으로 십자가를 만났던 이들이 있었다는 것을 교훈하고 있다.

4. 거룩한 낭비

이 여인의 이야기 중 '거룩한 낭비'라는 말로 생각해 본다. 절제하지 못하고 분수에 어긋나게 필요 이상의 물질과 돈을 쓰는 형태를 가리켜 낭비한다고 말한다. 이런 식의 낭비는 막아야 한다. 하나밖에 없는 지구 생태계의 미래 역시 지나친 낭비를 줄여야 존립이 가능한 일이다. 그럼에도 불구하고 삼백 데나리온이란 엄청난 값어치의 향유를 예수의 머리에 부었던 여인이 있었다. 데나리온이란 큰 화폐단위이다. 부자들이 보석을 사고팔면서 흥정하는 단위의 돈이라 한다. 수백 데나리온에 해당하는 기름이 한순간에 예수의 머리에 쏟아 부어졌다. 가룟 유다가 말했듯이 그것은 엄청난 낭비였다. 가난한 이들을 수없이 구제할 수 있는 금액이었다. 그런데 예수님은 이 여인의 행위를 아름답게 여겼고 복음이 전해지는 곳곳마다 여인의 이야기가 회자될 것이라 했다. 낭비에 '거룩'이라는 말을 붙여도 좋을 만한, 어색하지 않은 그런 이야기로 전해질 것이라 한 것이다. 이렇듯 분노, 허기, 낭비와 같은 부정적인 단어에 '거룩'이란 말이 붙여지면 본뜻과 전혀 다른 값지고 멋진 말로 변한다. 우리 역시도 부정적 개념들을 달리 만들 수 있는 신앙적 힘을 지녔으면 좋겠다.

5. 신학적인 의미

신학자 폴 틸리히(Paul Tillich)의 두 권의 설교집이 있다. 하나는 『궁극적 관심』(*Ultimate Concern*)이고, 다른 하나는 『흔들리는 터전』(*Shaking Foundation*)이라는 책이다. 그리스도교 언어를 일상의 실존적 언어로 바꿔서 신앙의 본질을 설명하는 데 천재적인 능력을 갖고 있는 신학자이다. 이 두 설교집에서 그가 전하는 메시지는 아주 분명하다. 종교란 본래 궁극적인 관심에 대한 이해란 것이다. 어떤 사람에게 명예가 궁극적 관심이라면 그것이 본인에게 신(神)과 같다고 했다. 만약에 물질(돈)이라는 것이 삶의 궁극적인 관심일 경우 그것 또한 그 사람에게 신일 수밖에 없다는 것이다. 아무리 교회에 와서 하나님을 부르고 신앙을 말하더라도 일상적인 것에 그의 궁극적인 관심이 향해질 때 그것이 그에게 실제로 하나님이란 것이다. 심지어 어떤 사람이 이성(理性)을 철저히 신뢰하고 그것에 생사를 걸 때, 그 또한 신(神)일 수 있다고 했다. 그래서 틸리히는 궁극적인 관심이 어디에 있겠는가를 치열하게 묻고 살폈다.

이런 맥락에서 옥합을 깨뜨린 여인의 이야기를 생각해 본다. 이 여인은 아마도 막달라 마리아라고 추정된다. 성서에 그렇게 기록된 바는 없지만, 성서학자들은 여인의 직업이 창기였을 것이라고 가늠한다. 당시의 가부장적인 체계 속에서, 율법이 지배하는 현실 속에서 이 여인에게는 인간 이하의 삶이 일상(日常)이었을 것이다. 인간 대접을 받지 못했을 것이며, 개만도 못한 인생을 버티면서 옥합에 기름을 사서 모으는 일로 자기의 인생을 보상받으려 했을 것이다. 여인에게는 옥합에 서서히 쌓여가는 기름이 존재 이유였고, 그것이 자기 인생의 궁극적인 관심이었으며, 그것으로써 자기 인생을 보상받을 수 있다고 믿었고, 그 희망만으로 모진 세월을 견디며 살았을 것이다. 예수를 만나기 이전까지 여인에게 궁극적 관심은 오직 옥합에 쌓여있는 기름뿐이었다. 그것이 모든 것 중의 모든 것이었다.

틸리히의『흔들리는 터전』의 제목처럼 옥합에 쌓인 기름을 궁극적 관심으로 믿고 살던 이 여인에게 삶의 터전이 흔들리는 사건이 발생했다. 성서 속 여인에게 자신의 기초가 흔들리는 대지진의 순간이 찾아온 것이다. 예수님과 우연히 만난 그녀에게 영향을 미친 것이다. 우리에게도 확고하다 믿었던 삶의 터전이 크게 흔들린 경험이 있었는지 모르겠다. 흔들리는 터전(Shaking Foundation)의 경험이 우리의 삶 속에 한 번쯤은 찾아와도 좋을 것이다. 지금껏 인간 대접을 받지 못했고, 삶을 산 게 아니라 버텨왔던 이 여인을 예수님의 따사로운 눈으로 바라봐 주었던 탓이다. 그를 인간으로, 창기가 아니라 정말 사랑스러운 한 여인으로, 천하보다 귀한 생명으로 바라봐 주는 눈길을 예수님으로부터 느낀 까닭이다. 차곡차곡 채워진 옥합, 거기에 인생의 궁극적 관심을 두었던 이 여인의 '터전', 지금까지 자기 삶을 버텨주었던 삶의 토대가 그 따뜻한 예수님 눈길과 인격으로 흔들리기 시작했다.

그간에 옥합에 쌓여 있는 기름이 아니라 자기를 전혀 다른 인간으로 바라봐 준 예수님에게로 삶의 방향을 돌렸다. 흔들리는 자기 삶의 터전을 주시하며 그녀는 과감히 옥합에 모아 둔 향유, 삼백 데나리온이나 되는 엄청난 값어치의 기름을 예수님 머리에 쏟아부었다. 성서는 이것이 예수님 장례를 준비하기 위한 것이라 했지만, 그것은 후대의 신학적 해석일 것이다. 갑작스러운 터전의 흔들림 앞에서 예수님 장례를 생각할 겨를도 없었을 것이다. 장례 이야기보다 중요한 것은 이 여인 속에서 생겨난 '흔들리는 터전'의 경험이다. 옆에 있던 제자들마저 그것을 낭비라고 여겼고, 가난한 사람들을 도와주면 배불리 먹을 것이라고 비난했다. 그러나 예수님은 그 여인의 낭비가 어떤 의미인지를 알았다. 여인의 낭비를 아름답게 기억하라 했다. 이 복음이 전파되는 곳마다 여인의 이야기가 전해질 것이라고 말한 것이다. 흔들리는 터전을 통하여 궁극적 관심 자체가 달라진 구체적 사례가 되었기 때문이다. 그래서 이 여인의 낭비는 거룩한 낭비가 되었다. 오늘의 그리스도인도 궁극적 관심을 발견하고 흔들리는 터전의 경험을 반드시 통과해야 한다는 교훈이다.

6. 거룩한 낭비는 역사 속에서 일어난다

거룩한 낭비는 성서 속의 인물들을 통해서만 접할 수 있는 것이 아니다. 자기 삶을 거룩하게 낭비했던 사람들이 있었기에 오늘 우리의 삶이 존재할 수 있었다. 역사 속의 두 인물을 통해 '거룩한 낭비'의 화신(化神)들을 언급하고 상고해 보겠다. 먼저 서학(西學)을 만난 정약용과 그 집안의 경우를 상고해 보겠다. 유학적 가치관과 세계관을 지켜 살던 실학자들이 서학, 천주교를 만났다. 지금까지 양반과 상놈의 차별 속에 살던 사람들에게 만민평등이 선포되고, 현생밖에 없다고 믿던 이들이 저세상과 영생이란 궁극적인 세계가 있음을 알았을 때 자기 터전이 흔들리는 경험이 있었다. 모진 고난과 갈등 속에서 그들은 서학을 받아들였고, 그 결과 제일 큰형 정약현과 정약용이 귀양을 갔으며, 바로 위의 형 정약종이 아들 정하상과 더불어 순교를 당했다. 흔들리는 터전의 대가가 이런 식의 고통이자 죽음이었다. 유학자(실학자)로서 살았던 이들이 자신의 인생을 낭비한 것이다. 아마도 정약용 가문이 학문적인 전통을 이으며 살았더라면 무탈했을 것이다. 흔들린 터전의 경험 탓에 그래서 궁극적인 관심이 달라졌기에 그들은 자기의 인생을 과감히 던져야 했다. 삼백 데나리온을 던진 여인과 같은 낭비가 이들에게도 있었던 것이다. 일가족 전체, 정씨 문중 전체의 거룩한 낭비를 통해서 오늘 한국의 가톨릭교회가 존재할 수 있었다.

다른 하나는 3.1 독립선언 당시 끝까지 망설이다가 마지막으로 선언서에 서명했던 신석구 목사의 경우이다. 선교사들이 가르쳐 준 신앙의 지침에 따라서 그는 3.1 독립선언에 참여하지 않으려 했다. 선교사들은 그리스도인들에게 다른 종교인들과 함께 일할 수 없고, 정치적인 일에 관여해서는 안 된다고 가르쳤기 때문이다. 이런 원칙이 이 땅의 목사들에게 강요되었다. 따라서 그는 독립선언서에 서명할 수 없다고 판단했다. 하지만 깊은 고민 속에서 그 역시 흔들리는 터전(shaking fondation)을 경험했다. 자신에게 주입된 신념 체계가 흔들렸다. 민족의 장래를 위해 민족대표 33인 중 제일 마지막 서명을 했으나 끝까지 변절하지 않은 유일한 한 사람으로 기억되고 있다. 모진 고초와 감옥 생활을 견뎌야 했고, 병고에 고생했으나 그에게는 민족의 독립은 지켜야 할 궁극적 관심이었다. 실로 그의 인생은 망가졌고, 버려졌지만, 자신을 거룩하게 낭비함으로써 그는 나라를 지켜낼 수 있었다.

이렇듯 흔들리는 터전 탓에 새로운 일들이 가능했다. 거룩한 낭비의 화신들을 성서에서만이 아니라, 우리 역사 속에서도 찾을 수 있었다. 그들 덕으로 오늘 우리가 이렇게 사는 것이다. 하지만 작금의 우리에게는 분노도, 욕망도 거룩하지 않다. 매 순간 분노하고 허기를 느끼며 낭비하지만, 도무지 거룩하지 않다. 예수께서는 이 여인의 이야기가 전파되는 곳에 복음이 있고, 복음이 전파되는 곳에 이 여인의 이야기가 전해질 것이라고 했다. 그렇다면 거룩한 낭비는 우리 안에서, 우리 속에서 거듭 일어나야 옳다. 언젠가 우리의 삶 역시 거룩하게 낭비되어야 마땅하다. 그런 날 반드시 우리에게도 허락해주실 것이라고 믿는다.

우리는 3.1혁명 100주년을 1년 앞두고 아직도 정명(正名)을 회복하지 못한 채 관제 용어인 '3.1운동'이란 비칭을 사용하고 있다. 1919년 3~4월 한민족이 왜적의 총칼 앞에 생명을 내던지며 투쟁했던 '3.1혁명'의 역사적 의미부터 회복해야 할 과제를 갖고 있다.

정의의 예언자 아모스와 평화통일의 길

암 5:4-15, 21-24, 9:11-15

1. 시작하는 이야기

한반도 분단이 75년이 된 상황에서 정치·경제·사회·문화적으로 분단이 의미하는 것이 무엇이며, 통일이 의미하는 것이 무엇이냐를 물어야 한다. 우리는 '분단에서부터 '통일을 지향하는 길을 찾아야 한다. 성서 속에서 그리고 한반도의 역사 속에서 살아계셔서 일하시는 하나님의 역사 속에서 풀어나가야 할 것이다.

성서에서 하나님과 아담 즉 인간의 관계가 '분단'(분열)되었다는 것이 원죄였다. 인간이 지은 첫 죄의 행동은 하나님과 인간의 분단 (깨어진 관계)에서 온 것이다. 따라서 분단은 죄의 결과라고 정리할 수 있겠다. 하나님과 인간의 분단 그리고 인간과 인간 사이의 분단은 곧 죄라고 정리해야 옳을 것이다. 이것은 단순히 거리가 멀어졌다는 것 이상으로 관계가 단절된 상태인데 '분단 상황'이라 말할 수 있다. 한반도의 한민족공동체가 분단되어 75년이나 되었고, 모처럼 분단을 넘어서 통일로 나가도록 새 출발을 한 것이다.

성서에는 통일에 대한 하나님의 의지(意志)가 여러 곳에서 나타난다. 이스라엘과 유대가 분단의 역사를 계속하고 있을 때, 유대와 이스라엘의 통일에 대하여 에스겔 37:15-28에 나타나 있다. 주전 722년 북왕국 이스라엘이 당했던 것과 비슷한 운명을 유대도 주전 586년에 당했다. 하나님은 이 두 왕국의 회복을 약속하셨는데, 이 약속은 두 나라의 통일을 포함한다. 유대와 사마리아 간의 종교 분쟁이 지속되었지만, 이 약속은 그리스와 로마의 통치 아래에서 어느 정도는 이루어졌다. 신약성서는 유대인과 이방인을 모두 포함하는 토대 위에서 하나님의 백성이 다시 구성될 것을 말하고 있다.

하나님의 분명한 의지는 분단은 죄 된 상황이며, 이를 극복시켜서 통일된 이스라엘을 이루시겠다고 하는 데 있다. 에스겔은 통일 왕국(2:3 설명)을 뜻할 때 종종 "이스라엘"이라고 말한다. 분단의 죄는 우상숭배와 가증한 물건으로 더럽혀 짐을 말하며 이는 모든 죄악이 되는 것이다. 분단의 처소는, 다시 말해서 분단의 상황(Situation of Division and Separation)은 곧 범죄한 상황이다. 그 상황에서 구원하여 주시고 정결케 할 것을 약속한다. 그렇게 함으로써 인간과 하나님의 관계가 다시 정립된 상태, 즉 통일된 상태로 접어들게 될 것이다.

2. 폭풍전야의 고요함

구약성서는 크게 율법서, 예언서, 성문서로 나뉜다. 예언서는 전기 예언서와 후기 예언서로 구분되는데, 전기예언서는 나단, 미가야, 엘리야, 엘리사 등 예언자들이 왕국 시대에 활동한 것을 다루지만 예언자들의 활동은 역사 서술 중의 한 예로 등장할 뿐 그들의 이름으로 된 예언서가 따로 보존된 것은 없다. 그런데 후기 예언서는 이사야, 에스겔, 예레미야의 3대 예언서와 12소예언서로 구성되어 있는데 모두 예언자의 이름으로 된 예언집이 남아 있다. 대예언서와 소예언서의 구분은 그 수집된 예언 신탁의 길이에 따라 정해진 것이지 예언자 자체 가치의 비중을 가늠하는 것은 아니라고 본다. 이들 후기 예언자들의 첫 책이 아모스서이다. 아모스로부터 시작된 문서 예언자들의 메시지는 이스라엘의 하나님 야훼와 이스라엘 간의 관계를 잘 보여주고 있다. 아모스(정의)와 호세아(사랑) 두 예언자를 통해 그들의 메시지를 이해하는 것도 의미가 있다.

아모스와 호세아는 모두 북 왕국 수도 사마리아 성에서 북 왕국이 패망하기 직전 활동하던 예언자들이다. 주전 8세기 중엽 이스라엘의 역사적인 상황은 이름 그대로 '폭풍전야의 고요함'이었다. 아모스 1:1에 의하면 남 왕국 유대의 임금은 요시야(783~742)이고, 북왕국 이스라엘의 임금은 여로보암 2세(786~746)이다. 여로보암 2세는 그때 당시 복잡한 국제 정세를 잘 파악하고 활용하여서 이스라엘의 영토를 확장하게 된다. 이스라엘은 오랜만에 찾아온 태평성대를 누리게 되었다. 이 같은 정치적인 안정은 이웃 간의 교역 증대로 경제가 급성장하게 되고 경제발전은 신흥 상업 계급의 출현을 낳게 하였다. 이 벼락부자들은 여름 별장과 겨울 별장을 지으며 또 상아로 만든 침대를 사용할 정도로 온갖 사치를 누리게 되었으며, 정경유착으로 맺어진 비리는 사법계와 종교계에까지 법의 준수를 약화시켰으며, 또 이방인들을 많이 흡수한 것이 결과적으로는 계약 공동체의 유대 의식을 약화시켜 국가지상주의로 전환되면서 야훼 종교가 명맥만 국가종교일 뿐 가나안 풍요제의에 밀려 혼합종교화 되었다.[1]

아모스는 주전 760년경에 예언 활동을 시작하여 약 1년간 활동한 것으로 보이다. 좀 더 자세히 살펴보면, 여로보암 2세는 약 50년에 걸쳐 왕위에 있었다. 이스라엘의 지도자들은 앞으로 닥쳐올 위기를 감지하지 못했고 번영을 누리는 상태가 영원토록 계속되리라 믿었다. 표면상으로 볼 때 이스라엘이 평화와 번영을 누렸으나 그 내면을 들여다보면 결코 건강한 상태에 놓여 있지 않았다. 국가의 부(富)는 공정하게 분배되어 있지 않았고, 부자와 가난한 자 두 계급으로 나뉜 사회였다. 부자는 점점 더 부자가 되었고 가난한 자는 점점 더 가난하게 되었다. 가난한 자들이 굶어 죽는 것을 면하려고 부자에게 부득이 돈을 꾸어 그것을 기한 내에 갚지 못하였을 경우 그들은 가옥과 전답을 몰수당하고 아들딸들은 노예로 팔리게 되었다. 이와 같이 하여 국가의 토지는 소수의 소유물이 되어버렸다. 부유한 지주들은 그들의 저택들을 도시에 세우고 사치스러운 생활을 하였다. 그러나 소작인들과 노예들은 비참한 상태에서 생명 유지를 위해 죽도록 일해야 했다. 이러한 경제 제도와 종교에 대해서 반기를 들기 위하여 아모스는 일어났다. 드고아의 불모(不毛)의 고지(高

---

1 John Bright, *A History of Israel* (Westminster Press, 1972).

地)에서 양을 치고 뽕나무를 가꾸던 아모스는 가난한 자의 운명을 잘 알고 있었다. 만일 아모스가 도시에서 부자들의 불의와 사치한 생활을 보지 않았다면 예언자가 되지 않았을지도 모른다. 아모스는 부자와 가난한 자의 차이가 너무나 심함을 보고 그의 심중에 깊은 자극을 받게 되었다.

아모스는 히브리인들 가운데서 의롭게 살아보려고 애쓰는 소수의 무리 가운데 한 사람이었다. 그는 사회악의 모든 영향에도 불구하고 야훼 하나님를 향한 그의 신앙을 지키고 충성을 다하는 사람이었다. 그가 광야에서 고독하게 양을 치고 있을 때, 솔직한 마음과 양심으로 하나님의 일에 관하여 묵상을 하였고 동족들의 생활상에 대해서 깊이 반성했다. 아모스는 빈곤을 보았고 부자들의 포학(暴虐)과 정치인들의 불의와 종교인들의 타락을 지적할 수 있었다.

3. 아모스는 누구인가?

아모스는 어떻게 그 시대의 아들로서 시대의 흐름에 물들거나 체념하지 않고 다른 인식을 하여 생명을 내걸고 투쟁할 수 있었는가? 아모스의 비판과 저항에 대해 권력자 편에서 대변자 역할을 하는 사제 아마샤가 추방 명령을 내리면서 유대 지방에 가서 직업적 예언자 노릇이나 하면서 밥이나 얻어먹으라고 했을 때 아모스는 자신의 신분을 밝힌다. 그는 직업적 예언자가 아니다. 이스라엘 사회에 예언자를 직업적으로 양성하는 제도가 있었다. 거기에는 종교 귀족이나 왕권에 의해 인정된 자들이 있었다. 그런데 아모스는 그 예언자 군에 의해 인정받은 자도 아니다. 그는 어떤 자격을 밖으로부터 인정받았거나 받으려고도 하지 않는 자였다. 그는 목동이며 농부였다. 아모스는 기존 체제에서 부여하는 어떤 자격도 없음을 고백한다. "나는 양 떼를 몰고 다니다가 야훼께 잡힌 사람이다. 주님은 나에게 명하셨다. 가라! 내 백성 이스라엘에게 '선포'하라!"(암 7:14-15).

그 무엇이 아모스를 하나님께 사로잡히게 했고 그의 삶을 급선회하게 했는가? 야훼가 그를 사로잡고 혁명적 전환을 하게 했다. 그 결정적인 삶의 전환은 백성들의 아우성, 그 원한의 소리였다고 할 수 있겠다. 그런 경우는 그의 이전 선구자들에게도 있었다. 모세라는 목동이 미디안 광야에서 조용히 묻혀 살 때 갑작스레 벼락이 그에게 떨어진 것이다. 나무에 불붙는 환상을 보았다는 것은 어쩌면 그의 가슴에 점화된 불이었다. 망각했던 애굽의 자기 민족의 비명소리가 들려온 것이다. 그 비명소리와 야훼 하나님의 가라는 명령은 동시적이다. 바로 이런 일이 아모스에게도 일어난 것이다. 그것은 해도, 안 해도 되는 그런 일이 아니고, 내일이나 모레로 미뤄도 되는 그런 일이 아니었다. "사자가 부르짖은즉 누가 두려워하지 아니하겠느냐 나 주 여호와께서 말씀하신즉 누가 예언하지 아니하겠느냐"(암 3:8). 그는 비참한 백성들의 울부짖음, 그것은 사자후와도 같았다. 그 뜻에 순응하지 않으면 그 자신이 그 이빨에 찢겨 죽을 수 있는 그런 절박한 것이다. 아모스는 썩은 지배층을 향해서 하나님 심판을 대언했다.

아모스의 입장은 분명했다. 거짓 평화, 거짓 종교보다 앞서야 하는 것은 바로 정의를 올바로 수립하는 일이다. "정의가 강같이 흐르게 해라!"(암 5:24). 이것이 없는 평화는 기만이다. 모든 제사를 거부하면서 바로 정의를 강같이 흐르게 하라고 한다. 정의란 서로를 위하는 마음이 넘쳐흐르는 것이다, "공의를 마르지 않는 강같이 흐르게 하라"(암 5:24)고 선언한다.

4. 희망을 살리라! (Keep Hope Alive!)

미국의 민권 운동가 마틴 루터 킹 주니어 목사와 함께 민권운동에 참여한 바 있는 제시 잭슨 목사가 지난 주간(7월 24~27일) 한국을 방문해 판문점, DMZ를 방문했고 좌담회에서 경제 민주화 "희망을 살리라!"(Keep Hope Alive!)는 주제로 강연을 했는데 그 요지를 아래에 소개한다.

오늘날 세계는 경제위기에 처해있다. 자본은 세계화하였지만, 인권신장에 대한 부분은 자본주의만큼 확장하지 못했다. 노동자와 여성, 어린이의 권리 그리고 성소수자 공동체와 녹색 인권에 대한 권리가 아직 구현되지 못한 상황에 있다. 특히 최근 위기를 맞고 있는 이주민과 난민들이 그러하다. 전 세계에 이주민과 난민들은 전쟁 중인 고국을 탈출하여 안전하고 안보가 보장되는 곳을 찾아 떠돌고 있다. 이는 65년 전, 한국전쟁의 경험과 마찬가지로 당시 전쟁을 피해 안전한 장소로 피난 가던 우리 한국과 유사한 상황이라 할 수 있다.

이주민과 난민에 대한 혐오와 폭력, 억압의 물결은 세계를 휩쓸고 있다. 미국뿐 아니라 유럽에서도 나타나고 최근 예멘 난민 문제에 직면한 한국에서도 외국인 혐오와 반이민의 여론이 형성되고 있다.

이 시점에서 우리는 스스로 '교회의 사명은 무엇인가?' 되물어야 한다. 정치적인 일보다는 맑은 영으로 바른 일을 해나가는 것, 즉 세상의 약자, 소수자를 위해 일해 나가는 것이 교회의 사명이라는 것을 깨달아야 한다. 우리 교회는 폭력의 상징이 아닌 자비와 양선 그리고 서로를 사랑함으로써 세상을 도와야 한다. 종교적 교리의 경계를 넘어 공동체를 향해, 상생(相生)을 위해 서로 힘을 모아야 할 것이다.

에이즈와 암에 대한 치료법을 찾고 세계평화를 위해 비핵화를 지향해야 할 것이다. 남과 북의 서로 다른 삶의 조건과 상황에 대해 지속적인 대화를 해나가야 할 것이다.

예언자 이사야는 "칼을 쳐서 보습을 만들고 창을 쳐서 낫을 만들라"고 하였다. 이것은 오늘날 대량살상 무기를 평화와 치유를 지향하는 새로운 시스템(System)으로 바꾸는 것을 의미한다. 한반도는 역사적 변화의 중대한 시기를 지나고 있다. 이는 지속 가능한 번영과 통일을 성취하는 과정이며, 한반도가 평화의 땅으로 변화해 나가는 것을 의미한다. 정전협정 이후 65년이 흐른 지금, 이제는 전쟁은 끝내고, 평화협정으로 갈 때이다. 냉전 시대를 끝내고 한반도의 지속 가능한 평화를 함께 그려나가야 할 때이다.

남북정상회담과 북미정상회담은 한반도를 평화로 이끌 것이다. 또한 북미 관계를 정상화해 나갈 것이며, 한반도를 평화로, 화해로 이끄는 일이 바로 희망이다. 희망은 서로 적대적인 행동을 멈추게 할 것이다. 북한은 핵미사일 실험을 중단하겠다는 약속을 지켜야 하며, 미국은 한미 연합 군사훈련을 중단하고 대북 제재를 해제해야 할 것이다. 우리의 지도자들은 용기와 확신 그리고 도덕적 양심을 지키며 평화를 이야기하고 궤멸이 아닌 상호교류와 상생을 위한 선택을 할 것이다.

한반도에 치유와 상생의 바람이 일고 있다. 우리는 이때를 놓쳐선 안 될 것이다. 한국전쟁 중 4백만 명의 한국인이 사망했다. 민간인 사망자 수는 베트남 전쟁의 사망자 수를 초과했으며, 1천만 명 이상의 가족이 생이별했다. 이 과정을 통해 흘린 피와 눈물이 충분하지 않다고 생각할까? 지금, 평화의 기운이 가득한 이 기회를 놓쳐선 안 될 것이다. 이제 평화를 위한 시간 카이로스의 때가 되었다.

잭슨 목사는 '미국 경험으로 볼 때, 그 길이 쉽지 않다'는 것을 알고 있다. 그것은 수많은 반전과 모순으로 가득 차 있지만, 마틴 루터 킹 주니어 박사가 말했듯, "도덕적 보편을 이루는 과정은 지난하지만, 그것은 늘 정의를 향한다"는 진실을 잊어서는 아니 된다.

5. 정의 수립은 통일에의 길

주목해야 할 큰 대목은 아모스가 유대 지방(나라) 사람이면서 왜 북 왕국 이스라엘에 와서 고난을 받으며 예언 활동을 했나 하는 사실이다. 3장 2절에 이스라엘에 대한 중대한 전제가 있다. 하나님이 "세상 많은 민족 가운데 이스라엘만을 골라냈다"는 사실이다. 아모스는 분열된 이스라엘이 아니라 분열 이전의 이스라엘을 말한다.

첫째로 이스라엘을 야곱의 후예로 본다든지, 둘째로 애굽에서 탈출한 이스라엘이라는 것을 밝히며, 셋째로 광야 40년을 언급하는 것이 모두 분단 이전의 이야기이다.

모든 예언자가 그랬듯이 아모스도 모든 불의의 원흉을 분단 상황으로 판단했을 것이다. 북이스라엘이 통일 이스라엘의 정통성을 갖고 있다. 그것이 히브리(노예, 기층 민중)에 의해 세워진 종족 공동체의 본산이며 적어도 200년 동안 "오직 야훼만"이라는 기치를 들어 밖으로 군주 제국과 대결하며, 안으로 군주국(군국주의)을 만들려는 유혹과 싸웠다. 그것은 백성(民)에 의해 이룩된 진정한 민주 사회였다. 그런데 다윗이 유대 지방을 거점으로 이스라엘을 공략해서 이스라엘 군주국을 세운 것이다. 통일 이스라엘국이 형성된 것은 강대국을 이루는 데 큰 전진이라고 할 수 있다.

그러나 다윗 왕조는 통치정책으로 분열 정책을 쓴 것이다. 그것은 솔로몬에 와서 극에 달했다. 그는 정치, 종교 할 것 없이 모든 고급관료는 유대 지방 사람들만 채용하고 북이스라엘 전통을 철저히 봉쇄한 것이다. 이렇게 해서 마침내 남북은 분단국의 비운에 빠지고 만 것이다. 분단 200여 년, 남과 북의 어느 하나도 독립국이 되지 못하고 계속되는 외세의 침범 아래서 반식민지 생활을 해야 했는데도 지배층은 오히려 그 분단 아래에서 얻은 부귀영화에 도취되어 있었다. 놀랍게도 지배층은 통일에의 노력이 없었다. 아모스가 유대 지방 사람이면서 북이스라엘 중심에 가서 정의(正義)를 주장하며, 왕후장상들 앞에서 최후심판을 경고하면서 예언자 활동을 맹렬하게 편 것이 이러한 시각에서 볼 때 의미심장하다. 사실상 그

같은 잔인할 정도의 저주를 퍼붓고 어떤 몸부림을 쳐도 멸망을 피할 길이 없으리라는 아모스의 마지막 말은 다음과 같다.

"그날이 오면 내가 부서진 다윗의 초막을 일으키리라. 틈이 벌어진 성벽을 수축하고 허물어진 터를 다시 세워 옛 모습을 되찾아 주리라. 에돔에 남은 백성뿐 아니라 내 백성이라는 칭호를 받을 모든 민족 위에 군림하게 하리라. ⋯ 산에서는 햇포도주가 흘러내리고 언덕마다 무르익은 곡식이 물결치리라. 내 백성 이스라엘의 국운을 이렇게 회복시켜 주면 저들은 쑥밭이 된 성읍들을 다시 일으켜 그 안에 살며 제 손으로 심은 포도에서 술을 짜 마시고 제 손으로 가꾼 과수원에서 과일을 따 먹게 되리라. ⋯ 너희의 하느님 야훼의 말씀이시다"(암 9:11-15, 공동번역).

아모스는 통일된 내일을 예고한다. 그것은 다 무너진 다음에 세워질 나라, 왕후장상이 허물어진 궁전을 짓거나 종교 귀족들이 성전을 짓는 것이 아니라 "제 손으로 심은 포도에서 술을 짜 마시고 제 손으로 가꾼 과수원에서 과일을 따 먹게 될" 그런 새날, 즉 백성의 날, 통일된 이스라엘이 결국 회생할 것을 내다 본 것이라 하겠다.

6. 아모스의 의(義)는 우주적 의(義)

아모스의 하나님은 '의(義)의 하나님'이다. 아모스가 그 당시에 사회적, 경제적 불의(不義)와 부정(不正)을 직접 목격했을 때 야훼의 의(義)에 대한 의의(意義)가 명백하게 되었다. 아모스에게 있어서 하나님과 불의는 양립할 수 없었다. 아모스가 강조하는 점은 야훼의 요구하시는 의는 우주적(Universal Justice)이라는 것이다. 아모스는 도덕률이 모든 사건을 지배하고 있다고 믿었다. 그는 어떤 민족이든지, 이스라엘을 포함해서 어떤 일이 일어난다면 그것은 그들이 이 도덕률에 대해서 취한 태도로 인한 결과이다.

야훼의 공법(公法)은 냉혹(冷酷)한 것이며 어떤 개인이나 민족일지라도 그의 심판을 피할 길이 없다.

아모스 이전에는 야훼는 히브리 민족의 하나님으로 알려져 있었다. 모든 민족은 각각 그 민족 자신의 신(神)을 가지고 있었다. 야훼의 통치권은 이스라엘만 국한되어 있었으며 자기 통치권 밖에 있는 민족에 대해서는 아무 힘이 없었다. 그러나 아모스는 이 사상에 반기를 들고 종교사에서 새로운 시대를 시작하는 예언자가 되었다. 고대의 다른 종교와 같이 아모스 이전의 이스라엘 종교는 민족적 종교였다. 그러나 아모스가 하나님의 통치권을 전 세계 모든 민족 위에까지 확장한 최초의 사람이었다.[2] 아모스에 의하면 야훼는 어디까지나 윤리적 존재이시며 이스라엘과 열방의 도덕적 지배자이었다. 아모스의 유일신관(唯一神觀, Monotheism)은 이 도덕적 원리의 기초 위에 서 있는 것이다. 아모스에게 하나님은 의로우시므로 유일신으로 인식되었다. 이것이 예언자들의 윤리적 유일신관(倫理的 唯一神觀, Ethical Monotheism)이며 아모스는 이를 말한 대표적인 사람이다. 히브리 종교에 있어서 유일신관의 확립에는 아모스의 노력이 크게 기여했다.

---

2 R.H. Pfeiffer, *Introduction to the Old Testament* (Adam & Charles Black, 1963), 580.

7. 한반도 분단 역사를 극복하기 위하여

주지하는 바, 태프트·가쓰라 밀약으로 미국과 일본은 필리핀과 한반도를 식민지로 만들기로 했다. 1905년, 한국에 온 선교사들의 신학에는 일본과 미국의 이익을 옹호하고 한반도의 반식민, 자주, 독립의 노선을 저지시키려는 기능이 상당수 있는 것이다. 따라서 한반도의 주권 상실, 분단 주권의 과정에서 미국은 소련과 일본과 더불어 책임이 있으며, 일부 신학자들과 선교사들은 분단 고착화적인 신학을 전개해 나갔고, 이에 따라서 제국지배형의 신학을 통해 세계질서를 유지하고자 한 역사를 우리는 분석해야 한다.

하나님은 이스라엘을 제국의 우상숭배로부터(노예 신분) 출애굽하여 해방시켰다. 로마제국의 우상숭배로부터 이스라엘 민족해방과 민족통일을 주신 분이다. 따라서 한반도의 역사 속에 하나님은 살아계시며 역사하시되, 분단을 극복하고, 민족적, 자주적, 독립적인 통일지향의 길(과정)을 일깨워 주고 계시는 분이다. 통일을 향한 길, 과정은 곧 예수 그리스도의 하나님 선교(Missio Dei)이며, 출애굽의 역사와 민족해방과 민족 구원의 선교이다. 한반도 민족분단을 극복하고 민족통일로 나아가는 길은 바로 히브리(노예)들의 해방의 소식을 증거하는 것이다. 인간의 존엄성이 살아나기 위해서는 아담의 분단을 극복할 것이며, 한반도의 역사 속에서 숨 쉬고 살아계시는 온전하신 하나님을 증거하는 우리 그리스도인들 한국교회가 되어야 한다.

그런데 한국 개신교회는 이념적 문제와 신학적 문제로 이른바

'보수'와 '진보', 복음주의(Evengelical)와 에큐메니컬(Ecumenical)로 분열되어 있다. 이는 지난 2013년 세계교회협의회(WCC) 제10차 부산총회를 둘러싸고 한국교회 내에서 벌어진 심각한 찬반 논쟁을 통해, 한국교회의 뿌리 깊은 분열상이, 전 세계교회 앞에서 적나라하게 노출되었다.

그렇다면 '통일 지상주의'를 주장하는 진보 진영과 '선교 지상주의'를 주장하는 보수, 양 진영이 하나로 연합할 수 있을까? 여기서 주목할 점은 '에큐메니컬'의 반대말은 '복음주의'가 아니고, '분파주의' 혹은 '당파주의'라고 주장하는 것에 주목해야 한다. 참된 의미의 '에큐메니컬'은 철저한 '에반젤리컬'이고, 반대로 참된 의미의 '에반젤리컬'은 '에큐메니컬' 가치들을 추구한다고 본다. 따라서 "한국교회가 '에큐메니컬 대 복음주의'의 잘못된 이분법적 도식을 극복할 수 있다면, 그리하여 정의와 평화와 생명이 에큐메니컬 가치(價值)일 뿐 아니라 복음적 이상(理想)임을 깨달을 수 있다면, 보수적 교회들과 진보적 교회들이 정의로운 평화라는 공동의 목적지를 향한 여정에서 함께 연대할 수 있을 것이다"[3]고 할 수 있다. 한국교회가 통일운동과 민족공동체의 사회 경제 체제에 어떻게 참여하며 기여할 수 있을까를 위해 맑은 양심과 정성으로 기도해야 한다.

오직 정의를 물같이, 공의를 마르지 않는 강같이 흐르게 할지어다 (아모스 5:24).

018년 8월 12일

---

3 「기독교사상」 2018년 7월호.

평화는 용서와 화해의 실현이다

마 18:15-22, 롬 15:1-7

1. 시작하는 말

뜻깊은 4.19 기념 60주년이다. 역사적 전환기에 매우 중요한 것들을 생각하게 하였다. 중요한 것은 관용과 화해를 통해 폭넓게 개혁을 밀고 가는 것이다. 역사의 고빗길인 지금이야말로 용서와 화해가 필요한 때이다. 오늘날의 시대적 흐름은 화해와 평화를 지향하고 있지만, 오늘의 현실은 아직도 분열과 투쟁의 상황에 놓여 있다. 개인 간의 문제만이 아니라, 나라와 나라가 전쟁을 하고, 민족과 민족이 대립하고, 시기와 질투, 원수 됨이 계속되고 있다. 이러한 상황에서 개인이든 민족이든 필요한 것은 진정한 평화요, 용서와 화해의 실현이다.

그리스도교는 역사 가운데 많은 과오를 저지르고 교회는 오늘도 많은 약점을 안고 있다. 그러나 세계 20억의 그리스도인들은 아직도 신봉하고 따르는 예수님의 가르침과 삶에서 하늘과 땅, 인간과 인간 그리고 자연과의 모든 용서와 화해를 배우며 실현하는 사랑의 힘을 찾고 있다. 평화는 용서와 화해의 실현이다. 이 말씀은 예수님의 가르침의 중심이고 산상수훈의 한 축이다. 예수님의 하나님 나라 운동도 사랑이 중심이 되는데 곧 용서와 화해가 실현되는 평화운동이다.

2. 예수의 용서와 화해의 가르침

산상수훈(마 6장)에서 '어떻게 기도할 것인가?' 하는 제자들의 요청에 '주기도문'을 가르치신 예수님은 중요한 몇 가지를 기도 제목으로 제시한다. 우리가 세상에서 삶에 필요한 일용할 양식 다음으로 용서를 가르친다. "우리가 우리에게 죄지은 자를 사하여 준 것같이 우리 죄를 사하여 주시옵고" 기도하라고 한다. 일용할 양식이 없으면 우리가 살 수 없듯이, 이웃과 함께 살면서 피차 용서 없이는 살 수 없다. 가장 작은 단위인 부부나 가족에서부터 교회와 사회생활에서 용서 없이는 결코 평화롭게 살거나 그 유지나 어떤 발전도 할 수 없다.

사람은 지위고하를 막론하고 약점과 실수를 범하지 않을 수 없는 존재이다. 예수는 이런 인간의 본질과 삶의 실상을 바로 알았기에 용서를 교회공동체와 사회의 첫째 기본원리로 삼았다. 주기도문의 희랍어 원전을 살피면 더 놀랍다. 하나님이 인간을 한 번에 다 용서해 주셨으며 우리가 형제자매의 잘못에 대해서는 계속 용서하도록 가르친다. 그토록 인간은 누구나 잘못과 실수를 범하는 존재이기 때문이다.

주기도문에서 이렇게 용서를 강조하고도 예수는 하나님의 용서에 '단서'를 붙이며 인간이 이 땅에서 함께 평화롭게 사는 원리로서 우리 삶에서 용서란 필수적임을 역설한다. "너희가 사람의 잘못을 용서하면 너희 하늘 아버지께서도 너희 잘못을 용서하시려니와 너희가 사람의 잘못을 용서하지 아니하면 너희 아버지께서도 너희 잘못을 용서하지 아니하시리라"(마 6:14-15). 용서받기를 원한다면 우리도 내게 잘못한 그 누구의 허물도 용서할 줄 알아야 한다. 용서의 중요성을 위해 예수는 아주 엄하게 경고한다. 만약 우리가 다른 사람의 과오를 용서치 않는다면 하나님도 우리의 용서를 거절하신다는 것이다. 따라서 우리가 자문할 일은 '나는 내게 잘못한 그 누구라도 용서했는가?'이다.

베드로가 내 형제의 잘못에 대해 몇 번까지 용서해야 할까? 일곱 번까지면 될까요? 유대인의 법도를 알고 있을 베드로는, 이웃의 용서는 세 번이면 된다는 랍비의 가르침을 생각하며, 사실 그는 예수에게서 상당한 칭찬을 기대하며 한 질문이다. 그러나 뜻밖에 예수는 "일곱 번뿐 아니라 일곱 번을 일흔 번까지라도 할지니라"(마 18:22)고 했다. 이는 용서에는 끝이 없다는 뜻이고, 뉘우치거든 언제나 용서하라는 것이다. 용서하지 못하는 자는 하나님의 사람이 될 수 없다. 용서와 화해의 소중함을 가르치던 예수는 제단에 봉헌할 때 형제자매에게 아직도 거리낌이 있다면, 그 예물을 거기 둔 채먼저 되돌아가 그와 화해하고 다시 오라고까지 가르쳤다. 함께 여행하듯 가는 그가 갑자기 세상을 떠나게 된다면 화해할 길이 없고,

하나님 앞에 서게 되는 날 부끄러울까 두려워하라고 했다.

3. 그리스도인의 참된 친교에 대한 바울의 가르침

특별히 강한 형제의 약한 형제에 대한 책임을 친교와 사귐, 화해의 면에 있어서 다루고 있다. 그리스도인의 사귐은 서로를 생각하는 것으로 특징지어진다. 항상 다른 사람의 선과 그의 신앙건설을 위해 계획되어야 한다. 그리스도인의 교제는 조화로 특징지어져야 한다. 화려하고 그 예배와 음악이 완전하고 연보가 자발적으로 드려진다 해도 조화를 갖추는 것이 그리스도인 교제의 본질이다. 성도의 바른 사귐을 통하여 제반 인생의 문제를 공동으로 해결해 나간다. 따라서 역사 현장의 문제 역시 함께 공동으로 대처하고 참여해 나간다. 그리스도인 사귐의 핵심은 그 양식과 모범과 영감과 능력을 그리스도에게서 얻는다는 데 있다. 그리스도는 당신 자신을 기쁘게 하지 않았다. 바울이 다른 사람의 연약함을 짊어진다고 했을 때, 그리스도가 십자가를 짊어지신다는 단어와 같은 단어를 사용했다는 것은 의미심장한 것이다. 영광의 주가 자신을 기쁘시게 하는 것보다 남을 봉사하는 길을 택했을 때, 바울은 그의 추종자가 되려는 사람들에게 누구나 받아들여야만 하는 본을 세워주었다.

그러므로 우리도 그리스도의 모범을 따라가야 한다. 로마서 본문(15:1-13)이 우리에게 강조하여 가르치려는 바는 '덕'을 세우라는 말씀이다. 믿음이란 하나님과 나와의 관계인데, 믿음에 플러스해서 덕이 함께 하지 않으면 그 믿음은 바로 설 수 없는 것이다. 믿

음은 종교적 관계로서 하나님과 나와의 종적 관계이나, 이것이 덕
으로 이어져서 윤리적 관계로 바로 되어야만 한다. 덕이란 하나님
과 나와의 관계, 나와 이웃과의 관계가 조화를 이룰 때 평안하고 올
바르게 온전한 덕을 이루게 된다.

4. 믿음의 공동체인 교회는 용서하는 공동체

우리의 삶의 정황은 수많은 문제에 직면하여 내적 전투를 하고
있다. 재산과 명예, 권력 때문에 이웃과 다투고, 남의 지배나 억압
으로 적대심과 복수심이 생긴다. 그래서 우리 가운데는 미움과 증
오가 있고 경원하는 마음도 있다. 용서하기 힘든 우리 마음을 부인
할 수 없다. 역사적으로 이스라엘 백성도 로마제국의 지배를 당하
면서 선민의식이나 자존심은 물론 생존마저 위협당했을 때 그들을
원수로 여겼던 것은 당연하다. 그들을 이해하고 받아준다는 것은
양심이 허락되지 않는 것이었다.

인간에게는 종교적 용서가 사실상 거의 불가능하다. 더욱이 한
(恨)에 맺혀있고, 6.25 전쟁을 경험한 세대에게는 더욱 어려운 일
이다. 용서는 윤리적인 차원이라기보다는 종교적 차원에 속한다.
하나님은 인간을 용서하기 위해서 자신을 내놓아야 했다. 이것이
사랑의 현실적인 행위이고 용서를 통해서 화해가 이룩되는 것이다.

믿음의 교회공동체는 원수 같음의 공동체가 아니라 '용서하는
공동체'이다. 교회의 선교는 성도의 순교의 피 터전 위에 세워졌다.
용서의 선교라고 할 수 있다. 용서는 과거와의 단절을 의미한다. 그

런데 용서받은 자만이 해방된 자가 아니라 용서한 자 역시도 해방된 자이다. 왜냐하면 용서하지 않으면 둘이 모두 과거에 얽매어있기 때문이다. 따라서 용서는 미래지향적이다. 이런 점에서 회개와 용서는 동시적이어야 한다. 우리는 수많은 '너희들'을 용서해야 한다. 그래야 우리가 진정 용서함을 받는 것이고 자유함을 받는다.

용서는 용서를 가져오지만, 징벌은 징벌을 동반한다. 때로 용서를 유보할 수도 있다. 그러나 그때도 그 유보는 사랑에 근거해야 한다. 그러므로 유보는 용서를 의미한다. 용서는 수리적 개념이 아니다. '일곱 번을 일흔 번까지' 한다는 것은 490번 용서하라는 뜻이 아니다. 용서는 수로 셀 것이 아니요, 사랑이 물량적 개념일 수 없다면 용서도 물량적 개념이 아니다. 우리가 용서할 대상은 누구든지 다 용서해야 한다는 것이다. 교회는 '용서하는 공동체'로서 세상 모두를 다 품어 안아야 한다. 그래야 희망이 있는 미래의 신앙공동체가 될 수 있다.

1백세 이상을 산 노인들의 삶을 연구한 심리학자 브리클리 박사(Dr. Michael Brickley)는 다음과 같은 사실을 발견했다. 그들은 과거의 '감정적 찌꺼기'(emotional baggage)를 잘 털어버린 자들이다. 그들에게도 과거의 슬픔, 배신, 상처, 완성하지 못한 일, 해결 안 된 관계나 후회스러운 일들이 없지 않았다. 그러나 이들은 하나같이 건강하고 적극적인 방법으로 이런 찌꺼기들을 깨끗이 털어 버렸다. 주어진 오늘의 하루하루를 기쁘고 즐겁게 감사하며 사는 사람들이었다. 1백 세까지 사는 장수의 비결은 몸 관리를 잘하며 운동을 열심히 하는 자들이기보다는 저들의 마음과 심혼을 더 잘 지키고 다스리는 자들이라는 보고가 있다.

5. 용서와 화해에 대한 예수의 가르침에서 우리가 배우며 고백해야 할 비밀

용서와 화해의 참 면모는 예수의 십자가 사건에 나타난 비밀이다. 예수가 유대 종교지도자들과 로마 정치인과 군병들에 의해 십자가에 못 박혀 운명하던 순간 그의 최후의 일곱 마디의 말 중에 "하나님이여, 저들을 용서하소서" ― 저들은 다 자기들이 하는 일이 무엇인지조차 알지 못한다. 당신을 십자가에 못 박고 조롱하며 침 뱉고 주먹질하던 저들을 용서해 달라며 측은히 여기던 예수! 그 십자가의 현장과 목소리를 진정 듣고 깨닫는다면 이 세상 그 누구든 용서 못 할 일이 있겠는가?

우리가 아무리 억울하고 분할지라도 예수의 십자가를 보고 그의 음성을 듣고 생각할 때면, 오히려 송구하고 감격스러울 뿐이다. 그 무엇에도 분노보다는 용서와 화해, 차라리 감사함으로 변하는 위력은 예수의 십자가의 숨겨진 비밀 때문이다. 신실한 그리스도인이라면 그의 삶에서 이런 용서와 화해는 몇 번이고 체험되는 사건들이다. 예수의 십자가는 용서의 극치요 모든 평화와 화해는 이 십자가에 달려 있고 또한 용서의 힘도 거기서 나온다.

여순반란사건 때 손양원 목사는 자기 두 아들을 죽이고 체포된 빨치산 청년을 용서할 뿐 아니라 자기의 양자로 삼았다. 인간 세상의 상식과 법과 윤리 도덕으로는 전혀 불가능한 것이나, 하나님의 사랑과 그리스도의 십자가, 성령의 강한 역사가 이런 기적 같은 용서와 사랑을 실현한 것이다. 이런 사랑의 행보와 진리성은 예수의 때나 오늘이나 동일한 위력을 가진다. 그리스도를 통한 하나님의 참 용서와 구원의 사랑을 체험한 자들만이 지금도 여전히 이러한 용서와 사랑을 원수들에게까지 베풀고 있다.

미국 민권 운동가 루터 킹 목사가 흑인들을 향해 백인들을 미워하지 말라고 한 것도 같은 맥락의 하나님 사죄의 사랑을 체험하여 한 말이다. 흑인이 백인을 미워하면 백인들의 흑인 증오를 탓할 수 없기 때문이다. 그는 동시에 백인들에게 흑인 민권운동은 결코 흑인만 위한 것이 아니라 백인의 자유를 위해서라며 누구를 미워하는 동안 그 죄의 포로가 되기에 참된 해방을 위해 백인들은 흑인 차별을 중단하라고 했다.

오늘날 한민족이 걸어온 분단도 용서와 화해로만이 새로운 평화통일을 이룩할 수 있다. 우리 그리스도인들은 그 어떤 아프고 쓰라린 일이든, 우리 각자에게 손해를 입히고 용서할 수 없을 만큼 괴롭혔다 해도, 우리의 죽을 수밖에 없는 큰 죄를 용서해 준 하나님의 은혜를 생각할 때 용서하며 화해하지 않을 수 없다.

예수의 십자가를 통한 하나님의 사죄 은총으로 용서받고 의인으로 인정받아 하나님 자녀 된 우리는 나아가 세계 어느 종족이나 종교인, 심지어 그 어떤 원수라도 용서하며 세계평화와 세계를 위해 함께 손잡고 다시 새로운 하늘과 땅을 꿈꾸어 보아야 한다. 이는 참 생명의 길이요 평화의 길이다.

6. 용서와 화해 실현의 평화를 온누리에 임하게 하자

용서와 화해 정신이 온갖 전쟁과 테러, 종족이나 종교 간의 분쟁에서도 그 해결의 실마리가 되는 것을 역사적 세계의 현실에서 찾아보려 한다. 그 구체적 역사의 한 사례를 2차 대전 뒤, 자유와 공산 진영으로 양분된 채 냉전이 계속되며, 핵무기 경쟁으로 전멸의 위기에 떨던 세계가, 어떻게 이를 극복하게 되었는가를 소련과 동구 공산권이 와해 되던 사례로 살펴보려 한다.

1983년 아직 철의 장막이 다 걷히기 전, 교황 요한 바오로 2세가 폴란드를 방문하여 야외미사를 인도하던 때이다. 구름 떼 같은 인파가 교구별로 질서 있게 포니아토스 다리를 건너 광장으로 행진해 갔다. 다리 정면에의 길은 공산당본부 빌딩 앞을 지나는 길이었다. 떼지어 행진하는 군중들은 그 앞을 지날 때마다 한목소리로 외쳤다. '우리는 당신들을 용서한다. 우리는 당신을 용서한다'(We forgive You) 또 그 외에도 억압과 박해를 받을 때마다 '우리는 당신을 용서한다. 우리는 당신을 용서한다'는 피켓을 들고 행진하였다. 결국 폴란드 공산정권은 바로 이 '용서한다'는 하나님의 은혜의 정신에 의해 붕괴되었다. 그리고 이런 용서의 몸부림은 소련과 동구 모든 나라에 확산되었다. 그리고 마침내 철의 장벽의 동구들을 해방시킨 것이다.

공산권의 종주국이요, 동구 제국을 장악하던 소비에트가 무너지며 발버둥 치던 아이러니한 역사의 최후 단면을 살펴보겠다. 1991년 10월, 고르바초프가 명목상의 대통령이 되고 실권은 옐친

이 장악하기 시작되던 무렵이다. 러시아 지도자들이 그 나라의 도덕성 회복을 도와달라고 미국 그리스도인들에게 요청하여 일단의 미국 기독교인들이 모스코바를 방문했을 때이다. 여기 동행한 얀시(Philip Yancey)는 그때의 일들을 소상하게 그의『놀라운 하나님의 은혜』(*What's so Amazing About Grace*)에서 기록했다. 고르바초프나 정부 고위 관리들은 따뜻하게 환영했고 그 무서운 소비에트의 정보부 KGB를 방문했는데 의심스러울 만큼 그 환대는 놀라웠다. 스탈린 시대, KGB는 38만 명의 사제 중에서 대부분을 살해하고 축출하여 겨우 1백 명의 사제만을 남긴 장본인들이다.

〈아불라제의 회개〉(Repentence by Tengiz Abuladze's film)라는 영화를 보았다. 사실 이 영화는 KGB의 잔인성, 특히 종교를 반대하고 수십만의 사제들을 살해한 무서운 범행과 허위탄핵, 강제 투옥, 교회 방화 등을 생생하게 보여주었다. 수도원 1천 개, 신학교 60개가 문을 닫고 정교회 98%가 문을 닫을 정도였다. 이 영화는 남편을 노역장에 보낸 아낙네들이 강물에 떠내려온 통나무 속에 남편들의 소식이 있을까 하여 애타게 찾는 장면과 한 시골 아낙이 교회로 가는 길을 묻는 것으로 끝이 난다. 길을 잘못 들었다고 말하자 도대체 교회로 인도되지 않는 길이 무슨 소용이 있느냐며 막을 내린다.

그런데 KGB의 부책임자 장군은 이상과 같이 미국 기독교 대표들에게 소비에트의 정교회에 대한 그동안에 박해의 사실들을 다 보여주고 회개하는 마음으로 울었다. 그 부책임자 장군은 '저는 평생 꼭 두 번 울었다. 어머니가 돌아가셨을 때 그리고 바로 오늘 밤이다'

라는 고백을 했다. 그날 밤 돌아오는 버스의 미국 대표단은 약속의 땅을 보는 느낌이었다. 확실히 이는 현대판 출애굽 사건이다. 땅의 탄성을 듣고 노예 같던 히브리인들을 구원한 하나님이, 공산 치하에서 수천만 명이 박해와 고문을 당하고 수백만 명이 무고하게 죽어가며 탄식하던 소리를 오늘에 다시 듣고 역사한 것임을 어찌 부인하겠는가? 이런 출애굽을 역사하고 위력과 은총을 보인 바로 그 하나님을 모세는 잊지 말라고 신명기 8장에서 명했다.

우리는 또한 독일 통일에서도 그러한 놀라운 역사적 사실을 볼 수 있다. 처음엔 수백이 수천으로, 다음 삼만, 오만, 마침내는 오십만으로, 라이프치히(Leipzig) 인구의 거의 반에 도달했다. 성니콜라이교회에서 기도회를 하고 평화행렬은 어두운 거리를 찬송하며 계속됐다. 경찰과 군대들은 그 모든 무기를 가지고도 이런 행렬의 위력에 무력했다. 마침내 동베를린에서 비슷한 평화행렬은 1백만에 이르렀고 증오의 베를린 장벽은 한 방의 총성도 없이 무너졌다. 대형 피켓이 라이프치히 길거리에 나부꼈다. '우리는 당신, 교회에 감사한다'(Wir danken Dir, Kirche).

세차게 부는 바람이 더러운 오염물을 몰아내듯, 지구촌 평화혁명의 바람이 소비에트와 동구에 분 것이다. 1989년 한 해에만 총인구 5억에 달하는 10개 국가 — 폴란드, 동독, 헝가리, 체코슬로바키아, 불가리아, 루마니아, 알바니아, 유고슬라비아, 몽골, 소련에서 비폭력의 평화혁명이 이루어졌다. 이 많은 역사는 그 속의 소수 그리스도인(Christian Minority)이 그 결정적 역할(a crucial role)을 담당했다. 마침내 소수의 그리스도인이 제이의 출애굽 사건을 일으켜 출애굽보다 10배, 100배 더 큰 소련과 동구의 나라들을 공산권의 구속에서 해방하였고, 또 해방의 역사를 하려 한다. 신하자 틸리히(Paul Tillich)가 지적하듯이 용서와 구원의 원칙은 나라들이나 개인들에게 똑같이 적용된다. 하나님의 은혜와 역사 그 능력은 국가나 개인에 상관없이 다 같이 적용되기에 나라이든 개인이든 하나님의 위력과 용서의 은혜를 결코 잊을 수 없다.

7. 마감하는 말 – 용서 화해하는 일이 평화

화해는 나와 너와의 관계 회복을 의미한다. 즉 관계 정상화를 의미한다. 계층 간의 갈등, 이데올로기적 갈등, 신앙유형의 갈등, 남북 분단에서 오는 갈등, 이 갈등에서 오는 민족사적 비극, 반평화적 세력의 공격에서 오는 갈등의 사회에서 교회는 화해의 복음을 전해야 한다. 이는 하나님의 화해의 역사에 동참하는 것이다. 이 화해의 역사는 성령의 역사이다. 성령은 바람과 같아서 어디서 왔다가 어디로 가는지도 모르고 형태도 없다. 성령은 물과 같아서 네모난 그릇에 담으면 네모가 되고, 둥근 그릇에 담으면 둥근 원이 된다. 화해는 성령을 닮아야 가능한 것이다. 바나바는 성령을 닮았던 화해자였다고 사도행전은 증언한다. 화해가 선포되는 데에 변화가 나타난다. 증오가 사랑으로, 싸움이 평화로, 원수가 친구로 바뀌는 것이다.

많은 사람이 화목과 평화를 바라고 있다. 수많은 사람이 평화를 위해 애쓰며 일하고 있다. 그러나 우리는 평화를 위해서 얼마나 투쟁했고 평화를 위해서 얼마나 희생을 당했는가 점검해 봐야 한다.

오히려 '평화유지'라는 미명으로 전쟁 준비, 전쟁 연습을 하는 지금 세계는 하나의 거대한 화약고라 해도 과언이 아닐 것이다. 한번 전쟁이 일어나면 지구는 불덩이가 되고 인류의 생존은 어려울 것이다.

이제 우리는 화해의 본체이신 그리스도의 가르침을 따라 주님의 화해 정신으로 신앙의 진실성을 나타내야 한다. 하나님은 우리에게 화해의 직무를 주셨다고 바울은 말씀한다(고후 5:18). 증오와 분쟁이 많고 위기에 있는 오늘의 현실에서 화해자가 되고 그리스도의 평화를 삶으로 증언하는 자이어야 한다. 화해가 이루어지는 그때 사랑과 평화, 진정한 생명이 넘칠 것이다. 진정한 화해의 마당이 우리 한반도 한민족에게 이뤄질 때 우리는 서로 만나 하나 됨의 기쁨과 하나님의 정의·평화·생명을 누릴 수 있을 것이다. 우리 모두 작은 일에서부터 가까운 이웃과 화해의 마당을 마련하는 일에 동참하자. 우리 모두에게 용서와 화해 실현, 평화가 가득하시길 바란다.

특별히 코로나19를 온 국민이 하나 되어 극복하며, 총선거도 국민의 의사를 충분히 발휘하여 나라의 새 출발의 터전을 갖게 되었다. 정말로 우리는 역사의 전환기에 무엇보다 관용과 화해를 통해 폭넓은 개혁을 하며 더 넓은 새로운 세계를 향하여 나아가도록 새 사명감과 새 전환의 출범을 허락해주신 하나님께 감사 영광 돌려야 한다.

2020년 4월 26일, 부활절 셋째 주

평화통일의 시대를 향한 화해의 영

겔 37:15-23, 엡 2:14-22

1. 고통스러운 회상

'망각은 추방으로 인도하고, 회상은 구원을 촉진한다.' 예루살렘 야드 바쉠(Yad Vashem)에 있는 학살당한 6백만 명의 유대인을 기억하는 기념비에 기록된 말씀이다. 우리의 역사도 특히 8월에는 과거를 망각하기보다는 결코 잊을 수 없는 회상과 함께 시작해야 한다.

남북의 교회는 많은 우여곡절 끝에 한반도의 평화와 통일을 위해 함께 기도하는 주일을 갖게 되었다. 이렇게 특별한 주일을 설정하게 된 데에는 몇 가지 과정이 있었다. 그 과정에서 결국, 1988년 2월 한국기독교교회협의회(NCCK) 제37회 총회는 '민족의 통일과 평화에 대한 한국기독교회 선언'을 채택, 발표했다. 이 '통일과 평화의 선언'은 분단된 지 50년이 되는 1995년을 한반도의 '평화와 통일의 희년'으로 삼자고 선포하였다. 그 후 북쪽교회는 물론이고, 세계교회협의회(WCC), 아시아기독교협의회, 세계개혁교회연맹 등도

이에 동의하였다. 동시에 매년 8월 15일 직전 주일을 한반도의 평화와 통일을 위해 기도하는 주일로 삼고자 합의하여 실현해 오고 있다. 공동기도문과 같은 성경 본문으로 설교하고 예배드리고 있다.

회상해 보면, 1945년 8월 6일 인류역사상 최초의 원자폭탄이 히로시마에 떨어졌고, 이로써 제2차 세계대전은 끝났다. 원자폭탄은 순식간에 14만 명의 생명을 앗아갔다. 수만 명의 피폭자가 생겼고, 지금도 원폭 피해의 후유증으로 죽어가는 사람들이 있다.

1945년 8월 15일 일본은 항복했다. 일본의 항복은 많은 아시아 국가들에게는 군사적 식민지로부터의 해방을 의미했다. 그러나 한국 국민에게 해방은 식민지배의 해방인 동시에 지금까지 지속되는 민족분단을 의미했다. 분단은 다시 한국전쟁으로 이어졌고, 4백만 명 이상의 가족들을 흩어 놓았다. 자기 잘못도 없이 분단된 한국은 '냉전체제'가 지배하는, 지구에 남아 있는 유일한 지역이다. 세계에서 가장 고도로 병력이 밀집된, 분단된 이 나라의 위기는 전혀 줄어들고 있지 않다.

아울러 우리는 또 다른 질문을 던질 수밖에 없는 상황이다. 가난한 사람과 부유한 사람을 서로 갈라놓는 무덤이 극복되지 않는다면, 남과 북을 갈라놓는 경계가 무너진들 무슨 소용이 있단 말인가? 이에 대한 대안으로 복지를 뒷받침할 '포괄적 증세' 논의가 필요하다. 증세 논의는 국민 인식을 새롭게 하고 '더불어, 함께 사는 사회'를 위한 시발점이 될 것이다.

베를린 구상에서 '핵 문제와 평화협정을 포함해 남북한의 모든 관심사를 대화 테이블에 올려놓자'며 '오직 평화'라고 강조하였음을 우리는 어떻게 될까, 인내심으로 기다리고 있다. 결국 현 국면에서 남북관계가 돌파구를 찾자면 사즉생(死即生)의 의지(意志)와 결단력이 없으면 어려울 것이다. 개성공단 재개, 금강산관광 재개, 한미 군사훈련 중단 가운데 어느 하나만 실현해도 상황은 달라질 수 있다. 한반도 문제에서 미국을 설득할 수 있는 나라는 한국밖에 없기 때문이다.

2. 에스겔의 통일에 대한 신적(神的)인 약속

이스라엘이 가장 비참한 곤궁에 빠졌을 때, 성전이 파괴되고 민족이 포로로 잡혀가 모두 흩어졌을 때, 예언자 에스겔은 두 가지 놀라운 환상을 보았다. 첫 환상은 이스라엘이 역사의 죽음에서 부활한 것이었고(겔 37:1-14), 둘째 환상은 이스라엘이 하나님의 메시아적 왕의 통치하에 통일되는 것이었다(겔 37:15-23). 우리가 여기서 유의하여야 할 점이 있다. 구약성서의 역사와 구약성서에서 선포하는 이스라엘의 희망은 인간을 향한 하나님의 행동 원형(原形)이라고 할 수 있다는 점이다.

이스라엘의 특수한 역사는 세계의 민족들에게 일반적인 의미를 가지며, 이스라엘의 특수한 희망은 메시아적 왕이신 예수님을 통하여 모든 인류의 희망이 되었다. 그러므로 우리가 삶의 마지막에서 우리 자신을 포기하려고 할 때 구약성서의 이야기들은 우리를 위로하고, 예언자적 희망은 우리를 회복시키는 것이다.

예언자 에스겔이 들은 하나님의 둘째 약속은 남 왕국과 북 왕국으로 분열된 이스라엘의 구원에 관한 것이다. 예언자는 두 개의 나무막대기를 들어 하나에는 '유다'의 이름을, 다른 하나에는 '요셉'이라는 이름을 써야 한다. 이것은 두 왕국의 이름이기도 하다. 나무막대기는 두 나라 왕들의 지배를 상징하는 지팡이이다. 예언자는 이두 개의 나무막대기가 하나가 되도록 붙여야 한다. 유다라는 막대기와 요셉이라는 막대기로부터 하나의 막대기가 생기는 것이다. 이런 상징적인 행동으로 예언자는 이스라엘의 주님이신 하나님이 이스라엘 자녀를 ─옛날에 이집트의 노예 생활에서 해방된 것처럼─ 분단에서부터 다시 끌어내, 하나의 민족으로 만들기를 원하신다는 것을 보여주어야 한다. "그들을 나의 땅 이스라엘 산악지대에서 한 민족으로 묶고 한 임금을 세워 다스리게 하리니, 다시는 두 민족으로 갈리지 않을 것이다. 다시는 반으로 갈라져 두 나라가 되지 않을 것이다"(겔 37:22-23, 공동번역).

이스라엘의 통일에 대한 예언자적 비전은 우리 민족에게 어떤 의미를 주는가? 두 가지를 생각하게 한다. 첫째, 우리는 자유를 주시고 동맹을 맺으시는 하나님과 수직적인 통일을 이루기 위해 모든 힘을 다해야 한다. 둘째, 우리 민족의 분단된 부분의 수평적 통일은 우리가 하나님과의 수직적 통일에서 시작할 때, 평화적으로 이루어질 수 있다.[1]

---

1 위르겐 몰트만/박종화 외 옮김, "자유와 정의 안에서의 통일", 『몰트만 선집 15』 (대한기독교서회, 2017), 19-30 참조.

3. 본회퍼의 평화 사상과 한반도 평화통일

본회퍼는 20세기 후반 세계교회에 큰 영향을 주었고 한국 민주화와 정의와 자유와 평화를 위해 투쟁하는 이들의 정신적 지주가 되었다. 그는 그리스도의 평화가 무엇인가와 평화를 위해 어떻게 살고 죽어야 하는가, 그리고 평화를 위해 교회는 무엇을 해야 하는가를 보여주었다. 올해는 본회퍼가 나치 정권의 처형으로 순교한 지 75주년이 되고 한반도 광복과 분단 75주년이 된다.

본회퍼가 그리스도교 평화에 관심을 갖는 데 영향을 준 두 사람이 있다. 한 사람은 프랑스인 장 라세르로 본회퍼에게 평화에 대하여 눈을 뜨게 해준 사람이다. 본회퍼가 1930년-31년, 뉴욕 유니온 신학교에 있었는데 그는 그리스도교 평화주의를 소개하여 주었다. 본회퍼는 산상설교에 나타난 평화 사상을 깨닫게 된다. 예수님 가르침 중에서 보복 금지, 비폭력, 원수 사랑으로부터 그리스도교 평화를 깨닫고 배운다. 당시 독일 루터교회는 이런 평화를 생각하지 못하였다. 본회퍼는 이때 평화는 민족적 배경을 초월해야 할 필요성을 인식하였다.

다른 한 사람은 인도의 간디인데 본회퍼는 간디의 비폭력방법을 높이 평가하고, '폭력을 필요로 하지 않는 저항의 형식'에 감명을 받았다. 사실 본회퍼는 인도를 방문하고 간디를 만나기로 허락을 받았으나 그 계획은 이루어지지 않았다. 본회퍼는 간디가 예수님의 산상설교의 가르침을 실천하고 있다고 보았다. 본회퍼는 그의 평화 설교에서 '우리는 동쪽에 있는 이교도로부터 수치를 당하지 않으면

안 되는가?' 여기서 이교도는 힌두교도인 간디를 지칭한 말인데, 간디가 그리스도인보다 잘 실천했기에 수치스럽다는 표현을 한 것이다. 본회퍼의 평화 사상은 1930년대 강연과 설교, 그의 저서『나를 따르라』,『윤리학』을 비롯한 그의 저서에 나타나 있다.

1) 본회퍼의 평화 사상은 성서에 기초한 것인데, 산상설교와 구약과 복음서 바울 서신에 나타난 평화에 관한 말씀을 토대로 말한 것인데 이는 그리스도론적이며 교회론적이다. 그리스도는 평화이다. 평화는 그리스도 안에 하나님의 계명에 순종하도록 부르심을 받는다. 평화를 위해 일하는 것이 하나님의 자녀 된 마땅한 의무와 책임이다. 본회퍼는 전 세계가 연합하여 평화를 만드는 것은 교회의 역할이라고 하였다. 교회는 민족적, 정치적, 사회적, 인종적인 모든 경계를 초월한다. 본회퍼의 평화는 무기와 군비확장, 안전보장의 방법을 통해서가 아니라 기도와 비폭력적 방법을 통해서 이룰 것을 말하고 있다. 본회퍼는 진리와 정의가 실천되는 곳에 평화가 실현된다고 보았다. 평화실현의 길은 십자가를 지는 제자의 길을 가는 것이고, 하나님과 이웃 앞에서 평화를 만드는 책임을 다하는 것이다.

1930년대 초에 평화주의를 주장하였던 본회퍼가 1940년대 초에 히틀러 암살단에 가담한 것은 평화주의를 포기한 것이 아니라 구체적인 신(神)의 계명에 순종한 것을 의미한다. 본회퍼는 '히틀러는 전쟁을 의미한다'고 말했고, 본회퍼의 신학과 평화 사상은 그의 삶 속에서 전기와 후기의 단절이 아니라, '일치 속의 다양한 모습의 결단'이었다. 교회의 정치적 책임을 강조하는 본회퍼의 모습은 다음과 같이 극명히 잘 표현되었다. 교회가 할 일은 '바퀴 아래 깔린 희생자에게 붕대를 감아줄 뿐만 아니라 바퀴 자체를 멈추게 하는 것이다.' 본회퍼는 당시 미친 운전사인 히틀러를 제거하려고 하였다. 스코틀랜드 신앙고백에는 폭정에 저항할 의무를 말하고 있는데 본회퍼는 이것을 실천한 것이다.

  2) 본회퍼와 한반도 평화통일: 한국과 본회퍼, 한국교회와 본회퍼는 어떤 관계인가? 본회퍼의 저서에 평화에 관한 가르침들이 많이 있다. 한반도 평화통일을 위해 본회퍼의 평화 사상에서 무엇을 배울 수 있을까? 통일신학은 평화신학에 근거해야 한다. 통일은 평화적 방법으로 하는 평화통일이 되어야 하고 통일은 평화를 실천하는 과정이다. 한반도의 평화통일은 한 민족의 염원이요 이뤄야 할 역사적 과제이다. 아니 역사와 시대적 사명이다. 예수님은 우리에게 "평화를 만드는 자들"(Peacemakers)이 되라고 하신다(마 5:9).
  평화통일을 위해 한국교회는 무엇을 하여야 할 것인가? 먼저 교회는 평화통일을 위해 분단체제 속에서 증오와 적개심을 품고 남북 간에 대결해 왔던 잘못을 반성하며 역사적 잘못을 인식하고 참회하여야 한다. 남북 간은 화해하고 협력하며 불신의 장벽을 무너뜨리고 신뢰 구축을 통하여 통일 환경을 조성하도록 노력한다. 라이프치히의 성니콜라이교회와 동베를린의 겟세마네교회가 민주화 변혁을 위한 전초기지 역할을 하였다. 서독교회는 동독교회에게 재정적 지원을 하였다. 동·서독교회는 분단된 사회와 국가를 연결하여

주는 교량 역할을 하였다. 한국교회는 분단된 한반도의 남과 북을
화해시키는 교량 역할을 해야 할 것이다. 한국교회는 민족적 과제
이며 미완의 해방을 완성하는 일인 평화통일을 위한 일에 민족적
책임을 다하여야 할 것이다.

4. 화해 – 적개심 없는 세계

화해는 '증오로부터의 해방'을 의미한다. 그러나 적개심으로 가
득 찬 이 세계의 한복판에서 화해는 가능할까? 속죄에 관한 질문이
된다. 많은 민족은 제의(祭儀)를 통해서 불의에 대한 속죄(贖罪)를
동물이나 아주 옛날에는 인간을 제물로 바침으로써 찾으려 했다.
제물은 인간의 불의한 행위에 대한 신들의 진노를 진정시켜야 했
다. 사람이 질병이나 자연재해를 통해 신의 진노를 느꼈을 때, 사람
들은 죄를 지은 사람을 제물로 바치기 위해 그를 찾았다. 폭풍에 시
달리는 배 안에서 요나는 이것을 체험했다(욘 1:7 이하). 요나의 동
료들은 요나의 불순종이 초래한 하나님의 진노를 피하려고 요나를
바다에 던져버린 것이다. 그러나 이스라엘은 다르게 보았다. 물론
이스라엘도 민족의 죄를 위해서 속죄의 제물을 바쳤다. 그러나 그
제물은 민중이 신들에게 드린 것이 아니었다. 오히려 제물은 하나
님 자신이 그의 민중과 화해하기 위해서 스스로 찾으셨다. 그것이
이른바 '속죄양'이다.

이러한 모든 제사 행위를 넘어서 예언자 이사야가 처음으로 새
로운 비전, 곧 인간적인 비전을 지녔다. 이사야 53장에 따르면, 하

나님은 새로운 '하나님의 종'을 보내시는데 그 종이 민중의 죄를 지고 간다는 것이다. "그는 실로 우리의 질고를 지고 우리의 슬픔을 당하였거늘 우리는 생각하기를 그는 징벌을 받아 하나님께 맞으며 고난을 당한다 하였노라. 그가 찔림은 우리의 허물 때문이요 그가 상함은 우리의 죄악 때문이라 그가 징계를 받으므로 우리는 평화를 누리고 그가 채찍에 맞으므로 우리는 나음을 받았도다"(사 53:4-5). 하나님의 종인 모세가 이스라엘을 정치적 노예 생활에서 해방했던 것처럼, 이 새로운 '하나님의 종'은 죄의 노예 생활에서 이스라엘을 해방해야 한다는 것이다. 성서에 따르면 속죄를 주는 이는 하나님 자신이다. 하나님은 인간의 죄를 스스로 짊어지고 가시며, 죄를 인간으로부터 털어버림으로써 인간을 해방하신다. 하나님은 속죄하시는 하나님이며, 우리를 화해시키는 분이다. 그래서 우리는 "세상 죄를 지고 가시는 이여, 우리에게 자비를 베푸소서"라고 기도하는 것이다.

"그리스도는 우리의 평화이다." 이것이 에베소서에 있는 그리스도인의 공동체에 보낸 사도의 편지의 표제이며 사신(私信)이다. 그리스도가 우리의 평화라는 것은 수직적이며 수평적인 의미를 갖고 있다. 그리스도는 우리가 하나님과 평화를 맺게 하시려고 거대한 세계의 율법을 폐기한 후 스스로 그 자리에 서 계시기 때문이다. 또 그리스도가 우리의 평화인 이유는 그가 적개심을 '죽였고' 평화의 능력으로서 적개심의 폭력이 서 있던 그 자리에 서 계시기 때문이다. 여기서 에베소서가 말하는 지상의 평화가 가능한 것이다.

이제부터 모든 사람은 '하나님의 집의 식구'이다. 하나님이 그들 가운데 거하시며, 그들 새로운 인간들은 영적인 새로운 공동체로, '영 안에서 하나님이 거하시는 집'이 되기 위하여 그리스도 예수 안에서 함께 지어져 간다(엡 2:22). 둘로 나누어진 민족들, 적대적인 집단들, 계급과 신분사회로부터 새로운 인간, 하나님과 화해한 인간, 하나님 안에서 하나 된 인간, 메시아적 인간성, 미래의 인간성이 탄생한다. 그런데 가장 놀라운 것은 언제나 역사 속에서 불안해하는 하나님 자신이 이들 새로운 인간과 함께 안식하며, 이들 새로운 인간의 공동체가 바로 하나님의 영 안에서 거하는 처소가 된다는 것이다. 하나님이 거하시는 곳에는 적개심이 없는 세계가 있다.[2]

5. 오순절의 영과 화해·일치의 영

1990년대 콕스(Harvey Cox)는 그의 책『영성, 음악, 여성』에서 20세기 후반과 21세기에 교회와 종교가 역동성을 회복하고 성장하면서 오순절적 초월 경험을 적극적으로 재평가하고 복음적 영성운동으로 승화시켜야 함을 강조한 바가 있다. 오순절적 영성은 기본적으로 성령의 임재 체험과 성령의 역사를 겸허히 수용하는 열린 교회의 특징이며, 그리스도교회의 '원초적 영성 경험'이다. 오순절에 강림한 성령은 오늘도 살아 계셔서 생동감 있게 역사하신다. 방언과 신유 체험, 예언과 성도의 교제, 열정의 봉사와 기쁨 그리고 능력 있는 말씀 증언은 오늘도 그리스도교회를 활성화하는 핵심적 은사들

---

2 몰트만, "화해: 적개심 없는 세계",『몰트만 선집 15』, 35-50.

이다.

콕스는 오순절의 영성은 초대 예루살렘교회에서 그러하였듯이 인종과 성별과 종교와 국적을 초월하는 자유와 해방의 영이었으며, 치유하고 죽은 자를 살리는 기적의 영이었고, 재산과 물건을 서로 통용하고, 함께 떡을 먹으며, 노래하고 춤추는 축제의 영이었다. 그런데 오늘의 굳어지고 형식적인 예배 행위와 기쁨이 없는 봉사활동에도 진취적인 새 영으로 채워야 한다. 나아가 오순절의 영성으로서 음악적 율동성, 여성의 참여성, 자유로운 진보성, 초월 체험의 개방성, 예배의 축제성, 코이노니아의 친밀성 등과 함께하여야 하는 성령이 인도하시는 것이어야 한다. 21세기 세계개혁교회를 계승한 한국교회는 말씀 중심의 영성에다 오순절 성령의 역동성을 접목해야 한다. 장로교회의 엄숙하고 경건한 예배의 영성에다, 축제적이고 생동적인 예배의 영성을 접목해야 한다. 본래적인 성서적 영성운동은 진보적이고 해방 지향적이지 결코 보수적·권력 지향적이 아니었음을 기억하여야 한다.

그럼에도 우리가 명심해야 할 부분이 있다. 성령 임재 체험에서 무엇보다 중요한 것은 사람들의 호기심을 충족시키는 비정상적인 종교현상(방언, 입신, 환상, 넘어짐, 신유 등)의 그 자체가 아니다. 우리가 성령 체험을 통하여 새로운 존재로 변화되었는가, 그리스도 안에서 자기중심적인 옛사람은 죽고 자유하고 사랑의 섬김을 기쁨으로 준행하는 새 사람으로 변화되었는가 명심해야 한다.

오늘 우리 교회는 진정으로 무엇을 원하고 있는가? 한마디로 오늘의 교회는 영적 생동감과 참신성과 영적 창조성과 자기 초월적 감동 및 생태계까지를 포함하는 생명 연대감을 공명하는 영적 감수성 회복을 열망하고 있다고 생각한다. 끝으로, 동북아시아 평화의 시대를 향한 민족의 통일이 가능한 '화해와 일치의 영'의 행동의 역사에 응답해야 한다. 21세기에 한반도는 분단과 상극으로 치닫는 지구상 유일하게 분단체제로 남북의 대결국면에서 벗어나지 못하고 있다. 오, 주여! 어찌하오리까? 탄식 소리가 들린다. 이제 우리 민족은 바야흐로 '동북아시아 평화의 시대'에 돌입하고 있다.

지금 한반도는 북핵과 '쿠바 미사일 위기'의 교훈을 되새겨야 할 시기에 이른 게 아닐까 싶다. 1962년 쿠바 미사일 위기 때 존 에프 케네디 대통령은 미 본토 코앞의 소련제 핵미사일을 제거하기 위해, 유럽을 방어하기 위해 터키에 설치했던 미군의 핵미사일을 철수했다. 우리의 주요의제는 사드를 철회하는 게 중국을 끌어들여 북핵 해결에 도움을 주리란 걸 이해시켜야 한다. 북미협상 외엔 다른 길이 없고, 이것은 '코리아 패싱'이 아니라고 말해야 한다. 협상은 굴복이 아니다. 북한의 무모함을 용인하는 것은 더더욱 아니다. 케네디의 담대한 협상과 양보의 용기, 북핵 문제에서도 이런 리더십이 필요하다고 믿어진다.

오늘날 우리 민족과 세계의 사람들은, 남북화해의 당사자 남북지도자들을 주목하고 있다는 것이다. 남북한 양쪽이 급변하는 사회적 혼란과 비극을 막기 위해서는 '민족 대단결', '민족교류', '경제적 상부상조', '정치 외교', '군사 문제의 해결' 등의 순서를 밟아야 할 것이다.

남북관계 개선을 위해서 우선 민간차원에서 이산가족 상봉 행사, 식량 지원, 스포츠 문화교류, 경제교류, 군비축소 등을 강화한다. 핵무기 실험 중단, 군사훈련 감소 내지 중단하고, 휴전협정을 평화협정으로 바꾸는 정책 순차를 따라가야 한다. 그래야 정의와 자유 안에서의 평화통일을 가능하게 할 것이다. 삼위 하나님의 역사 섭리와 역사를 기다리며 기도드린다.

2020년 8월 23일, 성령강림 열두째 주

4부

복음과 민족

남은 자의 역사와 민족적 사명 의식

왕상 19:9-14, 18, 롬 9:1-5, 11:1-10

1. 시작하며 - 남은 자(Remnant)

구약성서에서 남은 자란 예언자들이 이스라엘 백성의 죄악에 대하여 여호와의 심판을 선언한 시대에 나타난 용어이다. 하나님의 무서운 형벌 가운데서도 그루터기를 남겨두는 희망이 그 가운데 있음을 말해준다. 이스라엘 백성의 일부는 시련 가운데서도 남아있어서 '남은 자'를 형성하게 된다. 신약에서는 바울의 경우가 중요하다. 이는 구약성서의 개념을 근본적으로 계승하고 있다. 그런데 구약성서에서 '남은 자' 사상이 명확하게 성립된 것은 이사야의 소명(召命) 경험에서다. 이사야의 소명은 종말론적 경험과 깊은 연관성을 가지고 성립되었다(사 6:5-8). 하나님은 저들의 더럽혀진 것을 깨끗하게 씻기시고 구속(救贖)하여 모으시고 거룩한 자로서 부르시는 것이다.

그러나 구속받은 자의 어떤 자격이나 조건이 충분해서가 아니었다. 예언자의 교설에 의하면 남은 자의 특징은 종말론적이고 남은 자란 어떤 미래의 사상(事象)이 아니고 역사적 현실과 깊이 관계되어 있다. 구약성서에서는 이스라엘 백성 가운데서의 남은 자뿐만 아니라 이방인 가운데서의 남은 자에 대해서도 언급하고 있다(사 45:20; 66:19; 슥 9:9; 14:16). 이것은 남은 자의 보편화(普遍化)를 의미한다.[1]

유대민족은 세계 어느 민족보다도 민족적 사명 의식이 강렬하다. 민족적 자의식(自意識)은 우리 한국 민족도 발견하고 개발하고 노력해야 할 과제이다. 우리는 우리 민족 특유의 민족적 사명을 모색하고 찾아야 한다. 이것을 위하여 우리는 유대민족에게 배울 점이 많다고 생각한다.

2. 구약성서의 '남은 자'

구약에서는 전쟁이나 재난은 인간 악에 대한 하나님의 심판으로 보았다. 특히 이스라엘은 하나님이 자기 백성으로 성별한 민족이니 그에 대한 종교적, 도덕적 요구는 더욱 준엄하였다. 개인적이며 사회적인 불의, 부정부패, 잔악 등은 하나님이 반드시 심판하신다는 것이다. 그 심판의 도구로 전쟁, 재난 등을 사용한다. 말하자면, 아시리아를 일으켜 이스라엘을 멸망시키고(BC 721), 바벨론을 일

---

1 "남은 자", 『그리스도교대사전』, 161-162.

으켜 유다를 징벌한 것(BC 587)과 같다. 그 침략국들을 '하나님의
채찍'이라고 불렀다.

이렇게 전멸될 것이 운명이었지만 그래도 소수의 '남은 자'가 있
게 된다. 그 남은 자는 그 수가 적고 그 힘이 약하여 보잘것없을지
모르나 그래도 그들이 다음 세대를 향한 민족의 희망이며 다시 일
어날 핵심이 된 것이다.

기원전 9세기 북 왕국 이스라엘의 아합왕 때, 그의 황후인 페니
키아의 공주 이세벨의 여호와 종교 박멸정책 때문에 도피와 도전의
양면작전으로 이에 항거하던 엘리야에 대한 이야기이다. 엘리야는
호렙산 굴속에 피해 있으면서 하나님께 원망하며 호소하였다. "내
가 만군의 하나님 여호와께 열심히 유별하오니, 이는 이스라엘 자
손이 주의 언약을 버리고 주의 제단을 헐며, 칼로 주의 선지자들을
죽였음이오며 오직 나만 남았거늘 그들이 내 생명을 찾아 빼앗으려
하나이다"(왕상 19:10). 이에 대한 하나님의 대답은 "내가 이스라엘
가운데에 칠천 명을 남기리니 다 바알에게 무릎을 꿇지 아니하고
다 바알에게 입 맞추지 아니한 자니라"(왕상 19:18).

그런데 엘리야는 하나님의 산(山) 호렙산에서 하나님의 말씀을
받았다. 하나님은 강한 바람이나 지진이나 불 가운데서, 장엄한 방
식으로 자신을 계시하지 않으셨다. 곧 하나님의 나타나심 가운데
특수한 모습 '작고 세미한 소리'(a sound of sheer silence, or still
small voice)를, 우레와 폭풍, 지진, 다음에 그것들과 대조되어 들었
다. 그런데 이같이 도입된 '남은 자' 사상은 세계종교사 가운데 특이
한 단계를 이루고 민족 단위의 사명에 대립하는 개인적 사명이란

계시관을 제공해 준 것이다. 이때까지 민족 전체가 하나님께 관련되고 제사도 민족 전체를 위해 하였다. 그러나 민족 전체가 여호와를 버렸을 때 엘리야는 아직 여호와께 진실과 충성을 지키는 것이 개인적 이스라엘사람이라고 말하며 그것을 고려하라고 하였다. 그 민족은 자기의 불신앙으로 징벌을 받을지라도 남은 자는 구원을 받을 것이라고 하였다.

이 사상은 새로운 것으로 이때부터 거듭 나타났다. 후기 예언자들에게서는 더 영적인 생각으로 착색되었다. 우리는 그 예를 다음의 예언자들에게서 볼 수 있다: 아모스(9:8-10), 미가(2:12; 5:3), 스바냐(3:12-13), 예레미야(23:3), 에스겔(14:14-20).

그러나 이사야에서 가장 현저하게 나타나 있다. 이사야 예언의 두 가지 특출한 사상은 두 아들에게 준 이름에 나타나 있다. '마헬살랄 하스바스'—하나님의 징벌과 '쉐알 야숩'—남은 자의 돌아옴(구원)이다. 그것은 하나님이 거룩하고 의로운 남은 자로 형성될 이스라엘 백성을 구원하시려는 계획이다(사 8:2; 10:21). 이 두 사상은 이사야 소명의 사적(史蹟) 가운데 현저히 나타나 있다(사 6:9-13). 이사야의 소명은 성전의 환상 속에서 이루어졌다. 이 소명은 하나님의 대변자로서의 권위를 보장한다(렘 1:4-13; 겔 1-3장).

이 남은 자의 교설은 하나님께 진실을 지속하는 것은 개인이지 민족 전체는 아니라는 것을 의미하고, 그 민족으로는 하나님께 염려의 대상이 될 뿐이다. 선민의 참된 생명을 지속하는 것은 개인을 모아 이룩된 적은 단체였고, 그들을 통하여 안으로의 혁명이 실현될 것이며, 징계의 결과로 개혁되어 하나님께 봉헌될 순수하고 흠이 없는 완전한 백성을 이룩할 것이다(사 65:8-9). "그날에 이스라엘의 남은 자와 야곱 족속의 피난한 자들이 다시는 자기를 친 자를 의지하지 아니하고 이스라엘의 거룩하신 이 여호와를 진실하게 의지하리니"(사 10:20). "그날에 만군의 여호와께서 자기 백성의 남은 자에게 영화로운 면류관이 되시며 아름다운 화관이 되실 것이라"(사 28:5).

이상은 '남은 자'가 종교적, 종말적인 의미에서 은혜로 택함 받은 상태를 예언한 것이다. 이리하여 구약에서의 '남은 자' 사상이 신약의 택함 받은 그리스도 신자와 연결된 것이다.

3. 신약성서에서 '남은 자' 사상 계승

신약시대에 바울은 열왕기상 19:1-18을 인용하면서 "이와 같이 이제도 은혜로 택하심을 따라 남은 자가 있느니라"(롬 11:5)고 했다. 말하자면 신약시대의 이스라엘 민족이 약속의 메시아인 예수를 배척하고 그를 믿지 않으므로 심판에 이를 것이다. 그래도 그중에는 소수의 은혜로 택하심을 받은 남은 자가 있다는 것이다.

이 남은 자의 사상이 초대 그리스도인들에게 큰 영향을 주었다. 그것이 스데반에게(행 7장) 큰 영향을 주었고, 그의 설교 가운데 그 사상의 주류가 흐르고, 그것이 역사의 '얼'이라고 한다. 민족 대다수는 충성하지 않았지만, 역사의 변천을 통하여 하나님께 충성을 바친 것은 작은 그룹의 개인이었다. 백성들은 그들이 메시아를 십자가에 못 박은 것처럼 이 적은 수의 사람을 핍박하였다고 한다.

바울도 이스라엘의 불신앙 문제를 깊이 생각하면서 그 백성의 역사 가운데 일관되게 흐르는 그 사상의 정당성을 찾았다. 엘리야 시대와 같이 또 이사야 시대와 같이, 이제 그 민족의 대다수는 하나님의 소명을 버렸으나 언제나 참된 남은 자들이 있어서 그 민족의 참된 이상(理想)과 참된 생활을 보존해 왔다. 이렇게 하여 그들이 새롭고 갱신된 생활을 할 계기를 갖게 한다.

이 '남은 자'의 교설은 이스라엘 역사에서 참인 것같이 인간(人間) 본성(本性)에서도 참이다. 한 교회나 한 국가가 덩어리로 구원을 얻지 못하며 의로운 자는 그 구성원인 개인들이다. 자기의 사명을 다하는 것이 자연적 혈통의 집합체인 민족이 아니고, 적은 수의 선택된 사명 의식에 철저한 개인들이다. 그 '남은 자'(남은 백성)은 그 민족에게 준 약속과 계약과 사명을 실현하는 순종의 무리인 것이다. 남은 자는 개인이지만, 그리스도로 말미암은 새로운 '몸'의 형성이란 것이 '남은 자' 사상에 핵심인 것을 잊어서는 안 된다.

4. 우리나라 한국 근대사 이후의 역사적 교훈

이제 우리는 한국 근대사 이후의 역사를 회상하며 우리 자신들의 처지를 생각해 보아야 한다.

1) 1909년에 나라가 망한 것은 당시 우리 정치인들과 국민의 잘못과 죄악에 대한 하나님의 심판이었다고 역사해석을 내려야 한다. 그러나 우리나라에도 '남은 백성'이 있어서 1919년 3월 1일에 망국

의 역사에 새 씨앗을 심었다. 오랜 인고(忍苦)의 생활에 하나님의 긍휼, 도우심이 있어서 이 남은 백성에게 1945년 8월 15일에 해방의 기쁨이 왔다. 이것은 마치 이스라엘 민족이 50년의 바벨론 포로 생활에서 해방된 때와 같은 기쁨이었다. 이것은 '남은 자'에게 주신 영광이었다.

이 영광은 사명과 책임을 동반한다. 우리는 명심하고 굳게 결심해야 한다. 다시는 이 국토를 불의한 피로 더럽히지 않아야 한다. 다시는 이 역사를 부정부패와 압박, 횡포로 물들이지 않아야 한다. 하나님의 공의가 우리 사회의 정의가 되어 바다에 물이 덮이듯 차고 넘쳐야 한다. 남은 자의 영광은 힘 있는 자들이 자기 백성의 자유를 박탈하고 국사를 사유물같이 생각하는 행위를 위한 권력 횡포로서의 영광이 아니다. 자기가 심지 않은 데서 거두는 '남은 자'는 하나님의 심판대 앞에서 청산해야 할 의무가 있다는 것을 기억해야 할 것이다.

2) 우리는 매년 4월이 올 때마다 4.19학생 의거를 기억한다. 우리 한국에서는 오랜 역사의 전제(專制) 역사였고, 민주주의 역사는 짧다. 민주주의는 적어도 두 초석 위에 서 있다. 그것은 공명선거와 평화적 정권교체이다. 그런데 선거를 부정으로 하고 정권교체를 유린해 버렸다. 이때 민주 한국의 역사에 처음 되는 피의 씨앗이 학생들에 의하여 심어졌다. 그것이 4.19학생 의거이다. 우리가 두고두고 앞으로 기억해야 할 4.19학생 의거인데, 이 나라에 민주와 자유를 부활시켰기 때문이다.

4.19의 젊은 혼들은 4.19 탑 비석 속에 화석으로 남기에는 너무

역동적이다. 이들은 비석 속에 갇혀 제사 받기에는 너무 젊고 아깝지 않은가? 거기 있는 무덤에 안주하기에는 너무 생명적이고 교훈적이다. 4.19의 민주 정신은 오고 있는 미래세대에 산 혼으로 맥박쳐야 한다. 무덤에서 나와, 산 인간들 속에 혼(魂)으로 전승(傳承)되어야 한다. 성서의 신앙으로 4.19의 사람들은 한국 민주 역사에 영원히 '남은 자'로 살아 움직여야 한다.

3) 2014년 4월 16일, 침몰한 지 1,075일 만에 세월호가 전체 모습을 드러내고 목포 신항에 인양되었다. 세월호 참사는 새 하늘과 새 땅을 선포해야 할 교회가 자기도취에 빠져 사회적 책임을 망각했기 때문이라는 교회의 자성이 있었다. 그래서 세월호 전후(前後)에 대하여 오랜 논의를 거치면서 무거운 책임감을 느껴 그 아픔에 동참하였다. 그것은 이웃의 고통이 '내 탓이다'라는 '죄의 연대성'과 세상의 죄와 고난을 짊어지는 대리적 삶(요 1:29), 곧 다른 사람을 위한 자기희생을 의미한다. 그것이 십자가에 드러난 예수 그리스도의 죽음, 곧 무죄한 자의 대리적 고난을 통해서 탐욕과 불의와 폭력의 세상을 구원하는 하나님의 구원 방법이다.

교회의 자기희생은 사회적 사랑을 통해서 증명된다. 그것은 한(限) 맺힌 이웃과의 연대(連帶)이다. 그래서 예수 그리스도는 당시 종교지도자들에 의해 낙인찍힌 '세리와 죄인들의 친구'로 살았으며 그들이 새로운 세상의 주역이라고 선포하였다(마 5:1-12). 하지만 오늘날 교회는 대부분 한 맺힌 이웃의 아픔을 외면하고 가해자의 편에서 그들의 불의와 폭력을 옹호하는 교회로 추락하고 말았다.

교회는 "눌린 자들의 상처를 싸매주고 비굴해진 저들의 주체성 (主體性)을 되찾는 데 함께하고, 저들의 역사적 갈망에 호응하고, 저들의 가슴 속에 쌓이고 쌓인 한을 풀어주고 위로하는" 한(限)의 사제(司祭)가 되어야 한다. 그는 '소리의 내력'을 밝히는 사람이다. 그는 아벨의 피소리, 여리고 길에서 강도 만난 이웃의 신음소리, 임금을 받지 못한 일꾼들의 소리와 세월호 참사의 희생자들과 그 가족의 한 맺힌 소리의 내력을 밝힌다. 그 소리는 잃어버린 한 마리 양의 부르짖음이며 간절하게 구원의 손길을 바라는 간구이다. 한(恨)의 사제(司祭)는 이 소리에 응답해서 억울한 사람들의 입이 되어 그들의 한을 풀어주는 '소리의 매체'이다(잠 31:8). 그러므로 그는 고통당하는 이웃을 사랑하고 그들을 울게 만드는 모든 악한 세력들에게 '분노하고' 그 근본 원인을 없애기 위해 '행동한다.' 진실로 교회는 한 맺힌 이웃의 눈물을 닦아주고 가슴에 맺힌 한을 풀어주는 한의 사제가 되어야 한다. 그때 교회는 예수 그리스도로부터 위임받은 사명을 완수하는 참된 교회가 될 수 있다.

세월호 인양과 함께 그동안 슬픔과 아픔의 시간, 그 인고(忍苦)의 세월을 보낸 유가족들과 국민에게 모든 의문과 진실이 분명히 밝혀지기를 기도한다.

5. 민족적 사명 의식

땅 위의 민족들 가운데 자기 민족이 왜 존재하느냐에 대한 민족적 사명 의식에 깨어있고 강렬했던 유대민족을 따를 민족은 없다.

때로는 그게 잘못되어 '게토' 정신으로 굳어지는 폐단도 있었지만, 그것은 유대민족의 본의(本意)는 아니었고, 예수는 그것을 깨뜨려 개방시켰으며, 바울은 그 개방 운동을 더욱 확장하였다.

예수의 유대 민족의식은 뚜렷하다. 그는 제자들을 전도하러 내보내면서 "이방인에게도 가지 말고, 사마리아인에게도 가지 말고 오직 잃어버린 이스라엘 집 자손만을 찾으라"(마 10:5-6)고 했다. 예수의 예루살렘에 대한 애착은 특별했다. 로마군에 의해 멸망할 것을 예견한 그는 "예루살렘아, 예루살렘아" 하고 통곡했다. 제자들이 예수의 족보를 자세히 기술한 것도 예수가 얼마나 유대 민족의식에 살았느냐는 것을 나타낸다. 그러나 예수가 진정 위대한 세계적 구세주로 추앙받는 것은 그의 민족의식(ethnic conciousness)자체에 있는 것이 아니라 그가 유대민족이면서 하나님 아들 의식에 살았고 따라서 지금은 유대 지역에서만 일하지만, 장차 전 세계를 구원할 사명에 불타셨기 때문이다. 부활하신 예수는 "너희는 가서 전 세계 모든 족속에게 내가 너희에게 명한 모든 것을 가르쳐 지키게 하라"고 했다. 이 사명을 이어서 바울은 세계선교의 여행에 오른 것이다.

우리 한국 민족은 유대 민족과 유사하고 통하는 데가 있음을 공감한다.

① 지정학(地政學)적으로 강대국 틈에 끼어 그들의 교량 역할을 하는 위치에 있다.

② 민족 수난이 잦았다는 것도 비슷하다. 세상에서 유대민족만큼 억울하게 고난당한 민족은 아마 없을 것이다. 독일 히틀러에게 6백만이 학살당한 것 외에도 러시아와 폴란드 등에서 제정(帝政) 시

대에 잔학(殘虐)당한 것, 모슬렘들에게 학대(虐待)당한 것 등, 이루 헤아릴 수 없다.

③ 종교적인 면에서 유대민족의 문화는 종교문화이다. 그들의 사회도 종교사회이며 회당(Synagogue) 없는 나라를 지금에도 상상하기 어려울 정도이다. 우리 민족도 종교적이어서 샤머니즘, 불교, 유교, 그리스도교, 천도교 그리고 각종 신흥 종교들이 한국인의 생리(生理)에 영합(迎合)한다.

④ 유대민족은 전 세계에 흩어져 살면서 조국애(祖國愛)가 대단하다. 세계에 흩어져 있는 우리 한국 민족도 조국애의 애착(愛着)이 적지 않다.

6, 우리 한국 그리스도인들은 어떻게, 무엇을 할 것인가?

우리가 그리스도인이라면 예수와 같이 살고 예수와 같이 죽을 수만 있다면 개인으로나 민족으로나 예수와 같이 부활하여 그 생명이 세계를 덮을 것이다. 한국 민족 전체가 똑바로 바라보며 나아갈 공동목표는 예수를 믿는 그리스도교로 이 예수를 믿고 본받는 삶에 민족적 사명으로 삼아야 한다.

유대인의 종교는 유대교이고 그들의 성경은 구약성서이다. 우리 한국인의 종교는 예수를 믿고 본받아 사는 그리스도교이며 성경은 신구약성서이다. 유대인 종교지도자의 상징은 모세이다. 그러나 우리는 모세를 완성한 예수를 우리 주(主)로 믿는다. 유대민족의 핵심적 생명은 유대교인데 우리는 그것보다 우수하고 완전한 예수를 믿는, 그리스도교를 우리의 생명의 원천(原泉)으로 삼았다는 것이다.

먼저 구할 것은 하나님의 나라와 그의 의(義)이다. 소유보다는 봉사에 치중해야 한다. 우리의 관심이 언제나 이웃이어야 하고 어떻게, 무엇으로 봉사하느냐에 최선을 다해야 한다. 우리의 영원하신 주, 예수의 인격과 사업에 대한 이해도 고정적이고 폐쇄적인 것이 아니라 변하는 세계와 상승하는 지식이 그에 대한 관점과 해석을 새롭게 해야 한다. 우리는 날마다 자신을 새롭게 배우며, 새롭게 해야 한다. 이런 것을 가능하게 하려고 늘 모여서 듣고 보고 배우고 토의하고 결정하고 기도드리고 예배와 감사와 찬양을 올리는 장소가 교회이다.

우리는 이제 민족의식을 세계적 인간화에 이바지한다는 사명감에서 정진(精進)하는 삶의 자세를 가져야 한다. 우리 민족이 만일에 이스라엘 민족처럼 하나님의 선택된 사명을 자각한다면 우리는 개인적으로나 사회적으로나 그리스도의 성격(性格)을 형성하는데 그 사명을 다해야 한다. 지금 여기서 그리스도의 성격에 어울리는 하나님의 공의와 사랑을 형성하는데 온 심신을 기울이고 그것을 위하여 필요한 희생을 각오할 뿐만 아니라 그것을 영광으로 삼는 민족, 그리스도인이 되어야 할 것이다.

7. 끝내며 – 바울의 민족사랑은 선교적 사명

바울은 나의 희생을 통해서 내 동족이 구원받을 수만 있다면 나는 하나님의 사랑에서 끊을 수 없는 자이지만, 내가 끊어지고 그들이 가야 할 지옥을 대신 갈지라도 나는 그들의 구원을 소원한다는 고백을 아마도 울면서 하였을 것이다. 바울이 자기의 사랑하는 민족을 향해서 고백했던 믿음과 같은 신앙고백이 우리 한민족을 향해서도 가능하다고 믿는 것이다. 우리는 한 많은 우리 한국 민족에 대한 하나님의 섭리(攝理)가 있다고 믿는다.

함석헌의 『뜻으로 본 한국 역사』에 의하면 우리 한국 역사 속에서 하나님이 어떻게 간섭하셨고 하나님이 어떻게 민족사에 섭리하셨는가 하는 섭리관을 다루고 있다. 그렇지만 우리 민족은 하나님이 기대하시는 삶을 살지 못했다. 우리 사회는 부도덕과 불의함으로 가득하여 표류하고 있는 게 아닐까? 한반도는 국내와 남북의 긴장과 대결, 주변국들의 힘의 경쟁 속에서 불확실한 상황에 놓여 있다. 그렇다면 우리 한민족을 향한 하나님의 섭리는 끝났을까? 우리는 바울과 같은 심정으로 다음과 같이 대답하고 싶다.

우리 민족의 한(恨) 많은 역사 속에 간섭하시고 마침내 어느 날 복음(福音)을 가져다주신 하나님의 이 민족을 향한 사랑의 계획이 계시다면 이 민족의 부도덕과 실수와 하나님 앞에의 미성숙에도 불구하고 하나님은 여전히 우리 민족을 사랑하시고 우리 민족에 대한 기대를 갖고 계시다.

우리가 잊지 말고 유념할 것은 바울의 마음속에 지울 수 없는 두 가지의 단어가 있다는 것이다. 그 하나는 '복음'이고, 또 하나는 '민족'이었다. 이 말, '복음과 민족'의 상관관계를 한번 생각해 보겠다.

종교개혁자 루터(Martin Luther)에게 어느 날 누가 이런 질문을 한 적이 있다. "당신의 사상(주의)은 무엇인가?" 루터는 이렇게 대답했다. "나는 죽기까지 복음주의, 나는 죽기까지 독일주의이다." 일본의 무교회 신앙운동가 우찌무라 간조(內村鑑三)은 "나는 예수를 일본에, 성서를 일본에 전하는 것이다"고 했다. 한국의 무교회 신앙운동가로 「성서조선」을 집필했던 김교신은 한평생 투쟁하면서 신앙 운동을 했는데, 그분이 가장 중요하게 여긴 것은 '성서'와 '조선(조국)'이었다고 한 것은 주지의 사실이다. '조국을 성서 위에' — 그는 사랑하는 조국을 하나님의 영광의 말씀인 거룩한 성서 위에 세우고자 평생 헌신적 삶을 살았다.

세계를 가슴에 품고 세계선교를 꿈꾸었던 바울 사도, 꿈에도 잊을 수 없었던 자기의 조국, 자기의 골육, 친척, 이웃을 향한 이 애타는 고백을 다시 한번 듣기 바란다. "내 골육이, 내 친척이, 내 형제가, 내 이웃이 구원을 얻을 수 있다면 내가 그리스도에게서 끊어질지라도 나는 이것을 소원한다"(롬 9:3). 구원과 역사를 섭리하시고 주관하시는 우리 주 예수께서 우리 모두에게 우리 민족, 우리 역사, 우리의 이웃에 대한 이런 구원의 책임감과 충성심을 갖도록 인도해 주시기를 기도한다.

2019년 11월 3일

3.1운동의 역사적 의미

― 섬김의 길 평화의 길

렘 31:15- 16, 눅 22:24- 30

1. 서언

3.1 독립선언 100주년을 맞아 그 역사적 성격에 대한 논의가 활발하다. 우리 선조들은 일제 식민통치하에서 자주독립과 자주민임을 선언했다. 독립선언서의 첫 구절은 "우리(我等)는 이(玆)에 우리 조선(我朝鮮)의 독립국임과 조선인의 자주민임을 선언하노라"로 시작한다. 이는 식민치하에서 천하를 뒤엎는 듯한 우레와 같은 소리였다. 이 선언으로써 세계만방에 고(告)하여 인류(人類) 평등(平等)의 대의(大意)를 똑똑히 밝히고, 자손만대에 알려 민족자존의 정당한 권리를 영원토록 갖게 하겠다고 다짐했다.

금년은 3.1운동 100주년을 맞는 해, 어느 때보다도 변화와 새 각성을 촉구하는 중요한 시점이다. 1919년 3월 1일 만세 사건은 일제 군국주의 식민지로부터 자주 독립국으로 서려는 독립운동이다. 아직도 통일된 나라를 이루지 못한 채 '3.1운동'으로 폄하되고 있는 현실에서 '3.1혁명' 혹은 '3.1항쟁'으로 불러 새 의미를 부여해야 한다는 주장이다. 해방 이후 3.1절에 행사는 이어오지만 3.1정신이 훼손된 모습을 보면서 민족정기와 사회정의가 사라져 가는 것이 가슴 아프다.

예수님은 십자가 고난의 길을 앞둔 시점에서 제자들에게 섬김의 길, 평화의 길에 대해 말씀하신다. "세상에서는 통치자들이 백성을 강제로 지배하고 권력으로 내리누른다. 그러나 너희는 그래서는 안 된다. 너희 사이에서 높은 사람이 되고자 하는 사람은 남을 섬기는 사람이 되어야 한다"(마 20:25-26)고 가르치셨다. 이것은 예수님의 민주 선언이요, 인권선언이다. 예수님의 십자가 사건은 섬김의 길을 가장 분명하게 보여준 본보기이다.

2. 3.1운동의 역사적 요인들

3.1운동이 분출된 데에는 여러 요인이 있다. 세계사적으로는 제1차 세계대전이 끝나 '위력의 시대가 가고 도의(道義)의 시대가 와서 신천지(新天地)가 전개될 것'이라는 기대로 국내외 독립운동 세력이 활발하게 움직였다. 국내적으로는 무단통치하에서 생존권을 위협당하고 있던 때 대한제국의 비운의 군주 고종이 1919년 1월 22일 승하, '독살설'이 유포되고 있었고, 민족적인 울분이 촉발하였다. 국장일이 3월 3일로 정해지자 은밀히 진행되던 독립운동은 구체화되기 시작했다. 고종의 장례 전후에 3.1운동이 전개될 수 있었던 것

은 이러한 요인 때문이다.

일제 강점 이후 언론, 집회, 결사의 자유가 박탈당하고, 종교집회만 제한적으로 허락된 상황이었다. 그런데 '정교분리' 정책은 역설적으로 종교인이 3.1운동의 주역이 되도록 만들었다. 3.1운동에서 천도교와 기독교의 연대는 돋보였다. 교단별로 하고 있던 독립운동 계획은 그해 2월에 들어서서 통합되었고, 이념, 계층, 지역에 상관없이 민족 전체가 동참하는 민족운동으로 승화될 수 있었다. 여기까지의 3.1운동 전개 과정에서 우리는 100주년을 맞아 다종교사회에다, 계층분화가 심각해진 이 사회가 크게 귀감을 삼아야 할 교훈이 있음을 각성하고 깊이 숙고해야 한다.

3. 조선 독립은 동양과 세계평화에 기여할 것

기미독립선언서는 인류의 평등과 민족의 자존 및 세계의 평화를 강조했다. 선언서는 조선의 독립이 동양 평화와 세계평화에 직결된다는 점을 분명히 했다. 당시 역사적 상황을 직시해 보면, 동양 안위의 주축인 중국이 일본에 대해 두려움과 짙은 의심을 갖는 것도 동양 평화를 어지럽히는 멸망의 길이라고 경고한다. 조선이 정당한 생존권을 얻어 독립하는 것이야말로 일본과 중국으로 하여금 동양 평화의 담지자 역할을 감당하게 할 것이라고 역설한다. 조선의 독립은 동양 평화의 핵심이 되며, 동양 평화로 그 주요한 일부로 삼고 있는 세계평화와 인류 행복을 가능하게 한다는 것이다. 여기서 자주독립을 위한 조선의 3.1운동은 민족주의를 넘어서서 조선과 동양의 평화를 위한 운동이며, 세계평화에 기여하는 운동임을 확실히 한 것이다.

4. 3.1운동의 역사적 성격

100주년을 맞아 '3.1운동'의 역사적 성격에 대한 논의가 활발하게 일어나고 있다. 매우 바람직하고 필수적인 일이다. 그 역사적 성격과 의미를 고찰해 본다. 한국 민중의 민주화운동은 19세기의 농민운동에서 시작하여 갑오동학혁명에 이르렀고, 3.1운동, 해방 후의 4.19혁명, 광주민주화운동(5.18), 6월 민주화운동을 거쳐 촛불혁명으로 연결되는데 그 최고봉에 3.1운동이 우뚝 서 있다.

최근에 3.1운동을 '3.1혁명'으로 명명해야 한다는 여론이 있다. 그 이유는 분명하다. '3.1혁명'이란 용어는 해외 독립운동 세력이 주로 썼고, 1944년에 개정된 대한민국 '임시 헌장' 서문에는 '3.1 대혁명'이라고 쓰여 있다. 해방 후 이승만과 김구도 '3.1 대혁명'이라고 불렀다. 제헌헌법 초안에 '3.1혁명'에서 말하는 '혁명'은 전형적인 체제변혁이 아니라 오랫동안 계속된 봉건 왕조 체제를 주권재민의 체제로 바꾸었다는 거시적 관점과 민족 전체가 궐기했다는 점이 복합적으로 함축된 의미이다. 정명(正名)의 문제는 앞으로 시간을 두고 연구, 검토할 과제이다.

5. 3.1항쟁은 자주민의 독립선언

3.1항쟁은 5천 년 이래 우리 선조들이 중국, 만주, 몽고, 일본 등

주변 외세에 시달리면서도 직·간접적으로 항쟁하여 독립을 쟁취 또는 유지해 온 기나긴 우리 민족사의 고비여서 그 연원은 결코 우발적이거나 즉흥적이지 않다. 현재 분단된 현실에서도 우리의 통일된 민족 민주 국가의 재건은 반드시 이루어질 것이다. 그것을 위한 아픔과 인고의 노력과 기도가 수반될 것이며, 우리는 승리하도록 인도하시는 하나님의 역사 섭리를 믿고 기대한다.

3.1항쟁의 성격은 독립을 위해 일제의 무차별 학살행위에 맨손으로 맞서 싸운 일백만 단위의 민중이 거리를 메운 항쟁이다. 학생, 중산층 시민만이 아니라, 기생, 갓쟁이, 놋쟁이, 백정, 장돌뱅이, 거지 소년, 떡장수 할머니 등 누가 시켜서가 아니라 자발적인 항쟁이었고 뜨거운 마음 하나로 지하에서 지상으로, 지상에서 지하로 정보를 나르며 틈 샐 데 없이 비밀을 지키며 시행했다. 이것은 실로 이론이나 구조를 초월한 '하나'로서의 민족 생명의 폭발이어서 계급이나 이념으로 판단하기에는 너무나 거룩한 항쟁이다.[1]

일본 군국주의 침략자들에게 3.1항쟁, 독립 만세를 부른 자들은 백만 단위로 살해되었다. 하나님의 성령, 어머니는 라마에서 라헬이 그 살육된 자식을 위해 통곡하는 소리와 고난의 아픈 못이 2천만 우리 민족의 심장에 못 박혔다(렘 31:15). 성령 어머니의 애곡이 한반도에 상복을 입게 했다. 그러나 "네 울음소리와 네 눈물을 멈추어라. 네 일에 삯을 받을 것인즉 그들이 그의 대적의 땅에서 돌아오리라. 너의 장래에 소망이 있을 것이라 너의 자녀가 자기들의 지경으로 돌

---

1 『장공전집』 12권, 292-301; 한국역사연구회, 『한국역사』 (역사비평사, 1992), 294-299.

아오리라"(렘 31:16-17). 이것은 잡혀간 내 백성, 망한 내 나라, 폐허 된 수도에 남은 예언자 예레미야의 슬픈 소망이다.

일제강점기의 우리 민족은 수십만이 적국에 잡혀가(징용) 형편 없는 저임금으로 공장에서 온몸을 기름 짜내듯 착취당한다. 소년들은 일본의 유리공장, 돌 녹이는 용광로 앞에서 녹아내린 유리 물을 대가지 같은 속이 빈 쇠막대기로 찍어 그걸 입으로 불어 '유리 제품'을 만들었다. 볼이 늘어지고 어린 몸에서 땀과 기름이 다 빠져 뱀이 벗어버린 껍질처럼 그들의 몸이 상했다. 그렇게 만든 유리의 값은 너무 싸서 잘 팔리니 공장주의 배만 불려 잘 살게 했다. 그러나 본국에 남아 사는 우리 민족은 24시간 연금된 형편이었다. 우리 민족은 인고의 세월을 36년 동안 이어갔으니 이스라엘의 바벨론 포로보다 나을 것이 없었다. 영세 소작인들은 일본 농민 이식(移植) 때문에 무작정 집을 떠나, 두만강을 건너 만주 중국 농장의 농노가 되었다. 이것 역시 이스라엘의 바벨론 포로들의 모습 그대로였다.[2]

3.1의 절규는 진실로 "라마"에서 자식을 잃은 어머니의 "위로를 거부하는" 울음소리였고, 어린이들의 배고파 우는 부르짖음이었으며, 아직 분해 또는 분석되지 않은 민족적 "한"의 분출이었다. 그러면서도 "돌아옴"을 잃지 않은 하늘의 공의와 인간의 양심과 사회의 정의와 세계의 대세에서 믿고 나선 천성의 메아리였다. 일본 군국주의자들은 마구 총으로 쏘고, 칼로 찌르고, 발로 밟고, 불 질러 태워 죽였다. 그 당시 우리의 수난자들은 "소리 없이 세상 죄를 지고 광야

---

2 『장공전집』 12권, 447-453.

를 헤매는 어린양"의 모습이었다.

때가 왔다. 제1차 세계대전에서 연합군이 이겨 파리에서 강화회의가 열리고, 미국 우드로 윌슨 대통령은 숱한 위성국가를 만들어 독일을 포위하였다. 동경의 한국 유학생들이 독립선언서를 읽고 뿌렸다. 기독교(개신교)와 천도교, 불교가 민족대표(33인)가 되어 독립선언서를 읽고, 전 민중이 하나가 되어 만세를 불렀다. 전국적으로 대대적인 비폭력적 만세운동을 일으켰다. 통계에 의하면 당시 우리나라 인구는 2천만 명이었는데, 그해 3월에서 5월까지 일어난 만세운동 횟수는 총 1,542회로, 여기에 203만여 명의 인원이 참가했다. 당시 전국이 218개 군인데 이 중 212개 군이 3.1만세운동에 참여하였다. 이것은 자유, 자주, 독립, 민주 국가로서의 선언이고, 자연스럽고 당연한 인간의 절규였다.

이 거족적인 민족독립운동은 우리 역사에서 그 의미가 깊을 뿐 아니라 세계사적으로도 큰 의미가 있다. 3.1운동에 자극받은 중국은 항일 민족운동 세력이 집결하여 저 유명한 '5.4운동'으로 분출하였다. 또한 인도의 경우도 3.1운동의 자극으로 간디가 이끄는 국민회의파의 독립운동이 급속히 고조되기도 하였다. 인도의 초대 수상인 네루는 그의 딸 인드라 간디를 위해 옥중에서 쓴 『세계사편력』을 통해 3.1운동을 극찬한 바 있다. 또한 인도 시인 타고르도 1929년 3월, 일본을 방문했을 때 3.1운동 10주년을 기념하여 "일찍이 아시아의 황금 시기에/ 빛나던 등불의 하나이던 코리아/ 그 등불 다시 한번 켜지는 날에/ 너는 동방의 밝은 빛이 되리라"는 구절로 유명한 〈동방의 등불〉이라는 시를 「동아일보」에 기고함으로써 일제에 나라를 빼앗긴 한국민에게 큰 감동을 안겨주기도 하였다.

6. 3.1정신의 진리

3.1정신은 '자주민으로 이루어진 독립 국가로서의 한국'이라는 '나라 건설'의 민족정기이다. 이것은 일종의 종교적 신념이기도 해서 '하늘의 밝은 명령'이라고 표시되기도 한다. 이미 위에서 언급한 바이지만, 우리나라는 지정학적으로 강대국 사이에 돌출된 반도로서 강대국들의 교량적 위치에 있다. 동북아에서 강대국들 사이에 대결의 경우, 우선 '한반도'를 자기 영향 아래 두려는 정책부터 생각한다. 그래서 우리와는 직접 관련 없는 전쟁이 한국 내부에서 벌어지는 역사적 비극이 있다. 따라서 우리 민족은 '고난의 민족'이라는 명패가 붙을 정도로 시달리게 되었다.

무엇보다도 세계 문명의 중심이라는 대국으로서의 긍지와 자만을 당연시한 중국의 위력 아래서 5천 년의 긴 세월을 시달리면서도, 한국 민족이라는 독자성과 한국어라는 독자적 언어와 한국 문화라는 보편적이면서도 특이한 문화를 유지 발전해 온 그 자체가 우리에게는 위대한 정신적 유산이라고 볼 수 있다. 이런 역사적 여건 아래서 생존, 성장해 온 우리 민족에게는 무엇보다 자주정신과 항거 의식이 강렬하고 예민하다. 한민족의 심층 의식에는 속일 수 없는 민족적 일치성이 숨겨져 있다.

'자주민으로서의 독립 한국 건설'이라는 3.1정신에 몇 가지 놀라운 진리들을 간직하고 있다.

1) 이 선언은 자기 민족의 근시안적인 이익 동기에서 출발한 것이 아니라 세계적이고 도덕적인 당위에 근거한 주장이다. 이 선언의 정신은 인류 평등의 대의(大義), 민족자존의 정권(正權), 반만년 역사의 권위, 2천만 한국 민족의 충성, 인간 자유와 발전의 정로(正路), 인류 양심의 발로, 세계 개조의 기회 등등 어디까지나 세계적, 인류적, 도의적인 큰 테두리 안에서 한국 우리 민족의 소재를 정립한 것이다.

2) 전체로서의 인류 역사를 관조할 때 '미래지향적'인 것에 초점을 맞추고 있다. 이 선언은 인류 역사의 과거에 대한 근본적인 비판임과 동시에 그 미래에 대한 새로운 방향 설정이며, 그 전환점(turning point)이다. 이것은 '하늘의 밝은 명령'에 의한 '예언'이다. '침략주의, 강권주의'의 시대는 가고 도의(道義)와 인도(仁道)의 시대가 온다는 것이다. 말하자면 국가이익과 힘의 정치 시대는 가고 민족 정의와 인권의 시대가 온다는 새 역사의 방향 예고였다.

3) 적에 대한 용서와 화해의 선언이다. 일본의 한국에 대한 배신과 불의와 악행을 열거하면서도 그에 대한 보복이 아니라, 화해와 평화를 제언한다. 그리하여 동양 3국이 각기 자주독립하면서 동양의 안정과 세계의 평화에 이바지하도록 하자는 권고였다.

4) 따라서 새로운 국가관이 정립된 셈이다. 권력 투쟁(Power Struggle)과 무력 경쟁 주체로서의 국가권력이 아니라, 정의와 봉사

로 다 같이 평화롭게 잘 살기 위한 국가 존립이라는 것이다.

5) 그 투쟁 방법이 물리적인 힘의 대결보다는 비폭력, 불타협의 진리 운동이었다는 것이다. 이것은 6년 후에 인도의 간디가 취한 비폭력, 진리파지(眞理把持)— 사티아그라하, 참을 지킴의 효시였다.3

6) 3.1운동은 전 민중의 항쟁으로 발전하였다. 3.1운동 정신이 국내외적으로 높이 평가받는 이유는 그 규모가 컸다는 것, 또는 피압박 민족의 선구적인 해방운동이었다는 점도 있다. 그러나 보다 근본적인 이유는 이처럼 대규모의 인원이 모여 장기간 지속된 이 운동에 특기할만한 지도자나 지휘 조직이 없었다는 점을 들 수 있다. 중국의 5.4운동이나 인도의 경우, 출중한 지도자가 있었고, 지휘 본부도 있었다. 하지만 3.1운동의 지도자는 도대체 누구였을까? 민족대표 33인의 역할은 준비과정까지로 끝이 났다. 운집한 많은 군중 앞에서 자신들이 체포되면 군중들이 폭도화될지도 모르고, 만일 그렇게 되면 그것으로 일본 당국이 박해 구실을 찾을 것이라고 우려한 33인은 인사동의 태화관에 모여 독립선언서를 낭독한 뒤 스스로 조선총독부에 전화하여 3.1만세운동이 벌어지기 전에 체포되었다.

따라서 3월 1일, 예정된 탑골 공원에서의 독립 선언문 낭독은 학생 대표에 의해 이루어졌다. 낭독이 끝나자, 이에 감동한 사람들은 '대한 독립 만세'를 외치기 시작하였다. 한번 터져 나온 '대한 독립

---

3 『장공전집』 11권, 157-166.

만세'는 지축을 울릴 정도로 거대한 함성으로 바뀌었다. 3.1만세운동이 세계사적으로 높이 평가받는 가장 큰 이유는 영웅적인 한 사람의 지도자에 의해 진행된 운동이 아니라, 그야말로 평범한 민중들이 스스로 조직하고 규율하면서 민족의 자존과 독립을 만천하에 공포한 민중운동이었다는 점에 있다.

7. 섬김의 길, 평화의 길

예수님의 공생애를 마감하는 부분, 십자가 고난의 길을 앞둔 시점의 누가복음 본문 이야기이다. 예수께서 자신의 십자가 죽음을 예고하신 후에 제자들 사이에 자리다툼이 생겼다. 이때 예수님은 제자들에게 섬김의 도를 가르치셨다. 세상에서는 권력 있는 통치자들이 다스리지만, 하나님 나라의 질서는 세상의 질서와 달리 섬김의 삶이 가장 위대한 삶이라고 가르치신 것이다.

유대인들은 잔치 석상에 앉을 때, 위계질서가 분명하였다. 식탁은 한편을 비워둔 V자형이었고, 그 중앙의 각(角)에 주인(主人)이 앉고, 그의 오른편에 으뜸 되는 귀빈이 자리를 잡고, 왼편에는 다음의 귀빈이 앉았다. 첫째 귀빈 옆에는 셋째 귀빈이, 둘째 귀빈 옆에는 넷째 귀빈이 자리 잡는다. 이러한 세속의 질서를 염두에 둔 제자들 사이에 "누가 크냐"는 자리다툼이 생겼다. 이 모습을 보신 예수께서는 "세상에서는 서서 봉사하는 사람 보다 앉아서 먹는 사람이 존귀하게 여김을 받으나 하늘나라에서는 섬기는 자가 가장 큰 사람이며, 나는 섬기는 자로 너희 가운데 왔다"(눅 22:27)고 말씀하셨다.

마태복음에서는 "너희도 알다시피 세상에서는 통치자들이 백성을 강제로 지배하고 권력으로 내리누른다. 그러나 너희는 그래서는 안 된다. 너희 사이에서 높은 사람이 되고자 하는 사람은 남을 섬기는 사람이 되어야 한다"(마 20:25-26)고 가르치셨다. 이미 서언에서 언급하였지만, 이것은 예수님의 민주 선언이요, 인권선언이다. 하나님 나라의 위계질서는 이 세상의 질서와 정반대가 된다. 그래서 그리스도는 이 땅에 낮고 천한 신분으로 오셔서 민중과 같은 자리에 앉으신 분이다. 그리고 하나님 나라에서는 이러한 예수님의 삶의 모습을 따르고 섬기는 사람들이 그 나라를 다스릴 것이라고 가르치신다. 십자가 사건은 이러한 섬김의 길을 가장 분명하게 보여 준 본보기이다.

오늘 우리가 추구하는 하나님 나라는 예수 그리스도의 주권(主權)으로 다스리며, 지배의 윤리가 아닌 오직 섬김의 윤리로써 실현되는 나라이다. 예수님은 가난한 자, 병들고 소외된 자, 억압받는 자들의 친구가 되심으로 만유의 주가 되신 분이다. 그분은 자신이 친히 어린양이 되어 십자가에 희생당하심으로 이 세상을 정복하신 분이시다. 그러한 예수 그리스도께서 다스리는 세계, 그 세계는 지배의 질서가 아닌 섬김의 질서만이 존재하는 곳이다.

오늘 한국교회는 신·구교를 막론하고, 지배하고 군림하려는 체질로 되어버렸다. 이를 바꿔 민족과 이웃을 섬기는 체질로 거듭나야 한다. 그래야만 3.1운동의 숭고한 정신적 맥을 계승할 수 있다. 백성을 섬기는 교회, 민족의 십자가를 지는 교회, 우리 이웃을 사랑하고 섬기는 교회, 그러한 교회라야 새 하늘과 새 땅을 한반도에 일궈갈

수 있다.

오늘 우리 민족의 과제는 남북한 화해, 평화 그리고 통일에 있다. 앞으로 어떠한 험한 장벽이 가로막아도 특히 한국교회는 민족 화해와 통일을 위해 노력과 기도, 헌신과 희생제물이 되어야 한다. 유구한 역사와 민족문화를 이어갈 통일된 한국을 이룩하는 꿈, 비전의 실현을 위해 예수님의 섬김의 길, 평화의 길을 확장해 나가자.

2019년 3월 3일, 3.1절 100주년 기념

아브라함
— 탈출의 신앙과 영문 밖의 제단
창세기 12:1-9, 22:1-19

1. 시작하며 - 탈출의 역사(歷史)

아브라함은 "너는 너의 고향과 친척과 아버지의 집을 떠나 내가 네게 보여 줄 땅으로 가라"(창 12:1)는 하나님의 명령을 받고 탈출한다. 당시에 고향과 친척, 아버지의 집, 즉 동족에게서 이탈한다는 것은 죽음을 각오할 때만 가능하고, 아무런 준비 없이 낯선 땅으로 간다는 것은 목숨을 내거는 일이다. 아브라함은 가나안, 베델, 이집트, 네겝, 다시 가나안 그리고 헤브론 등으로 배회를 계속한다. 이렇게 많은 순례의 지명들을 보면 그것은 끝없이 떠돌아야 하는 유목민의 어려움을 반영하고 있는 것 같다. 이스라엘은 그들의 조상을 떠돌이 아람 사람들이라고 고백한다(신 26:5). 방랑하는 아람 사람은 이스라엘 족장들의 칭호이기도 하다. 떠돌이! 아무것도 가진 것 없고, 아무런 생명의 보장도 받지 못한 떠돌이는 숙명적으로 싸우면서 살길을 개척해 나가야 한다. 아브라함의 이러한 떠돌이 생활은 출애굽한 히브리인들의 40년 광야 생활을 반영하고 있다. 탈출! 그것은 과거를 단절하는 행위이며, 가진 것에서 해방되는 일이기도 하다. 탈출은 자신의 삶을 보장해 준다고 생각되는 모든 것을 과감히 버리는 행위이다. 본향을 떠나라고 지시한 하나님은 "내가 장차 보여줄 땅을 향해 가라"(창 12:1)고 한다. 탈출의 목표는 "나는 너를 큰 민족이 되게 하리라 너에게 복을 주어 너의 이름을 떨치게 하리라"(창 12:2-3). 이것은 나아가야 할 궁극적 목적을 나타낸다. 목적을 가진 나그네의 길, 끝없는 순례의 길이기도 하다. 그것은 동적(動的)인 삶의 양태(樣態)를 의미한다. 그러므로 아브라함과 그 자손들의 삶은 끝없이 나아가는 성격을 가진다.

아브라함과 그의 아내 사라가 생리적(生理的)으로 출산(出産)할 가능성이 없는 처지인데도 하나님은 사라의 몸을 통해서 축복의 구체적인 실현으로, 즉 그 아이 이삭을 낳게 하였고, 그 이삭이 장차 민족들을 다스릴 왕의 선조가 되리라고 고지(告知)한 바 있다. 그런데 하나님은 아브라함에게 이삭을 제물로 바치라고 한다. 아브라함은 공포와 전율 속에서 영문(營門) 밖에 제단을 쌓았다. 그것은 윤리적인 지평을 넘어선다. 이삭의 생명은 아브라함에게 준 하나님의 약속의 담보물이다. 따라서 그를 죽이는 행위는 종교적 지표도 넘어선다. 이런 명령에 복종하는 것은 한 개인의 죽음에 그치는 것이 아니라, 인간의 모든 것을 절단하는 일이다. 그럼에도 불구하고 그 뜻에 복종하려고 아들을 이끌고 가는 아브라함의 행위는 오직 불가능을 가능하게 하는 어떤 것에 대한 신앙에서만 가능하다. 히브리서 기자는 "아브라함이 이삭을 바친 것은 하나님께서 사람을 죽은 자들 가운데서 다시 살리실 수 있다고 생각했기 때문이다"(히 11:19)라고 해석한다.

2. 아브라함의 신앙과 성서의 구원역사

아브라함이 하나님의 부름을 받은 이야기는 대표적 모형으로 모든 소명 받은 자들이 본받아야 할 하나의 모델이다. 하나님이 아브라함을 선택하여 부르시고 그에게 고향 땅과 친척과 아버지의 집, 아브라함의 모든 것을 버리고 하나님께서 장차 보여줄 그 불확정적 미래의 땅을 향하여 떠나라고 명하신 것은 그의 신앙적 복종을 전제로 하고 있다. 이제 우리는 아브라함의 탈출하는 신앙에서 나타난 두 가지 사건에 유념해야 한다.

1) 창세기 12:1-3은 명령형식으로 된 약속이다. 하나님의 명령에 대한 아브라함의 반응은 즉각적인 순종이었다(4-9절). 그런데 이 무기력한 75세의 늙은이와 10살 아래인 그의 아내 사래에게 저항할 수 없는 인생의 전환점, 즉 하나님의 부르심의 말씀이 찾아왔다. 75세가 되기까지 자식도 낳지 못하고 불임의 세월을 살아온 이 늙은 부부에게 하나님은 전혀 예상치 못한 미래를 준비하고 계셨다. 아브라함은 일상에서 아주 소박하게 하나님과 동행하며 순종과 믿음의 삶으로 일관하며 그 후손을 통해 세상 만민을 구원하기를 기뻐하였다. 실제로 하나님의 말씀은 우리에게 항상 인생의 전환점이 될

만한 결단을 불러일으킨다. 이런 믿음의 결단은 하나님의 말씀에 감동되어 순종할 때 이루어진다. 이 결단의 목표는 많은 사람을 위한 복의 근원으로서의 삶을 사는 일이다. 우리의 신앙의 삶을 깊이 성찰해 볼 교훈이 된다고 생각한다.

2) 아브라함의 소명(召命) 사건은 바벨탑의 거인(巨人)주의적인 오만을 가지고 끊임없이 신(神)에게 항거하는 저 구제불능의 인류를, 그런데도 기어이 구원으로 이끌어내는 일을 하여야 할 모범적 구원공동체의 한 조상(祖上), 즉 아브라함을 이 인간 역사 속에 꼭 등장시켜야겠다는 것이 '하나님의 뜻'이었다. 이것은 분명 하나님의 구원사적 결단의 한 결과였다.

하나님께서 아브라함을 선민(選民) 공동체의 선조(先祖)로서 선택하신 후, 그에게 주셨으므로, 모든 것을 버림으로써 땅의 모든 민족을 살리는 자가 되어라 (창 12:1-9)는 이 사명 부여는 성서 전체의 문맥에서 볼 때 매우 특별한 의미를 갖게 된다. 아브라함의 소명 사건은 족장들 아브라함-이삭-야곱의 그 선민 공동체로 하여금 내던져진 험악한 세월(창 47:9)에 고난의 세상에서 '고난과 구원을 통한 하나님 체험'을 통하여 하나님께서 아브라함에게 주신 그 축복 약속이 실현되기를 기대하고 있기 때문이다(창 12:2-3). 하나님과 영원한 계약을 맺은 이스라엘이 약속을 신실하게 지켜 순종하면, 하나님께서 이스라엘을 모든 민족 위에 뛰어나게 하시리라고 확언한다. 성취를 자신의 고난역사 속에서 경험하였음에도 불구하고 막상 이스라엘은 약속의 땅에 들어간 이후에는 그 받은 바 축복의 은혜를 곧 망각했고, 예언자들의 끊임없는 경고가 있었음에도 배신의 길을 걸었다. 그 결과는 아시리아 제국과 신흥 바빌론 제국의 포로가 되어 마침내는 약속의 땅을 잃어버리고, 유배(流配) 생활로 방황할 즈음, 그들 이스라엘 공동체로 하여금 그 잃어버린 약속의 땅으로 다시 감격의 눈물을 흘리며 돌아갈 수 있도록 섭리(攝理)하셨다(시 126:1-6).

마른 풀과 같고 시드는 꽃 같은(사 40:7-8), 길 잃은 양 같은 포로 유민 이스라엘을 목자같이 팔로 모으시고 품에 안으시어(사 40:11), 꿈에도 그리는 그들 이스라엘의 조국으로 광복(光復)시키고 그 동 터오는 새 역사를 여셨다. 또한 하나님은 아브라함 소명 때와 꼭 같이 그 조국 귀환의 새 이스라엘 공동체를 향하여서도 말씀하셨다. "보라, 이제 내가 나의 구원이 땅끝까지 이르도록 하기 위하여 너를 다시 일으켜 열국(뭇 민족)의 빛(a light to the nations)으로 삼았노라"(사 49:6)라고. 말하자면 아브라함의 소명은 이젠 똑같은 언어로 반복(反復), 전이(轉移)되어 하나님의 인류구원 역사의 선구자 아방가르드(avantgarde)로, 즉 열국의 빛으로의 사명을 또다시 저 '포로 귀환 이스라엘 새 공동체'가 위임(委任)받게 된 것이다. 목이 곧은 백성 이스라엘은 바빌론 포로의 비극이 토라를 불이행(不履行)한 죄의 결과로 알았다.

그러나 이스라엘은 토라에 대한 철저한 기계적/문자적으로 이행해야만 한다는 잘못된 판단으로 부름받은 자의 사명을 바르게 인식함에 실패하였다. 저들 이스라엘은 불행히도 토라에 대한 문자주의적, 기계주의적 신봉에만 전 운명을 걸고 매달렸다. 그리하여 율법주의라는 또 하나의 악을 낳고 말았다. 즉 구약성서의 히브리신앙을 왜곡시킨 유대교(Judaism)의 바로 그 범죄 현실이다. 이것은 실로 인간 역사가 겪는 지겨운 악순환(惡循環)이다. 율법주의의 이러한 '이기적 배타주의 교조'라는 또 다른 거인주의적인 오만(titanic hubris)이 우리의 종교역사 속에 뿌리내리게 된 것이다. 유대교(Judaism)는 바로 이러한 오만이 낳은 대표적 산물이다. 유대주의적인 배타적 율법주의의 이 악(惡)은 마침내 로마제국의 속국이 되게 한다. 그리하여 구약성서에 나타난 복음적 진리를 왜곡 해석하는 유대교의 근본주의 교조주의 신앙을 바로 잡으려고 올바른 성서해석으로 맞서서 싸우신 분이 바로 예수님이다. 예수님은 하나님 나라 운동을 하시면서 열두 제자들을 모으고, 교회(ecclesia)를 세우고(마 16:18), 교회공동체에도 아브라함의 소명 때와 꼭 같이 예수로 하여금 제자들에게 말씀하신다. 아브라함-이스라엘-새 이스라엘로서의 예수 공동체-오늘의 교회공동체로 이어지는 이 소명받은 자의 정체성(identity)이란 인류구원을 위한 하나님의 역사 섭리로 이루어진 것이다. 창세기 12:1-9절 소명에 대한 정의(定意)는 아브라함으로부터 시작하여 이스라엘, 새 이스라엘 그리고 예수 공동체와 오늘의 교회공동체로 정확히 계승되고 있다. 그러나 무엇보다도 중요한 것은 교회란 순례자가 되어야 타락하지 않는다는 것이다. 에클레시아의 교회(모이는 교회)와 디아스포라의 교회(세상으로 흩어지는 교회)가 형평을 유지하는 것이다. 그러나 교회가 부요하려고만 하고, 높아지려고만 하고, 온 세계가 다 기독교 국가(theocracy)가 되도록 힘으로 강요한다면(마치 십자군처럼) 그리스도교는 하나님과 교회의 머리이신 그리스도에 의하여 심판받고 멸망할 것이다(시 2편). 교회는 단지 메시아의 비밀(마 16:20-21)을 간직한 채 주님과 함께 '비아 돌로로사'(Via dolorosa)를 걸어야 참 교회의 사명을 완수할 수 있다.

3. 그리스도교 역사는 어떠한가?

본래 그리스도교는 가난한 자들과 함께하며 시작된 사랑의 공동체였다. 낡은 질서에 사랑과 자유의 정신으로 로마제국을 흔들 수 있었다. 세계제국인 로마는 가진 게 너무 많아 수호적이고 안전 제일주의였고 로마의 평화(Pax-Romana)를 폈다. 그런데 예수의 사랑의 공동체에 패배하였다. 승리한 그리스도교는 로마제국을 정복하고, 그것에 예속되고, 로마제국 안에서 특권계층이 되어 권력, 명예, 재산 등을 가진 자로 변신한 것이다. 이때부터 정착의 종교로, 국가권력과 야합하면서, 기득권 수호를 위한 종교로 변질되었다. 이에 항거하고 일어난 것이 종교개혁인데, 그것은 안정을 추구하며 기성 세력화한 체제(로마 가톨릭교회)를 탈출하여 자유를 찾아 나선 운동이다. 종교개혁에 의해 이뤄진 신교(新教)는 프로테스탄트교회(Protestant-Reform-Church)이다. 그러나 신교마저도 자유하는 탈출의 공동체로서 본래 모습에서 실패한 것은 자유의 길보다 안정을, 탈출의 길보다 정착을 택하며 권력과 야합이 주요인이 되었기 때문이다. 이들은 때를 같이해서 일어난 르네상스 물결, 자유와 평등을 생명으로 한 프랑스혁명, 그 뒤의 산업혁명으로 인해 사회질서의 큰 변동이 일어날 때나, 프롤레타리아 해방을 기치로 내세운 공산혁명이 일어났을 때도 역사에 대한 새로운 자각을 갖지 못하고 무관심의 방관자로 자기방어 태세만 견지했다. 그래서 역사와 무관한 자세, 낙오자가 될 수밖에 없었던 그리스도교 역사는 반성하고 역사의 주 예수와 함께 탈출과 순례자의 길에 나서야 한다는 자의식(自意識)이다. 바울의 '도상(途上)의 나그네'로서 자의식이겠다.

4. 공포와 전율의 제단에 이삭을 바치는 아브라함

창세기 22장은 성서 주석가들에게 '결박의 본문'으로 불립니다. 그리스도인들은 이삭의 결박당함 속에서 예수님의 '결박'과 '십자가 상에서의 도살당함'을 본다. 창세기 22장은 아브라함의 신앙 여정상 최악의 위기였고 동시에 아브라함 신앙의 최고 순도(純度)를 보여준다. 우리는 여기서 성서적 신앙 안에는 가장 불확실하고 가장 모순적인 요구 앞에서도 하나님만을 전적으로 의뢰하고 허공 속에 자신을 내던지는 것 같은 모험의 요소가 들어 있음을 본다.

아브라함은 부름을 받고 후손의 약속을, 25년의 기다림 끝에 얻은 이삭을 통해 절정의 성취를 이룬 듯이 보인다. 그러나 본문은 이삭 탄생 자체가 후손약속의 절정이 아니라 번제단에서 쪼개진 이삭, 즉 독자 이삭을 아끼지 않고 제단에 바친 아브라함의 순종이야말로 후손약속의 궁극적 성취임을 보여준다. 그러나 아브라함은 하나님의 추상같은 명령, 네 사랑하는 독자 이삭을 하나님의 산에서 번제로 드리라(창 22:1-2; 참조. 히 11:17-19)는 말씀 앞에 세차게 흔들린다.

이렇게 요구하는 하나님이 과연 자신을 갈대아 우르에서 이끌어 내시고 25년 만에 약속의 성취인 이삭을 선물로 주신 그 하나님인 가? 이삭을 중심으로 펼쳐질 후손과 큰 민족 형성에 대한 약속은 어떻게 될까? 하늘의 별과 바닷가의 모래만큼 번성하리라는 후손약속은 폐기되었단 말인가?(창 15:5). 사랑하는 독자 이삭을 번제로 바치라는 것은 하나님의 이름으로 선포될 수 있는 가장 반인륜적인 요구가 아닌가? 그러나 그 부조리해 보이는 명령에 대한 아브라함의 반응은 천근(千斤)의 침묵에 바쳐진 말없는 순종이었다(창 22:3-6).

그러나 실상 그는 키에르케고르가 묘사한 그 공포와 전율을 가득 안고서 3일 길의 먼 여정을 떠났다. 브엘세바에서 모리아산까지 거리는 약 100km 정도 된다. 아브라함은 3일간의 여정에서 이삭을 얻기까지 겪었던 인내의 세월, 이삭을 낳고 기뻐한 일, 이삭을 위해 맏아들 이스마엘을 쫓아냈던 일 등 만감이 교차되는 경험을 하였을 것이다. 하나님은 3일간의 여정 동안 과연 아브라함의 마음에 일관성 있는 태도가 유지되었는지 알고 싶었을 것이다. 두 사환에게 아들과 함께 경배하고 오겠다고 말하며 이삭과 자신 둘이서만 마지막 제단으로 걸어간다. 그는 엄청난 불안감과 불확실성을 안고 심연처럼 깊은 하나님의 마음속으로 진입한다.

이 비장하고 고독한 신앙의 여정 속에 깃든 침묵을 깨는 이삭의 질문에 그는 피가 역류하는 것을 느꼈을 것이다. "아버지, 나무와 불은 있는데 번제 할 어린 양은 어디 있는가?" 이삭의 질문에 대한 아브라함의 대답은 예상외로 담담하다. "하나님이 번제로 쓸 양을 친히 준비할 것이다"(8절). 아브라함이 말하는 하나님이 준비하신 '어린양은 이삭 자신이 될 수도 있고, 혹은 다른 대체 제물인 어린양을 가리킬 수도 있다. 또 최악의 경우 자신이 이삭을 죽여 번제로 바치더라도 하나님께서는 그 약속을 지키시기 위해서 이삭을 죽은 자 가운데서 다시 살리실 것까지도 믿었을 수도 있다(히 11:19). 그러나 이 부활 신앙에도 불구하고 아브라함과 이삭이 겪었을 공포와 전율은 조금도 경감되지 않았을 것이다. 왜냐하면 그는 결국 이삭을 결박하고 도살해야 했기 때문이다.

하나님이 지시하신 곳에 이르러 아브라함은 단을 쌓고 나무를 벌여놓고 그 아들이삭을 결박하여 단 나무 위에 놓고 칼을 잡고 아들을 도살하려고 했다(창 22:9-10). 이때쯤에는 아브라함은 이삭에게 사태의 진상을 말해주었을 것이다. 십 대 소년 이삭이 노인 아버지에게 잠잠히 결박당하는 장면을 보면 이 번제 사건은 아브라함 신앙의 절정이면서, 이삭 신앙의 진수(眞髓)이다. 아버지에게 순순히 '결박당했던 경험' 속에서 이삭은 아마 수동형 능동신앙을 배웠을 것이다. 아브라함은 하나님께 순종했지만, 이삭은 하나님과 아버지 모두에게 순종하였다.

결박을 마친 아브라함이 빠른 동작으로 이삭을 도살하려고 그를 '강압적으로 붙들고' 칼을 내려치려는 바로 그 순간에 하나님께서 다급하게 간섭하신다. "아브라함아! 아브라함아! 그 아이에게 네 손을 대지 말라. 아무 일도 그에게 하지 말라"(창 22:11-12). 하나님께서는 이미 수풀에 뿔이 걸린 채 멀찍이 서 있는 한 마리 숫양을 준비하셨다(13절). 아브라함의 절망적인 곤경은 예기치 않은 하나님의 준비하심(여호와 이레) 때문에 부활의 축제와 환희로 반전되었다.

결국 이 시험은 아브라함을 연단하사 하나님과 더 깊은 신뢰를 맺고 믿음의 반석 위에 굳건히 세우기 위한 시험임이 밝혀졌다.

하나님의 시험은 아브라함이 독생자를 떼어내는 고통도 감수할 만큼 하나님만을 절대적으로 신뢰하는지 아니면 하나님의 복 주심에만 탐닉하는지, 즉 '사랑하는 독자 이삭'에만 탐닉하는지 검증하는 시험(11-14절)이었다. 하나님 편에서 보면 아브라함은 이미 이삭을 '심리적으로'는 도살한 셈이었다. 여기서 우리는 제사의 본질이 하나님의 명령에 대한 인격적인 신뢰와 의탁과 순종에 있음을 확인하게 된다. 창세기 22장은 순종이 제사보다 낫다는 명제가 성립되는 현장이다. 결국 천하 만민은 하나님 명령에 순종하며 자신의 가장 소중한 아들을 바친 아브라함과 그의 후손을 인하여 복을 얻으리라. 왜냐하면 하나님의 말씀을 듣고 준행한 사람만이 천하 만민을 복되게 하는 하나님의 구원계획의 매개자가 될 수 있기 때문이다.

5. 영문(營門) 밖의 제단(祭壇)

후일 우리 가운데 오실 하나님의 외아들, 예수를 하나님께서는 이러한 방식으로만 성서를 통하여 우리에게 예시(豫示)하셨다. 놀라운 일이 아닐 수 없다. 이 이삭이야말로 메시아 예수의 진정한 예표(prefiguration)가 아니고 무엇이랴! 예수와 이삭 사이의 이러한 동형(同型) 유비(typological analogy)는 무엇보다 그분들의 신앙적 승리가 일어난 곳이 모두 영문 밖이라는 점에서 그 일치점을 찾을 수 있으니 놀라운 일이다. 마을도, 성소도 옆에 없는 한적한 산에서 즉 영문(營門) 밖에서 이삭을 바친 곳이었다.

예수께서 공생애 선교를 3년 동안 하셨고, 마침내 십자가에 못 박혀 죽었다는 것은, 세상은 철저히 어둠이고, 예수의 대속(代贖)의 죽음과 3일 만에 새 창조로서의 부활은 그를 죽이고 이단(異端)으로 내몬 유대교의 성전에서는 일어날 수 없었다는 것은 당연하다. 반복되는 종교의식과 종교행사만 요란하게 되풀이되고 있는 오늘의 교회는 어떠한가? 그러나 영문 밖, 모리아산과 골고다 언덕은 모두 성전 밖, 또는 교회 밖이라는 공통점을 갖고 있다. 온 인류를 위해 대속의 피를 흘리시고 죽으시고 또 우리를 영원히 살리실 확실한 한 표징으로 사망 권세를 깨뜨리고 부활하신 곳, 그곳은 성전(聖殿) 제의(祭儀) 밖이었다. 교회/성소는 단지 인류구원에 관한 복음을 선포하는 '하나님 선교'의 전진기지 즉 아방가르드(avantgarde)일 뿐이지, 천국(天國) 문(門)을 여닫는 권세 열쇠를 가진 곳(마 16:19)은 결코 아니다. 한국의 그리스도인들이여, 우리 모두 함께 영문 밖으로 나가 예수님을 만나 새사람 되어야 하지 않겠는가?

6. 믿음의 조상, 아브라함 배우기

믿음의 조상 아브라함을 통하여 우리가 배우고 깨달아야 할 것은 무엇일까. 아래와 같이 정리해 본다.

1) 그가 탈출의 족장이 된 것은 잘못된 첫 역사를 끝맺고 거기서 탈출한 새 역사의 시작임을 뜻하며 또한 이스라엘 민족사의 모델임

을 보여주고 있다는 것이다. 하나님은 인간 역사의 목적을 설정한
다. 그러나 그 목적은 지금 여기의 삶을 인도하는 것과 무관하지 않
다. 이것은 이스라엘 민족의 전(全) 역사의 반영이기도 하다. 저들은
절망적인 상태에서 이다음에 어디로 향해야 할지를 몰라 끊임없이
좌절했다. 그러나 그때마다 그것은 동시에 하나님 인도의 손길을 느
끼는 출구이기도 했다. 이스라엘 조상들의 삶이 그러했다.

2) 이스라엘 민족의 역사는 축복의 약속 밑에서 시작되었다는
신앙이다. 그러나 축복의 사상 역시 평탄한 삶과 번영의 구가에 그
근거를 두고 있지 않고, 오히려 폐허와 역경, 고투 속에서도 마침내
그것들을 뚫고 전개될 새로운 가능성 앞에 선 신앙이다. 그러기에
이 신앙은 그들의 역사의 황혼기에, 아니 박해와 시련의 오랜 밤의
역사에도 꺼지지 않는 불처럼 그들 민족의 핏줄에 면면히 흐르고 있
었다. 그러나 그들의 신앙은 여기서 끝나지 않고 한 걸음 더 나아간다.

3) "땅의 모든 족속이 너로 인하여 축복을 받을 것이라"(창
12:3). 이것은 하나의 세계에 대한 예언이며 인류의 미래에 대한 위
대한 약속이다. 이것이 3천 년 전의 역사기록이라는 것을 생각하면
놀랍기만 하다. 지구 한구석의 극히 작은 한 민족이 세계 인류의 운
명의 열쇠를 제 몸에 간직했다는 것이다. 이것은 일반적으로 이스
라엘 민족의 선민(選民)사상이라고 하며, 바로 그래서 이들을 미워
하는 사람들도 있다. 저들의 선민사상은 저들의 자질이나 도덕성,
자신이 소유한 자랑스러운 것으로 생긴 우월감의 표시가 아니다.

그것은 하나님이 인도하신다는 신앙의 철저함에서 온 것이다.

4) 아브라함이 아들 이삭을 제물로 바치는 이야기는 신앙이 무엇인가를 극명하게 나타난다. 이에 대하여는 위에서 자세하게 전개하였고 해석한 바 있다. 우리는 아브라함의 공포와 전율, 아니 절망 속에서 살아계신 하나님 경험 사건을 보면서 우리의 불신앙을 뉘우치게 한다. 믿음에의 현실을 아브라함에게서 배우려는 키에르케고르는 아브라함의 '침묵'에 주목한다. 성서의 편자는 인륜에 반하는 악습을 전하는 이야기를 아브라함 설화에 담아서 신앙이 무엇인가를 설명하는 도구로 삼았다. 바로 이런 신앙이 이스라엘 속에 남아 계속 기적을 낳는 역사를 형성했다.

5) 마지막으로 주목한 것은 3천 년 전의 역사 과정을 거슬러 본다. 그때에는 세계적인 강대 민족들이 있었고, 그들의 문화와 종교는 세력화하여 어마어마한 규모와 힘을 가지고 침투되었다. 그중에서 대표적인 것이 이집트와 바빌론이다. 그들의 종교가 얼마나 굉장한 위세를 보였는가 하는 것은 역사가들의 노력으로 밝혀졌다. 그러나 그들의 화려하고 장엄하던 신(神)들과 종교는 완전히 그 자취를 감춘 지 이미 오래다. 그런데 그처럼 미미하던 이스라엘의 종교, 저들의 신앙은 세계의 구석구석에까지 퍼짐으로써 세계역사의 방향을 바꾸어 놓았다. "땅 위의 있는 모든 족속이 너로 인해서 복을 받으리라"(창 22:18). 이 고지(告知)는 이제 분명히 한낱 약한 민족의 교만으로 웃어 버릴 수 없는 사실이 되었다. 이것은 저들 민족의 확고

한 신앙의 힘이라고도 볼 수 있으며, 저들이 믿는 하나님의 약속의
이행이라고도 할 수 있을 것이다.

2019년 10월 20일

새 이름, 이스라엘이라
— 이스라엘 족장들의 신앙역사
창세기 12:1-3, 22:1-14, 32:22-32

1. 서론적 이야기: 아브라함

그 동안 아브라함을 비롯한 족장들의 이야기 대부분은 개인 경건의 모범을 보여주는 본문으로만 읽히거나 이해되어 왔습니다. 믿음과 순종의 문제를 단지 개인적이고 실존적인 차원으로만 파악하려고 한 것입니다. 그러나 창세기 12:1-3에 원(原)아브람의 약속은 땅, 후손, 임재와 보호, 이름의 창대 등에서 볼 수 있듯이 하나의 정치적 공동체적 실체를 지향하고 있습니다. 다시 말해 의와 공도(公道)를 이루는 나라를 형성하는 방향으로 움직이고 있습니다(창 18:19; 히 11:10, 16). 따라서 우리는 아브람의 이야기를 구속사적 관점에서 더욱더 풍요롭게 읽을 수 있을 것입니다.

창세기 12:1-3에는 이스라엘 민족의 형성을 세계사적 지평 속에서 보려는 신학적 성찰이 들어 있습니다. 이스라엘은 스스로 선택

받은 민족이라는 자의식을 가졌고, 자신의 역사가 세계 만민을 향한 하나님의 보편적 구속(救贖) 계획의 도구임을 예리하게 의식하였을 것이라는 겁니다. 하나님은 네 가지 약속(땅, 큰 민족, 이름, 임재와 보호의 약속)을 근거로 아브람을 본토·친척·아비 집에서 불러내십니다 (12:1-3). 가장 놀라운 약속은 당대의 대물림도 하지 못하는 아브람을 큰 민족의 조상으로 만들어 주시겠다는 약속입니다. 그리고 아브람은 본토·친척·아비 집에서 창조적인 탈출을 감행함으로써 하나님의 약속에 대한 믿음을 증명해 보입니다.

아브람은 세계 만민에게 복을 주시고자 하는 하나님의 도구가 되기 위해 자신의 본토·친척·아비 집의 결속에서 분리되어야 했습니다. 정상적인 경우 이 같은 가족적, 혈연적, 지연적 유대에 충실한 것이 죄일 수는 없겠습니다. 그러나 하나님 나라는 혈과 육의 유대로 건설되는 것이 아니라 오로지 하나님에 대한 믿음으로 건설되기에 아브람은 가족적 유대로부터 창조적 탈출을 감행해야 했습니다. 이때 '복'이란 아브람의 후손들이 하나님의 복을 받는 통로가 되는 '큰 민족'(위대한 공동체)이 됨을 의미합니다. 이러한 '복의 근원'으로서의 삶은 세계 만민이 참여하는 복의 시발점이 되는 삶을 의미합니다.

아브람이 하나님의 명령에 순종할 때 무기력한 75세의 중늙은이와 10살 아래인 그의 아내 사래에게 저항할 수 없는 인생의 전환점, 즉 하나님의 부르심의 말씀이 찾아왔습니다. 75세까지 자식도 낳지 못하고 불임의 세월을 살아온 이 늙은 부부에게 하나님은 전혀 예상치 못한 미래를 준비하고 계셨습니다. 하나님은 아브람이 100

세, 사래가 90세 때에 약속의 아들 이삭을 태어나게 하셨습니다. 아브람은 하나님 하시는 이 모든 일에 믿음으로 응답하고 순종하였습니다. 할례받은 아브람은 데라 가문의 씨족장에서 열국의 조상 아브라함으로 변화됩니다. 아브라함으로의 변화는 사래의 사라(열국의 어미)로의 변화를 동반합니다. 아브라함과 사라는 열왕들과 열방 구원이라는 하나님의 위대한 구속사의 시야를 가지고 자신의 후손(대물림)탄생을 기대해야 합니다.

2. 독자 이삭을 바치라는 하나님 명령(창 22:1-14)

아브라함은 공포와 전율의 제단에 독자 이삭을 바치는 사건에 직면합니다. 아브라함의 갈대아 우르에서 불려 나오는 데 결정적인 역할을 한 후손에 대한 약속은 25년의 기다림 끝에 이삭의 탄생으로 그 절정을 이뤘습니다. 그런데 창세기 22장은 이삭 탄생 자체가 후손약속의 절정이 아니라 번제단에서 쪼개진 이삭, 즉 독자를 이끼지 않고 제단에 바친 아브라함의 순종이야말로 후손약속의 궁극적 성취임을 보여줍니다. 한편 그리스도인들은 이삭의 결박당함 속에서 하나님의 독생자 예수 그리스도의 '결박'과 '십자가상에서의 도살당함'을 본다고 주장합니다. 창세기 22장은 아브라함의 신앙 역사상 최악의 위기였고 동시에 아브라함 신앙의 최고 순종을 보여줍니다. 우리는 여기서 성서적 신앙 안에는 가장 불확실하고 가장 모순적인 요구 앞에서도 하나님만을 전적으로 의뢰하고 허공 속에 자신을 내던지는 것과 같은 모험의 요소가 들어 있음을 깨닫습니다.

하나님의 명령을 받은 아브라함은 다음날 아침 일찍 두 사환과 아들을 데리고 '또 하나의, 하나님이 지시한 곳'으로 떠나갔습니다. 아브라함은 죽음과 삶을 초월한 달관의 경지에서 하나님의 산으로 떠난 것처럼 보입니다. 그러나 그는 키에르케고르가 묘사한 그 공포와 전율을 가득 안고서 3일 길의 먼 여정을 떠났을 것입니다. 브엘세바에서 모리아산까지의 거리는 100km 정도 됩니다. 아브라함은 3일간의 여정에서 이삭을 얻기까지 겪었던 인내의 세월들, 이삭을 얻고 기뻐한 일, 이삭을 얻고 맏아들 이스마엘을 쫓아냈던 일 등 만감이 교차되는 경험을 하였을 것입니다. 불안과 공포 속에서 보낸 3일은 그가 얼마든지 마음을 고쳐먹고 다시 브엘세바로 돌아 갈 수도 있는 긴 시간이었습니다. 왜 3일간의 여정 끝에 "이삭을 바치라"고 하셨는지 그 이유를 짐작할 수 있습니다. 하나님은 3일 동안 아브라함의 마음에 일관성 있는 믿음의 태도가 유지되었는지 알고 싶었을 것입니다. 산 밑에 도달하여 두 사환들을 돌려보내고, 이삭이 자신을 번제로 태울 장작더미를 지고 반 발자국 앞서 걸어가고 있습니다. 이 비장하고 고독한 신앙여정 속에 깃든 침묵을 깨는 이삭의 질문에 그는 피가 역류하는 것을 느꼈을 것입니다. "아버지, 나무와 불은 있는데 번제 할 어린양이 어디 있습니까?" 이삭의 질문에 대한 아브라함의 대답은 예상외로 답답합니다. "하나님이 번제로 쓸 양을 준비할 것이다"(창 22:8).

이때쯤에는 아브라함은 이삭에게 사태의 진상을 말해 주었을 것입니다. 십대 소년 이삭이 노인 아버지에게 잠잠히 결박당하는 장면을 보면 이 번제 사건이 아브라함 신앙의 절정이면서 이삭의 신앙의 진수임을 알 수 있습니다. 아브라함은 하나님에게 순종했지만, 이삭은 하나님과 아버지 모두에게 순종하였습니다. 결박을 마친 아브라함이 빠른 동작으로 이삭을 도살하려고 그를 '강압적으로 붙들고' 칼을 내려치려는 순간에 하나님께서 다급하게 간섭하십니다. "아브라함아! 아브라함아! 그 아이에게 네 손을 대지 말라. 아무 일도 그에게 하지 말라"(11-12절). 하나님은 이미 수풀에 뿔이 걸린 채 일찍이 서 있는 한 마리 수양을 준비하고 계셨습니다(13절). 아브라함의 절망적인 곤경은 하나님의 예기치 않은 준비하심(여호와 이레) 때문에 부활의 축제와 환희로 반전되었습니다. 결국 이 시험은 아브라함을 연단하사 하나님과 더 깊은 신뢰를 맺고 믿음의 반석 위에 굳건히 세우기 위한 시험임이 밝혀졌습니다. 하나님 편에서 보면 아브라함은 이미 이삭을 '심리적으로'는 도살한 셈이었습니다. 여기서 우리는 제사의 본질이 하나님의 명령에 대한 인격적인 신뢰와 의탁과 순종에 있음을 확인하게 됩니다. 결국 천하 만민은 하나님 명령에 순종하며 자신의 소중한 아들을 바친 아브라함과 그의 후손을 인하여 복을 얻으리라. 왜냐하면 하나님 말씀을 듣고 준행한 사람만이 천하 만민을 복되게 하는 하나님의 구원계획의 매개자가 될 수 있기 때문입니다.

3. 야곱에서 이스라엘로 되는 변화와 성숙의 드라마

우리는 야곱의 파란만장한 생애를 통하여 한 평범한 개인을 향한 하나님의 인격 훈련과정을 아주 세밀하게 그려주는 그림을 보는 듯합니다. 야곱의 성화 과정은 부모 같은 하나님의 훈육으로 인격 성장과 진보를 가능케 한 사실을 예증해줍니다. 야곱은 인간적 야망과 운명에 도전하는 투지, 냉혹한 승부사로 인생을 시작하여 청소년기를 종처럼 비천하게 살다가 장년기에 자수성가를 합니다. 그러나 야곱은 인생 황금기인 장년기에 그의 강철 같은 의지가 산산히 부서지는 경험을 하면서 하나님의 복으로 살아가는 법을 터득하기에 이릅니다(창 32-33장). 급기야 노년에는 가정의 비극적이고 불행한 사건들로 세속적 욕망을 추구하는 삶의 처량한 한계와 고통스럽게 조우합니다(창 34-35장). 그는 결국 늦은 인생 말년에 애굽 왕 파라오에게 축복기도를 해줄 정도로 성숙한 성자로 변했으며, 숨을 거두기 직전에는 손자들과 열두 아들의 미래를 전망하며 복을 비는 예언자로 변화되었습니다(창 47, 49장).

야곱의 생애에서 추론할 수 있듯이 인생의 가장 위대한 의미는 하나님의 뜻을 이뤄드리는 도구가 될 수 있다는 점입니다. 성서적으로 말하면 인생이란 하나님의 세계사적 혹은 보편적 계획을 실천하는 도구가 되는 것입니다. 하나님은 온 세계와 교섭하시지만 가장 미미한 개인과도 교섭하십니다. 모든 개인은 하나님 앞에서 세계를 대표하는 개인이며 모든 개인의 삶 속에도 세계를 향하신 하나님의 보편적인 계획이 작용합니다. 야곱의 인생살이 자체가 평범한 개인의 삶 속에서 작용하는 절대자 하나님의 성스러운 계획의 생생한 증거입니다. 그는 소시민적인 출세 지향적 인생관을 가지고 살았습니다. 그러다가 세계 만민을 복되게 하시는 하나님의 구원 도구로 광활해지는 신앙 역정을 살았던 증인입니다. 도덕적으로 결코 선량하다고 할 수 없는 흠이 많고 점이 많은 인생, 야곱이 하나님의 구원사에서 주인공이 된 사실은 보잘것없는 그저 그런 필부들까지 하나님의 구원계획을 펼치는 도구가 될 수 있음을 강력하게 증거합니다.

4. 20년 만의 귀향길에 오르는 야곱(창 30:25-31:55)

야곱의 밧단아람 타향살이는 그곳에 온 지 20년이 채 안 되어 요셉의 출생(창 31:38)과 더불어 끝납니다. 사랑하는 아내 라헬을 통하여 상속자를 얻은 야곱은 라헬과 레아, 열한 명의 아들과 딸 디나를 데리고 귀향길에 오르려 하지만, 라반의 만류로 끝내 지연됩니다. 라반은 아마도 야곱을 데릴사위로 그의 수하에 오래토록 묶어두려는 목적으로 그의 귀환을 만류하였을 것입니다. 라반은 실제로 전격적인 품삯 흥정으로 야곱의 귀향을 어느 정도 지연시킬 수 있었습니다. 그러나 이 일을 통하여 야곱은 많은 자식들뿐만 아니라 풍부한 재산까지 얻게 되고 열 번이나 지체된 임금을 일시불로 지급받게 됩니다. 라반의 기발한 귀향 만류 책은 오히려 야곱의 금의환향을 준비시키는 결과가 되었다는 사실이 금방 드러납니다.

또한 야곱은 라반이 전혀 예상치 못한 기상천외한 방법으로 하얀 염소와 양떼 가운데서 아롱지고 점 있는 양떼와 염소 떼를 생산해 냅니다. 야곱은 자신의 꾀가 하나님의 지혜였음을 고백합니다(31:8-12). 야곱은 하얀 털을 가진 라반의 양과 염소 떼 중에서 가장 튼튼하고 실한 양과 염소가 교미할 때 그들의 눈앞에 나무껍질을 벗겨서 생긴 얼룩무늬와 아롱진 무늬와 점을 보여줌으로써 하얀 양과 염소가 순간적으로 얼룩무늬 양, 점 있는 양 혹은 아롱진 양으로 바뀌도록 조작한 것입니다. 그래서 버드나무와 살구나무와 신풍나무의 푸른 가지들을 벗겨 교미 중인 수양의 눈앞에 노출시킴으로써 교미 중인 수양들이 얼룩무늬와 점을 가진 새끼를 낳게 만들었습니다(30:42-43; 31:1-3, 11-13).

결국 야곱의 이런 어리석고 순진해 보이는 제안은 사기성이 농후한 라반을 기습적으로 제압하기에 충분하였습니다(30:32). 아주 원시적인 야곱의 유전자 조작실험은 열 번씩이나 야곱의 품삯을 변역하고 떼먹은 라반을 향한 하나님의 통쾌한 도덕적 복수였습니다(31:41). 결국 야곱은 하나님이 주신 지혜로 라반의 양떼들 중 실하고 튼튼한 양떼들을 자신의 품 삯으로 챙깁니다. 이처럼 야곱이 라반의 양떼들을 빼앗아오는 과정에서 하나님의 깊숙한 개입이 있었습니다(31:9). 하나님은 라반에게 당한 야곱의 고난에 찬 세월들을 신원하신 것입니다. 또한 그 동안 라반이 자신에게 한 일과 하나님께서 자신을 위해 하신 일을 대비시키는 모습에서 야곱은 밧단아람의 삶이 하나님의 은총으로 지탱된 삶이었다고 고백합니다(31:4-13). 아버지 라반의 무자비한 노동력착취와 인색함에 대해 라헬과 레아가 내린 냉정한 평가(31:14-16)는 밧단아람 생활에 마침표를 찍으려는 야곱의 비장한 결단을 더욱 굳게 해줍니다.

결국 세력다툼과 알력은 적어도 야곱에게 밧단아람은 영원히 머무를 땅이 아니라 일시적인 체류지란 사실을 확실히 가르쳐 주었을 것입니다. 라반과의 평화조약체결을 끝으로 마무리되는 밧단아람에서의 삶은 하나님이 벧엘에서 야곱에게 하신 약속을 얼마나 신실하게 지키셨는지 보여줍니다. 밧단아람에서 야곱이 성취한 복과 번영을 근거로 하나님은 야곱에게 계속되는 명령을 내리십니다. 가나안 땅으로 돌아가는 문제는 이제 야곱 자신의 소망사항일 뿐만 아니라 하나님의 명령에 속한 일이 되었습니다.

5. 하룻밤의 씨름 ― 새 이름, 이스라엘이라(창 32:1-32)

야곱의 귀향길은 라반과의 평화로운 작별이자 동시에 복수심으로 노기를 띤 채 작별했던 형 에서와 어쩌면 적대적으로 대면해야 하는 길이었습니다. 야곱은 20년 전의 시간 속으로 소환되면서 주체할 수 없는 공포와 불안에 사로잡히게 됩니다(32:1-7; 27:41). 이때 하나님의 사자들이 그 귀향길에서 야곱을 "만납니다"(32:1). 1절의 "만나다"(encounter)라는 동작은 보호 혹은 동행을 위한 의도적 만남을 의미합니다. 여기서 출현하는 하나님의 사자들은 야곱의 귀향을 호위하는 천상의 군대를 가리킵니다. 야곱은 벧엘에서 망명생활의 첫 밤을 보낼 때에도 하나님의 사자들(32:1; 28:12)의 호위를 받았고, 망명생활을 마치고 귀향길에 오를 때에도 천사의 호위를 받습니다. 하나님의 보호와 동행 약속은 원(原)아브라함의 약속 ― 이삭 약속의 가장 중요한 부분 중 하나인데 야곱은 지금 아브라함과 이삭이 누린 바로 그 장자의 특권을 누리는 것입니다. 이것은 야곱에게 벧엘의 약속을 상기시켰을 것입니다(31:3; 28:15).

그런데 왜 하나님의 천사들이 갑자기 그의 귀향길에 동행하려고 할까요? 하나님의 천사들은 에서와의 대면을 준비하는 야곱을 도우려는 사자처럼 보입니다. 그는 에서와의 적대관계를 청산하지 않으면 이제껏 얻은 모든 재산과 가족들을 잃을지도 모릅니다. 형 에서가 400명의 장정들을 거느리고 그를 맞으러 온다는 사자의 전갈은 그에게 두려움을 확장시키고 심화시킵니다(32:6).

왜 32장은 야곱의 심층심리학적 불안을 이토록 예리하게 해부하고 있을까요? 왜 야곱은 20년 만의 귀향과 형 에서와의 상봉을 이처럼 극도의 두려움 가운데 맞이하여야 할까요? 여기에는 야곱의 지난 삶에 대한 창세기 저자의 도덕적 신앙적 판단이 숨어 있다고 봅니다. 32장 전체에 걸쳐서 부각되는 야곱의 불안, 죄책감, 두려움 등은 그가 20년 전 에서 형에게 끼쳤던 악의적 행동에 대한 통절한 자기비판이었습니다. 창세기 저자는 여기서 하나님의 공의로 판단해 볼 때, 드러난 야곱의 편의주의적이고 야비하고 기만적인 자세에 대하여 은근하면서도 알 짬 있는 비판을 가하고 있는 것입니다. 야곱 스스로 20년 전의 장자권(長子權) 매입 파동과 장자 축복 탈취 사건에 대하여 어떤 모양으로든지 자책하고 있음을 보여줍니다. 그는 형 에서의 보복 감정을 용인하고 있으며 그가 자신을 잔인하게 공격해 올 가능성 때문에 전율하는 것입니다.

야곱은 가해자로서 피해자인 형 에서의 너그러운 용서를 진심으로 소망하지만, 그의 마음 깊은 곳에는 극단적인 당혹감과 두려움이 자리 잡고 있습니다. 그래서 그는 여차하면 폭발할 형의 진노와 복수를 피하기 위해 주도면밀하게 계획을 세웁니다. 그 준비와 계획은 세 단계로 기획되어 있습니다(32:3-5, 7-10, 13-21). 먼저 사자를 앞서 보내어 형 에서의 감정을 정탐하고 누그러뜨려 보려고 합니다.

둘째, 동시에 그는 하나님께 약속을 상기시키며 도움을 구하는 기도에 몰입합니다. 그는 자신에게 주어진 약속을 상기시킵니다(32:9, 12). 셋째, 그는 에서의 마음을 누그러뜨리려고 선물을 보냅니다(32:13-20). 그는 자신의 대열을 모두 세 대열로 나누어 각 대열의 향도에게 에서 앞으로 보내는 '에서 주의 종 야곱의 화친과 공경의 인사'를 강조하도록 당부합니다(32:18-19). 야곱은 형 에서를 깍듯이 '주'(主)라고 부르며 장자의 명분에 집착했던 지난날의 과오를 반성했을 것입니다.

야곱의 신앙역사의 절정인 얍복강 나루터의 철야 씨름 기도는 야곱의 생애를 BC와 AD로 나누는 획기적인 사건입니다. 본진(本陣)을 세 집단으로 나눠 형 에서에게 미리 예물을 보내놓고는 불안에 압도된 야곱은 고독한 단독자(單獨者)가 되어 간절한 기도를 시작합니다. 이제 그 기도는 온몸으로 드리는 씨름 기도가 됩니다. 어둠 속에 그 모습이 감추어져 있던 어떤 사람(24절)과 밤새도록 씨름한 사건이 도대체 야곱의 불안과 공포와 무슨 상관이 있을까요?(28-30). 이것은 야곱의 환도뼈를 내리치는 사건에 이를 때까지 신비스러운 사건으로 남아 있습니다.

야곱은 정체 모를 그 씨름꾼과의 싸움에서 이기고 축복을 요청하기에 이릅니다. 그러나 축복 대신에 그는 먼저 야곱의 환도뼈를 내리칩니다. 야곱은 환도뼈 위골을 경험하면서도 그 신비한 씨름꾼에게 복을 빌어달라고 강권합니다. 그러나 오히려 그 천상(天上)의 씨름꾼은 야곱에게 "네 이름이 무엇이냐?"고 묻습니다(29절, 삿 13:17-18). 자신의 지난 삶을 정면으로 응시해 보도록 압박하는 질문입니다. "네가 누구냐?"라는 질문입니다. 야곱은 자신의 '야곱스러운' 본질을 드러냅니다. "나는 야곱입니다." 다른 말로 하면 "나는 속이는 자, 형 에서의 발꿈치를 붙잡고 사는 경쟁적 인생의 전형입니다"라는 고백입니다. 그 천상의 씨름꾼은 야곱 대신에 '이스라엘'이라는 이름을 줍니다. '하나님과 사람으로 더불어 겨루어 이긴 자'(이스라엘)라는 말은 하나님의 복을 지상(至上)의 가치로 여기는 사람이 되라는 뜻입니다. 이제야 우리는 환도뼈가 위골되는 고통이 그가 받을 복의 내적인 조건이었음을 알게 됩니다(26-27).

압복강 나루터에서 야곱이 벌였던 그 씨름은 지나간 40년의 삶의 요약이요 새로운 존재로 환골탈태하기 위한 해산의 고통이었습니다. 돌이켜보면 지난 40년 동안 사실 야곱의 인생은 씨름에서 지지 않으려고 무던히도 애쓰던 경쟁의 삶이었습니다(에서와의 싸움, 라반과의 씨름을 통해서 축복을 쟁취해 온 삶). 그는 비록 인간의 힘으로 씨름(사람과의 경쟁)에서 승리를 쟁취하였지만 그 자체가 하나님의 복 주심을 대체할 수 없음을 통렬하게 자각하였을 것입니다. 비록 위골된 환도뼈 때문에 다리는 절었지만 "해가 돋았다"는 저자의 표현은 야곱의 마음속에 일어난 영적 각성을 엿보게 해줍니다. 그는 하룻밤의 기도를 통해서 사기꾼, 경쟁자로서의 경력을 접고 하나님의 지팡이에 의지하는 절름발이가 됩니다.

또한 야곱은 밤새도록 벌인 씨름이 곧 하나님의 얼굴을 대면한 사건이라고 해석하고 그 지명을 '브니엘', 곧 하나님의 얼굴이라고 지었습니다. 야곱은 환도뼈가 위골되어 절름발이가 되어 불안과 공포로 가득 찬 밤을 보냈지만 새로 돋는 아침을 맞이합니다. 그 새 날을 정녕 새 날로 만든 것은 돋는 해처럼 빛나는 하나님의 얼굴을 보고도 죽지 않고 자신의 생명이 보전되었다는 감격이었습니다. 그는 형과의 싸움을, 아니 두려움과의 싸움을 이미 브니엘에서 완료하였습니다. 야곱은 자신의 옛 사람이 낡아짐을 맛보며 자신 속에 자라는 한 새 사람의 정체를 인식하기 시작하였습니다(고후 4:16-20). 우리는 야곱의 파란만장한 신앙역사 속에서 인격 성장이 이루어지고 있음을 보며 신앙 인격 성장이야말로 하나님의 다스림을 훨씬 더 포괄적으로, 심층적으로 경험할 수 있는 필수과정임을 목격하게 됩니다.

6. 결론적인 이야기

우리는 이스라엘 족장들, 아브라함, 이삭, 야곱의 개성이 뚜렷하고 각기 특성을 갖고 묘사되어온 신앙역사를 고찰하였습니다. 먼저, 믿음의 조상 아브라함은 우직할 정도로 직선적인 믿음의 사람이었습니다. 아들 이삭은 자기 이름 이삭(웃음)처럼 성품이 온유 겸손하며 정직한 사람입니다. 야곱이 가장(假裝)하여 아버지 앞에 축복을 받으러 들어갔을 때에 순진한 마음으로 축복하려든 진실한 성품의 사람입니다. 그리고 그의 아들 야곱은 독특한 성격의 사람입니다. 영특하고 기지가 있고 아주 활동적인 사람입니다. 이들 이스라엘 족장들의 신앙역사는 주전 2000-1800년대에 고대 근동지방의 문화와 역사의 관계 안에서, 메소포타미아에서 현재의 팔레스타인으로 알려진 가나안 땅으로 이주한 역사적 배경을 가지고 있습니다.

'아브라함·이삭·야곱의 하나님'을 믿는다는 신앙고백의 참뜻은 무엇입니까? 세 가지로 요약된다고 할 수 있습니다. 첫째 의미는 연약한 자들에게 긍휼과 자비를 베푸는 신비하신 하나님, '긍휼과 자비'를 속성으로 갖는 신비하신 영원 자를 믿는다는 신앙고백을 보게됩니다. 둘째 의미는 신적 속성이 자비와 사랑이지만, 동시에 그 신비하신 분은 '공의로우신 분'이며, 거룩하신 분'으로서 '약속에 신실하신 하나님'이라는 뜻을 지닙니다. 셋째 의미는 특히 프랑스의 수학자요 철학자였던 파스칼의 회심 경험 이후, 그의 비망록『팡세』에 기록된 강렬한 주체적, 실존적, 체험적 신앙을 의미합니다. 성서가 증언하는 하나님은 추상적이거나 보편적 원리로서의 철학적 하나님이 아니고, 생명의 기쁨, 구원의 확신, 신생의 불의 체험, 역설적 진리로 다가오시는 '살아계신 하나님'이라는 의미입니다. 우리에게 바르게 이해되는 때, '아브라함과 이삭과 야곱의 하나님'이 동시에 나의 실존에 하나님이 되신다고 고백할 수 있게 됩니다.

토인비는『역사연구』에서 도전(challenge)과 응전(response)을 배우지 못하면 그 문명은 쇠멸한다고 주장하여, '도전과 응전'이라는 공식으로써 인간 역사의 전 과정을 설명하였습니다. 토인비가 제시한 21개 내지 26개의 문명들은 모두 발생, 성장, 정체(좌절), 해체의 4단계를 거쳤다고 합니다. 그러면 우선 문명은 어떻게 발생하는 것입니까? 원시문화에서 문명으로 질적인 비약을 할 수 있었던 문명들은, 종래의 정설을 뒤집고, 온화한 기후니 비옥한 땅이니 하는 유리한 지리적 조건에 의해 발생한 것이 아니라, 오히려 불리한 '곤궁한 토지', '낯선 땅'의 자연적 환경으로부터 오는 도전에 대해 그것을 극복함으로써, 즉 성공적으로 응전함으로써 발생했다는 것입니다. 그런 의미에서 그 문명은 발생했다기보다는 창조적인 일단(一團)의 인간들이 생산했다고 해야 옳을 것입니다. 이 성장 과정을 담당하는 세력이 '창조적 소수자'(Creative Minority)이고, 그 새 종교는 세계교회(Universal Church)인데 그리스도교를 지목한 것입니다.

새해가 되면 누구나 새 희망을 겁니다. 허나 역사의식이 없는 희망은 막연한 기대요 미신에 지나지 않습니다. "새 포도주를 새 부대에 넣어라"(눅 5:38)고 하신 예수님 말씀은 분명 역사에 도전(challenge)할 것을 그리고 그 역사에 응전(response)할 것을 가르치신 것입니다. 그래서 사도 바울은 "겉사람은 낡아지나 우리의 속은 날로 새롭도다"(고후 4:16)고 하였습니다. 지금까지 살아온 과거의 '겉사람'은 없어지고 지금(只今)부터 새 존재로서 살기 위하여 역사에 도전하는 미래의 사람은 '날로 새롭도다'라고 고백하였습니다. 얼마나 멋진 신앙 자세입니까! 이러한 사람은 '희망의 사람'입니다. 겉사람은 하나의 물리적 인간(Physical man)이고 속사람은 곧 속죄를 받은 영적인 자아(redeemed and Spiritual man)입니다. 그리스도인이란 단순히 개혁되거나 개선되거나 외부적으로 변화된 사람이 아니라, '다시 태어난 사람'(born again man)입니다. 즉 '다시 만들어진 사람'(he is re-made)을 뜻합니다.

우리는 지난해 남북정상과 북미정상의 회담을 가짐으로 핵무기 폐기와 평화와 화해의 새 역사를 창조해 나가는 일에 합의하였습니다. 그럼에도 남쪽은 아직도 이념대립으로 갈리고, 민주주의는 위험의 수위에 놓였고, 계층 간의 격차는 더욱 커지는 현상입니다. 새해를 맞으며 이제 70년 넘게 우리 민족의 생명 에너지를 갉아먹은 갈등과 분열의 시대를 마감하고 화해와 통합의 실마리를 찾아야 합니다. 화해와 통합을 이루려면 힘을 가진 자와 부를 차지한 자들인 기득권층이 먼저 자신의 일부라도 내려놓는 게 순리일 것입니다. 쉽지 않겠지만, 그래도 반드시 그리해 나가야 합니다. 새해에는 남북 평화통일 정책도 새롭게 전개되는 카이로스적인 하나님의 역사개입과 평화통일에의 변화가 있어지기를 희망하며 기도합니다.

이제부터라도 서독의 동방정책 같은 긴 안목의 정책을 펼친다면 남북 간의 화해와 평화통일은 멀지 않을 것입니다. 남과 북이 상생의 원칙 하에서 신뢰를 이뤄가며 교류를 증진해 가는 것입니다. 돌이켜보면 우리의 통일된 민족사는 1500년이고 분단역사는 70년에 불과합니다. 이제 그 70년을 되돌려 통일로 내디뎌야 합니다.

2015년에 미국은 쿠바와 53년 만에 국교정상화에 합의했습니다. 오바마 미국 대통령은 그동안 쿠바고립정책은 실패했다고 솔직히 시인하면서 "어떤 나라를 실패한 국가로 몰아붙이는 정책보다 개혁을 지지하고 독려하는 것이 더 낫다는 교훈을 어렵게 얻었다"고 반성했습니다. 우리가 스스로 만든 이념의 시멘트에 계속 갇혀있다는 과오를 깨닫고, 새로운 변화를 모색하고 실현하는 용기가 필요하다는 교훈이겠습니다.

한국 현대사의 특징 가운데 하나는 수많은 희생을 치르면서도 어렵게 그러나 자랑스럽게 전개한 민주화 운동이 있습니다. 한국 사회는 위기의 순간 고비마다 좌절하지 않고 돌파구를 연 민중의 민주화 운동을 통해서 괄목할만한 민주 발전을 이룩했습니다. 이는 오랜 우리 역사를 통해 축적한 문화적 역량을 지니고 있기 때문에 가능했다고 봅니다. 부끄러움을 반성해야 할 역사이고 고난으로 점철된 어두운 역사였지만, 고대부터 근대에 이르기까지 단계적으로 사회통합과 발전을 이뤄왔고 다양하고 이질적 요소들을 수용하여 민족공동체를 이루어 왔습니다. 이제 그동안 어렵게 이룬 성과를 발전시켜 한 차원 승화된 민족사의 발전을 이룩해야 할 때입니다. 새해에는 어둡고 안타까웠던 지난 세월이 역사의 기록 속으로 사라지게 하는 전환점이 되기를 바랍니다. 그리고 또한, 새 이름, 이스라엘(New name, will be Israel)이라는 새로운 변화의 역사와 이스라엘 족장들의 신앙역사가 오늘 우리들의 신앙의 삶에도 귀한 길잡이가 되시기를 바랍니다. 새해에 새로움의 하나님의 은혜가 우리 모두에게 임하시기를 바랍니다.

2019년 새해주일

요셉과 동행하신 역사의 주 하나님

창 45:1-15

1. 시작하는 이야기

요셉의 신앙 여정은 아브라함의 약속(창 12:1-3; 22:18) 가운데 두 가지, 즉 '하나님의 함께하심(임재와 보호)의 약속과 '세계 만민의 복의 근원'이 된다는 약속의 실현 현장이다. 그는 모든 환란과 전락의 순간에도 하나님의 함께하심, 즉 하나님의 임재와 보호를 아주 세밀하게 경험했을 뿐만 아니라 자신의 신앙 여정을 통하여 세계만방에 이름이 창대하게 되는 대역전극의 주인공이 되었다. 요셉의 형들과의 화해에서 "나를 이리(애굽)로 보낸 이는 형들이 아니요 하나님이었다"는 구원의 역사 섭리, 하나님을 향한 그의 신앙과 충성, 그리고 넓은 마음을 보게 한다. 70년 동안의 분단역사의 아픔을 고스란히 안고 신음하는 한반도 남북 간 형제의 화해와 통일에의 꿈을 갖게 하는 교훈도 포함하고 있다.

2. 꿈꾸는 요셉과 함께하신 하나님

요셉은 야곱의 노년에, 무엇보다도 사랑하던 라헬의 몸에서 태어난 아들이었으므로 아버지의 특별한 사랑을 받았다. 17세까지 요셉은 아버지 야곱의 특권적 편애와 돌봄을 받으면서 자라 매사에 거칠 것이 없는, '되바라진 막내'였다. 요셉이 꾼 꿈들은 한결같이 정치적인 야망과 관련된 제왕 형의 꿈이었다(창 37:5-11). 요셉은 형들의 질투와 미움, 속임수로 노예로 팔려 죄수 신분이 되었다. 즉 요셉은 애굽으로 끌려와 바로 왕의 경호 대장 보디발 집에서 신망을 받으며 살았다. 보디발의 아내가 유혹하였지만 이를 거부하자, 그를 감옥에 가두었다. 양심과 신앙의 사람 요셉은 감옥에서도 신임을 얻었다. "주께서 그와 함께 계시면서 돌보아주시고, 그를 한결같이 사랑하셨다"(창39:21). 감옥에서 요셉이 애굽 왕에게 술잔을 올리는 시종장과 빵을 굽는 시종장이 꾼 꿈을 해석해 준다. 요셉이 해석한 대로 그대로 되었다. 2년 후, 바로가 꿈을 꾸었는데, 꿈 해석을 위해 술잔을 올리는 시종장이 감옥에 있는 요셉을 불러냈다. 요셉은 바로에게 "저에게는 그런 능력이 없다. 왕께서 기뻐하실 대답은, 하나님이 해 주실 것이다"(창 41:16). 바로 왕은 요셉의 풍년과 흉년에 대비하라는 해석을 듣고 그를 등용하여 애굽의 총리로 세운다(41:41-43). 애굽 땅에 일곱 해 동안 풍년을 이루었고, 일곱 해 동안 흉년이 시작되었다.

3. 합력하여 선을 이루는 요셉의 신앙 여정

창세기에서 요셉의 부분을 읽어보면, 그가 원망했다는 말이 한 구절도 없다. 한 번도 자기의 가정이나, 환경이나, 형제를 원망하는 요셉의 모습을 찾을 수 없다. 왜 그럴까? 그에게는 믿음이 있었기 때문이다. 그는 하나님을 신뢰했다. 그리고 그는 하나님의 계획을 신뢰한 것이다. 구체적으로, 하나님이 아버지 야곱에게 아내를 4명이나 거느리며 가정을 혼란케 만들었던 그 아버지를 주신 이유가 충분히 있다고 그는 믿었다. 자기를 적대시하는 형들이 있지만, 저들을 통해서 하나님이 자기에게 하시고자 하는 이유와 역사가 있다고 그는 믿었다. 불행한 환경이지만 이 환경을 주신 이유가 있다고 그는 믿었다.

그리고 요셉은 믿음으로 삶을 살아갔다. 요셉은 아버지 야곱의 존경스럽지 못한 면도 보았지만, 그 아버지의 하나님 경외하는 좋은 믿음을 붙들고, 삶의 역경과 좌절의 밑바닥에서 다시 일어날 수 있었고, 그는 결코 꿈을 잃어버리지 않았다. 하나님께 계획이 있을 것이니 내 삶에 대한 놀라운 섭리가 있을 것임을 믿었다. 그는 이 삶을 통해서 하나님 하실 일이 있을 것이라고 믿었던 신실한 믿음의 사람이었다.

요셉은 "형통"한 사람이라고 창세기 39장 23절에 기록하고 있다. 그의 범사에 형통케 하였더라. 성경에서 "형통하다"는 단어는 나를 둘러싼 환경이 내 마음대로 되는 경우를 말하는 것이 아니라, 살다 보면 억울한 일도 당하고 실패하기도 하고 괴로운 환경 속에 처하기도 하지만, 그럼에도 믿음과 삶에 대한 올바른 태도로 역경의 환경을 아름다운 환경으로 바꾸어 놓는 창조적 삶의 자세를 가리킵니다. 그런 의미에서 요셉은 노예 신분이지만 보디발의 집에서도, 죄수의 신분으로 감옥에서도 형통하였다.

요셉이 이런 삶의 골짜기를 통과하면서도 승리했던 중요한 이유는 그의 마음 중심을 지배했을 하나님의 섭리에 대한 신뢰였다. 즉 그것은 하나님의 주권과 섭리에 대한 믿음이었다. 우리는 요셉이 이런 태도로 삶을 살았다는 정확한 성서의 증언을 찾을 수 있다. "그가 한 사람을 앞서 보내셨음이여, 요셉이 종으로 팔렸도다. 그의 발은 차꼬를 차고 그의 몸은 쇠사슬에 매였으니 곧 여호와의 말씀이 응할 때까지라 그의 말씀이 그를 단련하였도다"(시 105:17-19). '단련'이라는 단어를, 요셉은 자기의 그 고통의 기간을 '훈련'이라는 관점에서 보았다. 하나님의 뜻이 있어 훈련시키는 놀라운 계획과 뜻을 보았다. 이 고난과 시련의 광야는 분명코 영광의 새벽을 바라보며 나를 위해서 하나님이 준비하신 것이다.

그것은 바로 예수님의 삶의 모습이다. 예수님의 십자가의 고난이 없었다면 영광스러운 구원의 역사가 어떻게 가능할 수 있었겠는가? 사도 바울의 빌립보에서의 고난 이야기, 전도하다가 매를 맞고 감옥에 들어가 사람들에게 짓밟힘을 당하면서 한밤중에 주님을 찬양하고 복음을 증거했던 바울의 삶의 의미를 찾아야 한다. 그 고난을 통과해서 바울의 유럽선교가 가능했다.

영국의 청교도 신앙 작가 번연이 애매하게 감옥에 들어가게 된 일이 있다. 그는 훌륭한 그리스도인 청교도였다. 감옥에 들어갔을 때 그는 첫날 밤에 이런 기도를 드렸다. "하나님, 저를 이 감옥에 들어오게 하신 하나님의 뜻이 무엇인지요? 이 감옥 속에서의 시간을 제가 낭비하지 않도록 도와주십시오. 그래서 저를 이곳에 오게 하신 하나님의 뜻을 다 이룰 수 있도록 해 주십시오." 그는 다음날부터 감옥에서 한 편의 소설을 쓰기 시작했다. 그 소설이 바로 저 유명한 『천로역정』이다. 그 감옥은 번연에게 있어서 위대한 창조의 자리였다. 만약 우리가 올바른 삶의 태도를 가진다면 내가 어디서 사느냐가 문제 되지 않는다.

이제 지옥 같은 감옥을 파라다이스(Paradise)로 바꾸었던 요셉의 삶의 비밀을 보기 바란다. "요셉이 바로 왕 앞에 설 때에 삼십 세라"(창 41:46). 하나님은 젊은 나이의 요셉을 귀하게 쓰시려고 이 특별한 훈련으로 고난의 시기를 주신 것이다. 이제 우리는 비로소 요셉의 생애에 대한 고난의 파노라마(Panorama, 전경)의 진상을 이해할 수 있다.

요셉은 아내를 얻었을 뿐만 아니라 든든한 두 아들을 얻었다. "요셉이 그 장자의 이름은 '므낫세'라 하였으니 하나님이 내게 내 모든 고난과 내 아버지의 온 집 일을 잊어버리게 하셨다 함이요. 차남의 이름을 '에브라임'이라 하였으니 하나님이 나를 수고한 땅에서 번성하게 하셨다 함이었더라"(창 41:51-52). 그뿐만이 아니다. 드디어 총리 요셉의 놀라운 정치가 이 나라를 향하여 시작되는 모습을 본다. 일곱 해 풍년을 맞아서 곡식을 저축해서 미래를 대비하고 있는 현명한 요셉의 행동을 본다. 온 천하에 일곱 해 흉년이 들어 기근이 온 세상을 덮을 때, 요셉은 도움과 유익을 주는 위대한 정책을 베풀게 되었다.

이상의 언급한 일련의 요셉의 신앙 여정에서, 우리가 반드시 기억하고 결심하고 따라야 할 것이 있다. '어디에서 사느냐?' 하는 것이 중요한 것이 아니라, '어떻게 사느냐' 하는 것이 더 중요하다는 사실이다. 따라서 이제 우리는 이렇게 기도해야 할 것이다. "주님, 오늘 나를 둘러싸고 있는 이 환경과 어려움과 고난을 극복할 수 있는 삶의 자세와 용기 있는 믿음을 내게 주옵소서!"

4. 이스라엘 역사를 이끄시는 하나님: 형들의 회개와 요셉의 용서

이 부분을 두 단위로 나누어 이해하도록 하겠다.

1) 이스라엘 역사를 이끄시는 하나님: 이스라엘 역사에서 요셉과 모세는 참으로 중요하게 하나님의 쓰임 받은 인물이다. 요셉은 이스라엘 백성을 애굽 땅으로 내려가게 하는 일에 쓰임 받았고, 모세는 그들을 약속의 땅 가나안으로 돌아가게 하는 일에 쓰임을 받았다. 이것은 역사적으로 중요한 의미가 있다. 만약 야곱의 시대에 야곱과 그 가족들이 가나안 땅에 머물러 있었다면 민족적으로 크게 성장하지 못했을 것이다. 하나님은 이 70명의 전 가족을 통해서 장차 이스라엘을 하나의 국가로 만들기 위한 역사적인 섭리를 진행하셨다. 애굽의 바로는 요셉과 그의 가족들에게 애굽의 고센 땅을 허락하였다. 그 당시 중동의 최대강국은 애굽이었다. 그러한 영향력이 있는 애굽에서 이스라엘 백성은 하나의 민족국가의 틀을 형성할 중요한 기간을 보내게 된 것이라 하겠다. 역사가들은 고센 땅은 이스

라엘 백성에게 하나의 민족국가로서 탄생하고 자라날 수 있는 기틀을 형성하게 되었다고 한다. 그래서 나중에 모세가 이스라엘 민족을 이끌고 나올 때는 4백만에 가까운 대인구가 되었다. 스스로 지킬 수 있는, 힘과 막강한 능력이 형성되었을 때 하나님은 모세를 일으켜서 약속의 땅 가나안으로 그 민족을 다시 돌아오게 하신 것이다.

2) 형들의 회개와 요셉의 용서이다. 열두 지파가 이스라엘 민족의 국가적인 기초가 된다. 이들 형들은 동생 요셉에게 시기와 질투를 하면서 아주 못된 범죄를 저질렀다. 하나님은 과거에 잘못했던 형들을 회개하게 하고 깨끗하게 만드는 작업을 시작하셨다. 창세기 42장부터 45장까지의 내용은 단순히 요셉이 그의 형제들과 헤어진 지 22년 만에 극적으로 만났다는 사건을 다룬 것이 아니라 그 형제들이 어떻게 자기들의 과오, 죄를 하나님 앞에서 회개하였는가 그리고 요셉은 그의 형들을 어떻게 용서하였는가 하는 용서의 사건을 다룬 것이다.

창세기 42장은 열 명의 형들이 애굽 총리 요셉에게 와서 땅에 엎드려 곡식 사러 왔음을 아뢰는데, 옛꿈을 회상하게 하는 장면이다. 요셉은 그의 형들을 알아보았지만, 형들은 요셉을 알아보지 못하였다. 요셉은 그들에게 엄한 말로 정탐꾼이라고 다그쳤다(창 42:8-9). 형들은 정탐이 아니라 한 아버지의 열 아들임을 증명키 위해 가족사를 이야기할 수밖에 없었다(창 42:10-14). 그들은 자신들의 결백을 증명키 위해 형제 한 명의 실종 사건도 언급한다. 그들은 원래 12형제였으나 한 형제는 가나안 땅에 아버지와 함께 있고, "하나는 없어졌다"고 얼버무렸다. 아마도 요셉이 가족사를 꼬치꼬치 물어본 이유는 형들이 애굽에 팔아버린 사건을 어떻게 해석하는지 알아보고자 할 뿐만 아니라 그들이 자신의 젖 동생 베냐민에 대하여 어떻게 대하는지 알아보기 위함이었을 것이다.

이 과정에서 열 명의 형들은 요셉을 팔아넘긴 사건을 괴롭게 회상하였다. 결박당한 시므온을 보면서, 결박당한 채 살려달라고 애걸하던 요셉의 괴로움을 기억해 낸 것이다. 요셉의 모든 행위는 바로 이 사건을 기억해 내도록 돕는 연극이었다(21절). 그들은 자신들이 애걸해도 듣지 않는 총리대신을 보면서 요셉의 애걸을 들어주지 않은 자신들의 잔인스러움을 기억해 낸 것이다. 요셉은 형들이 의논하는 장면을 통역 없이도 다 알아듣고 몰래 울음을 터뜨리기까지 하였다. 그러나 형들을 회개하도록 압박하는 요셉의 도덕극은 계속되었다.

5. 요셉은 베냐민을 인질로 형들의 내적 품성을 검증

창세기 44장은 형들을 회개시키기 위한 요셉이 연출한 또 하나의 도덕극이다. 요셉은 아예 형제들을 범죄자로 취급하여 베냐민과 아버지 야곱에 대한 형들의 진심을 검증한다(창 44:1-5). 요셉은 돈을 받지 않고 자루에 양식을 가득 채우고, 특히 청지기를 시켜 점칠 때 쓰는 은잔을 베냐민의 자루에 집어넣게 하였다. 요셉의 형제들이 가나안 땅을 향하여 출발한 지 얼마 후 청지기가 그들을 추격하여 "누가 우리 주인의 은잔을 훔쳐 갔느냐?"고 다그친다. 모든 것은 물론 형들의 내적 품성을 검증하고 22년 전의 범죄에 대하여 회개를 유도하기 위한 방편이었다.

베냐민의 자루에서 발견된 은잔을 보고도 요셉은 이 사건을 베냐민 단독절도 행위로 보지 않고 형제들의 연대적인 범죄라고 주장하여 책임을 물었다. 그러나 요셉은 은잔이 발견된 베냐민만 종이 되고 나머지 형제들은 아버지께로 평안히 가라고 말하였다. 그러나 형들은 베냐민과 함께 모두 요셉의 종이 되겠다고 자청한다. 형들은 이전에 요셉을 대할 때 보였던 무자비함 대신에 책임감과 형제적 연대 의식을 보여준다(창 44:14-17). 특히 유다의 지도력이 빛을 발하고 그의 언변에 요셉은 감동하였다. 마지막으로 유다는 자신이 베냐민을 대신하여 종이 될 테니 십 대에 불과한 아우 베냐민을 석방해 달라고 간청한다. 유다의 언변은 감동과 설득력으로 가득 차 있었다. 요셉은 아버지에 대한 유다의 사랑, 자신의 젖 동생 베냐민에 대한 그의 사랑을 확인하고, 자신의 정체를 드러내기 시작한다. 요셉의 끈질긴 형들에 대한 내적 품성의 검증 끝에 화해의 장에 이르게 된다.

6. 대화해: 용서의 눈물

창세기 45장은 요셉 이야기의 절정을 이루는, 대(大)화해의 장이다. 요셉은 유다의 감동적인 언변에 봇물 터지는 듯한 눈물을 억제하지 못하고 자신의 정체를 밝히며 방성대곡하였다. 요셉은 가장 먼저 아버지 야곱의 안부를 물었다. 형들이 충격과 두려움에 휩싸이지 않도록 요셉은 자신이 당한 고난을 하나님의 선하신 섭리로 돌린다(창 45:1-5). 그는 너무나 큰 충격을 받은 나머지 떨고 있던 형들에게 "내게로 가까이 오소서"라고 말한다. 그는 재차 자신이 "당신들이 애굽에 판 아우 요셉"이라고 밝힌다. 이 마지막 말, "당신들이 애굽에 판 아우 요셉"은 형들의 양심에 폭풍을 불러일으켰을 것이다.

이때부터 요셉은 자신을 애굽에 노예로 팔아넘긴 형들의 죄를 더 추궁하거나 심판하지 않고 대신에 악과 고난을 선으로 만들어 주신 하나님을 찬양한다. 자신이 애굽에 오게 된 궁극적 원인은 형들의 시기심이나 미움 때문이 아니라 하나님의 장구한 계획 때문이라고 주장한다. "당신들이 나를 이곳에 팔았으므로 근심하지 마소서 한탄하지 마소서 하나님이 생명을 구원하시려고 나를 당신들 앞서 보내셨나이다"(창 45:5, 7-8, 12). 하나님이 기근의 때에 형들과 그들의 후손들의 생명을 보존하여 세상에 두시려고 자신을 앞서 애굽에 보내 준비시켰다고 주장하는 것이다(7-8절).

요셉은 형제들에게 아버지 야곱과 온 가족이 애굽에 이주할 것을 요청하였고, 요셉의 정체를 재차 강조하였다. 그때 요셉과 베냐민, 요셉과 형들 사이에 감격의 포옹과 입맞춤이 오갔고 그들은 눈물바다를 이루었다(6-15절).

우리는 요셉 자신이 13년 동안 겪은(애굽에 팔려와 총리가 된) 고난의 의미를 하나님의 놀라운 생명의 섭리로 해석하는 그의 아름다운 인격 속에서 세계 만민을 복되게 할 아브라함 후손의 전형을 만납니다. 아브라함 형 인간은 아담 형 인간이 저지른 죄와 불순종의 역사를 수습하는 인간형이다. 아담은 자신의 불순종과 죄로 온 인류를 죽음과 고난의 시궁창 아래로 몰아넣었지만, 아브라함 형 인류의 이상형인 요셉은 타인의 죄악으로 초래된 재난과 악한 운명을 견디어 마침내 세계 만민을 위한 복의 근원이 될 것이라는 약속(창 22:18)은 요셉의 생애에서 실현되었다.

7. 한반도 남북 형제간의 화해를 향하여

우리는 오랜만의 성사로 남북 형제 부모 간의 상봉 행사를 지켜보면서 지난 세월 간의 그리움과 아픔을 되새겨 볼 수 있었다. 그들 대부분은 고령이어서 더욱 지난 세월의 운명적이고, 정치적인 강자들의 역사 운영에 대하여 안타까움을 금할 수 없게 하였다. 반드시 한반도에 통일은 오고야 말 것이다. 우리는 남북 형제의 화해를 위하여 기도하며 준비하여야 할 것이 있다.

1) 북한 동족들은 이미 오래전에 기독교를 '아편'이라고 오해하도록 교육을 받았지만, 한국교회는 예수님의 하나님 나라 운동을 재현시키는 개혁 정신과 평화와 이웃사랑을 실천하는 종교임을 삶의 현장에서 증명해 보여야 한다. 성서의 예수님 복음은 부르주아를 위한 것이 아니라 프롤레타리아를 위한 것이란 사실을 확실하게 보여주어야 한다. 그리스도인들 스스로가 가난의 청빈의 삶을 살아야 하고 구체적으로 사회와 역사 안에서 변혁의 주체로서 삶을 살아야 한다. 그리고 남북한 민중의 한가운데 서서 민족의 화해를 위한 역할을 할 수 있어야 한다.

2) 구약성서 요셉의 이야기는 인간이 주체가 되어 자신의 운명

에 대항해 싸우면서 운명을 바꾸는 모습을 보여주고 있다. 요셉은 그의 신실한 신앙과 순결성과 정직 및 인내심이, 모든 역경과 고난의 환경 속에서 이끌림을 받았다는, 설득력 있는 교훈을 보여준다. 신약성서의 예수님도 요셉의 모형으로 해석된다. 예수의 하나님 나라 운동은 '밑으로부터의 휴머니스트 예수님'을 만나게 하며 무신적 마르크스주의자 사이에서 예수님은 더 이상 분열의 지점이 아니라 만남의 지점으로서 서 있게 된다. 실제로 예수님은 가난하고, 힘없고, 병들었고, 소외된 사람들의 친구가 아니었는가!?

3) 오늘의 세계는 '성숙한 시대'에 접어들었다. 순교신학자 본회퍼 목사의 성숙한 시대에 우리는 하나님 앞에서 하나님 없이 살아가는 실존의 삶을 구가한 적이 있다. 오늘날 한국교회와 그리스도인들은 자본주의의 소비성향의 사치와 권력에 빌붙어 안주하는 잘못되고 타락한 잠에서 깨어나야 한다. 오히려 그리스도인으로 산다는 것은 예언자적 자세로 불의를 고발하고 약자를 보호하며 압제하는 강한 자에게는 강력한 대항의 힘으로 작동할 수 있어야 한다. 우리 주 예수님은 당대 권력자의 불의와 압제를 고발하다가 그들에게 잡혀 십자가에서 산채로 못 박혀 죽은 사실을 잊어서는 안 된다.

성숙한 시대에 사는 성숙한 신앙인은 어떤 모습일까? 만일 빈곤, 소외, 착취, 억압이 사람들을 절망과 고통과 죽음의 상태까지 몰고 간다면 그리스도인은 그 사람들을 그런 사회의 곤경에서 해방시키기 위해 벅찬 일을 시작하여야 한다. 그리스도인이 해야 할 일은 그리스도인 스스로 완성해야 한다. 이렇게 그리스도인이 성숙해질 때 우리는 당당히 북한의 형제들을 만나고 맞이할 수 있다.

8. 마감하는 이야기

요셉의 신앙고백에 의하면 형들이 저지른 반인륜적 악행과 요셉이 겪은 고통스러운 삶은, 결코 그 어떤 악마의 짓이 아니고 선하신 하나님의 의도와 계획으로 이루어진 것이다. 요셉의 그 신앙은 우주역사의 모든 사건은 오직 한 분, 이 우주를 만드시고 통치하시며 이끌어 가시는 오직 한 분! 이른바 유일신 신앙(practical monotheism)이었다.

구약 본문은 같은 혈육의 동생을 애굽에 노예로 팔아넘기는 반인륜의 악행과 불행도 성서의 유일신 신앙의 눈, 성서적 신앙의 눈(eyes of faith)으로 새롭게 다시 보면, '역사의 유일한 주인 하나님의 신비한 역사 섭리와 역사 경륜에 속한 일'이라는 말씀이다.

남북한의 형제들에게도 유일신 신앙 하나님의 섭리, 역사 경륜이 주도적으로 작용하여 앞으로 하나 된 통일의 나라로 인도하실 것을 확신하며 소망한다. 고난은 생명의 원리이다(간디). 우리는 고난 없는 생을 상상할 수 없다. 고난은 인생을 깊게 만들고 위대하게 만든다. 관대하게 만든다. 요셉이 형들을 포용한 관용은 그의 고난의 값에서 얻은 소득이었다.

2015년 12월 6일

지금 이 시대에 '장공'이
다시 호명되어야 할 이유

1. 장공을 처음으로 알게 된 때

장공(長空) 김재준 목사는 1937년 일제시대에 북간도 용정시절에 「십자군」이라는 작은 잡지를 냈고, 8.15해방 후에 서울에서 제2차로 「십자군」을 편성, 6.25동란 중에도 부산에서 계속하다가 환도와 함께 해산 되었다고 당시 상황은 공기통이 막혀서 질식할 것 같이 답답한 때, 이 '작고 고요한 소리'라도 하늘을 향한 환기 구멍이 되고자 그렇게 한 것이라고 회고합니다.[1]

내가 이 「십자군」을 발견해 읽은 것은 광주제중병원(현재 광주기독병원)에서 폐결핵 치유와 요양 중에 있을 때였습니다. 당시 1950년대에 노출된 한국장로교회의 분열은 나라 안팎에 많은 주목을 받게 했습니다. 그때 「십자군」을 읽고서 나의 신앙과 의문점들이 깨끗

---

1 「제3일」 창간호, 1970. 9.

이 정리되고 많은 것을 새롭게 알게 되었습니다. 「십자군」은 사실상 나의 진로의 길잡이가 되어 준 셈입니다. 이것이 장공에 대한 관심을 갖게 한 것입니다.

2. '장공' 하면 떠오르는 이미지

장공은 무엇보다도 교회개혁자적인 이미지를 줍니다. 성서의 생동하고 자유하는 복음의 진리를 위축시키고 왜곡시키는 모든 교리와 교권적 권위에 항거하여 교회개혁의 선두에 선 개혁자였습니다. 그의 교회개혁운동은 루터의 종교개혁과 그 본질상 다름이 없다고 할 수 있습니다. 1950년대의 「십자군」지는 이런 교회개혁운동에 뜻을 같이하고 봉화를 든 동지들의 교회 개혁 의지에 대한 표출이었습니다. '기장'의 역사적 의의는 단순히 교회설립이나 교파분열로 보지 않고 교회 개혁 운동으로 보고 해석해야 할 과제를 남겼습니다. 장공은 선교사들의 유산인 근본주의 교리, 교파주의 관념, 또는 서구 기독교 국가주의를 단연 배격해야 함을 직시하였습니다. 그리고 생동하고 해방적이며 자유의 복음을 이 땅의 역사 속에 심고 실현하려는 개혁의지를 가진 개혁자였습니다. 장공의 "우리는 세계교회와 병진함과 동시에 전적인 그리스도가 인간생활의 전 부문에 주가 되게 하기 위하여"라는 말씀이 그것을 입증합니다.

둘째로 떠오르는 생각은 역사참여에의 삶을 본보여 주신 것입니다. 장공은 1965년 굴욕적 한일 국교 정상화에 반기를 들었던 때부터 역사참여의 길에 본격적으로 나선 것입니다. 이어서 군부정권에 대한 항거로서 「제3일」지를 통하여 '작고 고요한 소리'를 내기 시작하여, 민주화와 인간존엄에 대한 열성과 사랑 등을 강조하며 삶으로 본보여 주었습니다.

3. 「제3일」을 만들 때 가장 기억에 남는 일

목회를 시작하기 전에, 나는 대학원을 마치고 장공의 「제3일」지를 창간하시는 때에 상당 기간 동안 편집과 보급판로를 마련하는 일에 참여하였습니다. 몇 곳의 신학교 도서관과 서점가에 거래를 마련하는 일, 우편 송달하는 일이었습니다. 물론 장공 선생님이 다 해 놓으시고 나는 심부름만 하였습니다. 그리고 나는 사실 「제3일」지를 편집하면서 그 내용을 자세히 읽으며 많은 것을 배웠습니다. 어떤 때는 장공 선생님과 함께 '미아우체국'에서 우편 송달한 때도 있었습니다. 그리고 그때 당시 김포교통을 운영하는 이주식 목사를 방문하여 후원금을 몇 만 원씩 받아다가 전해드리기도 하였습니다. 아마도 동문 중에 「제3일」지의 귀한 후원자였습니다.

창간 당시 「제3일」지의 '동인모임'이 한 달에 한 번 모여 편집방향을 의논하곤 했습니다. 당시 동인으로 기독교방송 상무 박형규 목사, 이화여대의 현영학, 서광선 교수, 고려대의 이문영 교수, 가끔씩 오재식 선생 등이 주로 참여하여 글을 써 주었습니다. 「제3일」지의 성격은 분명했습니다. 오늘의 의를 위한 고난과 억압과 역사참여에의 사명과 진실한 투쟁, 어둠의 현실에 묵시적 미래를 바라보면서 희망의 메시지를 세상에 보낸 것입니다. 장공의 창간호에서의 글

'작고 고요한 소리를'에는 세례 요한의 광야에서 외치는 자의 소리와 같다는 자의식을 가진 듯합니다. 전투적인 복음, 악한 세대에서 사랑과 평화, 정의 등을 말한다는 것은 수난의 십자가를 지는 것을 의미합니다. 그런 그리스도인만이 그리스도와 함께 '제3일'을 약속받는 것이라며, 이런 뜻으로 「제3일」을 세상에 내보낸다고 쓰고 있습니다.

4. 오늘 한국교회와 사회에 장공의 '삶과 신학'이 다시 호명되어야 할 이유

최근 '세월호 참사'에서도 극명하게 드러났듯이 한국 사회의 모든 분야와 한국교회도 예외 없이 돈과 권력, 탐욕과 소비주의적 자본주의와 깊게 연관돼 있습니다. 어떻게 정의·평화·생명 위주의 진실된 교회 자아상을 찾을 수 있을까를 위해 깊은 자각과 참회가 있어야 합니다. 정말로 이 어두운 시대, 어른이 없는 것 같은 때에 진리 호흡이 그리워집니다. 장공의 청빈과 진리추구의 삶과 교회의 자기 개혁 정신, 예언자적 역사참여 의식, 그리스도 사랑의 공동체 실현을 위한 신학이 다시 호명되어야 할 당위성이 있습니다. 조건 없이 남북 동포들을 서로 품어주는 사랑과 정의, 상생의 원리에 근거해서 자주적으로 남북 당사들과 동포들이 주도해서 이룩해가는 평화통일의 민족공동체 실현을 소망합니다. 하늘은 반듯이 이 일을 우리 민족이 사명의식을 갖고 실현하라고, 또한 도우실 것입니다.

이기영 목사 에세이

민족 화해의 길 — 성서와 함께

2021년 3월 2일 초판 1쇄 인쇄
2021년 3월 9일 초판 1쇄 발행

지은이 | 이기영
펴낸이 | 김영호
펴낸곳 | 도서출판 동연
등 록 | 제1-1383호(1992. 6. 12)
주 소 | 서울시 마포구 월드컵로 163-3
전 화 | (02)335-2630
전 송 | (02)335-2640
이메일 | yh4321@gmail.com

ISBN 978-89-6447-647-5 03040